Über das Buch Alfred Polgar ist bis heute ein Begriff: als kritischer Schriftsteller wie als unbeugsamer Pazifist und Nazigegner, als skeptischer Humanist und Stilist von Rang – als ein Großer jener vielgenannten »kleinen Form«, der er unverwechselbares geistiges Profil zu geben verstand.

In der hier vorliegenden Biographie sind viele zuvor unpublizierte Selbstzeugnisse und Dokumente – von Freund und Feind – eingegangen. Sie stellt Polgars Skizzen, Glossen und Kritiken in den Zusammenhang ihrer Zeit und läßt vor allem den Menschen Polgar – hinter seinem Schutzpanzer von Witz und Ironie – deutlich erkennen. Sein Lebensweg selbst ist es, der die Schwerpunkte setzt: das Wien der Jahrhundertwende (mit dem Kaffeehaus als »Ort der Leidenschaften«), die »große Zeit« des Ersten Weltkriegs, die unter Polgars Blick so klein wurde, wie sie war, die konfliktträchtigen Jahre des Österreich nach 1918, Glanz und Elend im Berlin der untergehenden Weimarer Republik, das Leben des Emigranten (in Frankreich und den USA) und schließlich das Sterben im Zürcher Exil.

Ulrich Weinzierl wurde 1954 in Wien geboren. Er ist als Feuilletonredakteur der *Frankfurter Allgemeinen* in Wien tätig. Er veröffentlichte neben mehreren Anthologien auch Biographien von Carl Seelig und die hier vorliegende von Alfred Polgar. Gemeinsam mit Marcel Reich-Ranicki edierte er in sechs Bänden die Werke Alfreds Polgars im Rowohlt Verlag.

Im Fischer Taschenbuch Verlag gab er 1992 den Band *Stefan Zweig. Triumph und Tragik* (FTV 10961) heraus. 1994 erschien bei S. Fischer sein großer Essay über *Arthur Schnitzler. Lieben Träumen Sterben.*

Ulrich Weinzierl

Alfred Polgar

Eine Biographie

Fischer Taschenbuch Verlag

Veröffentlicht im Fischer Taschenbuch Verlag GmbH,
Frankfurt am Main, September 1995

Lizenzausgabe mit freundlicher Genehmigung
des Verlags Kremayr & Scheriau, Wien
© 1985 by Löcker Verlag, Wien, München
© 1992 by Verlag Kremayr & Scheriau, Wien
Druck und Bindung: Clausen & Bosse, Leck
Printed in Germany
ISBN 3-596-12736-X

Gedruckt auf chlor- und säurefreiem Papier

Inhalt

Zur Warnung	9
»Quasi ein Vorwort«	12
Jugend in Wien	16
Das Kaffeehaus als Ort der Leidenschaften	33
Fröhliche Apokalypse?	54
Der Oberste der Saboteure	79
Der Epikuräer und die schlechten Zeiten	95
»Meister der kleinen Form«	131
Fremder in der Heimat	166
Unstet und flüchtig	196
Die Fremde ist nicht Heimat geworden	214
Leben und Sterben im Hotel	231
Nachbemerkung	243
Anmerkungen	245
Buchausgaben Alfred Polgars	289
Literaturverzeichnis	291
Namenregister	307

Alfred Polgar

Zur Warnung

Bücher haben ihre Schicksale, auch dieses.

Am Anfang war das – sogenannte wissenschaftliche – Wort, approbiert an der Universität Wien. Nach kleineren kosmetischen Eingriffen erschien dann die Dissertation »Alfred Polgar. Beiträge zu Leben und Werk« unter dem noch umständlicheren Titel »Er war Zeuge. Alfred Polgar – ein Leben zwischen Publizistik und Literatur« (1977). Ohne meinem Verlag oder mir damit zu schaden, darf ich heute sagen: Es war kein schönes Buch, im Gegenteil – klobig bis zum Unförmigen, im Schriftbild eine Zumutung für jedermann, vom Inhalt ganz zu schweigen.

Aber die Wege der Kritik sind wunderbar. Die meisten Rezensenten reagierten freundlich, Enthusiasten verstiegen sich sogar zu der Behauptung, dies sei die bis dato beste Polgar-Biographie. Um der Wahrheit die seltene Ehre zu erweisen: Es gab keine andere. Nur eine, dafür jedoch gewichtige, Stimme äußerte sich entschieden abfällig und erstaunt, daß jemand, der anscheinend längere Zeit mit dem Studium von Alfred Polgars Œuvre verbrachte, dabei nicht wenigstens schreiben gelernt habe. Der Jemand war ich.

Um meine ökonomischen Kenntnisse dürfte es freilich ebenso schlecht bestellt gewesen sein. Im Kinderglauben, dadurch meine Tantiemen zu erhöhen, wurde ich, knapp gefolgt von Familienmitgliedern und sonstigen Nahestehenden, zum emsigsten Käufer meines Werkes. Erstaunlicherweise ging die Rechnung nicht ganz auf. Trotzdem oder vielleicht gerade deshalb entpuppte sich der sperrige Band beinahe als Bestseller. Nach knapp fünf Jahren war die Auflage von 1.400 Stück vergriffen.

Alsbald stellte sich mir – ausgesprochen vom Verleger – die Gewissensfrage: Neuauflage, ja oder nein? Sie beantwortete sich von selbst. *So* nicht – diese Entscheidung war klar. Aber wie sonst? Nun hatte die Veröffentlichung der Dissertation auch ihr Gutes. Aufgrund einer merkwürdigen Verwechslung übertrugen Polgars Erben und Freunde einen Teil der Sympathie, die sie für ihn empfanden, auf seinen Biographen. Das erschloß mir den Zugang zu Quellen in Privatbesitz, deren Umfang und Bedeutung alles übertraf, was in öffentlichen Sammlungen einzusehen war. Wenn jetzt ein neues Buch vorliegt, habe ich das in erster Linie diesem Personenkreis zu danken, dem Vertrauen und der Großzügigkeit, die man mir entgegenbrachte.

Eine völlig neue Biographie also? Je nachdem. Wer erwartet, daß kein Wort neben dem anderen blieb, wird enttäuscht sein. Nicht einmal mir war es vergönnt, immer und überall unrecht zu haben. Gleichwohl mußten alte Irrtümer, Mißverständnisse und Fehler beseitigt werden, um aktuellen Platz zu machen, und niemand wird solchen Fortschritt geringschätzen.

Vieles aus der ursprünglichen Fassung befindet sich nunmehr dort, wo es auch nicht schlecht aufgehoben ist: im Papierkorb. Noch mehr, möglicherweise Aufschlußreicheres, kam hinzu. Geschwunden ist hoffentlich auch die Neigung zum eifervollen Besserwissen, die sich dann einzuschleichen pflegt, wenn man glaubt, etwas oder jemanden exklusiv für sich entdeckt zu haben.

Ob der Versuch gelang, vermag allein der Leser zu beurteilen. Ungewarnt soll er sich allerdings seiner undankbaren Aufgabe nicht unterziehen. Zum Glück lassen sich hier zwei Autoritäten in Menschendingen zitieren:

». . . die biographische Wahrheit ist nicht zu haben, und wenn man sie hätte, wäre sie nicht zu brauchen« (Sigmund Freud). Und schließlich Alfred Polgar selbst: »Oh, man möchte nicht glauben, was für Plage es oft macht, den Nagel so zu biegen, daß er auf den Kopf getroffen ist, und wieviel Geist gerade der Kritiker bisweilen aufwenden muß, um zu verhehlen, wie wenig er hat.« Ein Gleiches gilt für Biographen.

Wien, im Sommer 1985 *Ulrich Weinzierl*

»Quasi ein Vorwort«

»Warum und zu welchem Ende studieren wir Alfred Polgar?« So fragte Peter Panter alias Dr. Kurt Tucholsky 1925 in einem offenen Glückwunschbrief »Zum Fünfzigsten« sich und die Leser der »Weltbühne«. Selbstverständlich verstand er es, ebenso liebevolle wie ehrende Argumente vorzubringen – geeignet, ein solches Studium zu rechtfertigen: »Sie haben die Millesimalwaage der Kritik erfunden«, hieß es da, und abschließend erwies der Gratulant dem betagten Geburtstagskind nochmals seine Reverenz, indem er »Verehrung und Hochachtung vor dem feinsten und leisesten Schriftsteller unserer Generation«[1] bekundete. Tucholsky kannte sich wahrlich in den Vorzügen des Menschen und Kritikers Polgar aus, und daß dieser damals nicht ein halbes Jahrhundert alt war, sondern bereits 52 Jahre, kann man jenem nicht ankreiden. Denn Polgar selbst hatte das Täuschungsspiel inszeniert und dessen Folgen sichtlich genossen. Die heillose biographische Verwirrung ging allerdings so weit, daß auch der Betroffene manchmal nicht mehr recht wußte, ob er nun tatsächlich so jung war, wie er sich machte.

1926 veröffentlichte dann Paul Hatvani einen heftig gereimten Hymnus »Auf Alfred Polgars Werk«, worin letzterem bescheinigt wurde: »Nie wog ein Lächeln leichter, als das Lächeln wiegt, / das zwischen seinen ernsten Zeilen liegt.«[2] Ein Kuriosum gewiß, und als Gelegenheitsgedicht überdies so übel nicht. Aber man stelle sich vor: eine veritable poetische Liebeserklärung an einen Kritiker, verfaßt von einem ernstzunehmenden Autor und gedruckt in einer seriösen kulturpolitischen Zeitschrift. Wäre dergleichen heutzutage möglich, ja überhaupt denkbar? Wohl kaum. Und gerade solche Denkunmöglichkeit zeigt das Maß an Wertschätzung und Enthusiasmus, das Alfred Polgar seinerzeit, in den zwanziger Jahren, zuteil wurde. Diesen ersten Höhepunkt seines eigenen Ruhms sollte er um Jahrzehnte überleben und den nächsten schon nicht mehr zu Gesicht bekommen. Aus der Emigration zurück-, nicht heimgekehrt, durfte Polgar sich zwar anläßlich von Neuerscheinungen und vermeintlich runden Geburtstagen allerlei Schmeichelhaftes anhören, aber die Begeisterung hatte oft schon etwas leicht Abgestandenes, und die Klischees der Würdigung waren auch nicht mehr ganz prägefrisch. Für sein wirkliches Fortleben in der Literatur zeugen eher gut versteckte Indizien. Im ersten Buch von Manès Sperbers Romantrilogie »Wie eine Träne im Ozean« wird im Zuge politischer Diskussionen ein charakteristischer Polgar-Text aus dem Jahre 1927, »Rede, leider nie gehalten am Grabe der Opfer« zitiert, und obwohl Sperber hier bloß die »Schriften eines Wiener Theaterkritikers«[3] erwähnt, spricht aus dieser Geste Respekt. Noch viel diskreter ging der notorisch respektlose Robert Neumann vor. Schon früh ein Bewunderer der subtilen Bosheit von Polgars Sprachwitz, hat er ihr spät, in dem Erinnerungsband »Ein leichtes Leben«, und auf sehr persönliche Weise, Tribut gezollt: Er hat Polgar abgeschrieben, genauer gesagt: einen Absatz von dessen Sticheleien gegen Stefan Zweig in sein Werk integriert.[4] Eine aufrichtigere Hommage läßt sich ja einem verstorbenen Schriftsteller schwerlich bereiten, als daß man ihn plagiiert, also für wert befindet, die fremde Feder als eigene auszugeben.

Entschieden handfester fiel das offizielle Gedenken in der Heimat des Dichters für diesen ihren großen Sohn aus. 1975 widmete ihm das Wiener Akademietheater eine Matinee zum 100. Geburtstag, wobei sich die Veranstalter jedoch des Zweifels nicht ganz erwehren konnten, um zwei Jahre zu spät gekommen zu sein. Auch hatte man es – 's ist mal in Wien so Sitte – keineswegs verabsäumt, eine Verkehrsfläche nach dem Toten zu benennen. Dort wo Kagran schon sehr Kagran ist, liegt die Polgarstraße und weiß wohl nicht, wie sie zu diesem Akt der Pietät kommt. Besonders apart scheint freilich der (mittlerweile wieder fallengelassene) Einfall, einen Autor wie Polgar, dessen Texte zugegebenermaßen von vielen Lesern geradezu verschlungen wurden und den obendrein mancher Kulturjournalist durch köstliches Lob noch mundgerechter zu machen suchte, auch tatsächlich dem Appetit eines p.t. Publikums zu empfehlen. Im frisch restaurierten Café Central wurde zum Preis von 10 Schilling (und das war immerhin um ein Sechstel billiger als »feines Plundergebäck«) »handgemachte Konfiserie« mit dem Etikett Alfred Polgar feilgeboten, welches Schicksal der Namenspatron mit anderen ehemaligen Stammgästen, darunter Peter Altenberg, Karl Kraus und Leo Trotzki, teilte. Wer sich aber durch die »Café Central Mischung – ein(en) Gedichtband« durchkostete, vermochte bloß geringfügige Unterschiede im Geschmack festzustellen. Wie immer, solche kulinarischen Exzesse liegen anscheinend im Wiener Blut, und die Geister in diesem Capua sind eben in erster Linie Feinschmecker.

Warum also studieren wir Alfred Polgar? Namhafte Fürsprecher – von Musil über Kafka bis Broch und Benjamin –, deren rühmende Aussagen solches Interesse begründen könnten, ließen sich zur Genüge, sogar bis zum Überdruß anführen. Können wir aber von ihm auch etwas lernen? Im genauen Wortsinn wahrscheinlich gar nichts oder nur sehr wenig. Das meiste von dem, was Polgars Rang ausmacht, war nämlich seine wirkliche Eigenart, einmalig und unverwechselbar. Sein Witz, der ohne Witzelei funktionierte, seine taghelle Melancholie, seine zutiefst skeptische, ungeschwätzige Lebensphilosophie und nicht zuletzt seine spielerisch-virtuose Sprachbeherrschung – kurz, sein Talent zum Menschen und Schriftsteller, wir können's nicht erlernen, und wenn wir's versuchten, wär's peinlicher Abklatsch.

Alfred Polgar schrieb für den Tag, in Zeitungen und Zeitschriften, war demgemäß von Beruf »Journalist«, und doch glückten ihm zahllose Formulierungen, so treffend, daß sie heute noch betroffen machen. Er, der heimatlose Wiener, werkte und wirkte sein Lebtag in dem von Karl Kraus verteidigten »alten Haus der Sprache«, und ist doch nie ein Epigone gewesen. Er war ein beharrlich Ungläubiger – ihm imponierte weder Macht noch Theaterdonner, selbst große Männer und große Worte konnten ihn nicht beeindrucken, im Gegenteil: Sie weckten sein Mißtrauen und provozierten seinen unerbittlichen Spott. Gegen Ende seines langen, arbeitsreichen Lebens notierte er den Aphorismus: »Geschichten werden niemals richtig erlebt, nur manchmal, sehr selten, richtig erzählt.«[5] Alfred Polgar hat viele Geschichten richtig erzählt. Auch deshalb studieren wir ihn.

Jugend in Wien

Alfred Polgar über sich selbst im Jahre 1937: »Wurde 1875 in Wien geboren. Mein Vater war Musiker. Ich habe vielerlei studiert und nichts gelernt. War Journalist, Parlamentsberichterstatter, Theaterkritiker. Übersiedelte 1927 nach Berlin und ging 1933 wieder nach Wien zurück. Besondere Kennzeichen meines Lebens: keine.«[1] Das besondere Kennzeichen dieser Selbstdarstellung ist zweifellos ihre besondere Schlankheit – ein Wort gestrichen, und sie wäre mager. Dabei hatte Polgar im Grunde nichts zu verbergen, die zwei Lebensjahre, um die er seine Biographie hartnäckig verkürzte, sind kaum der Rede wert. Vielleicht aber war es die stets und sorgsam gewahrte Distanz zur eigenen Person, die ihm solche autobiographische Knausrigkeit geboten erscheinen ließ. Schließlich hat er einmal behauptet: »Ich gefalle mir gar nicht, bin höchst unzufrieden mit dem Phänomen, als das ich wandle.« Zugleich freilich mußte er sich von jeglicher Schuld an dieser Unzufriedenheit freisprechen: »Aber habe ich die Elemente gewählt, aus denen es zusammengesetzt ist, und die Formel erdacht, nach der sie gemischt und gelagert sind? Vis major, vis maxima.«[2]

Er kam am 17. Oktober 1873 zur Welt – »unterm wienerischen Breitengrad am Meridian der Einsamkeit«, oder anders, weniger poetisch als mit seinen Worten ausgedrückt: in der Wiener Leopoldstadt, Untere Donaustraße 33.[3] Alfred Polgar war das dritte und jüngste Kind des Klavierschulinhabers Josef Polak und seiner Frau Henriette, geborener Steiner. Die Eltern waren ungarisch-slowakische Juden, in der Hochblüte der Gründerzeit, noch vor dem großen Börsenkrach von 1873, nach Wien zugewandert. Der Vater, bei Alfreds Geburt immerhin 45jährig, stammt aus Ungvar (das heute in der Tschechoslowakei liegt), die um neun Jahre jüngere Mutter aus Pest.

Die Ringstraßenepoche hatte bis dahin ungeahnte Karrieren gezeigt, und das gesellschaftliche Oben und Unten waren unsichere Begriffe geworden. Über Nacht entstanden Spekulationsvermögen, die ebenso schnell zerronnen. Noch heute künden imposante steinerne Zeugen vom neuen bürgerlichen Repräsentationsbedürfnis. In der Familie Polak hingegen war von solchem Aufschwung und plötzlichem Niedergang wenig zu bemerken. Mit Kunstausübung in ihrer bescheidensten Form ließ sich auch damals kein Staat machen, nicht einmal der sozial entscheidende Sprung über den Donaukanal oder gar bis ins Cottage schaffen. Man blieb auf der »Judeninsel«, wie die Leopoldstadt im antisemitischen Volksmund hieß. Zwischen 1868 und 1891 wurde die Wohnung sechsmal gewechselt – von der Odeongasse führte der Adressenweg über die Untere Donaustraße, Novaragasse 44 und 32 bis zur Taborstraße und Rothensterngasse, und auch diese mangelnde Seßhaftigkeit spricht nicht gerade für eine von finanziellen Sorgen unbelastete Existenz.

Über Familienverhältnisse hat sich Polgar in seinem Werk nur äußerst sparsam geäußert, die Mutter wird überhaupt bloß en passant erwähnt. Auch der Vater, »behaftet mit der übelsten Göttergabe: mit unproduktivem Genie, zu schwach für das Große, zu groß für das Kleine«,[4] figuriert eher in der Rubrik »entfernte Verwandte«. Eine starke gefühlsmäßige Bindung wird allein zum großen Bruder, dem um fünf Jahre älteren Carl Leopold, deutlich. Hier herrschte herzliche und anscheinend wechselseitige Abneigung. Schon der Umstand, daß Carl Leopold im Gegensatz zu ihm mit absolutem Gehör begabt war, schmerzte: »nun konnte er, amusisch bis ins Innerste, doch dasitzen und Tonarten schlürfen und sie differenzieren wie ein Weinkenner die Sorten, und weil er das konnte, hatte ihn auch noch der Vater um 33% lieber als mich, der tausendmal mehr Beziehung zur Musik hatte als der Bruder.«[5] Kein Wunder, wenn es zu Spannungen kam: »Ich führte unterm

Klavier mit meinem Bruder erbitterte Fußkämpfe um das Pedal. Oh, wie ich haßte! Ich hätte ihm nicht nachgeben, sondern ihn schlagen sollen. Aber so fing es an... und so blieb es, die Beziehung zum Bruder und zum Bruder Mensch. Meine Arme sind lahm von nichtversetzten Schlägen.«[6] Seinen Altersvorsprung soll Carl Leopold benützt haben, den Jüngeren zu »tyrannisieren. Wir bekamen jeder ein Stück Torte auf unser gemeinsames Studierzimmer: er nahm, unter Gewaltanwendung, auch mein Stück und fraß es auf. Andern Tags bekam er, strafweise, überhaupt keine Mehlspeise. Vorher hatte er den Eltern ein bindendes Versprechen gegeben, mir meine nicht wegzuessen. Das hielt er. Er begnügte sich, meinen Kuchen zu packen und zum Hoffenster hinauszuwerfen.« Diese und andere Schandtaten notierte Polgar in einem eigens zu diesem Zweck angelegten Heft, damit alles verzeichnet sei für den Tag der Abrechnung. Doch, so meinte er rückblickend, »mein Rachedurst war gewöhnlich schon durch den Entschluß, mich zu rächen, befriedigt. Mit der Formulierung und Niederschrift ins Gedächtnis war erlittenem Unrecht der schärfste Stachel genommen. Hier ließe sich jetzt einiges über den ›geborenen Literaten‹ sagen...« Er sagt aber nichts, berichtet nur, der Bruder sei nach Amerika ausgewandert und habe ihm dann während des Krieges durch eine Schweizer Bank Geld überwiesen: »Wir waren feindliche Brüder. Der Krieg hat uns zu brüderlichen Feinden gemacht: So deute ich die runde Botschaft der neutralen Bank.«[7]

Erlebnisse aus der Schulzeit oder solche, die mit seiner intellektuellen Entwicklung zusammenhängen, hat Polgar nicht für bemerkenswert im Sinne von literaturfähig gehalten, getreu dem in einem Brief an den Zürcher Verleger Emil Oprecht abgelegten Bekenntnis: »Meine Bildung besteht zum größten Teil aus Lücken. Aber es ist ja uninteressant, was einer geistig zu sich genommen hat; interessant könnte höchstens sein, was er hergibt.«[8]

Ungeachtet dieser ostentativen Bescheidenheit hat man ihm noch vor kurzem nachgesagt, er habe »mit viel Erfolg das berühmte ›Sperl-Gymnasium‹« absolviert, »aus dem auch Sigmund Freud hervorgegangen ist«.[9] Mit allem Respekt läßt sich jedoch behaupten: Der Schüler Polak hat eben nicht absolviert. Nach dem Besuch der Volksschule in der Holzhausengasse war er im Schuljahr 1883/84 in das Leopoldstädter Communal-Real- und Obergymnasium eingetreten.[10] Am Ende des Schuljahres wurde sein sittliches Betragen mit »lobenswert« taxiert, sein Fleiß immerhin als »hinreichend«, in den Fächern Religion, Deutsch, Latein und Mathematik vermochte man sich allerdings bloß zur Beurteilung »genügend« aufzuraffen. Und von da an ging's keineswegs bergauf. Schon in der zweiten Klasse mußte er in Latein eine Wiederholungsprüfung ablegen, um überhaupt aufsteigen zu können, die dritte bewältigte er dann anscheinend ohne Schwierigkeiten, wenn auch (abgesehen von Zeichnen) überall bloß mit »genügend«. Das Schuljahr 1886/87 dürfte hingegen in eine kritische Periode gefallen sein – den Fleiß des jungen Alfred konnte man nur als »gering« veranschlagen, und so ist es auch kaum verwunderlich, daß er in Religion, Latein, Griechisch, Geschichte und sogar Zeichnen mit »nicht genügend« klassifiziert wurde. Allein im Turnen erwarb er sich ein »lobenswert«. Hier pubertäres Aufbegehren gegen den Zwang der Schule an sich zu vermuten, ist wohl nicht allzu sehr aus der Luft gegriffen. Die vierte Klasse war zu wiederholen, der Erfolg freilich auch beim zweiten Anlauf nicht überwältigend und somit sein unrühmlicher Abgang vom Gymnasium nicht mehr aufzuhalten. Polgar teilte seine Diskretion übrigens mit einem zumindest kurzfristigen Mitschüler – dem hochgebildeten Franz Blei, der gleichfalls sein wenig glanzvolles Gastspiel im Sperl-Gymnasium unter den Tisch fallen ließ und lieber das noble Melker Stiftsinstitut für die Nachwelt als Stätte gediegener Erziehung aufbewahrt wissen wollte.

Was folgte, läßt sich nur auf Umwegen rekonstruieren. In sehr vermögenden Memoiren, dem »Rückblick ins Gestrige« des skrupellosen Mäzens und feinsinnigen Wirtschaftsverbrechers Richard Kola, heißt es über das Jahr 1889: »Ich besuchte die Handelsschule Karl Porges. Mein Sitznachbar war der gleichaltrige Alfred Polgar, der jedoch so wenig Interesse für Buchhaltung und kaufmännische Korrespondenz bekundete, daß ihm die damals mühsam erlernten buchhalterischen Begriffe im Laufe der Jahre vollständig abhanden kamen.«[11] Weiter läßt sich des jungen Polgar Bildungsgang nicht verfolgen, und die im Alter gemachte autobiographische Bemerkung klingt reichlich vage: »Ich wollte Musiker werden wie mein Vater, da ich aber nur seine Liebe zur Musik geerbt hatte, nicht aber sein Talent, wurde nichts daraus und ich Journalist.«[12]

So schnell ging aber auch das – bei allem zugestandenen Untalent – nicht vonstatten. Wiederum berichtet Richard Kola: »Ich besuchte in der Folge, soweit es meine spärlichen Mittel erlaubten, manchmal das Café Grienstheidl; ich und meine Freunde, zu denen Alfred Polgar und Sigmund Kanner zählten, nahmen stets an einem Tische Platz, der an der Peripherie, gleichsam in achtungsvoller Entfernung von den Großen der Literatur, stand. Dort saßen wir, blickten mit Respekt die Dichter an, spielten Schach, lasen Literaturzeitungen und diskutierten mit Eifer alle künstlerischen Probleme.«[13] Möglicherweise handelt es sich bei diesem Tisch im Respektsabstand um die von Karl Kraus in seiner Satire »Die demolirte Literatur« porträtierte »Gruppe von Jünglingen (...), denen nur der Vorwand, Stimmungen leicht zugänglich zu sein, ein Plätzchen im Local der modernen Schriftsteller eingeräumt hatte.«[14] Beim Respekt kann es allerdings nicht allzu lange geblieben sein. Am Tische der »Großen der Literatur« hielt das »Junge Wien« Hof. Der Musikkritiker Max Graf, auch er ein Jugendfreund Polgars, erinnert sich: »Hier präsidierte Hermann Bahr, mit der dampfenden Virginia-Zigarre in der Hand. Arthur Schnitzler mit seinem gepflegten Vollbart und vom Ruf seiner Liebesnächte umgeben und Richard Beer-Hofmann, der eben mit seiner ersten Novelle hervorgetreten war, deren Worte er in wochenlanger Arbeit ziseliert hatte, saßen zu seiner Seite. Der junge Felix Salten hörte gespannt zu. Von Zeit zu Zeit kam Hugo von Hofmannsthal, der kurz zuvor noch mein Gymnasialkollege gewesen war.«[15]

Diesen bereits Anerkannten aus dem Dichterreich gegenüber etablierte sich eine sozusagen oppositionelle Runde. Da saßen Karl Kraus, Polgar, Otto Stoessl, Graf, Adolf Loos und die Musiker Arnold Schönberg, Alexander von Zemlinsky und Artur Bodanzky.[16] Ihren – äußerst lebhaften – Mittelpunkt bildete Peter Altenberg: »In das manuskriptraschelnde Café Griensteidl kam er, mit wehender Pelerine, und hielt Reden über das Christentum. (. . .) Die Literatur, um Tischchen amikal und strebevoll versammelt, lächelte dem wilden Menschen zu.«[17] Die Runde der Jungen jedoch dürfte nicht allzu viel zurückgelächelt haben. Bereits am 18. Oktober 1896 notierte Arthur Schnitzler in seinem Tagebuch: »Im Kfh. Altenberg u seine Gemeinde, von der wir, besonders ich (. . .) unsäglich gehaßt werden.«

Solch unbeschwerten Lebenswandel zu finanzieren, war Polgar um 1895 in die Redaktion der »Wiener Allgemeinen Zeitung« eingetreten, eines liberalen Blattes von nicht gerade überwältigender Bedeutung. Der junge Journalist hatte dort anfangs keinen leichten Stand, weil sich der Chefredakteur angeblich bemühte, »das schon zugeschärfte und zugespitzte Deutsch Polgars in sein Allerweltsdeutsch umzukorrigieren«, weshalb dieser die Stunde verflucht haben soll, »in der er sich in ein Zeitungsbüro verirrt hatte, und er hätte um keinen Preis der Welt seinen Namen unter die kleinen anonymen Arbeiten gesetzt«.[18] Der so eifrig korrigierende Chefredakteur war Julius Gans von Ludassy, ein angeheirateter Cousin Arthur Schnitzlers, und

Polgar konsultierte damals diesen als Arzt, um sich gegen jenen zu schützen. Die Diagnose des Dr. Schnitzler lautete: »ich fand einen beträchtl.(ichen) Spitzenkatarrh. Er war Bluthuster.«[19] Der Patient Polgar versuchte auch, Schnitzler zum Bundesgenossen seiner Leiden zu machen. Er möge mit Rücksicht auf Polgars Vorgesetzten diplomatisch vorgehen: »Es ist ganz zweifellos, daß mein Chef den Hinweis auf einen Urlaub als von mir inspirirt ansehen wird und das könnte die Aversion, die er in letzter Zeit gegen mich zu haben scheint, ins Unheilbare steigern.«[20] Im Lauf der Zeit freilich sollte sich die Aversion zwischen Schnitzler und Polgar, seinem boshaftesten Kritiker, ins Unheilbare steigern.

Nicht ganz so sehr, aber doch noch in beachtlichem Ausmaß, war Schnitzler ein Jugendfreund Polgars zuwider: Stefan Großmann, einer von Karl Kraus' Lieblingsfeinden. In seiner Autobiographie schreibt Großmann über Polgar: Er »war ein hübscher blonder Mensch, mit einem schmalen, sanften Gesicht, das zeitweilig von einem kleinen Spitzbärtchen umrahmt war«, und er weiß auch zu berichten: »Mit meinem Freunde Polgar und einigen anderen jungen Menschen wanderte ich jeden Nachmittag in den Prater, oder wir fuhren nach Dornbach oder Sievering hinaus.«[21]

Völlig harmlos war dieses Idyll allerdings nicht, denn Großmann gab damals das »Organ der unabhängigen Socialisten«: »Die Zukunft« heraus, ein vor allem vom Staatsanwalt mit Aufmerksamkeit gelesenes Blättchen. Die verantwortlichen Redakteure wechselten häufig, da es immer wieder zu Verhaftungen kam, was insoferne nicht verwundert, als sich »Die Zukunft« 1895 als das »einzige deutsche anarchistische Organ Europas« bezeichnete und ihre Hauptaufgabe darin sah, »das Blutmärchen vom Anarchismus zu zerstören und den einen Satz zu erläutern, daß der Anarchismus gegenwärtig die einzige rückhaltlos ideale Forderung ist, eine Forderung, die für die Entwicklung und Abwicklung der Gesellschaft unumgänglich nothwendig ist«.[22] Anarchisten in diesem Sinne – nämlich als Mitarbeiter – waren einige später durchaus renommierte Herrschaften: der schon erwähnte Max Graf, der Kritiker Willi Handl und der nachmalige Dramaturg der Reinhardt-Bühnen Arthur Kahane (beide übrigens als Mitangeklagte in die Ohrfeigen-Affäre Oscar Friedmann-Karl Kraus 1899 verwickelt), der Kunsthistoriker Max Dvořak und eben auch Alfred Polgar.

Sein literarisches Erstlingswerk, das sich an Knut Hamsun anlehnende Originalfeuilleton »Hunger«, erschien am 2. August 1895 unter dem Strich der verdächtigen Zeitungsspalten. Es handelt sich dabei zweifellos um kein Meisterwerk, vielmehr um eine etwas überladene Elendsstudie; für ihren unseligen Helden sind die letzten Stunden gekommen: »Man kann vernünftigerweise annehmen, daß die Zimmerfrau ihn morgen Früh todt finden wird, verhungert. Denn seine Constitution war keine übermäßig starke. Er litt oft an Kopfweh und an Beschwerden der Genitalien und des Mastdarms.«[23] Ebenso steht außer Zweifel, daß der auktoriale Erzähler sich mit seiner Figur identifiziert. Da ist ein Ausgestoßener, ein der Bürgerwelt materiell und psychisch Entfremdeter, dessen tragisches Geschick sich nach den unbarmherzigen ungeschriebenen Gesetzen eben dieser Bürgerwelt erfüllt, zu erfüllen hat. Auffallend – und über Hamsuns Vorlage hinausgehend – wirkt hingegen die gesellschaftskritische Komponente dieses Textes; in der Rahmenhandlung beschreibt Polgar einen Polizisten auf Wachtposten in seiner ganzen – ihm und der Gewalt, die er repräsentiert, unbewußten – Lächerlichkeit: »Wenn man näher kommt, sucht man das Kriegerische vergebens. Aber das Läppische sieht man dann genau. Solcher stehen viele in der großen Stadt. An allen Straßenkreuzungen und auf allen Plätzen und überall, wo Menschen eilen und Wagen fahren. Wenn sie alle zusammen auf einer großen Ebene stünden, das wäre ein hübscher Anblick. Sie müßten aber ganz enge nebeneinander stehen und oben müßte eine Gloriole von Pflicht, Treue und Biederkeit schwimmen und der Staat seine Hand segnend über die vielen Diener breiten, daß es jedem wahren Bürger heiß über die Wangen läuft vor Rührung und Schweiß.«[24] Solcherart an den Stützen der Gesellschaft sägend, suchte Polgar der obrigkeitsstaatlichen Ordung viel von dem zu nehmen, was ihre Autorität begründet: Ernst und Würde. Gewiß ist »Hunger« mit allen Schwächen eines frühesten Frühwerkes behaftet; die antiautoritäre, Staat und Gesellschaft als individuumfeindliche Instanzen wertende Tendenz – nicht ohne Grund hat man Polgar einen »leisen Anarchisten«[25] genannt – sollte aber zur entscheidenden politischen Grundhaltung dieses Autors werden. Die Genese solcher Einstellung läßt sich am ehesten mit Egon Friedells Worten erklären, der 1910 meinte, »daß jeder ungewöhnliche Mensch bis zu seinem zwanzigsten Jahre und darüber *Anarchist* ist. Er erblickt um sich lauter Menschen, die auf ihn unbedingt den Eindruck der Inferiorität machen.«[26]

Ungeachtet seiner wenig staatstragenden Gesinnung wurde Polgar im Oktober 1896 zum Militärdienst einberufen. Die Musterungskommission kam zu dem Befund, der 1,72 m große Alfred Polak – wie er sich bis 1914 offiziell zu nennen hatte – gebe mit Nachsicht aller Taxen bestenfalls einen »mindertauglich(en) und minderkräftig(en)« Rekruten ab.[27] Im Sinne einer möglichst unkriegerischen Ausbildung absolvierte er dann im Mai und Juni des folgenden Jahres einen Sanitätskurs und wurde Anfang 1898 zum Gefreiten befördert – man kann kaum behaupten, daß die militärische Karriere Polgars seine zivile sonderlich behindert hätte. Auch diese erreichte zu jener Zeit keine schwindelnde Höhe.

Bis 1897 erschienen in der »Wiener Allgemeinen Zeitung«, für die Polgar nach eigener Aussage anfangs als Gerichtssaalreporter und Reichsratsberichterstatter tätig war, keine von ihm gezeichneten Artikel, und er dürfte noch später wiederholt anonym veröffentlicht haben. So erschien am 26. Juli 1899 eine satirische Glosse »Schuld und Sühne« über einen Prozeß, den eine gewisse Agathe W. gegen ihr Dienstmädchen »*wegen Verletzung der öffentlichen Moral*« angestrengt hatte: Der Ehemann, vermutete die empörte Gattin, habe die Dienste des Mädchens allzusehr in Anspruch genommen. »Es kam zur Verhandlung und der Richter verurteilte Fräulein Marie zu *fünf Gulden Geldstrafe*. Es konnte der Angeklagten nämlich nachgewiesen werden, daß sie sich von Herrn W. ein Schnitzel mit Gurken habe zahlen lassen; auch ein empfangener Kuß konnte durch Zeugen festgestellt werden. (. . .) Unter den beziehungsreichen Dienstmädchen muß diese richterliche Entscheidung eine wahrhaftige Panik hervorrufen. Wie viele haben nicht mehr illegitime Ehemannsküsse auf dem Gewissen, als einen, und nicht mehr illegitime Ehemanns-Soupers im Magen, als ein Schnitzel mit Gurken! Wehe, wenn die beleidigten Gattinnen, durch das Beispiel der Frau W. angeeifert, zum Richter gehen und ihre Donnas wegen der in Grund und Boden soupirten Moral belangen! (. . .) Ob Frau Agathe jetzt zufriedener ist, weil ihr Ex-Dienstmädchen 5 fl. zahlen muß, wissen wir nicht. Auch über den moralischen Effect der Strafe auf Fräulein Marie und ihre Standescolleginnen sind wir im Ungewissen. Wo aber die principielle Wichtigkeit des richterlichen Urtheils, des mit fünf Gulden gesühnten Schnitzels liegt, das erfahren wir von dem Anwalt der klägerischen Ehefrau. Marie H. mußte verurtheilt werden, damit *die Heiligkeit der Ehe bewahrt bleibe!* . . . Du sublime au ridicule il n'y a qu'un pas.«[28] Die Autorschaft Polgars in diesem Fall ist keineswegs über jeden Zweifel erhaben. Gleichwohl scheint manches dafür zu sprechen – der scharfe Blick für das Lächerliche aller Konvention, die pointierte Darstellung, die beiläufige Entlarvung der Doppelmoral und der Indienstnahme der Justiz für deren Zwecke. Und sollte man dergleichen etwa einer Berta Zuckerkandl oder einem Felix Salten, die das

Feuilleton der »Wiener Allgemeinen Zeitung« damals mit ihrem blumigen Stil beherrschten, zutrauen? Andererseits bilden die beiden Texte »Hunger« und »Schuld und Sühne« zweifellos Ausnahmen in Polgars Frühwerk – erst im Laufe des Weltkrieges wurden Themen dieser Art und die Technik der Ausführung, verfeinert und virtuos gehandhabt, zum untrüglichen Merkmal des kritischen Schriftstellers Polgar.

In den Anfängen, da Polgar auch als Musikrezensent eingesetzt wurde, war hingegen eher blasse Bemühtheit, wohl auch durch die Umstände erzwungene Seriosität die Regel. Von der Materie sichtlich ein wenig eingeschüchtert, referierte er einfühlsam und ehrerbietig über Opern von Smetana und anderen, viel Bildung und etwas gepflegte Langeweile verbreitend. Nur wenn er den sicheren Boden scheinbarer Objektivität verließ, seiner Bosheit die Zügel schießen ließ, erhob er sich über Durchschnittsniveau, war er er selbst. Dann konnte er – immerhin schon 1897 und erst 24jährig – eine Kritik über Puccinis »La Bohème« mit den hübschen Sätzen ausklingen lassen: »Weit übertroffen wurde das glänzende Arrangement der Aufführung durch das des Applauses. Die Erfolge der letzten Jahre verdankt das Wiedener Theater wirklich seiner Hände Arbeit.«[29]
Bemerkenswert wirkt ferner eine knappe Stellungnahme – aus dem Jahre 1899 – zu dem damals bereits außerordentlich beliebten Hobby der Wiener Kulturbürger, also des zeitunglesenden Bevölkerungsteils: Operndirektor schlachten. Eine Sängerin war indisponiert und mußte durch eine andere ersetzt werden: »Dieser wenig tragische Vorfall hat die journalistischen Feinde des Herrn Mahler ganz toll gemacht. Sie wüthen, verurtheilen, sie klagen über den Verfall der Oper und drohen. Weniger nervenfesten Neurasthenikern wie Herrn Mahler müßte eigentlich bang werden vor diesem Furor.« Und die Bemerkung eines Wiener Morgenblattes, man werde dem Gustav Mahler in der Oper noch Mores lehren, ließ Polgar anregen, dies

sollte »mindestens mit dem richtigen Casus geschehen. So viel Rücksicht hat der Mann doch verdient!«[30]

Unter den Kollegen von der Zeitung dürfte ihm nur einer imponiert haben: der Musikkritiker Gustav Schönaich, ein Wagner-Enthusiast, Bonvivant, gefürchteter Spötter und Kunstkenner von Graden. Ihm schrieb Polgar auch, als er 1906 starb, einen Nachruf, und es war ein Nekrolog auf einen Verwandten im Geiste, denn Schönaich »konnte über sich ebenso lächeln wie über die anderen. Er urteilte apodiktisch, weil er ein gegründetes Vertrauen in den eigenen Geschmack hatte und ihm nichts verhaßter war, als ein feiges, vorsichtiges Tasten und Fühlen nach dem Geschmack der anderen. Aber er verlor nicht einen Augenblick das Bewußtsein, daß unter den Quellen seines Urteils zahllose Fehlerquellen mitrannen. (. . .) Er brauchte ein gewisses Maß physischen und geistigen Luxus. Ihm daraus einen Vorwurf zu machen, ist genau so sinnvoll, wie eine Pflanze, die Humus zu ihrer Entfaltung braucht, gegenüber jener ›moralisch‹ zu disqualifizieren, die auf Sand oder zwischen Steinen munter fortwuchert. Und dann: in der Askese schwacher Mägen ist nichts Tugendhaftes zu entdecken.«[31] Eines sollte bei diesem Zitat allerdings nicht vergessen werden: Es stammt aus dem Jahre 1906, und solch souveräne Gelassenheit Menschen und Dingen gegenüber zu erreichen, bedurfte es mehrjähriger Übung im Umgang mit sich selbst und der Welt. Vor und um 1900 waren nämlich noch ganz andere, schrillere Töne zu vernehmen. Da galt es beispielsweise, die Moderne, wie ungenau dieser Begriff auch immer definiert sein mochte, gegen Spießbürgerlichkeit jedweder Art und gegen Verräter aus den eigenen Reihen zu verteidigen – eifervoll und polemisch. Der wirklich Moderne, dem Polgars Liebe galt, könne nichts anderes sein »als ein unglücklicher Idealist, ein schwärmerischer Vorausgeher, ein Märtyrer seiner Seele und seines Geistes«, überdies ein Matador »mit der tödtlichen Waffe in der Hand, bereit«, sie den Feinden ins

»Fettherz zu stoßen«. Und für Leitfiguren zeitgenössischer Literatur und Kritik, etwa Hermann Bahr oder Maximilian Harden, hatte er bloß ironische Verachtung übrig: »Da kann man noch mitgehen, da versteht man noch alles; breite, gangbare Pfade führen zu den Gedankenhöhen in den Sudermann'schen Dramen, ist man oben, hat man eine schöne Aussicht und es schwindelt einen gar nicht dabei. Herr Harden ist zwar ein bißchen Revolutionär, aber dafür schreibt er einen so gottvollen Stil, und wenn der deutsche Kaiser nur seinen Namen nennen hört, verfärbt er sich und stottert beim Regieren.« Gedichten des jungen Alfred Mombert verlieh er gar das vernichtende Prädikat »die literarischen Unreinlichkeiten dieses Individuums«.[32]

Sein ästhetisches Konzept deutete Polgar anläßlich eines Novellenbandes des Freundes Stefan Großmann an: »Das Complicirte im Einfachen zu erkennen, dazu braucht man nur eines: ein Mikroskop. Ein mikroskopisches Auge verlangen wir vom modernen Schriftsteller. Ein Auge, das die zarten Zusammenhänge aufspürt. Und ein ähnlich construirtes Ohr, welches Schicksale hört, die auf leisen Sohlen gehen, die im Unscheinbaren sich kundgeben, nicht in lärmenden Tragödien.«[33] Worin er die ideale Verwirklichung seiner Forderungen erblickte, erklärte er wenige Jahre darauf in einer Besprechung von André Gides Drama »Le roi Kandaule«, nämlich in dessen Roman »Paludes«: »Ein Buch, das für mein Empfinden eigentlich die höchsten literarischen Künste leistet, indem es Stimmungen so schildert, daß sie sich zu (unausgesprochenen) Ideen verdichten, und Ideen so vorträgt, daß sie in (unausgemalten) Stimmungen verschweben. (...) Ein Buch, das – eine wahre Erlösung ist manches! – davon erzählt, wie kompliziert unser Einfachstes ist, und wie lächerlich einfach die Kompliziertheiten sind, in denen wir emsig und wichtig herumrudern.«[34] Daß ihn aber das Schwärmen nicht blind machte, zeigen seine gleichzeitigen Ausfälle gegen den ehemaligen Mitschüler Franz Blei, der die Übersetzung des

»König Kandaules« besorgt hatte: »Herr Franz Blei ist Spezialist für Köstlichkeiten. Alles Erlesene ist sein Ressort. Wie wenig köstlich und erlesen war er hier!« Zur Stützung seiner Vorwürfe zitierte er abschließend eine wortwörtliche Übertragung Bleis aus dem Französischen: »›Was man nicht hat, ist besser, nicht daran zu denken.‹ Jawohl; und: der Mensch, was kommt arm auf der Welt, ist besser, soll der Kopf abgehackt werden.«[35]

Bei allem unsicheren Umhertasten hatte Polgar schon damals einen eigenen Ton gefunden, eine originelle, wenn auch nicht unverwechselbare geistige Handschrift. 1902 wurde er zum Burgtheaterreferenten der »Wiener Sonn- und Montagszeitung« bestellt – anfangs freilich war das Revirement selbst für aufmerksame Leser nicht wahrnehmbar. Er schlüpfte in das Pseudonym seines Vorgängers Robert Hirschfeld »L. A. Terne«. Kein Wunder, wenn es zu Mißverständnissen kam. Einem solchen Mißverständnis ist es allerdings zu danken, daß Polgar im Dezember 1902 erstmals (ohne beim Namen genannt zu werden) in der »Fackel« abgedruckt wurde. Karl Kraus hatte vermutet, der von ihm durchaus geschätzte Robert Hirschfeld habe zu ein und derselben Aufführung in zwei Blättern zwei einander widersprechende Rezensionen veröffentlicht, und stellte die corpora delicti einander gegenüber, um so die »völlige Werthlosigkeit der Theaterkritik und zumal einer Schauspielerbeurtheilung« zu beweisen, »die bald von subjectivem Unverständnis, bald von Böswilligkeit, hier von Witzsucht, dort von *stilistischem Abwechslungsbedürfnis* regulirt wird, immer aber an die Existenz der Theaterleute greift«.[36]

Trotz diesem Versteckspiel verfolgte Kraus Polgars Arbeit als Theaterkritiker mit zunehmendem Wohlwollen, und im Juni des folgendes Jahres gestand er ihm sogar das Recht zu, vom »journalistischen Geschmeiß« unterschieden zu werden. Gelegenheit dazu boten die Aufführung von Frank Wedekinds »Erdgeist« und die

Meinungen der Wiener Rezensenten darüber. Max Burckhard und Theodor Herzl, »zwei Kenner der Frauenseele, wie man sie nicht in jeder Redaction findet«,[37] betrachtete Kraus als aussichtsreichste Kandidaten in einem imaginären Wettbewerb, »das dümmste Feuilleton« über den »Erdgeist« verfaßt zu haben. Auch von Polgars künstlerischen Einwänden gegen das Drama – »Kühn ist diese Komödie höchstens im bürgerlichen Sinn, nicht im literarischen«[38] – distanzierte sich der Herausgeber der »Fackel«. Die Charakterisierung der Lulu als »*Hetäre aus organischer Nothwendigkeit*« und das damit verbundene anti-(spieß)bürgerliche Frauenbild deckten sich hingegen so weit mit den Ansichten Kraus',[39] daß er die entsprechende Passage aus Polgars Kritik in extenso anführte und mit dem Kommentar versah: »Das ist erschöpfend.«

Sehr zufrieden mit Polgar war Kraus auch, als jener eines von seinen wesentlichsten Feindbildern boshaft beschmutzte. Anlaß war eine Komödie des heute Rechtens vergessenen Dichters Pserhofer, der Polgar nur Unfreundliches nachzusagen wußte: »Völlig eingetaucht sind diese drei Acte des Herrn Arthur Pserhofer in die Atmosphäre aufdringlichen Parfums, falscher Eleganz, schlechter Manieren, zahlungsfähiger, seichter Modernität und abgeschmackter Witzigkeit. Mit einem Worte: der ganze Charme der ›Neuen Freien Presse‹ wohnt in den Räumen dieses Lustspiels.«[40] Solchem Bundesgenossen war uneingeschränktes Lob gewiß: »Es ist übrigens alte Wiener Tradition, daß der beste Kritiker für das schäbigste Montagsblatt schreiben muß«, verkündete Kraus, »während sich auf den einträglichen Posten der großen Tagespresse die Schütz und Kalbeck räkeln dürfen.«[41] Zwei Jahre danach konnte man allerdings einen geharnischten Widerruf lesen: »Ich habe diesen jungen Journalisten einmal in die Literatur eingereicht. Ich sehe mich längst genötigt, ihn wieder zurückzuziehen. Ein gutes Feuilleton, das Herr Polgar seinerzeit geschrieben hat, hat alles Unheil verschuldet. Seither schrieb er dasselbe Feuilleton etwa hundertmal, und es ist nicht besser geworden.«[42] Freilich standen hinter Polgars Verdammnis auch persönliche Gründe, denn er hatte es gewagt, Peter Altenberg, über den Kraus allzeit seine schützende Hand hielt, zu ironisieren.[43]

Abgesehen von seinem Sündenfall in den Augen der »Instanz K. K.«, hatte Polgar jedoch mittlerweile seinen Weg gemacht, keinen spektakulären zwar, aber immerhin über die Grenzen der k. u. k. Heimat hinaus. Im Jänner 1905 war Siegfried Jacobsohn auf der Suche nach Mitarbeitern für die geplante Zeitschrift »Die Schaubühne« nach Wien gekommen. Um den Mann seiner Wahl zu finden, studierte Jacobsohn sämtliche Besprechungen einer Hofburgtheateraufführung: »Zuletzt lagen rechts die ›Koryphäen‹ der wiener Kritik, die ein gelecktes, zierliches, vergnüglich und schnell zu lesendes, nicht einmal am Erscheinungstage unsterbliches Feuilleton geliefert hatten – und links zwei Namenlosigkeiten, zwei viri, so obskur wie der läppische Montagswisch und das öde Sechsuhrblatt, die sie durch ihre Arbeit geadelt hatten. Das waren allerdings Meisterleistungen, die da von Willi Handl und Alfred Polgar gezeichnet waren. (. . .) Handl leitete sich auf einem besondern, durch Galiläa führenden Wege vom Schwaben Speidel, Polgar auf einem nicht minder besondern, durch Gallien führenden Wege vom Ungarn Hevesi her.« Von dergleichen geographisch-genealogischen Expeditionen nicht ganz befriedigt, nahm Paris Jacobsohn – im Zweifel, wem von den beiden graziösen Unbekannten der Vorzug zu geben sei – Zuflucht zu ein wenig alkoholisierten Metaphern: »Handl war Schloßabzug von Burgunder; Polgar brannte auf der Zunge wie Hennessy Dreistern.«[44]

Noch etwas benommen, suchte Jacobsohn dann Polgar im Café Central auf und war vom persönlichen Eindruck entzückt – »ein wunderbarer Kerl«, berichtet der Besucher, »als Mensch wie als Schriftsteller, ein zersplissener, hypersensibler Kunstempfinder, von einer Morbidezza des

Wesens, die mich bestrickt, und einer dichtergleichen Kraft, die verschwebensten Nuancen einzufangen. Wenn ein Stilist dieses Ranges ein Jahr in Berlin sitzt, ist er eine deutsche Berühmtheit. Hier kennen ihn zehn Literaten. Freilich arbeitet er nicht, wenigstens nicht in unserem Sinne, sondern spielt Schach.«[45]

Aller Bestrickung zum Trotz wurde jedoch schließlich Willi Handl, der sich vom Anarchisten zum Hermann Bahr-Monographen (1913) entwickeln sollte, der erste Wiener Theaterkorrespondent der »Schaubühne«, und Polgar »nur« deren regelmäßiger Mitarbeiter (sein erster Beitrag »Oscar Wildes Lustspiele« erschien am 21. Dezember 1905). Jacobsohn hatte sich so entschieden, nicht weil ihm etwa »Hennessy Dreistern« nicht mehr gemundet oder er am Arbeitseifer des notorischen Schachspielers gezweifelt hätte, sondern weil er überzeugt war, daß dieser ohnedies auf eignen Beinen stehen könne.

Und er konnte. Die Zahl seiner Verehrer wuchs wie die seiner Feinde. Allerdings blieb die erste Gruppe vorläufig noch bei weitem in der Minorität, und die Polgar-Gemeinde dürfte sich damals vor allem aus der aufsässigen Jugend rekrutiert haben. 1911 billigte ihm die »Karlsbader Zeitung« die Stellung des »besten Kritikers von Wien«[46] zu. Der sich so dezidiert und noch dazu im Blatt des Herrn Papa zu Polgar bekannte, war ein völlig unbekannter junger Mann: Walter Serner.

Das Kaffeehaus als Ort der Leidenschaften

Im August 1899 schrieb Polgar Stefan Großmann nach Zell am See eine Postkarte des nüchternen Inhalts: »Grüße, bitte, Frau E. R. und Peter Altenberg.«¹ Hinter der geheimnisvollen Chiffre verbarg sich, verbarg Polgar die vierundzwanzigjährige Emma Rudolf, besser bekannt unter ihrem späteren Namen Ea von Allesch, eine der dominierenden Frauengestalten in seinem Leben, freilich nicht in seinem allein: als »Ea oder die Freundin bedeutender Männer«² ist sie in die Literaturgeschichte eingegangen.

Ein zweifellos bedeutender Mann, Arthur Schnitzler, zählte nicht zu jener Schar illustrer Freunde von Altenberg und Friedell bis zu Eugen d'Albert und Hermann Broch. Der Psycholog Schnitzler beobachtete bloß und notierte seine Beobachtungen. 1905 erinnert er sich: »Vor etwa 5, 6 Jahren trat ich aus meinem Haus – vorbei die sog. Wasserleiche (Frau R.) eingehängt rechts Großmann, links Polgar, fahren (warum?) wie sie mich sehn, auseinander.«³ Auf die Frage, warum die beiden Herren zur Rechten und zur Linken so erschrocken auseinandergefahren sein mögen, gab sich Schnitzler keine Antwort. Sie lag auf der Hand: Man war betreten, fühlte sich bei Heimlichkeiten überrascht. Im Mikrokosmos der Wiener Literaten ahnte jeder die Intimitäten des anderen, doch keiner wollte seine Ahnungen laut aussprechen oder gar selbst die Tatsachen zugeben. Helga Malmberg, auch sie vor allem Beobachterin, bezeichnet es rückblickend als »offenes Geheimnis«, daß Polgar ins Café Central kam, um Ea nahe zu sein. »Ich glaube, sie ist ins Spielzimmer gegangen; ich habe sie schon einmal gesehen«, antwortete die »Pflegerin« Altenbergs eines Tages auf Polgars fragenden Blick. Er »nahm die Brille ab und putzte nervös die Gläser«,⁴ dann ging er ins Spielzimmer. Was er dort sah, weiß die Anekdote nicht zu vermelden. Gleichwohl läßt es sich erahnen – Ea im Kreise von Peter Altenberg, Egon Friedell und einigen Nebenfiguren – gewiß ein Arrangement, das Grund zu weiterer Nervosität bot. Man spielte wieder einmal einen beliebten Akt aus dem ewigen erotischen Drama, halb Komödie, halb Tragödie, diesmal jedoch in Szene gesetzt von der nicht unerheblichen Psychopathologie aller Beteiligten.

Bereits im Juli 1899 hatte Polgar aus der Sommerfrische Prein an der Rax der »liebste(n), einzige(n) gnädige(n) Frau« eröffnet, sie sei es: »Es gibt hier Frauen und Mädchen, die einem als interessant oder schön gezeigt werden. Aber das ist auch eine Erdgeist-Consequenz von Ihnen, liebstes Wesen, daß mir alle verwaschen, gewöhnlich, plump und als das ordinärste G'lumpert vorkommen.« Er schloß sein Bekenntnis mit der Formel »I love you«,[5] und daß er den Umweg über die Fremdsprache wählte, war weniger Schmockerei als Angst vor der eigenen Courage. Diese Angst hatte er bald überwunden, aber nur, um sich neuen, bedrängenderen auszuliefern: »Es wird mir unheimlich und kalt zu Muthe, wenn ich mir vorstelle, mein Leben wäre verflossen, *ohne* daß ich Dir begegnet wäre. Vom Tage, da ich Dich kennen lernte, beginnt mein Leben. Alles vorher war Zug durch die Wüste, Einsamkeit, Leere, Seelen-Noth. Ich bin angekommen, Emma. Es gibt keine weiteren Ziele. *Nach* Dir kommt das Sterben, wie *mit* Dir das Leben gekommen ist.«[6] Natürlich war das übertrieben. Doch läßt sich behaupten, daß Polgar, der Ea »mit der unseligsten Habgier«[7] begehrte, seine Fassung verloren hatte, im Wortsinn außer sich war, sodaß ihm bei ihr all seine »Lebenerhaltende Ironie, alles Lachen über die tragischen Dummheiten und über die dummen Tragödien des Lebens abhanden«[8] kamen.

Diese merkwürdige, bemerkenswerte Frau Rudolf war für ihn das ideale, weil im Grunde unerreichbare Liebesobjekt, das sich entzog, vielleicht entziehen mußte, um seinen Bemächtigungsversuchen zu entgehen. Also konnte er sie nur anbeten, und er tat dies plötzlich nach guter katholischer Weise: Er machte sie zur Heiligen, zum

»Heiland«, führte sogar ins Pater Noster das Matriarchat ein: »Emma Rudolf, die Du bist die Herrlichste! Geheiliget werde Deine Schönheit, zu uns komme Dein Reich, Du sei Herrin über unsere Seele wie über unseren Körper ...«[9] Auch sonst äußerte er fromme Wünsche: »Wenn ich mir etwas von meinem Gott erbitten dürfte, es wäre: *Stumm* leiden zu können; *verbluten* zu können mit einem Lächeln auf den Lippen.«[10] Solche Beteuerung war allerdings reine Rhetorik und wurde demgemäß auch nicht erhört; vielmehr gab ihm sein Gott in Überfülle zu sagen, was er litt.

Schlaflos verbrachte er seine Nächte in Wiener Kaffeehäusern wie dem »Colosseum«, dem »Moser«, dem »Central« oder dem »Museum« und verfertigte für sich und die Geliebte leidenschaftliche Episteln voll von Klagen und Selbstanklagen. In Augenblicken ungetrübten Bewußtseins war er dabei durchaus hellsichtiger Erkenntnis fähig: »Ich habe ein so schrecklich ausgebildetes Talent, unglücklich zu sein!«[11] oder: »Ich mache Dich krank und mich mit meiner Liebe«[12] und: »was ich durch Dich empfinde ist zu feierlich, zu seltsam und romantisch, als daß es nicht, gesprochen, abgeschmackt klingen sollte.«[13] Wie Polgar selbst schrieb: Er litt bis an die Grenzen seiner Leidensfähigkeit, war jedoch andererseits in dieser strengen Disziplin besonders begabt. Daß nämlich in seiner seelischen Struktur masochistische Züge eine bestimmende Rolle spielten, vermag jeder im Abwegigen auch nur halbwegs Bewanderte zu erkennen. Dazu bedarf es nicht einmal einschlägiger Briefzitate, an denen es auch nicht mangelt.[14]

Später legte Polgar dieser Eigenschaft gegenüber ein sehr unbefangenes Verhältnis an den Tag und machte aus ihr kein Geheimnis, ja er sprach (schrieb) so erfrischend natürlich darüber, daß man es leicht überhörte (überlas). In der autobiographischen Skizze »Erste Liebe« (1934) erzählt er von heftigen Empfindungen für ein Mädchen namens Amélie – »ein elfjähriger ekelhafter Fratz« –, das eigentlich Mali hieß: »Ich, damals dreizehnjährig, liebte das unausstehliche, aber langbeinige Wesen mit einer Liebe, die alle Merkmale der großen Leidenschaft an sich trug: Eifersucht und Sehnsucht, Verklärungstendenz, schlaflose Nächte und Verschacherung der Schulbücher beim Antiquar, um der Geliebten Bonbons zu kaufen.« Es kam, wie es kommen mußte, aber bald war Rettung in Sicht: »Zum Glück wurde ich wegen schlechter Körperhaltung zu einer Gymnastiklehrerin geschickt, die noch viel längere Beine hatte als Amélie, nach Fichtennadel-Extrakt roch und mir die Arme so nach hinten bog, daß die Ellbogen zusammenstießen. An dieser hilflosen und ein wenig schmerzhaften Position, das süße Gesicht der Lehrerin über mir, empfand ich ein unbeschreibliches Vergnügen (. . .)«[15] Kein Zufall ist es auch, daß Polgar gerade 1934 diese Jugendepisode erinnerte, da er sich wieder einmal in eine ähnliche Glück-im-Unglück-Beziehung eingelassen hatte.

Die Gabe, aus psychischem Schmerz ebensolche Lust zu gewinnen, war freilich nicht auf Polgar beschränkt; andere wie Friedell oder Altenberg, deren Naheverhältnis zu Ea ihn mit Qualen erfüllte, müssen darin gleichfalls recht talentiert gewesen sein. So hat Altenberg einem der Betroffenen, Stefan Großmann, berichtet, die »Herrin« selbst habe ihre »Sklaven« zur Selbstbefreiung ermuntert: »Frau E R sagte mir in der Affaire E(gon) F(riedell): ›Ihr habt wirklich Alle ein Recht dazu, Euch Eurer armen Haut zu erwehren, und ich würde es keinem von Euch je übel nehmen, wenn er Alles thäte, um sich von seinem Martyrium zu befreien.‹«[16]

Naturgemäß widersprach eine solche Befreiung vom Martyrium den ehernen Gesetzen, unter denen Polgar und Leidensgenossen angetreten waren. Die anscheinend ausweglose Situation zum Bessern zu verändern, schrak man auch vor ausgesprochenen Experimenten nicht zurück: In den Jahren 1903 bis 1906 bewohnte Polgar gemeinsam mit Ea und dem englischen Pianisten Henry James Skeene eine alte Villa in der Döblinger Armbrustergasse. Was sich zwischen diesen drei Menschen abgespielt hat, ist unbekannt. Möglicherweise hatte sich Polgar mittlerweile mit der Realität abgefunden und, wie er es nannte, »diese höchste aller Culturen« erlernt: seine »Bedürfnisse nach den Befriedigungsmöglichkeiten einzurichten«.[17] Und nicht ohne Grund sollte in den späten zwanziger Jahren der Dichter Franz Hessel zu den engsten Freunden Polgars gehören. Auch dieser hatte um die Jahrhundertwende – in der Münchner Bohème – die erotische Revolution zumindest in Ansätzen mitgemacht und mit Franziska zu Reventlow in einer ménage à trois gehaust. Seine abgeklärte Lebensdevise (aus dem Roman »Heimliches Berlin«) »Genieße froh, was du nicht hast« sprach Polgar aus der komplizierten Seele.

Aus zwei Gründen beschäftigen uns diese längst begrabenen erotischen Verwicklungen und sexuellen Obsessionen noch heute, ganz abgesehen von der Lehrmeinung aus berufenstem, aus Sigmund Freuds Mund: »Man kann einen Menschen nicht durchleuchten, wenn man seine Sexualkonstitution nicht kennt.«[18] Zum einen läßt sich nämlich so Polgars Wesen, auch als Schriftsteller, die Ironie, die zur Schau gestellte und oft bewunderte grandseigneurale Gelassenheit besser verstehen: als Reaktionsbildung, als Schutz der eigenen Verletzlichkeit, als Panzer gegen die Übermacht der Gefühle. Zum anderen wird auf diese Weise die Wechselwirkung zwischen dem vielbeschworenen »Zeitgeist« des »Fin de siècle« und dessen handelnden Personen deutlich: Sie lebten Literatur und projizierten ihr Leben auf diese.

Wie anders wäre Polgar imstande gewesen, die von Karl Kraus gepriesene Lulu-Charakteristik (1903) – »alles, was« er selbst, Kraus, »über die Erdgeistmoral sagen wollte und sagen könnte« – zu schreiben, wenn er nicht Ea als »Erdgeist« erlebt, sie zu dieser Figur stilisiert hätte: »Lulu ist Alles und ist nichts, weil sie Alles ist: Geht man den Feind mit großen tragischen Auseinandersetzungen an, so ist sie mit einemmal ein Kind, ein süßes, seiner unbewußtes Wesen, das so unschuldig Menschen frißt, wie ein Frosch Fliegen. Nimmt man sie als Kind, will sie wie ein zartestes Pflänzchen hüten – so stößt man auf einen Satan mit unersättlichen Begierden. Gibt man ihr die Peitsche – will sie Liebe; gibt man ihr Liebe, will sie eine brutale Faust spüren.« Nun wäre das, für sich genommen, nicht weiter gefährlich. »*Aber in den beschränkten Männergehirnen vollziehen sich die tragischen Vorgänge.* In ihrer Sucht, das *Unzubändigende* für sich speciell zu bändigen, in ihrem lächerlichen Bemühen, vom Weibe jene Träume verwirklicht zu bekommen, die sich ihnen an der Schönheit der Frau entzündet haben.«[19] Die zeittypische Mischung aus (Altenbergscher) Frauenverhimmelung und wortwörtlicher Verteufelung, die Vision der Madonna als Hetäre, die tiefe Furcht vor dem »Dämon Weib«, der selbst in der Kindlichkeit zu lauern scheint und nach dem sich die Männer verzehren, ehe er dasselbe mit ihnen tut – all das läßt sich in der Tat schwerlich prägnanter ins Wort fassen als dies Polgar tat.

Und Emma Rudolf – sie war in diesem Kreise unglücklicher Verehrer, in diesem Circulus vitiosus aus Wunsch- und Angstträumen, wahrscheinlich weniger Täterin als virtuelles Opfer. Man erinnere sich: Schnitzler sprach von ihr als der »sog.(enannten) Wasserleiche«, also muß er so über sie sprechen gehört haben. Die Hypothese, Ea sei abstoßend häßlich gewesen, ist leicht zu widerlegen – nicht nur die ekstatischen Beschwörungen ihrer Schönheit zeugen dagegen, sondern auch und eindeutiger: Photographien. Die scheinbar bloß beiläufig-abfällige Bezeichnung hat aber wohl andere, tiefere Ursachen. Emma ähnelte vom Typus einem der berühmtesten, populärsten Kunstwerke des 19. Jahrhunderts: der »Ophelia« des Präraffaeliten John Everett Millais. Durch Hamlets Schuld, wegen seines melancholischen Rasens dem Wahnsinn verfallen, ist Ophelia ertrunken. Mit aufgelösten Haaren, hilflos ausgebreiteten Armen, mit halboffenem Mund, ins Leere starrenden Augen schwebt sie im Wasser, umgeben von lieblichen Gewächsen – im Tode ein Stilleben, selbst ein Stück »nature morte«. Und daß man den vermeintlichen »Erdgeist« Ea mit dieser Ophelia assoziierte, gleichsetzte, bringt erst die aggressive Seite all dieser Männerphantasien ans Licht. Auch der Dichter Wedekind ist übrigens ihrer inneren Logik gefolgt: Am Ende der »Büchse der Pandora«, der Fortsetzung von »Erdgeist«, stirbt Lulu, erstochen von Jack the Ripper.

Aber natürlich: »im Leben geht es zu wie im Leben und nicht wie im Tonfilm«, hat Polgar nicht nur einmal geschrieben. Im Leben geht es selbstverständlich auch nicht so zu wie in der Literatur. Alle haben überlebt, zumindest eine Zeitlang. 1906 zog Ea nach Berlin. Henry James Skeene meldet sich als Freiwilliger im Ersten Weltkrieg und starb den »Heldentod«. Ea soll dies mit den Worten kommentiert haben »So ein Esel!«[20] 1916 heiratete sie Johannes Gustav von Allesch, den Studienfreund Robert Musils. 1921 verließ Hermann Broch nicht zuletzt ihretwegen seine Frau. 1946 schrieb ihr Polgar aus dem New Yorker Exil, nachdem sie ihm einen Zeitungsausschnitt geschickt hatte: »(...) ich umarme Sie, ein alter Mitläufer auf der höchst verwirrend gewundenen Rennbahn des Daseins.«[21]

Der Lebenslauf der Emma Elisabeth Allesch von Allfest, geschiedenen Rudolf, geborenen Täubele, endete am 30. Juli 1953 im Armenspital.

In diesem Belle-Epoque-Spiel der Passionen stand aber noch eine andere Gestalt aus Polgars jungen Jahren im Vordergrund: Peter Altenberg, der Mann und sein Mythos.[22] Der Spiegel der Erinnerungen und zeitgenössischen Zeugnisse zeigt ein seltsames, seltsam verzerrtes Bild ihrer

Beziehung. Stefan Großmann berichtet, im Kaffeehauszirkel habe insbesondere Polgar Altenberg »vom ersten Tag an eine schwärmerische Zuneigung entgegengebracht, die er, damit sie um Gottes willen nicht langweilig wirke, hinter einer etwas gegen sich selbst gerichteten Ironie zu verstecken trachtete«.[23] Max Graf zum selben Thema: »Der Spott Alfred Polgars, der sich mit vielen ironischen Stacheln gegen Peter Altenberg kehrte, war der Spott eines Liebenden und Verehrenden.«[24] Karl Kraus wiederum behauptete Ende 1906 apodiktisch, Herr Polgar verdanke seine »winzige Physiognomie (...) wenigstens dem Studium einer ausgeprägten literarischen Individualiät: Peter Altenberg's. Darum bedenkt er auch keine mit seinem kraftlosen Hohn so oft und so gern wie diese.« Es sei ein »peinlicher Anblick, ihn mit dem ganzen verzehrenden Mangel an Leidenschaft, der seine schmächtige Seele schüttelt, Probleme bekriechen zu sehen«.[25] In die kürzeste Formel faßte freilich Arthur Schnitzler seine Mißbilligung, und dies bereits 1898: »im Gasthaus Peter Altenberg, mit seinen widerlichen Jüngern, Pollak und Grossmann.«[26]

Den jungen Alfred Polgar – je nach der subjektiven Perspektive eher liebenswürdig oder widerlich – verband mit Altenberg ein verqueres Vater-Sohn-Verhältnis. Er hatte sich in dessen – persönlichen und literarischen – Schatten begeben und stand nun auch in diesem, immer wieder bemüht, ein wenig aus ihm herauszutreten. Der »kleine« a. p. – welche Chiffre er sich schon früh zugelegt hatte – dürfte für die anderen so etwas wie ein ironisches Gegenbild zum »großen« P. A. verkörpert haben. In der Nacht vom 24. auf den 25. September 1900, als Polgar keine Schlafgelegenheit gefunden hatte, in einem Kaffeehaus Am Hof die Zeit totschlagen mußte und zu diesem Zweck Ea sein Leid klagte, tauchte unter den Marktfrauen und Strottern plötzlich eine bekannte Erscheinung auf: »Ins Café zur ›Kugel‹ ist jetzt eben (½ 4 Uhr Morgens) P. A. gekommen. Ich hoffe, er hat mich bemerkt und ärgert sich, weil ich das Schreibzeug habe. Ich möchte mir sehr gerne Geld von ihm ausleihen; aber es sind geringe Chancen, daß ich welches bekomme.«[27]

Doch nicht nur Polgar versuchte sich als »Schnorrer«. Zu wahrer Meisterschaft hatte es Altenberg in diesem Geschäft gebracht. Eines Tages weigerte sich Stefan Großmann, ihm Geld zu leihen. Der Abgewiesene empfand das als schmähliche Kränkung, unerträglich zumal deshalb, weil sich Großmann bei seiner Ablehnung anscheinend positiv über Polgar geäußert hatte: »Alle Ärzte, welche mich kennen, werden Ihnen meine Angst, meine Empfindlichkeit in Geldsachen bestätigen können.
Sie haben also einen Absagebrief geschrieben, welcher nie auch nur ähnlich vorhanden war u. mich als Schubiak einem Idealisten gegenübergestellt, welcher momentan mich ruhig abschlachtet.«[28] Der vermeintliche Schlächter und sein Kompagnon, in Altenbergs Augen wahrlich ungetreue Jünger, mußten sich bald darauf neuerlich die Leviten lesen lassen: »Ihr, Ihr habt mich elend, krank, unglückselig gemacht!
Unerbittlich, roh, grausam, feindselig waret Ihr Beide gegen mich!
In tiefer Verbitterung lebe ich nun, begreife mein schreckliches Schicksal nicht. Feinde, *organische* Feinde waret Ihr von *Anbeginn* und ich, ich hätte mich schützen müssen vor Bösen und Schlechten!
Polgar war von jeher mein organischer unerbittlicher geheimer und heimtückischer Todfeind aus selbstverständlichen Gründen. (. . .) Oh, wie habt Ihr Alle, Alle Euch an mir versündigt!«[29]

Einer der Gründe für die heimtückische Todfeindschaft dürfte in einer Gemeinsamkeit bestanden haben: der Verehrung für Emma Rudolf, von der Altenberg schrieb: »Schaffst du denn Symphonien, weibliches Beethoven-Antlitz?!?
Du bis ein *Weib*, kannst dich nicht *austönen!*

Nicht dich *erlösen*!«[30], was ihn freilich nicht hinderte, allgemein zu bekennen: »Mich interessiert an einer Frau *meine* Beziehung zu ihr, nicht *ihre* Beziehung zu mir!«[31] Auch später wurde Polgar in Altenbergs Briefen als sein »angeblicher Freund«, als »Feind«[32] apostrophiert, und bei Lina Loos sollte sich der »Verratene« bitter beschweren: »Das Gift A P wirkt weiter - - - .«[33]

Sogar öffentlich wurde damals – literarischer – Streit zwischen den beiden ausgetragen, der sich an Knut Hamsun, einer Leitfigur der Epoche, entzündet hatte. Im »Neuen Wiener Tagblatt« erschien 1910 ein Aufsatz Polgars, »Hamsun-Menschen«, in dem dieser eine Modeerscheinung aufs Korn nahm, daß sich nämlich die »Degenerierten Europas« dem neuen Menschentypus »ziemlich geschickt anpaßten. (...) Es sind Karikaturen jener Helden der Unaktivität, jener Genies des Leidens, die der Dichter gesehen und dargestellt hat.«[34] Wenige Wochen darauf replizierte Altenberg in der »Schaubühne« unter demselben Titel, ohne Polgar, gegen den die Antwort ja gerichtet war, namentlich zu erwähnen. Doch mußte dieser das wenig Schmeichelhafte des Artikels auf sich beziehen: »Diejenigen Unglückseligen, die in der Mitte schwanken zwischen der Bejahung und Negierung des Daseins, machen sich ein Geschäft daraus, Hamsun-Menschen fälschlich erklären zu wollen, indem sie selbst weder den Mut haben, bejahende Normal-Menschen noch negierende Perverse zu sein. Der gesunde Mittelweg ist die Straße des feigen Idioten.«[35] Das war deutlich.

Bereits die folgende Nummer der Zeitschrift brachte eine Erwiderung Polgars, und sie hieß abermals »Hamsun-Menschen«: »Ich habe nicht von ›jenen Menschen, die Hamsun in seinen Romanen beschreibt‹, erzählt, sondern von den lebendigen Karikaturen dieser Menschen, entstanden durch die kläglichen und schäbigen Anpassungsversuche degenerierter Juden an ein von Hamsun erschaffenes literarisches Vorbild.« Sein Essay handle eben nicht

»von den Helden der Hamsunschen Bücher, sondern von deren kümmerlichen Kopien seitens belesener Seelenkrüppel. Alle, die einzig und allein mit dem Maul zu leiden, zu lieben, zu hassen, sich zu opfern, zu resignieren und zu sterben wissen, fühlten sich getroffen und reagierten, indem sie sich dumm stellten und Hamsun in Schutz nahmen.«[36] Das war nicht minder deutlich.

Ein diktierter Brief Altenbergs sollte die wechselseitige Polemik aus der Welt schaffen: »Lieber Alfred Polgar! Ich glaube, oder vielmehr ich tue Ihnen die Ehre an, Ihnen nichts erklären zu müssen von allem, was zwischen uns vorgefallen ist! Ich reiche Ihnen noch einmal und zum letzten Mal in meiner Lebensverzweiflung die Hand zur endgiltigen Versöhnung. Ich werde Sie also, wo immer ich Sie antreffe, grüßen. Falls Sie meinen Gruß nicht erwidern, weiß ich, was ich davon zu halten habe.«[37]

Nun darf man Altenbergs Ausbrüche sicher nicht immer für bare Münze nehmen; er ging mit Liebeserklärungen und Tobsuchtsanfällen verschwenderisch um, und keiner der ihm Nahestehenden – ob Adolf Loos oder Egon Friedell[38] – blieb davon verschont. Einen beachtlichen Teil seines dichterischen Talentes hat er, so Polgar und nicht nur laut diesem, »in vielen tausenden Briefen und Reden verschenkt, in wilden, genialisch-übermütigen, verzweifelten, verzückten, von Liebe und Haß tobenden Episteln, in Tischgesprächen von beispielloser Schwungkraft, hinreißend durch ihren tyrannischen Überzeugungswillen, durch den Hexen-Lufttritt ihrer phantastischen Gescheitheit, durch ihre himmlisch-gewalttätigen Verstiegenheiten und Narreteien, Negative der Weisheit, durch die Gewitterpracht eines Temperaments, das sich da, Blitz der Idee und Donner nachstürzender Worte, elementar entlud«.[39] Oder anders, privater gesagt, wie Polgar Jahrzehnte später an Berthold Viertel schreiben sollte: »(. . .) Peter A. (ist) nicht nur ein Heiliger, Dichter und Weiser gewesen (. . .), sondern auch ein rechter, ausgekochter Narr und Hanswurst.

Und das Herrliche dabei war, daß er selbst das ganz genau gewußt hat.«[40]

Ein Text aus dem von Polgar herausgegebenen Nachlaß Peter Altenbergs trägt die Überschrift »Lieber Alfred«. Darin heißt es: »Denn ›Liebe‹ und ›Freundschaft‹ sind bereits hoffentlich für dich nur Worte, die Worte sind, aber keinerlei Inhalt mehr haben! Das sind lauter Verlorene, Verkommene, *lebendige* Selbstmörder, die sich an solche Blödsinne noch, untersinkend im Leben, *frech anklammern!* (...) Sei der du *nun einmal bist* (...)«[41] Worte wie Liebe und Freundschaft, die keinerlei Inhalt mehr haben – das mag eine Position sein, wenngleich eine höchst anfechtbare. Arthur Schnitzler hat in seinem Altenberg-Stück, dem Fragment »Das Wort«, mit ihr abgerechnet, die Tragikomödie von der Verantwortungslosigkeit erotischen Spiels und der zum Geschwätz verkommenen Rede gestaltet, an deren Ende und als deren Konsequenz ein verliebter junger Mann, ein großes Kind, das die Regeln dieses Kreises noch nicht erlernt hat, in den Tod rennt. Auf dem Höhepunkt des Schlüsseldramas kommt es zu einer heftigen Auseinandersetzung zwischen Treuenhof (Altenberg) und Hofrat Winkler, dem alter ego Schnitzlers: »*Treuenhof:* Worte sind nichts. *Winkler:* Worte sind alles. Wir haben ja nichts anderes.«[42] Die Mahnung freilich »Sei der du *nun einmal bist*« hatte sich Polgar durchaus zu Herzen genommen. Ihre Umsetzung in die Tat dauerte jedoch lange – sie scheint ungefähr mit dem Tod Altenbergs zusammenzufallen. Nun, da die Vaterfigur, die Legende zu Lebzeiten, nur mehr Mythos war, konnte der Jüngere, der Jünger, Altenbergs Andenken bewahren, sich mit ihm in Liebe und Verehrung – frei von Spott – auseinandersetzen, ohne sich selbst dabei aufzugeben.

Alfred Polgar hat seinem Mentor eine Reihe von Nachrufen gewidmet, und an der aufrichtigen Betroffenheit ihres Verfassers kann man kaum zweifeln. Einen von ihnen

schloß er, indem er auf Altenberg und dessen Rolle – halb bewundertes Genie, halb belächeltes Original – unter den anerkannten Wiener Schriftstellern einging: »Sie freuten sich seines hängenden Schnurrbartes und seiner sonderbaren Kleidung und seiner Riesen-Zwickerschnur und sagten: ›Du Peter‹, und waren überhaupt sehr amüsiert von ihm.
Gulliver unter den Zwergen.«[43]
Der Leser Arthur Schnitzler war darüber allerdings weniger amüsiert als verärgert: »Polgars Nekrolog über P. A. – schön, vielleicht ganz richtig; am Schluß – c'est plus fort que lui – non, c'est lui! – Lausbübereien gegen die Wiener Dichter natürlich ohne Namensnennung. Man spürt – das ist ihm doch immer das wichtigste.
Was für ein kläglicher Geselle. –«[44]

Schnitzler hatte gewiß manche Ursache zu solcher Entrüstung, denn auch dieses Verhältnis – zwischen dem beglaubigten Autor und seinem hartnäckig ungläubigen Kritiker – war ein höchst zwiespältiges, voll unverhohlener Aggressivität und versteckter Zuneigung: eine Mischung, die auch aus der des öfteren gebrauchten Formulierung »Lausbub« spricht. Polgar hatte, dank seiner Stellung, einen erheblichen Vorteil dem Opfer seiner Bosheit gegenüber: Er vermochte sich in subtil abschätzigen Rezensionen öffentlich zu äußern, während Schnitzler sich bloß in der Privatsphäre seiner Tagebücher und Korrespondenz den Grimm von der Seele schreiben konnte. Das Kaffeehaus war dabei nur anfänglich Austragungsort dieser Spannungen, da sich Schnitzler – in seinem Abscheu vor dem »literarisch-journalistische(n) Hexenkessel«[45] – immer mehr aus dieser Welt zurückzog. Gleichwohl haben dort, in der spezifischen Atmosphäre des »Schattenreichs« (Franz Werfel), die Verwicklungen begonnen. Bereits 1896 hatte Schnitzler ja festgehalten: »Im Kfh. Altenberg u seine Gemeinde, von der wir, besonders ich (. . .) unsäglich gehaßt werden.« In die gleiche Zeit fällt zudem die ärztliche Kon-

sultation durch Polgar, und Schnitzler erinnert sich auch:
»Kurz darauf hinterbrachte mir Salten haemische Bemerkungen über eine Novelle von mir (Abschied.) –«[46] Von da an herrschte gespannte Ruhe; man dürfte einander tunlichst ausgewichen sein – engerer Kontakt, gar bis zu einer persönlichen Aussprache gediehen, hätte die exquisit neurotische Konstruktion dieses Verhältnisses wohl zum Einsturz gebracht, also fand das Verfahren weitestgehend schriftlich statt.

1905 war es dann soweit: Anläßlich der Uraufführung von Schnitzlers »Zwischenspiel« wurden die Feindseligkeiten eröffnet, und der Dichter – bei aller Fähigkeit zu außerordentlich harter Selbstkritik gegen fremde Einwände übermäßig empfindlich[47] – reagierte betroffen, nicht nur oberflächlich, sondern im Innersten verletzt: »In den letzten Tagen (durch eine zufällige Mittheilg. gesteigerter) Hass gegen *Polgar. Eigentlich der erste von meinen Feinden, der wirklich Talent hat.* (. . .) Während mein Aerger über die Plattheiten u Albernheiten, die schlechtgeschriebnen andrer (z. B. Goldmann) nur Minuten bis Stunden währt, dauert mein Zorn gegen diesen giftigen Kerl, der eigentlich seit zehn Jahren wartet, gegen mich losgehen zu können, ununterbrochen an.« Schon vor der Vorstellung war Schnitzler zugetragen worden, Polgar werde sich gehässig äußern. »Er that es in einer unendlich geschickten Weise – so dass andre Leute meinen mussten, es thue ihm eigentlich leid, einen ihm persönlich so sympathischen Menschen als Dichter nicht vol(l)k. anerkennen zu können. – Kurz u gut; ich kann ihn nicht leiden u wünschte ihm sehr unangenehm zu werden.«[48] Damit waren wesentliche Motive von Schnitzlers jahrelangem Ärger über diesen Primus unter seinen kritischen Gegnern angeklungen. Im Jänner 1906 las er dann ein – naturgemäß – »widerliches« Feuilleton Polgars[49] (einen Angriff auf das typische »Wiener« Feuilleton) und beklagte sich bei seiner Frau Olga »über das ganze Gesindel«: »Wenn ich nur schon wüßte, wo die Kerle anzupacken sind (literarisch).«[50] Drei Wochen danach begegnete er dem »Gesindel« im Burgtheater: »Großmann und Polgar krochen an mir vorüber und steigerten den Ekel, der mich den ganzen Abend umwallte.«[51] Wenn er auch noch nicht genau wußte, wie er die Kerle anpacken könnte, so war sich doch sein Unbewußtes darüber längst im klaren, ja es war mitten in der Arbeit. Denn gerade damals beschäftigte sich Schnitzler intensiv mit zwei Werken, in denen insbesondere Polgar ein häßliches, womöglich auch für andere hassenswertes literarisches Denkmal gesetzt wurde: Im Altenberg-Stück »Das Wort« umschwirren Anastasius Treuenhof (Peter Altenberg) zwei »widerliche Jünger«: Gleissner und Rapp, und in einem Manuskript nannte sie der Autor noch, wie sie wirklich hießen: Polgar und Großmann. Gleissner-Polgar, durch seinen Namen hinlänglich charakterisiert, ist der schäbigste Part zugedacht: Grenzenlos eitel und intrigant, spielt er das verkannte Genie, ohne es allerdings über öde Wortspiele hinauszubringen – »Ein Getränk mit Lokalkolorit«,[52] darf er witzeln. Der »Freund« Rapp-Großmann erzählt von ihm: »Auch das Bewußtsein seiner Unzulänglichkeit schlägt er um die Schultern wie einen Purpurmantel aus der Maskenleihanstalt.«[53] Das Paar Gleissner-Rapp taucht außerdem in Schnitzlers Roman »Der Weg ins Freie« (veröffentlicht 1908) auf, aber Rapp trägt darin Züge eines anderen Feindbilds – jene von Karl Kraus.[54] Gleissner wird wiederum – »im Glanze seiner falschen Eleganz«[55] – vor allem im Kaffeehaus vorgeführt, und man sagt ihm eben die verbalen erotischen Zynismen nach, die er auch im »Wort« von sich gibt.[56]

Was mag Schnitzler dermaßen getroffen haben? Polgar verstand es zweifellos, ihn sehr gönnerhaft, von oben herab, zu behandeln, ihm freundlich vergiftete Brosamen des Lobs hinzuwerfen und ihm zugleich wirkliche Anerkennung zu versagen. So hieß es in seiner Besprechung von »Zwischenspiel«: »Ich weiß kein Beispiel in der Weltliteratur, daß einem Dichter so gerecht zugemessen worden wäre, was ihm an Ruhm und Erfolg gebührt, wie Herrn Schnitzler. (. . .) seine Bücher sind wund von den Griffen der Leihbibliothekabonnenten, eine ganze Schar von Begeisterten folgt ihm als Suite, und jeder Federstrich, den er tut, wird vergoldet von der Zärtlichkeit der Freunde. Was denn noch also? Ein Schnitzler-Festspielhaus? Ausspeisung im Prytaneion? (. . .) Im ganzen: eine schwache Komödie. Böser als das: eine arme Komödie. Fast könnte man zu einer schlimmen Diagnose des Schnitzlerschen Talentes kommen. Ich glaube, selbst die guten Freunde waren ein wenig erschrocken. Wie man erschrecken mag, wenn man von einem scheinbar kerngesunden Menschen plötzlich hört, er spucke seit Jahren Blut.«[57] Auffallend daran ist – und natürlich ist es zuallererst Schnitzler aufgefallen – daß Polgar, als er sich auf medizinische Metaphorik einließ, ausgerechnet jenes Leiden dem Schriftsteller Schnitzler andichtete, das der Arzt Schnitzler bei ihm, dem Patienten Polgar, ein Jahrzehnt zuvor konstatiert hatte.

Ein anderes Beispiel, wie der Kritiker Polgar mit Schnitzler umging, war bald darauf in den Spalten der »Wiener Allgemeinen Zeitung« nachzulesen, und die darin gewählte Methode bewährte sich bei Polgars Beurteilung von Schnitzlers Werken: Er begann wohlwollend, streichelte sozusagen das Stück mit Worten, aber nur, um es dann erst recht zu erledigen: »Die Schnitzlersche Burleske (»Zum großen Wurstel« – der Verf.) ist eine riesig sympathische Arbeit. Der beste Geschmack, Erfindung, Witz, freier Blick zeichnen sie aus. Ihre Bitterkeit hat Aroma. (. . .) Sehr glücklich ist dieser Einfall: der Wurstel als Tod. Ja, diese wienerische Koketterie mit dem Wurstel, wodurch die pauvreste Schwere einer Komödie ins ›Leichte‹ umgelogen werden soll, dieses Ausbiegen mit einem wehmütigen ironischen Pas aus der Sentimentalität ins Überlegene, Ewig-Kühle, dieser ganze zärtliche Tod-Wurstel-Feuilletontiefsinn ist nicht mir allein längst ein Greuel.« Gleichzeitig ließ er es sich nicht entgehen, diese ironische Brechung psychologisch zu interpretieren und so dem Verfasser eine Schaffenskrise zu unterstellen: »Es ließe sich wohl aus dem Leben vieler bedeutender literarischer Menschen nachweisen, daß sie ironisch und sich-selbst-durchschauend wurden, wenn das Gefühl der Sterilität ihr Herz bedrückte.«[58] Schnitzler konnte das nur energisch von sich weisen, als Vorwurf nicht an sich herankommen lassen, und notierte in seinem Katalog kritischer Untugenden: »Man folgert aus irgendeinem Werk, obwohl, ja weil es vollkommen gelungen ist, daß der Autor steril geworden ist. (So. A. P. nach dem *Großen Wurstl*.)«[59]

Unbarmherzig verrissen wurde auch eine Neueinstudierung von Schnitzlers »Märchen« – auf dessen »billige(m) Gefühls- und Gedankenmobiliar (. . .) die Debatten wie fingerdicker Staub« lägen. – »Es war ein peinlicher Abend. Und wirklich fast geeignet, das ganze Märchen von Arthur Schnitzler umzubringen.«[60] Dieser notierte resigniert: »Am unglaublichsten wie zu erwarten *Polgar* . . .«, und der ganze Tag war ihm durch die »Perfidie eines talentvollen Menschen«[61] vergällt. Trotzdem versuchte er, dieser »Feindschaft« auf den psychologischen Grund zu gehen: »Der Fall P. ist übrigens beinah ein Problem.« Rätsel aufzulösen gab Schnitzler der »heftige innere Widerstand, der sich beinah noch auffallender ausdrückt, wenn er mich (. . .) sozusagen lobt, als wenn er schimpft. – Hass ist, gerade wie Liebe, ein Wort, das für eine Unzahl der verschiedensten Beziehungen angewandt wird.«[62] Schnitzler legte sich eine Theorie zurecht und formulierte sie im Gespräch so mit Leonie Guttmann: »Über die unproductiven Leute mit dem tief-natürlichen Hass gegen die productiven, besonders über die, die in einer Art Verzweiflung an den Grenzen wandeln, immer den Hauch der andern Welt um ihre Stirn wehn spüren – und doch nie hinüber können.«[63] Damit wäre also das Ungenügen an sich selbst, die Unfähigkeit zur eigenen kreativen Leistung, das Hauptmotiv, andere, Schöpferische, mit abgründiger Bosheit zu verfolgen. Und solch tröstliche Erklärung gab er nicht nur sich, sondern auch anderen von Polgars »Perfidie« Betroffenen wie Richard Beer-Hofmann, dem er einen veritablen Kondolenz-Brief[64] anläßlich einer Polgar-Kritik schrieb, oder Hermann Sudermann, dem gegenüber er Polgar ein »neidzerfressenes wanzenhaftes Subjekt« nannte.[65]

Das Jahr 1909 brachte dann eine kleine, aber entscheidende Wende. Über die Aufnahme seines Dramas »Der Ruf des Lebens« konnte Schnitzler dem ihm befreundeten Regisseur Otto Brahm melden: »(...) die schlimmsten Großmänner und Polgars haben sich zu mir bekehrt; bis zu enthusiastischen Äußerungen.«[66] Freilich war diese Bekehrung keineswegs endgültig, weitere kritische Sündenfälle sollten folgen, doch sie schmerzten nach diesem »Triumph« nicht mehr so heftig: »— Polgar in der Allg. Ztg., fast bedingungslos den ›Ruf‹ lobend; freut mich insofern als ich P. unter meinen Gegnern eigentlich als den einzig ernst zu nehmenden empfand.«[67] Das »empfand« ist keine zufällige Vergangenheitsform – Schnitzler dürfte in der Tat geglaubt haben, damit sei die langjährige Gegnerschaft beigelegt, begraben. Das beweist auch ein Traum vom Pfingstsonntag des folgenden Jahres, Schnitzlers 48. Geburtstag, in dem er – während eines Spazierganges mit einem Unbekannten – »ein Lob A. Polgars« sang.[68]

Die Idee von Schnitzlers Verleger, Samuel Fischer, Polgar zu fragen, ob er nicht bereit wäre, eine Monographie über Schnitzler zu schreiben, schien diesem indes ein wenig übertrieben: »Der von Ihnen auch schon neulich einmal erwähnte Polgar kommt gar nicht in Betracht, ganz abgesehen davon, daß er Ihren Vorschlag jedenfalls refusieren würde. Er ist gewiß einer der Begabtesten unter den Wiener Kritikern und hat auch gelegentlich schon über mich Kluges und Geistreiches (womit ich nicht gerade das Lobende meine) zu sagen gewußt. Ja, ich gehe sogar so weit es für möglich zu halten, daß er, wie man das so nennt, ein Verhältnis zu mir fände, wenn wir durch hundert Jahre, tausend Meilen oder wenigstens durch unsere Rasse getrennt wären.«[69] Gewiß, man hatte viel Gemeinsames – allzuviel, das einen trennte. Allerdings wäre es Polgar wohl nicht einmal im Traum eingefallen, das Lob Arthur Schnitzlers zu singen, hatte er sich doch, selbst im Wachen, drei Wochen zuvor beim »Jungen Medardus« nur mühsam zurückhalten können: »Polgar heute in der S. u. M. Ztg. . . . nicht ohne Respekt – aber plötzlich schlägt der alte Haß wieder durch . . . So charakteristisch für ihn –«[70], notierte der betroffene Autor. Die Akzentverschiebung scheint jedoch bemerkenswert: Schnitzlers Groll ist – im großen und ganzen – Erstaunen gewichen, dem Interesse für die Person Polgar und deren seltsames Verhalten. 1911 verglich Schnitzler einen Bekannten mit Polgar, entdeckte »äußere, und wohl auch innere Ähnlichkeit« mit diesem: »Seine vorsichtig-widerwillige und doch von tieferer Sympathie erhellte Stellung zu mir.«[71]

Noch deutlicher wurde diese Tendenz, als Polgar 1914 »Der einsame Weg« besprach und mit seiner Kritik – abgesehen von manch freundlichem Urteilssplitter – eine Meisterleistung an unterschwelliger Bosheit vollbrachte: »Alle Personen des Stückes haben eine heftige Neigung, in sich selbst zu schauen, aus den Kellern ihres Bewußtseins Verstecktes ans Tageslicht zu fördern. Und wie ein guter Beichtvater sorgt der Dichter für sie. Er gibt ihnen Gelegenheit. Wenn sie ein Bedürfnis haben (und sie haben immer ein Bedürfnis), führt er sie allsogleich innerln.«[72] Schnitzler kam darob zu dem erstaunlich milden Schluß, daß Polgar »doch der interessanteste und bei aller Lausbüberei und Feindseligkeit (zum Theil aus unglücklicher Liebe) gegen mich anständigste Kritiker bleibt«.[73]

Die pathetisch anmutende Wendung »aus unglücklicher Liebe«, die er aus dem Keller seines Bewußtseins ans Tageslicht förderte, läßt aufhorchen, vermag aber vielleicht am ehesten die tiefe Ambivalenz dieses Verhältnisses auf den Begriff zu bringen. Polgars Verhalten änderte sich hingegen wenig. Von den Tagebüchern und der fragwürdigen Rolle, die er darin spielte, hatte er selbstverständlich keine Ahnung, daß aber die Komödie aus dem Zeitungsmilieu »Fink und Fliederbusch« auf seinesgleichen, wenn nicht partiell sogar auf ihn persönlich zielte, dürfte ihm kaum entgangen sein: »Der Theaterkritiker ist auch da. Er heißt, nett, Abendstern. Zerbrochener Idealist, müde, verbittert, sein einziger Trost die Bosheit. Schreibt, was er meint, kann aber auch, wenn er muß, anders.«[74] Schnitzler nahm davon keine Notiz, ebensowenig von der reservierten Besprechung des »Professor Bernhardi« — »Die Zuhörer wurden der noblen Schnitzlerschen Art, empfindliche Stellen zu berühren, ohne daß die Berührung tief ginge oder weh täte, dankbarst froh.«[75] — All die kleinen Sticheleien scheinen an Gewicht und Wichtigkeit verloren zu haben.

Im Mai 1926 träumte Schnitzler noch einmal von einer Begegnung mit dem alten »Feind«: »Berlin. Träume; von Polgar, Eisenbahnzug; freue mich, ihn persönlich kennenzulernen, sage ihm, daß Lili seine Sachen liebt (Deutung: daß ich gestern Hubermann sprach, ihm sagte, Lili war bei allen seinen Concerten gewesen; — ferner wirkliche Sympathie Lilis für Polgars Schriften).«[76] Die Traumdeutung des »Doppelgängers« von Sigmund Freud bleibt in ihrem Bemühen, Irrationales zu rationalisieren, an der Oberfläche — aber daß Schnitzler seine innigliebte Tochter ins Traumspiel bringt, zeigt, welch mächtige Emotionen hier wirksam waren.

Alfred Polgar hat seinem Kontrahenten gewiß in vielen Fällen Unrecht getan, dessen wahre Bedeutung verkannt, wahrscheinlich gar nicht erkennen wollen: Eine eigentümliche, psychisch bedingte Linsentrübung ließ ihn manches Gelungene übersehen, das Mißglückte hingegen nie. Zwei Männer, der Dichter und sein Kritiker, beide als Durchschauer von Welt und Menschen Rechtens renommiert, führten so einen jahrelangen, leisen und doch erbitterten Kampf. In ihm gab es keinen Sieger, die Gegner ließen schließlich nur, müde geworden, voneinander ab. Im Grunde freilich waren sie, jeder für sich, Verlierer. Als Polgar, Mitte der zwanziger Jahre, die eigenen Kritiken zu sammeln begann, legte er eine sehr durchgesehene Fassung seiner abfälligen Bemerkungen über den Theaterdichter Schnitzler vor, so, als könne er sich mit den einstigen Äußerungen nicht mehr identifizieren. Und in seinem Nachruf auf Schnitzler steht der Satz: »Zwischen den Lebenden fließt ein Dunkles, sie reichen darüber hin die Hand, aber kaum ihre Fingerspitzen berühren einander.«[77] Das Dunkle zwischen Schnitzler und Polgar, das ihre Beziehung trübte, verkrampfte, war wohl nicht zuletzt Berührungsangst.

Fröhliche Apokalypse?

Das Kaffeehaus war Polgars Welt, unbestritten – so manches andere jedoch auch. Aber wenn er nicht gerade in der Redaktion seinen Dienst versah oder im Theater saß, verbrachte er dort seine Tage, die sich bis tief in die Nacht hineinzogen. Er führte eine Kaffeehausexistenz, ja er dürfte sie sogar ein wenig vorgeführt haben. Der maliziöse Anton Kuh beschwört sein Bild: »Polgar (. . .) – von so provokant in sich gekehrter Sanftmut, daß dieses Piano seines Wesens die Tassen erklirren machte, spielte Tarock; es war aber nicht das Tarockspiel eines Bürgers, es war Buddhas Flucht ins Tarock; sah man ihn so stundenlang sitzen, dann war gewiß der Gedanke kaum unterdrückbar: ›Herrgott, was könnte aus dem Mann werden, wenn er hier nicht stundenlang tarockspielend säße!‹
Diesethalben saß er und spielte!«[1]

Ein anderer Besucher des Café Central, Otto Soyka, sah den sanften Tarockierer eher als hingebungsvollen Schachspieler, als begabten »Löser von Problemen«.[2]

Polgar selbst wiederum hat nicht nur die berühmte »Theorie des Café Central« geschrieben, sondern als Praktiker von Graden bereits früher dieser Institution rühmend gedacht: »Das Caféhaus ist der einzige Ort, wo ›Menschen ohne Schwerpunkt‹ leben können. Dort ist eine so wunderbare Egalität hergestellt, wie unter den verschiedensten Materien im luftleeren Raum, wo alle mit gleicher Raschheit zu Boden fallen und keines sich vom Gewichte eines anderen übertrumpft fühlt.« »Menschen aller Art erscheinen, man berührt flüchtig ihr Wesen, man vereinigt sich für kurze Zeit auf neutralem Boden und trennt sich schmerzlos, wenn man voneinander genug hat.« »Eingewickelt in den narkotischen Duft der Zigarette sitzt man friedlich und vergißt die Armseligkeit und Löcherigkeit des eigenen Daseins (. . .)« »Und nirgends so gut wie dort vernimmt man den Ruf des neuen Lebens, sei es, daß er aus einem menschlichen Munde, aus einem Frauenauge, aus einer Zeitung, einem Buche, einer Stimmung, einer Nachdenklichkeit, einem Ärger oder einer Melancholie lockend hervorklänge.« »Hier kann man also leben, schuldig bleiben, sterben! Gibt's überhaupt noch etwas?«[3]

Dieselbe Frage drängt sich freilich auch auf, wenn man Polgars frühe erzählende Prosa liest. Im Alter war dem »Meister der kleinen Form« die Vorstellung, »daß jemand in diese Bücher hineinschaut (. . .) so quälend als der Gedanke, daß jemand eine kriminelle Vergangenheit von (ihm) aufgespürt hätte«.[4] Der Großteil der in den Bänden »Der Quell des Übels« (1908), »Bewegung ist alles« (1909) und »Hiob« (1912) vereinigten Texte kennt in der Tat nur diesen sehr begrenzten Weltausschnitt, verharrt in einer Art Kreisbewegung in ihm. Diese Selbstbeschränkung und daher auch Beschränktheit muß sogar ihrem Verfasser unangenehm aufgefallen sein. So eröffnete er die Erzählung »Hiob« mit der Grundsatzerklärung: »Ich habe den Vorwurf satt, daß alle meine Geschichten im Café Central spielen —«[5]

Der Leser Arthur Schnitzler jedenfalls sah sich nach der Lektüre von Polgars erstem Buch aufs erfreulichste in seinen Vorurteilen bestätigt: »Man versteht manches. Die bohrende Intelligenz und totaler Mangel an Gestaltungskraft.«[6] Ein professioneller Kritiker, Leonhard Adelt, der »jüdischen Geist« in der Literatur im allgemeinen für verdächtig, wenn nicht gar für verwerflich hielt, rubrizierte den Autor Polgar ungnädig als »Nur-Journalist« und ließ sich dessen »Wiener Feuilletonkultur« leicht angewidert auf der Zunge zergehen: »Falscher Hasenbraten, lecker garniert und mit pikanter Sauce.«[7]

Der Quell des Übels ist natürlich »das Weib« – Triebkraft und treibende Kraft in einem. Abgestandene Kaffeehaus-Erotik bestimmt die Atmosphäre dieser Skizzen. Die nur in ihrer Wirkung dämonischen, selbst aber bloß hysterischen Unruhestifterinnen erweisen sich darin als recht unnütze

Luxusgeschöpfe, allein dazu da, öffentliches Begehren zu erregen und bei den »Männchen« Verwirrung zu stiften. Das maskuline Personal der Erzählungen ist zwar ebenso unproduktiv – kleine Spießer, widerwärtige Journalisten, eitle Literaten –, dafür aber sind diese Typen, von denen jeder sich zu Höherem berufen fühlt, mit allem neurotischen Komfort des Fin de siècle ausgestattet: schwächlich, doch kompliziert, unfähig zu echten Gefühlen, doch sensibel. Hier rezensiert ein Kritiker die billige Tragikomödie der Worte und verlogenen Empfindungen: »Der Musiker blies Sturm der Empfindung, und Frau Lolotte rüttelte mit beiden Händen an ihrer blonden Temperamentlosigkeit; aber es fiel nichts Leidenschaftliches herunter. Der Musiker legte Feuer, und die Dame, der Pflichten des Augenblicks bewußt, raffte ihre ganze kümmerliche Lasterhaftigkeit zusammen und warf sie in den Brand. Aber es gab nur zaghafte Flämmchen.«[8] Solch groteske »Liebesszene«, ein »Comic-Strip« der konsequenten sprachlichen Bilder, wirkt, bei aller Geschliffenheit des Ausdrucks, erbärmlich und unangenehm, und das war wohl auch der beabsichtigte Effekt. Polgar hat unter dieser präzise beschriebenen Erbärmlichkeit zweifellos gelitten, aus der Stickigkeit den Weg ins Freie gesucht, aber lange nicht gefunden. Nur wenige Geschichten aus dem »Quell des Übels« hat er später, bis zur Beinahe-Unkenntlichkeit überarbeitet, in sein Œuvre integriert, für wert befunden, mit seinem Namen verbunden zu werden.

Sein zweites Buch aus dem Jahre 1909 nannte er »Bewegung ist alles« und deutete damit bereits im Titel Wesentliches der von ihm bevorzugten literarischen Technik an: die nervöse Unruhe, das Schillernde, die multiperspektivische Darstellung, die alles relativiert. Die einleitende Erzählung, »Manneswürde«, im Protagonisten möglicherweise Peter Altenberg nachempfunden, beziehungsweise eigenen Neigungen, handelt von der versuchten psychischen Hinrichtung eines Anbeters durch eine »bösartige

Dame«: »Er war so was wie ein Dichter. Ein Frauenvergötterer. Einer, der die unglückliche Liebe als Métier betrieb; der davon lebte, daß er unaufhörlich vor Liebe starb.« Der Verachtung seiner sogenannten Freunde aus dem Kaffeehaus ist er sicher: »Einen butterweichen Erotiker nannte man ihn; einen schmählichen Weibling; einen Epileptiker der Liebe, einen durch und durch aufgeweichten Kerl; eine Sexualpfütze, die exstatisch aufspritze, so oft ein Frauenfuß in sie trete.« Als der Dichter einer zu solchem Fuß gehörenden Frauensperson schwört, für sie alles tun zu wollen, was immer sie verlange, reizt er ihre grausamen Instinkte: »›Dichter,‹ sagt die Dame, ›ich wünsche, daß Sie wie ein Hund auf allen Vieren kriechen und bellen.‹
Der Dichter warf einen wehmütigen Blick auf die Begehrende, dachte: Dumme Kanaille! und war schon im Begriff, Hund zu spielen, als einer aus der Gesellschaft grimmig – oder neidisch? – sagte:
›Nein, das dürfen Sie nicht tun! So weit darf sich ein Mann nicht erniedrigen!‹« Bestärkt von weiteren Kundgebungen der Solidarität, verweigert er den masochistischen Akt. Der Triumph ist groß: »Alle Männer sangen innerlich, je nachdem sie das Gymnasium oder die Realschule absolviert hatten: ›Dies irae, dies illa . . .‹ oder: ›Le jour de gloire est arrivé . . .‹ Alle schmeckten Revanchewonne.« Die erbauliche Geschichte von der heroischen Abwehr eines Angriffs perfider Weiblichkeit auf männliches Selbstachtungsgefühl endet allerdings mit einer Pointe. Denn der Dichter ist über seinen erfolgreichen Widerstand enttäuscht und unglücklich. »Er hatte Felonie an seinem Eigensten geübt; es aufgegeben, so zu sein, wie er war, um so zu sein, wie die anderen gewesen wären.« [9] Dieser Schluß ist nicht nur als psychologische Studie aufschlußreich, sondern wirkt auch in der plötzlichen Aufhebung des gloriosen männlichen Chauvinismus befreiend.

Von vergleichbarer Schärfe der Analyse ist die Skizze »Leonhard hat ein Erlebnis«, in der ein junger Ästhet und

Dandy in seinem ganzen falschen Bewußtsein entlarvt wird. Leonhard sitzt in der Oper und langweilt sich während einer »Lohengrin«-Vorstellung schrecklich. Als er in der Pause ein »Mädchen aus dem Volk« draußen vor der Tür zum Saal bemerkt, das die Aufführung mit dem Textbuch in der Hand verfolgt, packt den Parkettplatzinhaber Rührung, die er umgehend in ein ästhetisches Konzept umsetzt: »Sollte man am Ende nicht so das ganze Leben leben? Nicht so Natur, Kunst, Menschen genießen: *Von draußen?!* Sicher vor Enttäuschungen, aus einer Distanz, über die alle Eindrücke nur in sublimierter Form zum Empfänger gelangen, ungestört von Nachgeschmäcken, in einem seligen à peu près des sinnlichen Bemerkens?« Auch den kulinarischen Genüssen keineswegs abgeneigt, beschließt Leonhard den lehrreichen Abend in einem eleganten Restaurant: »Da sah er durch das Fenster die gierigen Augen aus zwei geschminkten Frauengesichtern blicken: Und hell wie ein Zahnschmerz flog die Erkenntnis durch sein Gehirn, daß jene entsagende ›Von draußen‹-Logik immer nur die haben, die drin sitzen ...
Das ergriff ihn so, daß er, von einem jähen Hamsun gejagt, stracks zum ersten besten Bettler auf die Straße rannte und ihm wortlos sein honiggelbes Spazierstöckchen schenkte.«[10]

Noch weiter – auf dem Weg von Bewußtseins- über Sprach- zur Gesellschaftskritik – ging Polgar in seiner Studie »Der verlogene Heurige«, dem ein einfacher Mann zum Opfer fällt. Im Alkoholdusel nimmt er nämlich die Aussagen der Heurigenlieder ernst, so lange, bis man ihn gewaltsam entfernt, um Platz für zahlungskräftigere und weniger weinselig-lautstarke Kundschaft zu machen: »Da habe ich also einmal den legendären Mann gesehen, dem wirklich alles eins ist, der bedenkenlos seine letzte Krone hergibt, der seine Alte ruhig Alte sein läßt, der nur für Bier und Wein schwärmt, der gern bereit wäre, der Welt eine Haxen auszureißen, der immer noch ein Flascherl Wein trinkt, weil es ja nie das letzte sein muß, der heut' erst übermorgen früh nach Hause kommen will, der eventuell entschlossen ist, alles zusammenzuhauen, weil er einen Schampus haben muß, der es ›scharf‹ angeht, dem ein Räuscherl viel, viel lieber ist als eine Krankheit oder ein Fieber, und dem kugelrunde Tränen in die Augen rollen, wenn er daran denkt, daß es einen Wein geben, er aber nicht mehr sein werde.« Die grellsten Erfindungen sind Zitate, die Polgar kunstvoll – mittels einer Engführung aller vorher erklungenen Motive – miteinander verschränkt. Er setzt dabei bloß das Sprachspiel der grammatikalischen Folgerichtigkeit in Bewegung, nach deren Mechanismus eine Phrase die andere demontiert und diese als bewußt verdummende Lügen so deutlich werden läßt, wie es deren Opfer am eigenen Leib schmerzhaft zu spüren bekommt. Die gewerbliche Gemütlichkeit frißt zwar ihre Kinder nicht, benützt sie aber und schmeißt sie – wenn kein Profit mehr möglich ist – hinaus. »Ich habe das personifizierte Wiener Volkslied aus der ersten Dekade des zwanzigsten Jahrhunderts gesehen, den Mann, der sich mit naiver Genauigkeit an die Regeln der Lebensfreude hält, die in zahllosen Lokalen und Gärten Sommer und Winter unermüdlich und eindringlich gepredigt werden. Und was war sein Schicksal? Man hat ihn schmählich hinausgeworfen...«[11]

Das ist nicht mehr »Nervenkunst«,[12] auch keiner der Polgar von Otto Soyka nachgesagten »Luxusgegenstände mit literarischem und Liebhaberwert«,[13] sondern bereits echter Polgar, der kritische Erzähler mit seiner gedämpften und doch eindringlichen Stimme.

Die Veröffentlichung des dritten und letzten dieser Prosabände vor dem Ersten Weltkrieg wurde von Berthold Viertel angeregt. Bevor er seine Skizzen dem Verlag sandte, hatte Polgar dem Freund gegenüber gemeint: »Die muß ich ja auch anständig durcharbeiten, ausfeilen und alle die schmockischen, kindlich affectierten Wendungen herausnehmen, die mir einstens Freude gemacht haben.«[14] Als

»Hiob« dann 1912 im Verlag Albert Langen erschien und Polgar in einer in diesem Band abgedruckten Rezension eines »antiquierten Tinterls« über sein Erstlingswerk »Der Quell des Übels« in eine Reihe mit Felix Salten und Karl Kraus gestellt wurde, protestierte dieser gegen die ihm aufgedrängte geistige Verwandtschaft mit jenem. Auch Polgar, der damals schon wieder in seiner Gunst stand, wurde von Kraus in Schutz genommen: »Den Vergleich seiner Feder mit der spitzigen Klinge oder mit dem widerhakigen Pfeil aus der Waffenhandlung des Herrn Salten muß sich der Autor nicht gefallen lassen. Aber das ist seine Privatsache.«[15] Ein begnadeter Hymniker, Ludwig Ullmann, stimmte nach der Lektüre Töne höchsten Lobes an: »Es ist ein ruheloses, entzückend modernes Buch. (. . .) Selten aber sind seit Maupassant erschütternde Analysen mit so leichten, köstlich transparenten Strichen gegeben worden, selten sind aus geringfügigstem Material, ohne alle latenten Effekte, der neurasthenische Weltschmerz dieses Zeitalters und seine herbe Scheu vor allem Mitleid, sein Panzer aus Spott, Geist und diskretem Charme so glänzend in elastische Form gegossen worden.«[16]

Über das Dunkle des Sinns »latenter Effekte« braucht man sich nicht weiter den Kopf zu zerbrechen, der »neurasthenische Weltschmerz« hingegen scheint eine durchaus treffliche Definition der Grundstimmung dieser »Novellen« zu sein. Eine freilich, die Erzählung »Einsamkeit«, befindet sich keineswegs auf der Höhe des dekadent-neurasthenischen Zeitalters, sondern läßt dieses weit hinter sich. »Die Einsamkeit Tobias Klemms, ja das war Einsamkeit!«[17] hebt die traurige Geschichte an. Klemm, ein völlig isoliertes Individuum im Getriebe der Großstadt, gerät eines Tages in eine politische Demonstration, in deren Verlauf ein Unbekannter von der Polizei erschossen wird. Dank der Sensationsgeilheit seiner Zimmerwirtin hält man den anonymen Toten für Klemm, der nun, erstmals in seinem kümmerlichen Dasein, auflebt – bloß als vermeintlich ruhmreiche Leiche, aber immerhin. Doch verstrickt sich der Doppelgänger so unrettbar in Phantasien, daß er dem Wahnsinn verfällt. Ohne Manierismen, unpathetisch und nur gelegentlich mit satirischer Distanz beschreibt Polgar hier einen psychopathologischen Fall, zugleich ist »Einsamkeit« jedoch eine groteske Variation über ein Motiv der Romantik: Tobias Klemm verlor seinen Namen an einen Schatten und kam sich selbst abhanden.

Trotz einiger Ausnahmen kann man – verallgemeinernd – behaupten: Der junge Alfred Polgar war – noch – kein großer Erzähler. Viele seiner Geschichten sind nichts anderes als ironisch gebrochene Spiegelbilder, Karikaturen der eigenen Existenz, ihrer Konflikte und ihrer Fragwürdigkeit. Gleichwohl läßt sich im Laufe der Jahre eine Entwicklung beobachten: von der müden Erotik der auf ihre Rollen fixierten Kaffeehaustypen mit ihren Posen, Eitelkeiten und Verlogenheiten, die freilich virtuos dargestellt sind – nicht ohne Grund nannte Anton Kuh Polgar spitzzüngig ein »Mausoleum der Nuancen« –, hin zu einer weiteren, freieren Perspektive, in der sich das Schauspiel Leben dem kritischen Schriftsteller darbot. In seinen thematisch beschränkten Miniaturen zeichnet er die Physiognomie der Epoche, und wenn uns manche dieser Texte so maskenstarr, so zynisch verzerrt anblicken, liegt das vielleicht weniger an der berühmt nervösen Hand, die den Stift führte, als an der Fratzenhaftigkeit der porträtierten Gesellschaft selbst.

Aber auch der Stilist Polgar wandelte sich. Noch 1906 hatte Karl Kraus – keineswegs zu Unrecht – über und gegen Polgar bemerkt, »daß zu den ermüdendsten Eindrücken einer Lektüre jene Unermüdlichkeit gehört, die einen dünnen Einfall durch eine ganze Gallerie gekünstelter Sprachbilder quält«,[18] was freilich gleichermaßen für dickere Einfälle gilt. Doch immer weiter entfernte sich Polgar von der strengen Metaphern-Logik, wo ein Bild das andere gibt, näherte sich einer satirischen Montagetechnik und demolierte seine schönen sprachlichen Bilder. An ihren Sprüngen offenbarte sich der Riß, der durch beschädigte Menschen und eine längst nicht mehr heile Welt ging.

Mit seiner Art, Personen, Dinge und Kunstprodukte zu sehen und zu beschreiben, hat sich Polgar nicht nur Freunde gemacht. Als die Wiener Gesellschaft 1908 in einer anonymen Epigrammsammlung vors »Jüngste Gericht« zitiert wurde, war ihm ein wenig schmeichelhafter Vierzeiler zugedacht:

»Wenn man die Summe *gewollten* Geistes
Von der des *gebotenen* abzieht,
Bleibt kaum das *Nichts,* in welches uns
Sein Geistesgeklimper hinabzieht.«[19]

Auch der arrivierte Kritiker Rudolf Lothar wäre bei diesem imaginären Prozeß gewiß nicht als Verteidiger aufgetreten, hatte er doch bereits Jahre zuvor Polgar als den »jüngsten Blender« apostrophiert und gemeint: »Zum größeren Essay, zur ernsten Besprechung reichen Wissen, Erfahrung und Talent wohl kaum aus.«[20] Bei dergleichen Mißfallenskundgebungen darf man allerdings das spezifische Wiener Klima – gerade im Kunstbezirk – nicht außer acht lassen, in dem Kameraderie und Animositäten gedeihen wie nirgendwo sonst. Schließlich hat sich auch Polgar nie gescheut, die Dramen des Kollegen Lothar als manierierten Schwachsinn zu ironisieren, womit er aber wenigstens Recht hatte.

Der Redakteur der »Wiener Allgemeinen Zeitung« Polgar hat einmal, 1907 und pikanterweise ausgerechnet in deren Spalten, die Situation des lohnabhängigen Zeitungsangestellten, somit seine eigene, in einer Stückkritik geschildert, nämlich: »elende Schreibsöldlinge zu sein, die die Faust nur in der Tasche ballen und nur dann revolutionär knurren, wenn der Zeitungseigentümer es nicht hören kann«. Leider sei der Verleger in der Komödie bloß als »Bösewicht nach alter Theaterschablone« gezeichnet. »Diesem Charakter hätte der Dichter einige Größe verleihen dürfen, ihn nicht nur als ›schlechten Menschen‹ mit allen Instinkten der Bosheit und Grausamkeit ausstatten, sondern als Personifikation der fixen Idee: ›Profit‹ darstellen sollen.« Man stelle sich vor, heute schriebe ein Journalist ähnliches in seiner Zeitung, und wie lange er dann noch dort schreiben dürfte, um zu ermessen, was Liberalismus einst bedeutet hat. Immerhin gibt es die Möglichkeit, daß die zuständigen Herrschaften den Klartext gar nicht verstanden. In seiner Kritik vermißte Polgar ferner die dramatische Vergegenwärtigung der »anziehenden, saugenden Kraft des Metiers auf die Metier-Beflissenen (...), eine(r) Kraft, wie sie vielleicht nur noch der schauspielerische Beruf auf die ihm Ergebenen übt, und die jeden, der ihr unterliegt, festklebt an die ›Stelle‹, die er täglich mehrmals zu verfluchen allen Grund hat. Mit einem Wort: es fehlt im Stück alle Psychologie des Journalismus.«[21]

Die fluchwürdige Existenz zu erleichtern, mußte man sich – verständlich – hin und wieder eine kleine Freude gönnen, und wer wollte leugnen, daß die professionellen Bosheiten des Kritikers dazu gehören. So schloß Polgar eines Tages eine Besprechung mit der charmanten Pointe: »Den Namen der Komödie sollst Du, lieber Leser, nie erfahren. Sie hat drei Akte, nennt sich ein Lustspiel und ist von einer Dame ersonnen. Weininger hätte es noch erleben sollen.«[22] Auch Hermann Bahr, eine Leitfigur der Wiener Moderne, wurde zum Ziel unsanfter Bemerkungen, so wenn Polgar die »Vielen absolut unerträgliche Sentimentalität zur zweiten Potenz, die so charakteristisch für den späteren Bahr ist«,[23] konstatierte oder das Umkippen des heiteren Spiels »Die gelbe Nachtigall« ins Tiefsinnige rügte: »Plötzlich wird es stille, trostlos stille; die Weisheit hat den Spaß erdrosselt. Ein blasses Bim-Bam von letzten Dingen, von Sonntagsmystik klingt feierlich-fade durch den dramatischen Werktag. Bahr betet. Die Thräne quillt, der Himmel hat ihn wieder.«[24] Derlei Sticheleien hielten Polgar indes nicht ab, Bahr seinen ersten Skizzenband »Der

Quell des Übels« zu übersenden und das Begleitschreiben als »verehrungsvoll erg.(ebener)«[25] zu unterfertigen.

Selten nur vertauschte er damals das ihm vertraute Terrain des Theaters mit dem zumindest ebenso glatten politischen Parkett, entsann er sich seiner Anfänge als Parlamentsberichterstatter. Als sich aber Fürst Karl Auersperg während der Debatte um die Einführung des allgemeinen Wahlrechtes in Österreich-Ungarn entschieden gegen den Journalismus wandte und behauptete, bei Gesprächen mit der Bevölkerung erkannt zu haben, dieser sei gar nicht so sehr am Wahlrecht gelegen, und im Herrenhaus obendrein erklärte, »in Volkskreisen« spreche man gemeiniglich von der Presse »in Zusammensetzungen, die einen konfessionellen oder naturgeschichtlichen Charakter tragen«,[26] was eine außerordentlich noble Paraphrase der gängigen antisemitischen Flegelei »Judenpresse« sein sollte, meldete sich Polgar – neben vielen anderen – zu Wort. Er tat dies in einem ungezeichneten Artikel: »Fürst Harun al Raschid«,[27] doch die Anonymität sollte nicht lange gewahrt bleiben. Karl Kraus war dem verborgenen Verfasser auf die politischen Schliche gekommen, und da Kraus zu jener Zeit im allgemeinen Sympathien für Aristokraten hegte, im besonderen natürlich für deklarierte Pressefeinde, und Polgar überdies dessen erst kurz zurückliegenden Altenberg-Fehltritt noch lange nicht verziehen hatte, fiel die Abkanzelung in der »Fackel« entsprechend scharf aus: »Die Schmöcke heulten laut auf, und einer, der nur winseln kann – der sentimentale Ironiker der ›Wiener Allgemeinen Zeitung‹, der manchmal zur Abhärtung in den Leitartikel gesteckt wird –, nannte es ›ein Musterbeispiel parfumierter Rohheit‹ und ein paar Zeilen später einen Beweis ›schlecht verhehlter Schimpflust‹. Hätte der Fürst Auersperg sich's nicht mit Herrn Polgar verdorben, er könnte bei ihm Logik studieren.«[28] Natürlich befand sich Polgar im Recht, wenn er den Fürsten Auersperg zurechtwies, der das »Volk« gegen dessen eigene Interessen auszuspielen trachtete. Aber was verschlug's – gegen Kraus zu polemisieren war Polgar viel zu klug, in der richtigen Einsicht, ein solcher Kampf ähnle dem »Handgemenge um ein Messer, wobei der andere die Klinge in der Hand hatte und Kraus den Griff«.[29]

Vergleichsweise ungefährlich verlief eine andere, längere und theaterpolitische Auseinandersetzung, zumal da Kraus und Polgar in diesem Fall am selben Strang zogen: Es war die Schlinge, in der sich der Burgtheaterdirektor Alfred Freiherr von Berger fing. Bereits der Neuankömmling, seine Ankündigungen, das etwas ramponierte ehrwürdige Haus einem goldenen Zeitalter entgegenzuführen, verbunden mit äußerster diplomatischer Betriebsamkeit, sich des Wohlwollens der Presse zu versichern, stießen auf Skepsis des Berichterstatters: »Nur eine schwache Minderheit der wiener Theaterjournalisten sind nicht Vertrauensmänner des Baron Berger«,[30] begrüßte Polgar im März 1910 den eben in der Direktionskanzlei installierten ehemaligen Professor für Ästhetik, Leiter des Hamburger Schauspielhauses und – gleich Lessing – Autor einer »Hamburgischen Dramaturgie«. Der das schrieb, zählte selbstverständlich nicht zur Mehrheit.

Karl Kraus wiederum, Berger einst freundschaftlich verbunden – dieser hatte nicht nur Annie Kalmar engagiert, sondern auch den Krausschen Wortschatz um den Begriff »Journaille« bereichert, um dann freilich als Mitarbeiter der »Neuen Freien Presse« zu wirken –, bereitete dem neuen Herrn im Haus am Ring, »diesem flinken Einseifer, dem zum Gurgelabschneider die Konsequenz fehlt«,[31] einen noch unfreundlicheren Empfang: »Nicht von der Parteien Gunst und Haß verwirrt, sondern im Gegenteil, weil er jeder einzelnen sich anzubiedern sucht, schwankt sein Charakterbild in der Geschichte.«[32] Trotzdem falle Herr v. Berger, als Theaterleiter, nicht in sein Ressort: »denn ich befasse mich nicht berufsmäßig mit der Verelendung des Burgtheaters.«[33]

In Polgars Ressort fiel er hingegen sehr wohl, und gleich die erste Premiere der Ära Berger gab ihm Gelegenheit zum Spott in der »Schaubühne«: »Immerhin war es ein schöner Theaterabend, und das Publikum spielte einen Anfall von jäher Berger-Begeisterung so ausgezeichnet, daß man die Regie der Zwischenakte fast mehr bewundern durfte als die der Akte.«[34] Solche Begeisterung wollte sich bei ihm auch in der Folge nicht so recht einstellen. Zu Beginn der Herbstsaison hatte man des verstorbenen Josef Kainz zu gedenken, welche Trauerfeier Polgar darüber sinnieren ließ, »wie matt die seinerzeit glanzvollste deutsche Bühne der Welt geworden ist, wie verblaßt die Glorie ihrer unsterblichen Tradition, wie gering die Hoffnungen auf eine Renaissance der alten Pracht und Herrlichkeit«.[35] Da man anschließend den unsäglichen Blumenthal auf die Bühne brachte, begann Polgar Gespenster zu sehen: »Die Langeweile saß breit im Theater und tat wie zu Hause. Ich glaube, die hat was mit dem Baron Berger!«[36] Der solch illegitimen Verhältnisses Bezichtigte vertraute Arthur Schnitzler Mordgelüste an: »Er ist verbittert, über Polgar insbesondere, den er ›vernichten‹ möchte, aber fälschlich für dumm hält.«[37]

Die Umsetzung des Wunsches in die Tat war dem Freiherrn indes versagt, er mußte weitere Angriffe erdulden: »Burgtheater: ›Die drei Grazien‹, Lustspiel von Oscar Blumenthal und Rudolf Lothar. Ein starkes Stück (von Baron Berger)«,[38] oder über »Figaros Hochzeit« in der Übersetzung von Kainz: »Das Bergersche Burgtheater bot eine peinigend akademische Aufführung der berühmten Komödie. Eine Aufführung von wahrhaft bleierner Grazie, im behaglichsten Schäferspiel-Tempo. (...) Alles in allem, Beaumarchais, Kainz, Burgtheater: es war ein grenzenloser Triumph für Mozart.«[39]

Der Konflikt spitzte sich zu, und als dem Attackierten die Sache zu bunt wurde, revanchierte er sich auf administrativem Wege – er schloß die Kritiker von den Generalproben aus, was vor allem Polgar als Burgtheaterrezensenten der »Wiener Sonn- und Montagszeitung« treffen sollte, weil die Premieren an Samstagen stattfanden und das Blatt an diesem Tag schon großteils gesetzt sein mußte. Der Ausgesperrte kommentierte trocken: »Das war immerhin ein origineller Einfall. Aber wieder nur eine halbe Maßregel. Bevor Baron Berger nicht auch die Premieren sperrt, wird er kaum eine gute Presse haben.«[40] Privat fragte Polgar in seinem sehr kakanischen Protestschreiben bei seiner Standesvertretung an, »ob die Theaterreferentenvereinigung, der anzugehören (er) die Ehre habe, gegen diese offenkundige Maßregelung eines unliebsamen Kritikers seitens des Baron Berger irgendetwas zu unternehmen gedenkt, oder ob (er) allein und ohne Unterstützung der verehrlichen Vereinigung (sich) dagegen zur Wehre zu setzen gezwungen werden soll.«[41] Zumindest im Fall der Uraufführung von Schnitzlers »Das weite Land«, um die es hier ging, blieb die Repressalie aufrecht, sodaß Polgar seine ausführliche Besprechung eine Woche verschieben mußte und nur eine Kurzkritik veröffentlichen konnte. Darin hieß es: »Die Ansichten über seine Direktionsführung wird Baron Berger durch derlei Verfügungen kaum zu ändern imstande sein. Nicht einmal wenn er seinen unbotmäßigen Kritikern ernste Garderobeschwierigkeiten im Burgtheater bereiten läßt oder ihnen den Ankauf des Theaterzettels erschwert oder den Wagenrufer gegen sie aufhetzt oder sonst eine Verfügung trifft, die dem Ausschluß von den Generalproben an Takt, Geschmack und Räson gleichkommt.«[42]

Beharrlich focht Polgar weiter, und in keiner seiner Kritiken über das Burgtheater fehlte eine Spitze gegen dessen Leiter. Noch zum Abschluß der Saison 1912, vor der Sommerpause, stellte er ihm ein denkbar schlechtes Abgangszeugnis aus: »Baron Berger, von dem ewigen Vorwurf gereizt, daß er die große Tragödie vernachlässigte, hat ›Die Makkabäer‹ neu inszeniert zur Aufführung gebracht. Nach diesem unheimlichen Abend wird niemand mehr darauf beharren, das Burgtheater in die Klassiker hineinzuhetzen. Es war gespenstisch. (. . .) Welch ein Krawall! Man wurde zwiefach traurig gestimmt bei dieser Blamage im Fortissimo: traurig, weil das alte Burgtheater gar so tot, und traurig, weil das neue gar so lebendig.«[43]

Diese Worte der Trauer über den lebenden Baron waren zugleich ein vorweggenommener Nekrolog: Berger starb im August 1912. »Die Schaubühne«, die bedeutendste theaterkritische Zeitschrift des deutschen Sprachraumes, widmete ihm den folgenden Nachruf: »Todesfälle. Alfred Freiherr von Berger in Wien. Geboren am 30. April 1853 in Wien. Direktor des Burgtheaters.«[44] Mehr nicht.

Als Maximilian Harden der Witwe einen offenen Brief schrieb, in dem er die »armen Schächer« erwähnte, die sich zu Lebzeiten Bergers »erdreisteten«, dessen »Charakter mit gemeiner Verdächtigung zu bespritzen«,[45] antwortete Karl Kraus unter dem Titel »Wenn wir Toten erwachen«: »Ich habe nicht gewußt, daß Alfred von Berger krank war, als ich ihn wirken sah und dies Wirken für gefährlich hielt; und die Krankheit, die nicht schuld war am Werk, hätte an dem Urteil nichts ändern können. Umso weniger ist das Urteil schuld an der Krankheit und die Behauptung häßlicher, als der Tatbestand, den sie erlügt.«[46] Das stimmt fraglos und gilt mutatis mutandis ebenso für Alfred Polgar. Indessen, gibt es im Zuge einer solchen verbalen Kampagne – aus welchen Gründen auch immer – einen veritablen Toten, dann sind die anderen im Unrecht, selbst wenn der Tote nicht recht hatte. Emotionell gesehen zumindest. Und so hinterläßt die ganze Affäre einen etwas unangenehmen Nachgeschmack.

Es blieb in Polgars Karriere als Theaterkritiker der einzige Fall einer konsequent und persönlich geführten Polemik. Wie er aber einerseits kompromißlos ablehnte, so war er andererseits durchaus imstande – hatte ihn jemand oder etwas überzeugt –, eindringlich zu werben. Verneinung allein war sein Geschäft nicht. Einem Ibsen-Zyklus des Lessingtheaters unter Otto Brahm widmete er

1910 sogar ein eigenes Bändchen, hervorgegangen aus Tageskritiken in der »Wiener Allgemeinen Zeitung« und in der »Schaubühne«, die er stilistisch leicht überarbeitete und deren knapper Sammeltitel bereits erkennen ließ, worauf er den Akzent legte: »Brahms Ibsen« – der Dichter und sein kongenialer Regisseur. Paul Frank behauptete, Polgars Interpretation sei das »Tiefste und Verständigste«,[47] was je über Ibsen publiziert worden sei. Berthold Viertel erkannte demgegenüber in seinem Lobpreis Grundsätzlicheres – den Unterschied zwischen dem Kunstschriftsteller und dem Erzähler Polgar, den damals keineswegs unerheblichen qualitativen Sprung innerhalb seiner literarischen Produktion: »Dieser Angriffslustige umwirbt die moderne Kunst, daß sie ihm gebe, was ihm das moderne Leben noch versagt« und: »Der Satiriker, der Skeptiker Polgar hat dem wollenden und treibenden Leben gegenüber eine sehr traurige, eine erschreckend mutlose Gebärde der Abwehr. Aber die Essenzen, welche seine ästhetische Seele aus der modernen Kunst gewinnt, sind köstlich.«[48]

Kein Wunder freilich, wenn Polgar mit der ewigen Rolle des Zuschauers sein Auskommen nicht fand, wenn es ihn drängte, selbst zu gestalten, von dem für Kritiker im Theatersaal reservierten Sperrsitz auf die Bühne zu wechseln. 1950 veröffentlichte er seinen großen Essay über Egon Friedells »Kulturgeschichte der Neuzeit«. Darin erwähnt er auch ihre Jahrzehnte zurückliegende Zusammenarbeit für das Kabarett, womit sie das Ihre »zur Euphorie des sterbenskranken Wien«[49] beigetragen hätten. Im Herbst 1907 war in der Wiener Innenstadt, Ecke Kärntner Straße – Johannesgasse das Cabaret Fledermaus eröffnet worden, ein 300 Personen fassendes Gesamtkunstwerk des Jugendstils, bis ins kleinste Detail von den Künstlern der Wiener Werkstätte nach Plänen von Josef Hoffmann und Berthold Löffler eingerichtet.[50]

Das Jännerprogramm 1908 brachte die Szene »Goethe« von Alfred Polgar und Egon Friedell, und sie erreichte eine

Aufführungsserie von 300 Vorstellungen en suite. Gewiß hat dieser Sketch über den Dichterfürsten, der für einen bedrängten Prüfungskandidaten einspringt und prompt wegen höchst mangelhafter Kenntnis der eigenen Biographie durchfällt, bis heute ein wenig von seiner fröhlichen Respektlosigkeit bewahrt. Aber schon Kurt Tucholsky hatte beim Blättern in Polgars alten »Weltbühne«-Beiträgen festgestellt: »Und ich lese seine himmlische Literaturgeschichte (. . .), die noch lustiger ist als das entzückende kleine Spiel der beiden Dioskuren Polgar und Friedell.«[51] Die »himmlische Literaturgeschichte« ist zweimal erschienen, der ausführlichere Urtext 1910 unter dem Titel »Historie einer Dichtung« in der »Schaubühne« und eine gestraffte Version, »Literarhistorisches zur Szene ›Goethe‹« genannt, 1932 in der »Weltbühne«. Der detaillierteren Beschreibung läßt sich so manches entnehmen, etwa die Rollenverteilung. Für den beschränkten Schulrat wählte man den »jungen Maler K.«, der – fern aller professionellen Schauspielerei – durch seine unmittelbare Frische bestach: »Bei der hundertvierundzwanzigsten Aufführung versprach er sich noch genau so herzig und hatte die gleichen pikanten Gedächtnisstörungen wie bei der Premiere. Die Rolle des Schulrates besteht aus vier Sätzen.«[52] Als »junger Maler K.« im Umkreis der »Fledermaus« und überdies mit Bühnenambitionen kommt im Grunde nur Oskar Kokoschka in Frage.

Auch über die Entstehungsgeschichte erfährt man aus dieser Fassung aufschlußreiche Einzelheiten, allerdings gesehen durch Polgars fein geschliffene Gläser. Geboren wurde das Werk angeblich und wohl in der Tat in Friedells Arbeitszimmer. Am ersten Abend, nachdem die Dioskuren ausgiebig Alkohol und Nikotin zugesprochen, fand der Arbeitseifer bald seinen natürlichen Abschluß: Friedell schlief schnarchend ein. Aufgeschreckt von solchem Geräusch, kam Friedells ehemaliges Kindermädchen, von Polgars Tante gerufen, besorgt herein und bedauerte ihren sichtlich überstrapazierten Schützling. »Ich weiß nicht, ob es genügend bekannt ist, daß mein Mitarbeiter Friedell ein Mensch von geradezu unbescheidenem, nach allen Dimensionen hin zügellos auschweifendem Volumen ist«, erklärte Polgar 1910 den literarhistorisch beflissenen Lesern in einem etwas despektierlichen Exkurs, den er später streichen sollte: »Eine Erscheinung, bei deren Anblick sich jedem gebieterisch das Wort ›Kubikinhalt‹ aufdrängt. Und dieses Riesenquantum, diese nur in Fortsetzungen optisch zu perzipierende Oberfläche streichelte Tante mit den sanftesten Blicken aus ihren guten, von Mutter-Innigkeit verklärten Augen! Sie blickte geradezu Diminutiva auf das schnarchende Monstrümchen. Es war, wie wenn einer am Ufer des Atlantischen Ozeans stünde und träumerisch fragte: ›Ach, Bächlein, sag, wohin?‹«[53] Fünf Abende seien so im Hause Friedell »zum Zweck der dichterischen Zeugung« zugebracht worden, allein – ohne das erwünschte Ergebnis, erst am sechsten »gedieh das Werk. Zögernd krochen anfangs die Zeilen übers Papier. Aber bald liefen sie im Zickzack die Seiten hinunter, immer flinker, und als die Uhr neun schlug, wars überstanden. Das heißt: ein organisches Ende hatte die Dichtung nicht gefunden, aber ein mechanisches. Wir beschlossen einfach, aufzuhören und die Satire ›Goethe‹ als beendet anzusehen.« Bei der ersten Durchsicht machte das Kind der Bosheit seinen beiden Vätern »einen ziemlich dürftigen Eindruck. Aber wir verscheuchten den Kleinmut durch lebhaftes, konziliantes Gelächter, wodurch wir einander trösteten und stärkten.«[54] Was nun den jeweiligen Anteil der beiden an der Arbeit betrifft, hat sich Polgar sehr dezidiert, wenn auch ironisch ausgedrückt: »Wir arbeiteten also in Friedells Stube. Das heißt: ich arbeitete. Er lag auf der Ottomane, rauchte lange Pfeife und schlief.«[55] Friedell wiederum berichtet über die näheren Umstände, unter denen u. a. der »Goethe« das Licht der Welt erblickte: »Von mir ist gewöhnlich der schöpferische Einfall, die treibende

Grundidee. (. . .) Die mehr untergeordnete Arbeit der detaillierten Ausführung dieser fruchtbaren, zielweisenden Gedanken war dann Polgars Sache. Nur in einem ergänzen wir uns nicht: ich bin faul und er ist nicht fleißig. Das heißt: er besitzt nur Fleiß in der Ausbosselung der Einzelheiten, aber zu etwas Systematischem langt es nicht.«[56]

Ob das nun eine zutreffende Beschreibung ist oder nicht – jedenfalls hat Polgar später eine dieser »heiteren Gelegenheitsarbeiten« – »Soldatenleben im Frieden« – nur unter seinem Namen publiziert und bloß mit dem Zusatz »Meinem Freunde Egon Friedell gewidmet« versehen. Bis 1910 entstand eine ganze Reihe solcher Sketches: die Parodie »Sherlock Holmes in der Parterrewohnung«,[57] »Der Kabarettgedanke«, »Die zehn Gerechten«, »Die Wohltäter«, »Der Freimann« sowie jene zwei größeren Stücke, die – gleich dem »Goethe« – ihren Weg aus dem Stadium des Bühnenmanuskripts zur gedruckten Buchfassung fanden: »Soldatenleben im Frieden« und die Musteroperette »Der Petroleumkönig oder Donauzauber«. Peter Altenberg, der fixbesoldet für die »Wiener Allgemeine Zeitung« Aufführungen diverser Varietés und Kleinkunstbühnen besprach, referierte über das Eröffnungsprogramm vom Herbst 1908: »Ausgezeichnet in Witz und Ironie ist eine Scene ›Der Freimann‹ (. . .). Dann kam die ›Vernichtung der Operette‹, textlich und musikalisch zugleich. Man zeigte den Wienern, was sie sich seit Jahren an musikalischer und textlicher Wertlosigkeit gefallen lassen haben, und nur die Beschämung darüber verhinderte sie, jede einzelne Scene zu bejubeln als eine Verurteilung der Textdichter und Kompositeure! Sie fühlten sich als Mitverbrecher am textlichen und musikalischen Blödsinn!«[58]

Wenige Tage darauf besuchte ein illustrer Gast die Vorstellung. Fritz Wärndorfer, der ökonomische Spiritus rector der Wiener Werkstätte, hatte Arthur Schnitzler in die »Fledermaus« eingeladen. Der Besucher notierte, daß dort

»einiges unbeträchtlich-praetentiöse und einiges nette geleistet wurde; z. B. Polgar-Fridell'sche Musteroperette. Man versteht freilich den Hass dieser Leute (ich meine P.) wenn man sieht, wie ihre Production über Spassettelei (wenn auch oft besten Calibers) nicht hinauskommt. – Ich begrüßte P.(olgar) übrigens händereichend, da er an Wasserm.(anns) Tisch beim Eintritt sass. –«[59] Auch die »Musteroperette« hatte allem Anschein nach Erfolg, ausreichenden zumindest, um damit zu werben, und dies so heftig, daß sich Schnitzler die Gelegenheit zu einer spöttischen Bemerkung nicht entgehen lassen konnte. Am Weihnachtstag 1908 begegnete er Polgar im Verkaufslokal der Wiener Werkstätte und sagte ihm, ganz nebenbei, »seine Operette (Petroleumkönig – auf die vielen Reclame Notizen anspielend) werde auffallend oft zum 100. Mal aufgeführt«.[60] Was der Angesprochene darauf erwiderte, ist nicht überliefert.

»Der Petroleumkönig oder Donauzauber« – nach einer Idee des Dante Alighieri, wie die Verfasser kühn behaupteten – enthält alle erdenklichen Operettenversatzstücke, allerdings in bewußt sinnwidriger Kombination und überhöht zur platonischen Idee des Unsinns. Dazu nahm man Liebe mit Happy End, einen amerikanischen Millionär, undurchsichtige Erbschaftsangelegenheiten, den guten alten Steffl, den Donauwalzer, Kuhglocken und Alpenglühn. Als darstellerisches Fußvolk traten »Skiläufer, Nymphen, Deutschmeister, Pessimisten, Kurgäste, Telephonistinnen, Nabobs, Amateurphotographen, Elfenbeinhändlerinnen, Pilger, Ringkämpfer, Kassiere, Volk, Knabenhorte, Parasiten, Dancing-Girls und Isländer« auf.[61]

Doch die »Musteroperette« verfehlte bei einem Großteil der Zuschauer ihre beabsichtigte Wirkung: Viele hielten den absoluten Nonsens bloß für den branchenüblichen und lachten an der falschen Stelle. Die Operette war durch ihre Parodie gerade noch mühsam einzuholen, nicht aber zu übertreffen. Karl Kraus, auch er ein kritischer Gast des Etablissements, meinte, es sei »hundert Vorstellungen gegen eine zu wetten, daß die Verfasser den Erfolg, den sie erzielen, nicht diesem Spott, der von geringer Dichtigkeit ist, sondern dem Interesse des Publikums an dem Objekt des Spottes verdanken. Da es zwei sind, die den Text dieser Parodieleistung zustandegebracht haben – jedem für sich wäre Witz nicht abzusprechen –, so wird das Publikum vielleicht in dem Glauben bestärkt, es handle sich um eine jener fürchterlich ernstgemeinten Operetten, denen es die Riesenerfolge bereitet hat, und es scheint entschlossen, auch dieser hier seine Ausdauer zu bewähren. Da sie besser ist als die anderen, wäre den Autoren ein solcher Lohn zu gönnen, und mindestens könnte, wer ihre Absicht durchschaut, den Librettisten und ihrem Komponisten raten, einmal Ernst zu machen und eine lustige Operette zu schreiben. Diesmal hatten sie den kunstwidrigen Einfall, die alten Operettenformen zu verhöhnen, um ihre modernen Mißbraucher lächerlich zu machen.«[62]

Für ihre hintergründigste Arbeit wählten Polgar und Friedell, mittlerweile zu »Hausdichtern« der Fledermaus avanciert, keine Operette, sondern ein »politisches« Objekt der Travestie: Carl Rösslers Militärlustspiel »Der Feldherrnhügel«, das der Zensur zum Opfer fiel, weil die darin betriebene Herabwürdigung der Armee untragbar schien: »Soldatenleben im Frieden« war als »Anti-Feldherrnhügel« konzipiert, und der Untertitel verhieß ein »zensurgerechtes Militärstück, in das jede Offizierstochter ihren Vater ohne Bedenken führen kann«.[63] Indes darf man annehmen, daß nicht allzuviele der erwähnten Väter von solcher Einladung Gebrauch machten, denn was hier geboten wurde, war nichts anderes als ein heiterer Sabotageakt. In dieser k. u. k. Idylle wird während der Freizeit fleißexerziert, und die militärische Hierarchie offenbart sich als gütige Bruderschaft. Jede dieser Typen – ob milder Feldherr, jungfräulicher Leutnant oder allzeit nüchterner Rekrut – ist bis zum

Überdruß edel, hilfreich und gut, und hinter scheinbar wahnwitzigem Patriotismus verbirgt sich geistiger Landesverrat.

Weniger Glück mit der Obrigkeit als beim »Soldatenleben« hatte Polgar mit einer anderen Parodie auf militaristische Glorie. Zum 100jährigen Jubiläum der Völkerschlacht bei Leipzig hatte Gerhart Hauptmann ein von den Hohenzollern bestelltes deutsches »Festspiel«[64] verfaßt – es war den Auftraggebern nicht weihevoll genug, und so erklärte sich Polgar bereit, Abhilfe zu schaffen. Trotzdem wurde sein »Festspiel 1813« von der »oesterreichischen Preß-Behörde konfisziert und fand auch bei keinem reichsdeutschen Blatt Unterkunft«.[65] Bei der Lektüre dieser hintersinnig-bösartigen Kitschvision einer Lesebuchhistorie im Makart-Stil ahnt man freilich warum: »Napoleon sinkt ohnmächtig zu Boden. Verwandlung. Auf einem Piedestal stehen Zar Alexander, König Friedrich Wilhelm III. und Fürst Metternich. Engel halten Lorbeerkränze über die Gruppe. Die Völker Europas huldigen. Historischer Festzug. Ernteregen. Der Dank der Musen. Schlußchor mit dem Refrain: Umsonst sind nicht so viel verdorben, / Umsonst sind nicht so viel gestorben, / Hoch hebt die Brust sich Jedermanns. / Hurra, die Heilige Allianz!«[66]

Neben solchen satirischen Fingerübungen versuchte sich Polgar jedoch auch als seriöser dramatischer Schriftsteller. In Zusammenarbeit mit Armin Friedmann entstand der Einakter »Talmas Tod«, der immerhin von Schnitzler – ungeachtet aller persönlichen Abneigung – dem Regisseur Otto Brahm als »wirksam«[67] empfohlen wurde. Doch ist dieses Schauspielerstück in erster Linie als erlesene psychologische Studie, als Denkmal für den großen Mimen, der sterbend den eignen Tod noch spielt, aufschlußreich. Sogar die Polgar wohlgesinnte »Schaubühne« urteilte: »Vor einem Parkett von Schauspielern, Literaten und kontemplativen Kulturinteressenten könnte das an Tschechow, Schnitzler, Edmond de Goncourt, Villiers de l'Isle-Adam orientierte Experiment seine Wirkung tun.«[68] Verständlicherweise vermochte das Stadttheater von Altona, in dem 1912 die Uraufführung stattfand, ein so exklusives Publikum nicht aufzubieten, und daher war auch die Resonanz unbedeutend. Darüber hinaus – und erfolgreicher – betätigte sich Polgar als Bearbeiter; für die »Freie Volksbühne« richtete er 1911 Nestroys Posse »Kampl« ein, und schon 1908 hatten er und Egon Friedell »Freiheit in Krähwinkel«[69] überarbeitet.

Jacques Offenbach trug Polgar indes Ärger ein, genauer gesagt: seine Übersetzung der »Schönen Helena« für das Münchner Künstlertheater. Ohne sein Wissen wurde der Text mit einer »Fülle von aktuellen Witzen« angereichert, wogegen er öffentlich protestierte. Er wisse nicht, wer der Urheber der humoristischen Maskerade sei, doch hätte man wenigstens nicht seinen guten Namen für einen derartigen Ulk mißbrauchen dürfen; er sehe sich daher genötigt, »die Verantwortung für den ›aktuellen Teil‹ des neuen Helena-Textes in aller Form abzulehnen«.[70] Bei seinem Freunde Berthold Viertel beklagte er sich über den Quell des Übels: »Mit der Reinhardt-Platte habe ich Konflikte. Lasen Sie meine Abwehr in den Wiener Blättern (die zweite) gegen die Infamie, meinen sauberen, garantiert humorlosen Text durch Rössler-Witze aufzuschmücken? Dabei liegt jetzt die Sache so, daß ich, hätte ich einen anständigen Verfechter meiner Interessen in München, eine Menge Geld aus der Sache schlagen könnte, denn wie ich lese, verkauft Reinhardt die Inscene (plus dem Libretto an alle möglichen Leute, ohne zu denken, daß ich Anspruch auf Beteiligung habe). Ich ließ heute vom Advocaten hinschreiben. Justament.« Allen persönlich-geschäftlichen Gegensätzen zum Trotz unterschied Polgar jedoch sehr genau zwischen dem Geschäftemacher Reinhardt und dem Mann der Bühne: »Was Sie über R. als Künstler schreiben, ist sicher irrig. Er ist ein Theatergenie. Kein Cultur-Mensch, kein großer Geist, kein feiner Geist, aber ein Theater-Genie.«[71]

Die wichtigste dieser Polgar-Arbeiten war aber die Übersetzung und Adaptierung von Molnárs »Liliom«; 1909 in Budapest ohne besonderen Erfolg uraufgeführt, eröffnete erst die – erstmals 1912 in Berlin gezeigte – deutsche Fassung »Liliom« seinen Weg zum Welterfolg. Freilich konnte Polgar keineswegs ausreichend ungarisch, um ein Drama zu übersetzen, er feilte bloß die Rohübersetzung Molnárs aus, hat ihr aber damit »eine Wortgestalt gegeben, die für das Überleben dieser ›Vorstadtlegende‹ auf deutschen Bühnen in hohem Grade mitverantwortlich war«.[72] Als Abfindung der zu erwartenden Tantiemen erhielt der »Übersetzer« 500 Kronen, doch ließ der Autor später seinen Freund und wiederholt beigezogenen Mitarbeiter am großen finanziellen Erfolg teilhaben. Ob auch »Liliom« in Polgars Version ein Beitrag zur »Euphorie des sterbenskranken Wien« war, oder – mit Hermann Broch gesprochen – zur »Fröhlichen Apokalypse«?

»Das Herz des Dichters« hieß ein 1913 veröffentlichter Prolog Polgars zu einer Pantomime, und es war ein etwas forciert witziger Dialog zwischen einem werbenden Dichter und seinem widerstrebenden Genius. Befragt, warum er denn glaube, er sei zu solchem Beruf berufen, antwortet der Dichter: »Weil ich meine Angelegenheiten für wichtig genug halte, die Nebenmenschen mit ihnen zu belästigen; weil ich eine fürchterliche Angst vor dem Leben habe und doch leben möchte, und kein anderes Mittel weiß, aus diesem Dilemma herauszukommen, als eben das der aktiven Dichtkunst (. . .) Ich möchte die Schwächen und Infamien meines eigenen Wesens betrachtend genießen und mich in dem Sumpf, in dem mein Ich wurzelt, bespiegeln. Ich möchte mich durch den ganzen Berg von Gemeinheiten durchfressen, die dem Lande des Glückes vorgelagert sind, und das Gefressene in der sublimierten Form von Romanen, Theaterstücken und Gedichten wieder von mir geben . . .«[73] Natürlich war das alles andere als ein bewußtes Selbstporträt, und natürlich spricht auch so kein Dichter von sich selbst, es sei denn einer, dem die bis zum Selbsthaß gesteigerte kritische Einsicht die Worte diktiert. Gleichwohl lassen sich in der satirischen Überzeichnung und Verzerrung einige Züge des jungen Polgar, des jungen Schriftstellers Polgar erkennen: die Lebensangst als Motiv des Schreibens, sein angeschlagenes Selbstbewußtsein, die hochentwickelte Technik der Introspektion, die strenge Kontrollinstanz des Rationalen, die keine unmittelbaren, ungebrochenen Äußerungen zuläßt. In zwanzig Jahren journalistischer und schriftstellerischer Praxis hatte er seinen Blick geschärft, seine Diktion in der Hohen Schule der Médisance, wie sie im Kaffeehauskreis gelehrt wurde, perfektioniert. Er stand nun, 1913, im vierzigsten Lebensjahr, er war ein geachteter Kritiker und angesehener Bohemien mit einer kleinen Dachwohnung im noblen Bräunerhof, wo auch Hofmannsthal sein Stadtquartier hatte. Ein erfolgreicher Erzähler war Alfred Polgar indes nicht. Er besaß zwar das Herz des Dichters, hatte aber – im großen und ganzen – noch nicht das richtige, sein eigentliches Thema gefunden, obwohl er innerlich schon reif dafür war.

Prophetisch mutet ein Text Polgars an, der erstmals am 25. Mai 1914 im »Simplicissimus« abgedruckt wurde – die Skizze »Feinde« über eine imaginierte Episode aus dem Balkankrieg. Zwei Schwerverletzte, ein tödlich getroffener bulgarischer Arzt und ein rumänischer Offizier mit zerschossener Kniescheibe kommen auf dem Schlachtfeld nebeneinander zu liegen. Man unterhält sich, so gut es geht, und alsbald schwinden die nationalen Gegensätze bis zur Belanglosigkeit: »Sie wälzten sich so nahe als möglich zueinander, Schulter an Schulter, fühlten solidarisch gegen Nacht, Kälte, Tod.«[74] Das Gespräch der Feinde entwickelt sich zum bürgerlichen Dialog, in dessen Verlauf im Arzt jedoch Neid und Haß aufkeimen: Der andere, jüngere, erfolgreichere wird ihn überleben. Sterbend schießt er dem Rumänen seine letzte Patrone in den Kopf. Eine bulgarische Patrouille entdeckt die beiden Leichen, und der kommandierende Oberst nimmt die Toten zum Anlaß, markig-patriotische Phrasen von sich zu geben: »›Meine Herren Kriegskorrespondenten‹, sagte er, ›erzählen Sie Ihren Lesern, wie ein Bulgare stirbt. Dieser Mann war kein Soldat von Beruf und doch ein Held, Krieger bis zum letzten Atemzug. Selbst auf den Tod verwundet, nützte er noch seinen letzten Augenblick, einen Feind des Vaterlandes niederzustrecken. Ehre dem Tapferen.‹«[75]

Vier Wochen später fielen die Schüsse von Sarajewo.

Der Oberste der Saboteure

»Nun, alle Zungen, hebet an zu preisen: / Der Tag der großen Rechenschaft bricht an. / Da wird mit heißem Blut und kaltem Eisen / Ein wundersames Menschenwerk getan. / (. . .) Mit Schlächterruhe ohne Haß und Flüche / Zermalmt die Brut und was sie ausgeheckt. / Der Sieger wird die Großmut unterdrücken / Und über schmählich hingekrümmte Rücken / Hinstampfen wie auf häßliches Insekt.«[1] Der dies im August 1914 verbrach, war ein beglaubigter österreichischer Dichter, der Dramatiker des Mitleids und zweimalige Direktor des Burgtheaters Anton Wildgans, nach dem die österreichische Industriellenvereinigung ihren jährlich vergebenen großen Literaturpreis benannt hat.

Fürwahr, es war eine große Zeit, freilich nicht in jenem Sinn, den ihr die entfesselten Barden des Krieges zu unterlegen versuchten; vielmehr schieden sich damals die Geister, wurde auch im Reich der Dichtung Spreu vom Weizen gesondert: Auf der einen Seite stand die erdrückende Mehrheit der verzückten Poeten, der Ruhmredner und Rechtfertiger des Krieges, auf der anderen ein Fähnlein von Aufrechten, die nicht der kollektiven Neurose verfielen, nicht das Blut besangen, das andere lassen mußten. Sogar ein renommiert freier Geist wie Egon Friedell schrieb damals Haarsträubendes, unter anderem: »Es war ganz unvermeidlich, daß das Deutschland der siegreichen Denker auch eines Tages das Deutschland der siegreichen Armeen wurde«, und: »Die Kathedrale von Reims ist für uns jetzt kein ›herrliches Baudenkmal‹, sondern ein feindlicher Beobachtungsposten, der weggeschossen werden muß.«[2]

Auf der – im Umfang sehr bescheidenen – österreichischen Ehrentafel, angeführt von Karl Kraus, gebührt ein Platz auch Alfred Polgar, dessen Spott sich gegen die Kriegsmaschinerie und ihre angeschlossenen Betriebe im Hinterland richtete. Der Theaterkritiker Polgar bezog Stellung, und er wußte bei seinen Stellungnahmen jene stilistischen Finessen zu nützen, die ihm der jahrzehntelange Umgang mit dem geschriebenen und gedruckten Wort beigebracht hatte. Direkt unter Richard Dehmels ekstatischem »Gesang fürs Heer: Deutsches Fahnenlied« steht die erste, nach Kriegsausbruch erschienene Kritik Polgars, in der es heißt: »Um seine Mitarbeiter nicht außer Verdienst zu setzen, hat das Volkstheater seinen Betrieb wieder aufgenommen. Ein löbliches Unternehmen, dessen ökonomischer Zweck die künstlerischen Mittel heiligt. Inter arma schweigen bekanntlich die Musen. Reden sie dennoch, dann schweigt die Kritik. (...) Kommen friedlichere Tage, in denen das Theater wieder andere als wohltätige Zwecke verfolgt, wird die Kritik desgleichen tun.«[3]

Daß die Kritik, jene zumindest, die ihren Auftrag ernst nahm, natürlich keineswegs zu schweigen hatte, wurde auch Polgar bald klar, umsomehr, als gerade beim Theater Spekulanten ihren Anteil am blutigen Geschäft einzustreichen trachteten. Von Machwerken, die »als Operette zur Welt gekommen« waren, dann aber von den »konjunkturverständigen Eltern der Laufbahn des Kriegslustspiels gewidmet«[4] wurden, ließ er sich nicht täuschen und bemühte sich, seinen Lesern gleichfalls die Augen zu öffnen. Und als das Burgtheater aus gegebenem Anlaß

Kleists »Hermannsschlacht« aufführte, konstatierte er zum Schluß seiner Rezension: »Das Publikum angelte, mit Herz und Ohr, in Kleists Dichtung nach Gegenwartsschlagern, fand aber mehr Stichworte für die Logik der Feinde als für die der eigenen Sache und applaudierte ziemlich verlegen.«[5]

Wie leicht sich die Zensur in die Irre führen ließ, zeigt sich an Polgars – im »Pester Lloyd« veröffentlichtem – Aufsatz über den Propagandisten des italienischen Kriegseintritts Gabriele d'Annunzio. Weil da offensichtlich ein »Welscher« kritisiert wurde, übersah man die Stoßrichtung gegen die geistig »einrückend gemachten« Literaten im allgemeinen, gerade gegen die im eignen Land: »Die Dichter! Wie haben sie enttäuscht und unseren guten Glauben an sie beschämt. Temperamentssache, daß einer von ihnen, d'Annunzio, so besonders abscheulich laut wurde. Aber die papierenen Blumen seiner Rhetorik, mit denen er der Welt ins Ohr raschelte, sind nicht schlechter, als der patriotisch-pathetische Kriegsunflat, den die confrères in den Zeitungen ablagern. (...) Ach, diese führenden Geister im Hinterland! Diese furchtbar ingrimmigen Attacken, auf dem Federstiel geritten von Herren, denen in längst vergangenen Zeiten, 10 Monate ist es her, die kosmopolitische Abgeklärtheit, das Allmenschentum von der Stirne glänzte! Wie dumm, wie arm, wie häßlich sehen sie mit einem Male aus, als Europas Not sie aus ihren Schreibstuben auf die Gasse lockte.«[6] Immerhin war das so unverblümt, daß die sozialdemokratische Wiener »Arbeiter-Zeitung« diesen Text auszugsweise nachdruckte.[7]

Wahnwitz und Lächerlichkeit bloßzustellen, bot sich auch sonst reichlich Gelegenheit, so wenn man mit der feindlichen französischen Mode auf der Bühne kurzen Prozeß machte. Polgar erzählt bloß, was er da sehen und hören mußte: »Beide Damen fordern die Zuhörerschaft auf, sich von Paris loszusagen und künftighin bei wiener Schneidern arbeiten zu lassen. Dagegen wäre nichts einzuwenden. Zur Befreiung der wiener Mode vom Pariser Diktat sind ja, wie das Programmheft sagt, die Voraussetzungen gegeben. Insbesondere die erste, wichtigste dieser Voraussetzungen: ›Die wiener Schneider und Schneiderinnen können keine Modelle vom Ausland mehr bekommen‹, scheint zwingend. Das auf Kosten der wehrlosen (. . .) Komödie vorgeführte Kleider-Ensemble war nicht berauschend; doch paßten ihm die Darsteller und Darstellerinnen, die es trug, wie angegossen. Alle Kleider spielten sehr gut. Fräulein Steinsiecks Pelzgarnitur hatte überzeugende Wärme, und die Toilette des Fräulein Woiwode verriet schöne Innerlichkeit. Auch der Salonrock, der Herrn Loehr anhatte, machte gute Figur, und Herrn Zieglers Hosen zeigten trotz geringer Bühnenroutine viel sichere Haltung. Manche Zuschauer meinten allerdings, Künstler, die sich ernst nähmen, hätten hier eigentlich einen sympathischeren Anlaß zur Revolte gefunden, als ihn die praktikabelste sittliche Verfehlung ihres Brotherrn bieten könnte.«[8]

So schrieb Polgar Ende 1915; wie sehr ihn aber der Weltkrieg verändert, zu sich selbst gebracht hatte, war bereits in einem erzählenden Text vom Anfang dieses Jahres deutlich geworden, der die Diskrepanz zwischen dem ungebrochenen Amüsierbetrieb in der Metropole und der Realität draußen an der Front thematisierte, indem er beides miteinander verquickte: »Die Frauen tragen Schmuck – man hat die Empfindung: Beute (. . .). Das Parterre sitzt wohlgeordnet, in den ersten Reihen der Ränge liegt es wie Linien abgeschlagener Köpfe hinter der samtenen Brüstung. (. . .) Etwas Lustiges wird gesagt. Da läuft eine Welle von Gelächter durch den Saal, brandet in den Gesichtern und macht sie für ein paar Augenblicke in einer schiefen Grimasse erstarren. Bei einigen liegt das Zahnfleisch ganz bloß, und die Augen werden so klein wie Durchschlagsöffnungen eines Gewehrprojektils.«[9]

Bald nach Erscheinen dieser Skizze, der viele ähnlichen

Formates folgen sollten, zeigt die k. u. k. Armee für Polgar Interesse. Der »Landsturm tit. Corporal« Alfred Polak rückte am 27. März 1915 »infolge allgemeiner Mobilisierung« ein und wurde am 13. April desselben Jahres zu einer Transportabteilung versetzt. Der Schützengraben dürfte ihm jedoch erspart geblieben sein – am 1. Mai wurde Polak, »als Schriftsteller bekannt unter dem Namen Polgar«,[10] in die »Literarische Gruppe« des Kriegsarchivs berufen, wo er sich – vom Standpunkt eines strengen Pazifismus aus gesehen – in schlechter, sonst hingegen in erlesenster Gesellschaft befand. Zu den »Tinterln« des »Armeeliteratentums«[11] gehörten zeitweise u.a. die Herren Rudolf Hans Bartsch, Franz Theodor Csokor, Albert Ehrenstein, Franz Karl Ginzkey, Hans Müller, Rainer Maria Rilke, Felix Salten und Stefan Zweig.[12] Der militärische Aufstieg Polgars ebendort war aber sehr bescheiden, er wurde bloß zum Feldwebel (am 20. 9. 1915) befördert, soll freilich in kriegerischer Adjustierung durchaus dekorativ ausgesehen haben. Stefan Zweig erzählte, daß Polgar – verglichen mit Rilke und ihm selbst – »die schönste Figur gehabt habe, wie gemacht für eine Uniform...«[13]

Außerordentlicher Einsatz wurde naturgemäß auch im Kriegsarchiv belohnt: Bartsch und Ginzkey, der interne Leiter der von Oberstleutnant Alois Veltzé befehligten Gruppe, erhielten für ihre Verdienste das Ritterkreuz des Franz-Joseph-Ordens, und Felix Salten tat sich gar so löblich hervor, daß er in die Fußstapfen der verehrungswürdigen Alice Schalek treten und einen Ausflug an die italienische Front machen durfte. Laut Ginzkey hatte jeder Mitarbeiter die Pflicht, pro Tag »drei rühmenswerte Begebenheiten« zu produzieren, welche die Leistungen des Heeres »für kommende Geschlechter bewahren und anderseits auch das Vertrauen der Mitwelt in die Beharrlichkeit unserer Krieger erhöhen«[14] sollten.

Zu Polgars Ehre sei gesagt, daß sogar an diesem kompromittierenden Ort nur wenig Kompromittierendes aus seiner Feder wider ihn zeugt. Neben alten Texten (einem Aufsatz über Schauspielkunst und zwei psychologischen Novellen)[15] veröffentlichte er einen umfangreichen Artikel in dem 1915 herausgegebenen Sammelband »Aus der Werkstatt des Krieges«. Während Oberleutnant Dr. Hugo von Hofmannsthal dafür den feinsinnigen Essay über »Unsere Militärverwaltung in Polen« beisteuerte und der weltberühmte Kriegsgegner Dr. Stefan Zweig gleich mehrere Texte lieferte, darunter solche mit tönendem Titel wie »Lebende Kampfmittel« und »Kriegsgefangen«, befaßte sich Polgar mit dem – im Zusammenhang – immer noch friedfertigsten Thema: dem »Generalinspektorat der freiwilligen Sanitätspflege«, also der Filiale des Roten Kreuzes in Österreich-Ungarn, die unter dem Protektorat des Erzherzogs Franz Salvator stand. Keine die und das Schlachten billigende Wendung findet sich in dieser, allerdings wenig mitreißenden und entschieden langatmigen, Laudatio auf die tätige Menschenliebe in unmenschlichen Tagen. »Krieg ist Anti-Sanität«, konstatierte Polgar und: »Krieg ist nicht nur Wunde, Schmerz, Krankheit, Krieg ist die pflichtgemäße Mißachtung von alledem.« Die freiwillige Sanitätspflege führe »mit einem Heer von Menschen und einem Riesenquantum von Material Krieg gegen die Schrecken des Krieges«.[16]

In einem 1917 erschienenen Folianten »Unteilbar und Untrennbar« über »Österreich-Ungarn im Weltkrieg« finden sich neben einer großangelegten Einleitung von Stefan Zweig (»Vor dem Sturm«) auch drei umfangreiche Beiträge Polgars: eine Bestandsaufnahme des k. u. k. Militärapparats sowie zwei aus Kriegsberichten und amtlichen Dokumenten zusammengestoppelte Artikel über »Die Bukowina im Kriege« und die deutschen Kämpfe »Im Osten«, insbesondere über Hindenburgs Sieg in der Schlacht von Tannenberg.[17] Nicht der Umstand, daß Polgar solche Fronarbeit leistete – von einem im Kriegsarchiv Dienstverpflichteten in offiziellen Schriftstücken Kritisches zu verlangen wäre vermessen, zumal da er andauernd von der Abberufung in den Schützengraben bedroht war –, sondern daß er auch dabei seine schriftstellerische Ambition kaum verhehlte, schmerzt ein wenig: »Poetische« Stilisierung, wie sie da manchmal anzutreffen ist, stört in diesem Zusammenhang ebenso wie bei Stefan Zweig. Ohne ihre Haltung zu denunzieren, läßt sich behaupten: Helden des Widerstandes waren sie beide nicht, doch gelang es wenigstens Polgar, jene pflichtgemäß patriotischen Äußerungen in praktisch unter Ausschluß der Öffentlichkeit erscheinenden Prunkbänden durch gleichzeitig publizierte »zersetzende« Texte wettzumachen. Daß er Formulierungen wie jene über den damaligen Thronfolger Erzherzog Karl – »mit den charakteristischen Habsburgerzügen im Antlitz, seit langem durch sein freundliches, gütiges, offenes Wesen der Liebling von Heer und Bevölkerung wie seines kaiserlichen Großoheims« – tatsächlich ernst und ehrlich gemeint haben könnte, scheint unwahrscheinlich.

Gemeinsam mit Stefan Zweig erarbeitete Polgar außerdem ein Memorandum für die berüchtigte Kriegsausstellung 1916. Ein Vortragszyklus, so die beiden Verfasser, möge folgende Gruppen zu Wort kommen lassen: führende Militärs, hervorragende Politiker, Finanzleute, Kriegsberichterstatter, »in erster Linie die bedeutenden neutralen wie Sven Hedin, Björn Björnson, dann die bekanntesten Deutschlands und Österreichs wie Leonhard Adelt, Kellermann, Roda Roda, Schalek etca«, überdies »Dichter ersten Ranges, die den Geistesgehalt des Krieges entweder in Ansprachen oder in Vorlesungen von Werken, die sich auf den Krieg beziehen, vergegenwärtigen«.[18] Ihre Vorschläge wurden freilich von den zuständigen Stellen verworfen, aber die Kriegsausstellung war auch ohne geistige Beigaben schrecklich genug. Arthur Schnitzler, der sie in Begleitung seiner Kinder besuchte, hielt seine Eindrücke fest: »Man steht starr diesem Wahnsinn gegenüber. Folter und Verstümmelung in ein System gebracht.«[19]

Die Tätigkeit in der Stiftskaserne hat es Polgar andererseits ermöglicht, weiterhin als Theaterkritiker zu wirken, und er nahm sich dabei kein Blatt vor den Mund. Am 7. März 1916 erschien eine seiner eindrucksvollsten Rezensionen aus dieser Epoche. Ihre Wirkung verdankt sie dem simplen Kunstgriff, den Inhalt eines bestialisch dummen und widerwärtigen Mist-Stücks einfach nachzuerzählen: »Wir befinden uns im Aufenthaltsort eines Stabes, wo der Krieg sein freundlichstes, sauberstes, appetitlichstes Gesicht zeigt. Alles ist glatt und schön, nobel und herzlich. Und auch die bösesten Wunden, die der Kampf geschlagen, sekretieren noch Sirup. Durchaus edle Menschen handeln durchaus edel. Ein edler General, mild und stark, geht über den Tod seines Sohnes in anekdotischer Gefaßtheit an die Arbeit. Wo er hintritt, wächst Gras. Ein edler polnischer Jude leistet aus edlen Motiven Spionagedienste und weist klingenden Lohn mit edler Entrüstung zurück. ›Was glauben Sie?‹ sagt er, ›für Geld?‹ Nur daß er nicht sagt: ›Für schnöden Mammon?‹ Dann holt der edle Jude den Sohn des Generals vom Schlachtfelde heim – und der Sohn lebt! Für seine völlige Genesung bürgt ein edler Stabsarzt, der so tut, als ob er nicht bis fünfe mustern könnte. Auch ein reizender, geradezu, wie Fräulein Valerie sagt: totschicker Wiener Leutnant ist da, der die feschesten Bemerkungen über den Krieg macht.« Ein weiterer junger Offizier, zu einem Todeskommando ausersehen, weicht dieser letalen Aufgabe keineswegs aus, obwohl man ihm freistellt, sie anzunehmen oder abzulehnen: »Stolz und froh, in Paradeadjustierung des Leibes und des Geistes, tritt er vor seinen General und bittet, nach einer längeren, aber wohlgesetzten Rede über Pflicht, um den Heldentod. General (langsam): ›Und so unterwerfen Sie sich, männlich und gefaßt, einem furchtbaren Schicksal?‹ – ›Nein, Exzellenz, ich unterwerfe mich nicht, (hell) ich *bitte* um mein Schicksal.‹ General (freudig): ›Baron! – (hell und freudig) Seh'n S', so heiter ist das Sterb'n in Galizien-Wien.‹«[20]

Es ist nicht verwunderlich, daß das Kriegsministerium Polgar an dessen Arbeitsplatz im Hinterland für äußerst entbehrlich, ja für störend hielt und auf Versetzung an die Front drängte. Ein erbittertes Tauziehen ergab sich um Polgar, dem nichts ferner lag, als hell und freudig um seinen Heldentod einzukommen. Erfolglos versuchte sich das Kriegsarchiv querzulegen: »Polgar, 43 Jahre alt, ist als Literat und Künstler von Rang bei den vielen, Propagandazwecken dienenden Publikationen, speziell dem Werk ›Österreich-Ungarn in Waffen‹, hervorragend tätig und eigentlich nicht zu ersetzen.« [21] Das Kriegsministerium, gewohnt, in Kategorien von Menschenmaterial zu denken, war gegenteiliger Ansicht. Am 26. März 1917 kam schließlich der strikte Befehl, Polgar und einen Kollegen abzulösen, »umsomehr als es sich um frontdiensttaugl. Einj. Freiw. handelt, deren Heranziehung zum Frontdienst unbedingt gefordert werden muß.« [22] 14 Tage später wurde er zu seinem Standeskörper »einrückend gemacht«. Dieses Faktum kann freilich nicht ganz so schlimm gewesen sein, wie es im bürokratischen Jargon klingt, zumal da bereits am 20. April eine Theaterkritik Polgars in seiner Zeitung zu lesen war. Nachdem bei der Kraftprobe zwischen Ministerium und Archiv letzteres unterlegen war, trat eine größere Macht auf den Plan, vor der sogar die militärische Gewalt zu kapitulieren hatte: die Presse. Am 1. August 1917 wurde Polgar als »Parlamentsberichterstatter der ›Wiener Allgemeinen Zeitung‹«, als der er einst begonnen hatte, auf unbestimmte Zeit, drei Monate danach bis zum 1. Februar 1918, und am 11. Mai endgültig auf unbestimmte Zeit vom Dienst mit der Waffe enthoben. [23]

Ein Zeugnis von Polgars professionellem Aufenthalt im Reichsratsgebäude steht in der »Schaubühne« vom 1. November 1917. Sein Titel: »Redner Daszynski« – die Studie eines Abgeordneten von faszinierendem rhetorischen Talent. Der Volksvertreter Ignaz Daszynski sollte es übrigens genau ein Jahr später zum polnischen Ministerpräsidenten bringen. Polgar interessierte an ihm vor allem dessen Bühnenwirksamkeit – »Schauspieler und Rezitatoren sollten ihn hören und studieren« – und darüber hinaus der Wandel, dem auch dieser Politiker, ein einstmals radikaler Sozialist, unterworfen war: »Heute sitzt Ignaz Daszynski inmitten der Verachteten und Verfluchten von damals. Die nationale Strömung hat ihn an ein Ufer getragen, an dem zu landen er selbst kaum jemals gedacht haben mag. Sein begeistertes Auditorium sind heute Hofräte und Exzellenzen. Die Proletarier sehen mit Wehmut ihren Tell unter den Landvögten. (. . .) Fanatismus heißt das Kennwort für den Redner Daszynski. Einmal war es ein richtiger, heute ist es ein sozusagen: domestizierter Fanatismus. Aber die Spuren einstmaliger Wildheit haften ihm, als Rassezeichen, noch deutlich an. Ich möchte wissen, ob er, der Fanatismus, nicht dann und wann Sehnsucht hat nach den freiern Bezirken seiner freiern Jugend.«[24]

Fanatismus, welcher Art auch immer, war Polgar wesensfremd. Voll Trauer und Melancholie sah er den »Vierten Kriegsherbst« ins ausgeblutete Land ziehen: »Wie selbstverständlich uns schon allen die Misère geworden ist! Und wie notwendig! Weil ringsum alles so schwer geworden ist, bleiben wir im relativen Gleichgewicht – das ist die eigentliche Formel, nach der das ›Durchhalten‹ vor sich geht. Was rettet die Mutter davor, unter dem Kummer über ihre verlorenen Kinder zusammenzubrechen? Die Sorge, jene, die ihr geblieben sind, zu nähren. Es ist eine satanischsegenvolle Wechselwirkung.«[25]

Wien präsentierte sich ihm damals als »Versunkene Stadt«, gerade auch an ihren traditionellen Vergnügungsstätten wie dem Prater. »Die Schießbuden sind ganz leer. Kein Mensch hat mehr das geringste Interesse am Schießen. Nicht mit dem Kapsel-, nicht mit dem Feuergewehr, nicht auf tote Figuren, nicht auf lebende Menschen. Hingegen findet der Watschenmann Zuspruch. Die in der Volksseele aufgepeitschten Proteste entladen sich an seinen vollen elastischen Wangen, die schon eben wegen dieser Fülle so aufreizend sind. Wienerische Revolutions-Prophylaxe.«[26]

Seine defaitistischen Bemerkungen brachte Polgar aber nicht nur in der »Schaubühne« bzw., wie sie seit 1918 hieß, in der »Weltbühne« unter. Im Jänner 1918 kam die erste Nummer einer von Dr. Benno Karpeles herausgegebenen Zeitschrift mit programmatischem Titel heraus: »Der Friede«. Robert Musil erinnert sich später, daß die »Leitung, zumindest die literarisch-interne: Polgar«[27] innehatte. Bereits im zweiten Heft findet man einen grundsätzlichen, der Blattlinie gewidmeten Aufsatz: »Zeitschrift in Wien«. Eine solche müsse in erster Linie »Zeit-Schrift« sein – »Eine Art Uhr, die die politische, soziale, literarische Stunde schlägt.« Zur Stütze eines derartigen Projekts werde man kaum auf die weiland »Jungwiener« um Hermann Bahr zurückgreifen können: eine Ansammlung nunmehr »eisgrauer Herren«. Nicht ohne Bosheit gedachte Polgar der chamäleonartigen Verwandlungsleidenschaft Bahrs: »Er entdeckte viele Begabungen. Seine letzte Entdeckung ist der liebe Gott. Er fördert den alten Herrn mit der gleichen Güte und Hingebung wie seinerzeit den jungen Hofmannsthal.«[28] Alle Genannten fehlten im »Frieden«, hingegen waren dort Namen der Zukunft von damals vertreten: die Brüder Čapek, Anton Kuh, Albert Ehrenstein, Joseph Roth, Ferdinand Bruckner (Theodor Tagger) und der Völkerrechtler Heinrich Lammasch.

Welchen Ton Polgar in dieser Zeitschrift anzuschlagen gedachte, wurde schon in der Eröffnungsnummer sichtbar, als er mit der phrasenhaften Verwertung der Millionen Kriegstoten abrechnete:

»Sie starben, auf daß kommende Geschlechter schön und gut leben.
Aber das ist eine verfluchte Lüge.
Sie starben überhaupt nicht, ›auf daß‹.
Sie starben, weil man sie nicht leben ließ.«[29]

Nicht vom Grauen der Kampfhandlungen, in die er ja keinen Einblick hatte, berichtete Polgar, sondern vom Elend im Hinterland, vom Leid der Hinterbliebenen, von der Sinnlosigkeit der Opfer, von Hunger und Not. Die kleinen Ereignisse kommentierte er, um an ihnen die Größe des Unheils in faßbaren Dimensionen zu demonstrieren, und korrigierte damit die bis zuletzt ausgegebenen, offiziellen heroischen Siegesmeldungen und -parolen. Die Zensur zu umgehen, bedurfte es oft nur relativ einfacher Maßnahmen. Seine Skizze »Hiob-Rekord« war in Wien verboten worden, passierte jedoch den Zensor des »Prager Tagblatts« und konnte folglich als Zitat im »Frieden« gebracht werden. Jene unübersehbare persönliche Betroffenheit, die aus Polgars Kurzprosa spricht und die sie weit über branchenübliche feuilletonistische Rührseligkeit, Tändelei mit dem Schrecken, hinaushob, war wohl nicht zuletzt die Folge seiner eigenen prekären Lage – immer bedroht von der Versetzung an die Front, wußte er um das einer unmenschlichen Kriegsmaschinerie hilflos Ausgeliefertsein Bescheid. Dieser Lernprozeß inspirierte ihn wahrscheinlich auch zu einem damals entstandenen Aphorismus: »Es dauert lange, bis man wahrhaft reif zur Lebensfreude. Man wird es etwa an jenem Tag, an dem die Todesangst beginnt.«[30]

Abgesehen von seinen pazifistischen Glossen und Notizen schrieb Polgar aber natürlich weiterhin »unpolitische« Theaterrezensionen, für die »Wiener Allgemeine Zeitung« wie für die »Schaubühne« – und von seiner Angriffslust und -lustigkeit hatte er nichts eingebüßt: »Molière-Abend des Deutschen Volkstheaters. Besorgt von dem Reinhardt-Ersatz, dem Berliner Regisseur Halm, den sich der reiche Provinzonkel in Wien bei schweren literarischen Anfällen als Consiliarius kommen läßt. Die Kur kostet ein sündhaftes Stück Geld und nützt einen Schmarrn, aber man soll nicht sagen, daß das Deutsche Volkstheater zwecks Behandlung seiner chronischen

Uninteressantheit und Mittelmäßigkeit an Arzt und Medizinen spart. (. . .) es war eine der feinsten, konsequentesten, üppigsten Schmockereien, mit denen jemals ein Theaterpublikum köstlich gelangweilt worden. Niemand hatte was zu lachen; die Zuhörer nicht, die Darsteller schon gar nicht. Das Ganze zeigte einen Stich ins Widernatürliche. Frost, der sich hitzig gebärdete. Venezianisches Nachtfest bei den Eskimos.«[31]

Und als im Frühjahr 1918 im Burgtheater unter Max von Millenkovich, der auf der Bühne sein unsägliches »christlich-germanisches Schönheitsideal« verwirklichen wollte, eine neue Ära ausbrach, nahm Polgar die Aufführung eines Prinz Eugen-Stücks von Georg Terramare zum Anlaß, beide – Stück und Direktor – so lächerlich zu machen, wie sie waren. Er tat dies in eben dem geschraubten Stil, den Terramare seine historischen Figuren sprechen ließ: »Diese ›stillen Stunden‹ haben mir das Sentiment influenziert, daß die mariage, die das Burgtheater mit dem neuen Direktor gemacht hat, wirklich eine mariage d'amour und ganz gewiß keine Vernunftheirat gewesen; und obgleich ich persuadiert bin, daß die ›stillen Stunden‹ eine deplorable Nullité, habe ich doch jetzt die indoutable Assurance, daß Herr Millenkovich convoquiert ist, der zweite Laube des Burgtheaters zu werden: der Gartenlaube.«[32]

Auch dem Phänomen Kino, mit dem er sich schon 1911 in einem ausführlichen Artikel (»Das Drama im Kinematographen«) auseinandergesetzt hatte, zollte er – ironischen – Tribut, nämlich dem bedeutenden Streifen »Die Geißel der Menschheit«, hinter welchem Titel sich nur unzulänglich ein Aufklärungsfilm über die dramatischen Folgen unbehandelter Geschlechtskrankheiten verbarg. Getreulich gab er den Inhalt wieder, angereichert mit ausgiebigen Zitaten aus dem offenbar schwachsinnigen Programmheft, und schloß: »Ist das nicht ein belehrender Film?
Jawohl, das ist er. Ich sage Ihnen, gehen Sie ins Kino, wenn Sie wissen wollen, was Paralyse ist!«[33]

In die Kriegszeit fällt aber obendrein Polgars erste justizkritische Arbeit – die Satire »Der unterernährte Raubmörder«, die er als »Raubmörder in großer Zeit« in seine Sammelbände aufnehmen sollte: »Der Raubmörder Hirth wog 93 Kilo, als er ins Gefängnis kam. Auf der Anklagebank, ein paar Monate später, saßen nur mehr 60 Kilo Hirth. Die Gerechtigkeit sagte: Noch immer um 60 Kilo zuviel! und verurteilte den Raubmörder zum Tode. Pereat.« Polgar vermutete, Hirth sei vor Gericht Opfer seiner ungeschlachten Sprache geworden. Er übertrug daher die Worte Hirths in die eines Dr. Hirth und brachte so eine Reihe von Aussagen des Angeklagten im doppelten Sinn »zur Sprache« – links den ordinären, und rechts – von einem Strich getrennt – den akademisch gebildeten Hirth. Freilich äußerte der Autor den Verdacht, der Gerichtspräsident hätte den eloquenten und feinsinnigen Dr. Hirth kaum so ungehindert sprechen lassen wie den gewöhnlichen Verbrecher: »Die Wahrheit läßt sich nämlich ertragen, wenn sie aus einer niedrigen Seele und einem schmutzigen Mund kommt. Sie ist dann durch solche Herkunft schon so kompromittiert, daß von Amts wegen zu ihrer Unschädlichmachung nichts mehr verfügt zu werden braucht.«[34] Dies Musterbeispiel einer Analyse von Klassenjustiz ist nicht sentimental, vielmehr in seiner Anklage ebenso nüchtern wie präzis – das Krausssche Verfahren seiner berühmten »Übersetzungen aus Harden«, aus barockem Schwulst zu powerem Inhalt, mit umgekehrtem Vorzeichen angewandt: Sprachkritik, die Sprache als Instrument erkennen läßt, als Instrument der Herrschaft.

Gleichwohl ist Polgar die revolutionäre Begeisterung, die damals auch in der Kaffeehauswelt ausbrach – Franz Werfel hat sie in seinem Roman »Barbara oder Die Frömmigkeit« detailgetreu festgehalten – im Grunde suspekt gewesen. Dabei war er Augen- und Ohrenzeuge im genauen Verständnis des Wortes und erlebte die Umsturztage im Zentrum der Ereignisse. »Ich war im Parlament, als es beschossen und berannt wurde«, erzählte er Stefan Großmann brieflich. »Eine höchst unheimliche Viertelstunde.«[35] Er beobachtete, nur ein klein wenig erstaunt, das Treiben ringsum: »Es endet, wie's enden mußte. Oder hatte irgendwer geglaubt, der himmelhoch gehäufte Unflat des Krieges würde in ruhiger Arbeit wieder abgetragen und, mit Beobachtung hygienischer Vorsichten, in die Senkgrube des Vergessens geschüttet werden?« Gelassen registrierte er die geistigen und rhetorischen Freiübungen von Konjunkturrittern aller Branchen, insbesondere der ihm vertrautesten: »Die Zeitungen sind sehr tapfer. Von dem Licht der neuen Freiheit entzündet, sieht das Auge der öffentlichen Meinung blutunterlaufen drein. Die servilsten Mistblätter, die vierundeinviertel Jahre dem Hof und der Generalität den Krieg apportiert haben, schnappen jetzt republikanisch nach ihren Herren von gestern.«[36] Gerade unter Poeten und Intellektuellen richteten die unruhigen Zeiten emotionelle und politische Unordnung an. Ein gewisser Franz Werfel, anerkannt pazifistischer Lyriker und Millionärssohn aus Prag, hielt vor dem Gebäude des Wiener Bankvereins Reden wider die Geldpaläste, die alsbald den Ausgebeuteten und Ausgesaugten gehören würden, und verantwortete sich dann vor der Polizei damit, er sei Anhänger des Urchristentums und deshalb gegen jede Gewalt. Franz Blei und Albert Paris Gütersloh wiederum schlossen ihre Zeitschrift »Die Rettung« mit dem bemerkenswerten Trinkspruch »Es lebe der Kommunismus und die katholische Kirche!«, welche Synthese noch bemerkenswerter durch den Umstand wird, daß die beiden in der vorletzten Ausgabe eben dieser »Blätter zur Erkenntnis der Zeit« einen Wahlaufruf »Wählt sozialdemokratisch!« publiziert hatten. Es waren in der Tat unruhige Zeiten, doch Polgar ließ sich dadurch nicht aus der Ruhe bringen, am allerwenigsten durch aufgeregte »Wiener Literaten«: »Einige von ihnen helfen rote Garden bilden. Neidische Ohnmacht-Menschen sagen: Angst vor dem Leise-Werden ihres Ichs und Namens sei es, was die Schriftsteller in die Lautheit der Straße stürzen heiße.«[37]

Die Lautheit der Straße war Polgars Sache nicht, er hatte sie auch nicht nötig, da er sich in diesen vierundeinviertel Jahren bewiesen hatte wie wenige andere seiner Kollegen. Noch 1929, als der Sammelband »Hinterland« mit Polgars Antikriegsskizzen veröffentlicht wurde, rühmte Walter Benjamin ihrem Verfasser nach: »Der Krieg hat die überraschendsten Avancements gesehen und eines von ihnen war das dieses Epikuräers, des soignierten Herrn, der, was es nur Vertrauenswürdiges, Beruhigendes gibt, die Verläßlichkeit des jüdischen Arztes, des jüdischen Bankiers, des jüdischen Anwalts in sich vereint, zum Wortführer aller Streitkräfte der passiven Resistenz. Daß ein Österreicher dies werden mußte, war vorbestimmt. Es ist nachgerade überhaupt die europäische Rolle des Österreichertums geworden, aus seinem ausgepowerten Barockhimmel die letzten Erscheinungen, die apokalyptischen Reiter der Bürokratie zu entsenden: Kraus, den Fürsten der Querulanten, Pallenberg, den geheimsten der Konfusionsräte, Kubin, den Geisterseher in der Amtsstube, Polgar, den Obersten der Saboteure.«[38]

Der Epikuräer und die schlechten Zeiten

»Wie lebst Du?« fragte Polgar aus Wien den nach Berlin übersiedelten Stefan Großmann im November 1918. »Wie hast Du Dich mit den aegyptischen Plagen abgefunden, die ausgerechnet dieser Generation beschieden sind: Seuche, Hungersnot, Krieg, Finsternis, Läuse und das Sterben nicht nur der Erstgeborenen?« Allerdings hatte er – »mitten im Chaos« – noch andere Sorgen. Ein Manuskript mit gesammelten Antikriegsskizzen machte gerade bei einem Berliner Verlag Station, auf dem damals besonders langwierigen Weg zum fertigen Buch, »das nun wohl ohne Zensur-Schwierigkeiten erscheinen können wird. Wird es das? Druckt man? Werde ich Correktur-Abzüge sehen? Ich höre vom Verlag – leider muß ich sagen: naturgemäß gar nichts.«[1] Auch zweieinhalb Monate später hatte er noch immer nichts gehört: »Was, lieber Stefan, ist's mit meinem Buch??? Wenn ich nur schon wenigstens Druckbögen sähe! Wird es erscheinen? Warum erscheint es nicht? Kein Spartakist hindert doch den Verlag Gurlitt, seine erworbenen Meisterwerke auszuspeien.«[2]

Nicht nur um nach dem Rechten zu sehen, zog es Polgar aus Wien in die deutsche Hauptstadt: »Wenn man wieder reisen kann, komme ich nach Berlin. Bei Euch mag es schlimm zugehen. Aber von der unerträglich dumpfen, armen, trostlosen Atmosphäre hierorts kannst Du Dir doch kaum eine Vorstellung machen. Man erstickt (soweit man nicht erfriert), und muß schon meinen übermenschlichen Leichtsinn haben, um nicht in Melancholie zu verfallen.«[3]

Im März 1919 war es dann schließlich soweit: »Kleine Zeit« wurde ausgeliefert. Dem Band war ein Vorwort beigegeben, das die Subtilität von Polgars Kritik erklären sollte. Die Idee, sich im nachhinein forscher zu geben, als er einst gewesen, kam Polgar naturgemäß, seiner Natur gemäß, nicht. So empfahl er seine Arbeiten dem Leser gleichsam mit einer Entschuldigung: »Zur unmittelbaren Veröffentlichung bestimmt, mußten sie sich einer sozusagen maskierten Tonart befleißigen, um der Zensur unverdächtig zu erscheinen. Anders als fast bis zur Lautlosigkeit gedämpft konnte sich ja – insbesondere in der gottlob ehemaligen österreichisch-ungarischen Monarchie – die Empörung gegen den blutigen Kretinismus der großen Zeit nicht vernehmbar machen.«[4]

Die Warnung reichte gleichwohl nicht aus, Polgars feiner stilistischer Klinge Anerkennung als angemessener Waffe im Kampf gegen Krieg und Terror zu verschaffen, zumindest bei einem deutschen Kritiker nicht, der Polgar des billigen Opportunismus bezichtigte: »Sogar der Journalist merkt, daß sein Pferdchen zu langsam lief. (...) Kleine Skizzen von zwei bis drei Seiten: ›geistreich‹, dieses Wort verurteilt sie am besten. Der Schwindel einer damals herrschenden Macht wird aufgedeckt, jawohl, aber tausendfach verklausuliert als eine Esoterik für Eingeweihte; man blinzelt sich verständnisvoll zu und – begnügt sich damit. Wäre dies die Haltung aller gewesen, wir wären heute noch weiter zurück (was etwas heißen will). Der Autor schäme sich der Feigheit, dem Zensor die Schuld zuzuschieben (...)«[5]

Dieser gestrenge Herr blieb indes die einzige dezidiert abfällige Stimme. Andere wußten genauer zu lesen, nicht zuletzt Hermann Broch, der über den Autor der »Kleinen Zeit« schrieb: »Er verteidigt die Menschlichkeit gegen die Menschen. Dies geschieht in einer eigenen knappen und präzisen Art. (...) Es ist jene wundervolle Ökonomie des Ausdruckes, die das Kunst- vom Machwerk unterscheidet. Vielen mag diese Methode zu schmächtig erscheinen, wenn sie, wie eben in diesen Skizzen, auf überlebensgroße Objekte, wenn sie auf den Krieg angewendet werden soll. Es ist aber durchaus in der Absicht Polgars gelegen, zu zeigen, daß sich die große Zeit an der kleinen, daß sich das ›große Erlebnis‹ am kleinen Leben ad absurdum führt.«[6]

Und später, anläßlich einer Würdigung des Theaterkritikers Polgar, kam Broch noch einmal auf den Band zu sprechen: »Viele werden ihn nach diesen kleinen Skizzen für einen Dichter halten; er ist es nicht, jedenfalls kein deutscher Poet. Wohl aber ist er Lyriker, aus seiner Kindheit herauslebend wie jeder echte Lyriker und die Impression seiner Welt festhaltend: unpathetisch, ehrlich und mit einer besonderen Zartheit.«[7]

Der März 1919 brachte noch etwas anderes: das Ende von Polgars Tätigkeit als Theaterkritiker der »Wiener Allgemeinen Zeitung« – am 4. 3. 1919 erschien seine letzte Rezension. Damit war ein Kapitel seiner journalistischen Laufbahn abgeschlossen, das immerhin ein Vierteljahrhundert gewährt hatte. Man habe ihm dort, so berichtet Polgar, nicht allzuviele Tränen nachgeweint: »Als ich (. . .) mit meinem kritischen Amt zu einem anderen Blatt übersiedelte, hatte ich die Genugtuung, daß auch nicht eine Postkarte an die ›Allgemeine‹ kam, die gefragt hätte, wo denn meine Referate blieben, und daß auch nicht ein Abonnent oder Leser der Zeitung untreu wurde, weil er meine Chiffre nicht mehr in ihren Spalten fand.«[8]

Polgar übersiedelte in ein Blatt, das eines der interessantesten journalistischen Experimente der jungen Republik darstellte. Gleichfalls im März 1919 hatte Dr. Benno Karpeles die Gründung einer neuen Tageszeitung angekündigt – die Wochenschrift »Der Friede« sollte dessenungeachtet weitererscheinen, wurde aber im Sommer desselben Jahres eingestellt. In Wien, so der Herausgeber, gebe es, wenn man von der Parteipresse absehe, keine gute Zeitung. Immer wolle der jeweilige Besitzer die Richtung, und nicht nur im großen, bestimmen. Deutschland hingegen verfüge über Beispiele, bei denen sich der Kapitaleigner im Zeitungsbetrieb damit begnüge, Kapitalist zu sein. Die »Frankfurter Zeitung« und das dem Berliner Konzernherrn Mosse gehörende »Berliner Tageblatt« zählten zu ihnen. Er, Karpeles, wolle versuchen, dieses gelungene Experiment auf österreichische Verhältnisse zu übertragen. Das »Elbemühl«-Papier- und Zeitungsunternehmen, dessen Aktien großteils im Besitz der Familie Schoeller waren, habe sich bereit erklärt, die Zeitung »Der Neue Tag« zu finanzieren. Eine Einflußnahme über Inseratenverträge oder die Verbindung mit anderen Produkten des Pressekonzerns seien vertraglich ausgeschlossen, sodaß einer möglichen Kritik am »Neuen Tag« als Schwerindustriellen- bzw. Schoellerblatt jegliche Grundlage fehle. Programmatisch verkündete Karpeles, wie »Der Friede« werde auch »Der Neue Tag« »nicht zögern, freimütig zu bekennen, wo Bekenntnis nottu(e);« er werde »im Dienste der Republik, der Demokratie, der sozialen Reform, der Erneuerung (des) öffentlichen Lebens den Kampf führen.«[9]

Die geschilderten ökonomischen Verhältnisse des »Neuen Tag«, dessen Feuilletonteil Alfred Polgar leitete, waren jedoch nicht ganz so transparent, wie der Herausgeber behauptete. Denn die neu gegründete Tageszeitung war nichts anderes als Erbin des schwer defizitären »Fremdenblattes«, eines offiziösen, dem k. u. k. Außenministerium nahestehenden Blattes aus dem »Elbemühl«-Konzern.

Mit Hilfe eines Kredites von einer Million Kronen sollte Karpeles die Nachfolgezeitung des »Fremdenblattes«, dessen Abonnenten nach seiner Einstellung automatisch den »Neuen Tag« erhielten, sanieren. Der Erfolg stellte sich allerdings nicht ein, und bald darauf verkaufte Philipp von Schoeller seinen Anteil an den Bankier Richard Kola, einen der großen Kriegs- und Nachkriegsspekulanten: Polgars ehemaligen Sitznachbarn aus der Handelsschule. Die »Arbeiter-Zeitung«, die von Anbeginn den Versuch Karpeles', eine zwischen Bourgeoisie und Proletariat vermittelnde Zeitung führen zu wollen, sehr skeptisch beobachtet hatte, berichtete am 17. Oktober 1919, dem 46. Geburtstag Polgars: »Vor einigen Tagen haben sich die Veränderungen in der ›Elbemühl‹ vollzogen, wenn man auch Scheu hat, sie der Öffentlichkeit bekannt zu geben. Schoeller hat seine

Demission als Präsident gegeben und seinen Aktienbestand an Kola verkauft, der mit einigen Vertrauensleuten in den Verwaltungsrat einziehen wird, dessen Leitung Broch von der Verkehrsbank (vorher schon Vizepräsident der ›Elbemühl‹ – d. Verf.) übernimmt. Kola hat die Aktien von Schoeller unter der Bedingung erhalten, eine ausgiebige Rettungsaktion für den ›Neuen Tag‹ des Karpeles zu vollziehen. (...) Und was sagen die anständigen Leute im ›Neuen Tag‹, wie etwa Herr Alfred Polgar, dazu, daß sie sozusagen mit Haut und Haaren an das Bankhaus Kola verkauft wurden? Bäumt sich ihr Ehrgefühl nicht dagegen auf, Hörige von Jobbern zu werden?«[10]

Was der anständige Alfred Polgar dazu gesagt hat, ist unbekannt. Bekannt aber ist, daß »Der Neue Tag« schon bald darauf, im April 1920, zu Tode saniert wurde. Der kurzen Erscheinungsdauer und der etwas reißerischen Aufmachung zum Trotz ist diese Zeitung bis heute ein faszinierendes Dokument der Kultur- und Zeitgeschichte. Neben Robert Musil veröffentlichten im »Neuen Tag«: Egon Erwin Kisch, Franz Blei, der Journalist und später bekannte Reiseschriftsteller Arnold Höllriegel (R. A. Bermann), Rudolf Olden, Leo Perutz, Berthold Viertel, Karl Tschuppik[11] und Franz Werfel. Egon Wellesz schrieb für Polgars Feuilleton Musikkritiken, und Joseph Roth publizierte darin viele der wichtigsten Artikel seiner radikal-demokratischen Periode. Schon im »Frieden« hatte er den Aufsätzen »seines Mentors« Polgar ähnliche Feuilletons publiziert. »Als der neunzehn Jahre jüngere Roth in der Redaktion des ›Neuen Tag‹ erneut unter der Leitung Polgars arbeiten durfte, bedeutete der berufliche Umgang mit seinem Vorgesetzten so viel wie eine berufliche Lehrzeit.«[12] Die poetisch-aggressive Schreibtechnik seines Vorbilds beeinflußte Roth so stark, daß er sich später immer wieder mit den Worten vorzustellen pflegte: »Ich bin ein Schüler von Alfred Polgar« – eine Geste der Courtoisie, bei der sich der Geehrte nie ganz wohl fühlte.[13]

Der Großteil von Polgars Artikeln für den »Neuen Tag« besteht aus Theaterkritiken, doch er war auch hier nicht bereit, dem Bereich der Kunst einen ästhetischen Freiraum zuzubilligen. Als das k. k. Hofburgtheater auf die Gunst jener »höheren, höchsten und allerhöchsten Töchter«[14] verzichten mußte und zum gewöhnlichen Burgtheater degradiert worden war, jedoch mit etwas zweifelhaftem demokratischen Übereifer eine Dependance im prächtig ausgestatteten Schönbrunner Schloßtheater errichtete, schrieb er: »Was soll überhaupt ein Luxustheater in dieser zerbrochenen Stadt und Zeit, an diesem Ort der Krätze, des Hungers, der sauer gewordenen Witzigkeit, der Angst und der hoffnungslos zerrissenen Stiefel? Nach langem höfischen Schlaf ist das Schönbrunner Schloßtheater wieder zum Leben, zu ›Tristans Tod‹ erwacht. Mit einem ähnlich pappigen Schmatz ist noch nie ein Dornröschen geweckt worden. Wenn es klug ist, legt es sich auf die andere Seite und schläft weiter.«[15]

Auch mit den »Blättern des Burgtheaters« setzte er sich auseinander. Neben Hermann Bahrs einleitendem Essay »Grundsätze«: »Von doktrinärer Schwere keine Spur: Wort so biegsam wie Ansicht. Sie würden, das ist das Bezaubernde, mit derselben klugen, seherisch-milden Eindringlichkeit das Gegenteil dieser ›Grundsätze‹ grundsätzlich bekennen, wären Standpunkt und Gelegenheit andere«,[16] irritierte ihn vor allem ein Artikel über Anton Wildgans, den späteren Direktor des Theaters; die brüderliche Apostelgesinnung »Liebet eure Feinde« eines erst kurz vorher »abgedankten Barden« des Krieges störte in ähnlichem Ausmaß Karl Kraus.[17] Polgar schrieb damals: »Zur Architektonik von ›dies irae‹ hat Richard Smekal einiges zu bemerken. Ich möchte gern von ihm auch einiges über die Architektonik des Dichters selbst hören, der vor kurzem eine Adresse an Barbusse unterzeichnet hat und doch ›Weihelieder den verbündeten Heeren‹ sang, darunter ein furchtbar prophetisches ›Vae victis!‹ Das Gleichgewichtsprinzip, das solche zwei Kundgebungen an ein und dieselbe Dichterseele bindet, wäre schon essayistischer Durchleuchtung wert.«[18] Die subtilen Zusammenhänge zwischen dem Geist der Monarchie im Krieg und jenem der Republik im jungen Frieden demaskierte Polgar an der öffentlichen Sprache, als jene grausige Formulierung: einen Menschen »einrückend machen« – beileibe keine Erfindung Karl Kraus' – mit all ihrer immanenten Verachtung des Individuums als Modell bürokratischen Jargons zur Verwaltung der Untertanen produktiv weiterwirkte: »Und jetzt bescheint die Sonne dieses unverdient schönen Herbstes ein Straßenplakat, eine amtliche Kundmachung, in der den Fremden jener Paß gegeben wird, der hierzulande ohne alle Plackerei im Handumdrehen zu haben ist, der Laufpaß; und der Kopf dieser Kundmachung besagt, daß sie sich auf die ›Abreisendmachung der Fremden‹ beziehe. (...) Es ist schwer, die Wurzeln süßen Heimatgefühls in einen Boden zu senken, auf dem in der Monarchie einrückend und in der Republik abreisend gemacht wird. Jedenfalls sollten sich die Behörden die Deutschlernendmachung ihrer Erlässe-Schreiber durch den Kopf gehen lassen. Sei was sei... wenn mir nur einer sagte, wie's kein armer Fremder, wie's ein glücklicher Einheimischer, ein hier geborener, zuständiger, steuerpflichtiger und friedhofsberechtigter Deutschösterreicher anstellen soll, um zu seiner Abreisendmachung zu kommen!«[19]

In welch hohem Maße Polgar damals die Chronik der laufenden Ereignisse glossierte (und »Chronik« ist hier auch im Zeitungsverständnis als Lokalberichte aufzufassen), beweist sein Artikel zu jenem »Fall Hofrichter«, der es in unseren Tagen zu Bestsellerehren bringen sollte.[20] Oberleutnant Adolf Hofrichter, 1910 wegen Giftmordes an einem Vorgesetzten im Generalstab zu zwanzig Jahren Kerker verurteilt, war während des Umsturzes im November 1918, als bei einer Revolte ein Großteil der Häftlinge ausbrach, in seiner Zelle geblieben und hatte diese erst verlassen, da die Gefängnisdirektion ihn und andere – das Bewachungspersonal hatte sich davongemacht – entließ. Als sich die Verhältnisse konsolidierten, erinnerte sich die Justiz seiner. Ein Gnadengesuch wurde abgelehnt, und Hofrichter mußte ein halbes Jahr später wieder ins Gefängnis zurückkehren, um den Rest seiner Strafe zu verbüßen. Polgar weigerte sich, in diesem Fall den von der bürgerlichen Gesellschaft propagierten Sühnegedanken zu akzeptieren; nicht sie, die von Hofrichter nichts mehr zu befürchten habe, sei zu schützen, sondern das Opfer der Launen der Bürokratie: denn jemanden, der sich schon frei glaubte, ein weiteres Jahrzehnt ins Zuchthaus zu sperren, sei ein Hohn, und ein solcher Gedanke könne nur denen kommen, deren Phantasie nicht ausreiche zu erkennen, was dies bedeute. Die Maßnahmen der sogenannten Gerechtigkeit gegen Hofrichter, so Polgar, seien gerade kurz nach dem Weltkrieg unpassend: »Der Mörder aus Ehrgeiz, der *eines* Menschen Tod auf dem Gewissen und solche Schuld zehn Jahre hinter Kerkermauern gebüßt hat: er hat Anrecht auf Milde in diesen Tagen, da zahllose Viel-Mörder, Mörder aus Liebedienerei und Knechtseligkeit und sadistischem Behagen an gequälter Kreatur, der Vergeßlichkeit ihrer Mitwelt froh, im Lichte wandeln.« Der Artikel schließt mit einem als Ausdruck der Hoffnung getarnten Appell: »Unser Präsident Seitz ist ein Mann, vor dem man gerne den Hut zieht; nicht weil er Präsident ist, sondern weil er er ist. Der Präsident wird die grausame, tückische, verlogene Geste, mit der hier der Arm der Justiz für das Recht gegen das Recht ausholte, zu parieren wissen.«[21]

Gegen Ende des Jahres 1919 kam Polgar nach Berlin; er bekam dort viel zu sehen, unter anderem leibhaftige Dadaisten, denen er, aus der Ferne, seine Zuneigung geschenkt hatte. Bei näherer Betrachtung, nämlich nach dem Besuch einer Matinee, mußte er jedoch gestehen: »Es war erschreckend langweilig. Wenn man ihnen das aber sagte, würden sie antworten: Eben; wir sind gegen ›Unter-

haltung‹.« Nur einem billigte er Genie zu: »Seine Menschenbilder bestehen aus Kontur und Luft. Aber sie nehmen den Gesichtern und Bäuchen die Eingeweide heraus. Es sind Zeichnungen mit dem Apachen-Messer.
Der schreckliche Mensch heißt George Grosz.«[22]
Allerdings hatte Polgar noch Schrecklicheres miterlebt: den Prozeß um den Massenmord an Matrosen im März 1919, ein Ereignis, das sich sonst in der Literatur kaum niedergeschlagen hat. Harry Graf Kessler hatte, als es geschah, in seinen Tagebüchern festgehalten: »Es ist eines der scheußlichsten Bürgerkriegsverbrechen unter den mir historisch bekannten«,[23] und einer der dafür verantwortlichen Offiziere machte ihm den »Eindruck einer mörderischen Gliederpuppe. Vollgestopft mit Exerzierreglement, ohne Herz oder Verstand. Ein Scheusal, das nicht einmal böse ist. Die grauenhafte Karikatur des preußischen Militarismus.«[24] In seinem Bericht »Nur erschossen«, erschienen als unselige Weihnachtsbetrachtung 1919, konstatierte Polgar die stillschweigende und doch offenkundige Komplizenschaft zwischen der Militärjustiz und den beklagten Offizieren; einen von diesen beschrieb er besonders ausführlich, einen Biedermann und Täter zugleich: »Dieser brave Mann ist derjenige, der in der Französischen Straße die neunundzwanzig Matrosen aus Lebewesen zu einem Brei von Blut, Knochen, Hirn und Fleischfetzen zermanschen ließ. Er hat das, wie er vor Gericht karg und bescheiden erzählt, ›herzlich gern‹ getan. Es war ihm ein Vergnügen. Bitte sehr, bitte gleich.
›Der Mensch ist gut‹, singt Leonhard Frank, der, wie man schon hieraus ersieht, ein Dichter ist.«[25]
An das expressionistische Bruder-Mensch-Pathos vermochte Polgar nicht zu glauben, und er hat seinen Unglauben damals auch wiederholt ausgedrückt: »›Der Mensch ist gut!‹ sagte die Bestie, als sie ihn fraß«,[26] lautet einer seiner Aphorismen aus dieser Zeit. Eine andere Variante – sie stammt aus dem Text »Das geschlachtete Kalb« – fand in

Bert Brecht einen geistesverwandten Bewunderer. In dessen »Flüchtlingsgesprächen« heißt es: »In Deutschland, nach dem ersten Weltkrieg, ist ein Band erschienen mit dem sensationellen Titel ›Der Mensch ist gut‹, und ich habe mich sofort unruhig gefühlt und aufgeatmet, wie ein Kritiker geschrieben hat ›der Mensch ist gut, das Kalb schmackhaft‹.«[27]

Nach Wien heimgekehrt, beobachtete Polgar weiterhin Szenen aus Politik und Alltag, verfaßte Stimmungsbilder der maroden Stadt und wußte dabei den Lesern des »Prager Tagblatts« beispielsweise mitzuteilen, »daß dümmer als der Kommunismus nur noch die Einwände gegen ihn«[28] seien. Um zu solcher Einsicht zu gelangen, hatte er sich einschlägig informiert, war er doch »1920 im ›Bayrischen Hof‹, Wien II., Taborstraße, bei einem Vortrag von (Hugo) Sonnenschein (. . .) über Lenin«.[29] Die dramatische Wirtschaftslage zu veranschaulichen, erzählte Polgar auch, wie ein Gelehrter im Wiener Lagerhaus Schreiberdienste verrichten mußte und darob von der christlichsozialen Presse aus leicht ersichtlichem Grunde angegriffen wurde: »Ein Dozent für Ägyptologie – einer der sieben Kenner der demotischen Sprache, die es derzeit auf Erden gibt, oder populärer ausgedrückt, ein Jud'«[30]. Dem Mittelstand, der unter die Räder der Inflation und ökonomischen Krise geraten war, schrieb er einen eher ironischen als wehmütigen Nachruf: »Wirtschaftlich war das eine Schichte, die zu viel verdiente, um nicht gut leben zu wollen, und zu wenig, um so gut zu leben, wie sie wollte. Sozial eine Klasse, die sich noch nicht zur Oberklasse, aber nicht mehr zum Volk rechnete, als Hauptbestandteil des sogenannten Publikums von Wichtigkeit für die Chemie des öffentlichen Lebens war und bei großen Ereignissen – zum Beispiel: Ankunft des Königs von Siam oder: Henny Porten wohnt in einer Loge bei, oder: Prof. Einstein begleitet die Relativitätstheorie auf der Geige – als Spalier in Erscheinung trat.«[31]

Dem Spötter und Epikuräer Polgar fiel es gleichwohl

damals selbst nicht ganz leicht, die Basis für seinen Lebenswandel zu sichern. Obgleich er vom Wert der Presse nur in sehr geringem Maße durchdrungen war, sah er sich genötigt, die verschiedensten Verbindungen anzuknüpfen. Einerseits war er angesehener Mitarbeiter des »Prager Tagblattes« wie des »Berliner Tageblattes«, der »Weltbühne« wie des 1920 von seinem Freund Großmann gegründeten »Tage-Buch«. Andererseits war jedoch »Der Neue Tag«, von dem er ein regelmäßiges Gehalt bezogen hatte, 1920 eingestellt worden, und vor allem Honorare in harter ausländischer Währung schienen so verlockend wie schwer erreichbar. Bei seinen Bestrebungen, ertragreiche Beschäftigung zu finden, leistete ihm ein Bekannter aus dem Café Central[32] hervorragende, wenngleich manchmal vergebliche Dienste: Rudolf K. Kommer, der seine Herkunft »aus Czernowitz« mit pronorciertem Stolz hinter den Namen zu setzen pflegte, jener geheimnisvolle Freund bedeutender, mächtiger und womöglich schwerreicher Männer, den psychologisch zu ergründen Polgar später in seinem Porträt »Kreisel. Studie über einen Zeitgenossen«[33] unternahm. Kommer war Journalist, Übersetzer, literarischer Agent und nicht zuletzt einer der unentbehrlichsten Helfer Max Reinhardts in finanziellen und gesellschaftlichen Belangen.

Anfang 1920 lud er Polgar nach Berlin ein, aber der glaubte, auf diese Reise – bezahlt von einem anderen – aus Gründen der Selbstachtung verzichten zu müssen: »Unter welchem Titel käme ich dazu, solche Gastfreundschaft in Anspruch zu nehmen?«[34] Das von Kommer vermittelte Angebot, als Korrespondent ins Ausland zu gehen, schlug er gleichfalls aus: »Mit Paris wird sich's spießen. Ich habe Angst, weil ich die Sprache nicht perfekt beherrsche und mindestens ein paar Monate Vorbereitungen brauchte, sollte die ganze Unternehmung nicht einen hochstaplerischen Charakter haben. Auch wird es mir so furchtbar schwer, meine Wurzeln aus der dreckigen aber zähen

Wiener Erde zu reißen. Zudem war ich in letzter Zeit immer ein bißchen krank und dadurch noch unergiebiger, träger, immobiler, als ich es durch Charakters Gnaden ohnehin schon bin. Aus all' diesen Gründen habe ich wenig Schneid auf das Pariser Abenteuer, so verlockend es schon aus materiellen Gründen wäre: denn das Problem, mit meinem Einkommen (ca. 2000 d.ö. Kronen monatlich) auszukommen, vermag ich von Tag zu Tag weniger zu lösen. Wenn Sie eine rettende Idee haben, wie man von Wien aus (oder durch Reisen, die immer wieder nach Wien zurückführen) auf schriftstellerischer Basis einen Posten Geldes verdienen könnte, theilen Sie sie mir schleunigst mit.«[35]

Mancherlei hielt Polgar davon ab, seine Wurzeln aus der Wiener Erde zu reißen. Zum einen benötigte er wohl das vertraute Ambiente der Kaffeehäuser, die mit vergifteten Bonmots erfüllte Atmosphäre zwangloser Geselligkeit, wo mit Geist und Sprache, mit Bildung, Gefühlen und – nicht zuletzt – Karten gespielt wurde. Das Café Central, laut Polgar »kein Caféhaus wie andere Caféhäuser, sondern eine Weltanschauung, und zwar eine, deren innerster Inhalt es ist, die Welt nicht anzuschauen«,[36] hatte mit dem Tod Peter Altenbergs viel von seiner magischen Anziehungskraft auf Literaten eingebüßt. Der Tod eines anderen Stammgastes, jener des Lyrikers und legendären Schnorrers Ottfried Krzyzanowski, der in den Umbruchtagen der jungen Republik buchstäblich verhungert war, zog einen gespenstischen Schlußstrich unter die große Zeit dieser Wiener Institution. Auch ihm, Krzyzanowski, hat Polgar, ohne den zeitlebens Namenlosen posthum beim Namen zu nennen, einen Nekrolog geschrieben: »Erst wie er tot war, strömte die gestockte Wehmut der Schätzer und Freunde in bitterklagende Nänien aus. (...) Als er begraben wurde, standen Verweser des Geistes um das Erdloch. Obgleich das Wetter naß und kalt war.
Gott sah es.

Es war der letzte Dienst, den der verhungerte Dichter seinen Gönnern erweisen konnte.«[37] Einer von den Verwesern, Franz Blei, der dem Toten Worte des Abschieds ins Grab warf, sprach diesen hartnäckig mit Othmar an und ließ sich in seiner wiederholten Anrede auch nicht durch korrigierende Einflüsterungen beirren. Die meisten Überlebenden des »Central« siedelten sich jedenfalls im wenige Schritte von diesem entfernten Café Herrenhof an. Dort, so der Zeuge Anton Kuh, herrschte ein anderer, ein neuer Geist: »Patron war nicht mehr Weininger, sondern Dr. Freud; Altenberg wich Kierkegaard; statt der Zeitung nistete die Zeitschrift, statt der Psychologie die Psychoanalyse und statt des Espritlüftchens von Wien wehte der Sturm von Prag.«[38] In den Logen versammelte sich das geistige Wien oder was sich dafür hielt, jeweils geschart um den witzigsten Kopf der Runde: Ernst Polak[39] und Leo Perutz, Anton Kuh und Otto Soyka zählten neben anderen, heute längst Vergessenen, zu den zentralen Erscheinungen des »Herrenhof«. Polgar, obschon häufiger Gast, gehörte keiner dieser Logen an. Er saß an einem Mitteltisch des Saales, und nur wenige durften sich seines vertrauten Umgangs rühmen, darunter der Privatgelehrte und spätere Direktor des Internationalen Psychoanalytischen Verlages Adolf Josef Storfer, der 1919 aus Budapest »dem weißen Terror, der dem roten, ihn vielfach multiplizierend, gefolgt war«[40] entkam und sich in Wien niederließ. Das große, von Polgar schon früh gerühmte Schauspielerehepaar Fritzi Massary und Max Pallenberg fand sich bei seinen Wien-Besuchen gleichfalls an diesem Tisch ein. Pallenberg war der einzige Bühnenkünstler, dem Polgar eine eigene, 1921 erschienene Monographie widmete.

Alfred Polgar ist trotzdem nicht auf das »Herrenhof« eingeschworen gewesen, auch im »Museum« konnte man ihn antreffen und immer wieder im alten »Central«, dies jedoch weniger um literarischer als um persönlicher Beziehungen willen. Gina Kaus weiß in ihren Memoiren zu berichten: »Frida Koritschoner hatte einen Kreis, der sich im Winter in Wien im ›Café Central‹ und im Sommer in St. Wolfgang traf. Es waren durchwegs angesehene Männer, ein Universitätsprofessor, ein Musikkritiker, kleinere Bankbesitzer, Schriftsteller – beinahe ausschließlich Junggesellen. Das wesentlichste Mitglied dieses Kreises war Alfred Polgar, der glänzende Schriftsteller und bezaubernde Mann, dessen geistige Überlegenheit alle stillschweigend anerkannten. Frida erzählte mir, daß sie einmal ein vorübergehendes Verhältnis mit ihm gehabt habe, das aus irgendwelchen Gründen nicht richtig funktioniert hätte. Jetzt nachdem er längst offiziell eine Geliebte hatte, war er täglich mit Frida zusammen, in Wien im Kaffeehaus, in St. Wolfgang in ihrem Haus, und ich glaube, keiner zweifelte daran, daß sie die wichtigste Person in seinem Leben war.«[41] Das »jetzt« dieses Berichts spielt Mitte der zwanziger Jahre, und bei der »offiziellen Geliebten« handelt es sich um Polgars spätere Frau, Lisl Loewy. Damals, als jenes angeblich mißglückte »Verhältnis« stattfand, war Frida Koritschoner noch mit einem anderen verheiratet, mit dem Polgar befreundeten Lustspielautor Paul Frank. Ihr zweiter Mann gehörte dann zu den schillerndsten Figuren des Nachkriegswien. Der Spekulant Julius Koritschoner – sein Schicksal ist bis heute ungeklärt, eines Tages verschwand er auf Nimmerwiedersehen, freilich erst zu einem Zeitpunkt, da er bereits die nächste Gemahlin hatte: Mia Weiss-Koritschoner – galt als berüchtigter Morphinist, und auch Frida sollte ihm und der Droge zum Opfer fallen, nachdem sie selbst eine Reihe von Proselyten gemacht hatte. Viel spricht dafür, daß sie tatsächlich die wichtigste Person in Polgars Leben dieser Jahre war. In dem kurzen Text »Das Antlitz« aus dem Band »An den Rand geschrieben« hat Polgar ihr eine berührende Hommage erwiesen: »Das Leben hat ein Gesicht bekommen: dieses.«[42] Doch schon im Jahr darauf konnte er ihr nicht mehr Gutes tun als die Sammlung »Ich bin Zeuge« zu widmen. Sie hatte sich

»unter lebhaftem Protest ihrer anwesenden Freunde ihre kleine Dosis Morphium durch die Kleider« gespritzt.[43] Ihr Sterben – an einer Blutvergiftung – soll qualvoll gewesen sein. Auf der Mottoseite steht »Frida, der Freundin«, und darunter: »Ruhelos, mit leidenschaftlichem Bemühen, warb sie um das Leben, das sie nicht sein ließ, die sie war. Freude zu machen machte ihr Freude. Wer ihr ins Herz sah, mußte sie lieben«. Die erste Skizze, »Klage um einen geliebten Menschen«, ist gleichfalls Nachruf und Beschwörung des eignen Schmerzes: »Die Welt geht nicht unter, wenn einer stirbt. Doch eine Welt geht unter, eine ganze Welt, mit Licht und Finsternis, Frost und Wärme und unendlicher Vielfalt des Lebendigen, eine Welt, die ihre Rolle hatte im himmlisch-irdischen Spiel und eine Stimme in der Harmonie des Sphären.«[44] Aber all das, das bitterste Ende, war am Anfang noch kaum abzusehen, als Polgar nicht zuletzt ihretwegen auf einen dauernden Ortswechsel weg von Wien verzichtete.

Dank Kommers Einsatz hatte sich 1920 Kontakt zu der Nachrichtenagentur »United Telegraph« ergeben, der zumindest während einiger Monate finanzielle Besserstellung brachte. Dennoch mußte Polgar sich und seine Arbeitskraft geradezu anbieten: »Laßt es mich doch wissen, wenn Ihr irgendeine publicistische Idee für mich habt! Ich bin für Aufträge und Wünsche nur dankbar.«[45] Allerdings hatte »United Telegraph« bald das Interesse an Polgar verloren, Honorar traf indes noch eine kleine Weile ein. Auch die Zeitschrift »Schweizerland« hatte ihn – aufgrund von Kommers Intervention – als gelegentlichen Mitarbeiter verpflichtet. Darüber hinaus war er bestrebt, fremdsprachige Periodika mit Feuilletons und Theaterberichten zu beliefern: »Schön wäre es, für englische Zeitungen eine Korrespondenz zu haben, wenn es auch nur ein Brief aus Wien pro Monat wäre. Glauben Sie«, fragte er Kommer, »es hätte einen Sinn, sich englischen Zeitungen in diesem Sinn anzubieten? Und wenn, welchen?«[46]

Nach eigenen Angaben, so an den bisweilen »Lieber Gönner« titulierten Rudolf Kommer, war Polgar »total verarmt«. Dies hinderte ihn aber nicht, bei fallweisen Berlin-Reisen – und nun war er immerhin schon so weit, wenigstens Darlehen des Freundes zu akzeptieren – im Hotel Adlon abzusteigen. Seine Misere hatte also anscheinend ein gewisses Niveau. Zur Sanierung der labilen Literatenexistenz machte er auch – Kommer gegenüber – originelle, wenngleich nicht ganz ernstgemeinte Vorschläge: »Ihr Plan der wechselseitigen Tantiemen-Beteiligung ist genial und verführerisch. Könnte man die Idee nicht weiter ausbauen und andere, der dramatischen Schriftstellerei verwandte Erwerbsgebiete in den Concern aufnehmen? Zum Beispiel an Präservativ-Erzeuger, Valutenschieber oder Mädchenhändler herantreten und mit ihnen auf wechselseitige percentuelle Beteiligung abschließen? Diese Kreise könnte man auch durch das Anbot, ihre Namen als Mitautoren auf den Zettel zu setzen, sicherlich gewinnen.«[47]

Als 1921 die der tschechoslowakischen Regierung nahestehende deutschsprachige »Prager Presse« herausgegeben wurde, konnte Polgar bei ihr als Korrespondent Rezensionen veröffentlichen. Robert Musil verfaßte für diese Zeitung Beiträge und wurde sogar als ständiger Wiener Theaterkritiker bestellt; Ea von Allesch schrieb deshalb an den Chefredakteur der »Prager Presse«, Arne Laurin: »Wie kamen Sie auf den Einfall Musil als Kritiker u. Polgar als Skizzenmitarbeiter zu engagieren oder umgekehrt? Zur Kritik gehört Witz als erstes und... Routine als zweites u. als drittes Gewohnheit *rasch* zu arbeiten. Alle drei Punkte treffen bei Polgar zusammen u. fehlen bei Musil u. Musil kommt als langsamer Arbeiter für andere Sachen doch auf ein viel höheres Niveau, als als Kritiker.«[48] Polgars Bemühungen, seiner »Kleinen Zeit« einen weiteren Band mit Glossen und Erzählungen folgen zu lassen, blieben infolge des Desinteresses der Verlage längere Zeit erfolglos; auch Ernst Rowohlt soll ihn mit Versprechungen hingehalten haben: »Betrüblicher als die Teilnahmslosigkeit Großbritanniens an meiner Litteratur ist es, daß ich für meinen zweiten, genußreichen und schönen Skizzenband weder in Österreich noch in Deutschland einen Verleger finden kann, obzwar meine Ansprüche wirklich geringe sind.« Dabei kenne er »selbst drei Frauen, die bestimmt ein Exemplar des Buches kaufen würden«.[49]

Im Mai 1922 erschien dann bei Rudolf Kaemmerer, Dresden, die Sammlung »Gestern und heute« – und sie präsentierte sich in durchaus bemerkenswertem Äußeren: Der Schutzumschlag stammte von John Heartfield, der auch bald darauf das Bühnenbild für die Aufführung des Polgar-Friedmannschen Einakters »Talmas Tod« in den Berliner Kammerspielen entwerfen sollte. »Gestern und heute« enthielt schon eine große Zahl von später als »klassischer Polgar« verstandenen Texten – so seine Abrechnung mit einem assentierungswütigen Feldmarschalleutnant: »Der Teisinger«, oder die sozialkritische Glosse »In der Telephonzelle« über eine ebendort erfrorene alte Frau namens Josefine Strasser – »Jetzt, wenn ich ein Dichter wäre oder zumindest ein ungarischer Dramatiker, würdet ihr ›Strasser Josefinchens Himmelfahrt‹ vorgesetzt bekommen. So sage ich nur: Am Sonntag Morgen fand man sie erfroren. Ein Plakatankleber entdeckte das starre Lumpenhäufchen. Mitleidig deckte er es mit seinem größten Papier zu: ›Wählt bürgerlich-demokratisch!‹«[50]

Solcher Tendenz zum Trotz rühmte der Arbeiterdichter Alfons Petzold vor allem den Formkünstler, den Sprachartisten Polgar: »Er ist kühn ohne Tollwut, respektlos, ohne je geschmacklos zu werden, und sein Stil verrät ein hohes Sprach- und Formgewissen, wie man es heute leider Gottes nicht allzuoft findet.«[51] Auch Franz Blei beschränkte sich in seiner Rezension auf diese Elemente, nannte das Werk dafür originellerweise »Heut und morgen«: »Im ganzen ist Polgar mit diesem Buch zum feinsten Humoristen geworden, zu einem beinahe nicht mehr deutschen Humoristen, nämlich zu einem fast hochdeutschen Altwiener.«[52] Am einläßlichsten und verständigsten äußerte sich aber Moritz Heimann, der Lektor des S. Fischer-Verlages: »wahrhaftig ein Roman; ein Roman über Wien; über Wien, insofern es ein Exemplar Menschensiedlung ist wie jede andre; über Wien nach dem Kriege, insofern zwar kein Elend und keine Not den Trost über die Beendigung der menschenmordenden Jahre verkümmern, aber schließlich doch jede Zeit für die andre steht. Alles ist drin in dem Roman, Landschaften und Dialoge, Blumen und Bäume und Bettlerinnen, Tiere, Literaten, Generäle, der Großwucherer und der Arbeiter, das Theater, der Alltag und die Ferienzeit (. . .) Von Lichtenberg hat bekanntlich Goethe gesagt, wo er einen Witz mache, da liege ein Problem. Das Wort gilt auch für Polgar, und manchmal gleicht sein Witz einer Wünschelrute, die auf etwas noch Tieferes ausschlägt als auf ein Problem: auf die Quelle aller Tränen dieser Erde, aller Widersprüche der menschlichen Ohnmacht.« Außerdem konstatierte Heimann etwas, das nach ihm viele konstatierten: »Um über Polgar zu schreiben, müßte man eigentlich – einen Polgar schreiben. Es ist dieses eine unterschiedene literarische Form, so gut wie eine Novelle oder ein Sonett.«[53]

Bald hatte Polgar auch wieder in Österreich ein ständiges publizistisches Forum, darin seine spezifische literarische Form zu verbreiten. 1922 trat er in die Redaktion des neu gegründeten »Tag« ein, der – was den Mitarbeiterstab des Kulturteils betrifft – die Linie des »Neuen Tag« fortsetzte. Seine Anstellung erklärte er mit den abschätzigen Worten: ». . . ein neues Wiener Blättchen, bei dem ich, business!, als Theaterreferent Dienst mache.«[54] Diese Tätigkeit brachte ihm auch – auf Umwegen – Anerkennung von Karl Kraus. Am 26. Februar 1923 räumte die »Wiener Sonn- und Montagszeitung« ihrem »geschätzte(n) Mitarbeiter Stefan

Großmann« fast eine ganze Seite ein, damit dieser auf »die Angriffe, die Karl Kraus in der ›Fackel‹ gegen ihn gerichtet hat«,⁵⁵ erwidern könne. In dem Pamphlet »Der Papierzwerg« warf Großmann seinem Kontrahenten u. a. vor, nur unschädliche Tote anzuerkennen: »Aber über den freiesten und anmutigsten Dichter vor und nach der ›großen Zeit‹, über Alfred Polgar, war in fünfundzwanzig Jahren der ›Fackel‹ kein Wort gesagt. Was für ein hysterisches Zwergengekreisch würde der Fackel-Kraus über solches Totschweigen anstellen.«⁵⁶ Kraus zitierte den ersten Satz und erwiderte: »Das weiß Großmann natürlich nur vom Hörensagen, aber es ist fast wahr, und hier gäbe es wirklich nur die Entschuldigung, daß ich ihn nicht dafür halte. Doch halte ich ihn für den geistigsten und literarisch erheblichsten Fall der Wiener Kritik, mit Nachsicht der Verlockungen durch einen Witz, der auch edlere Teile der Schöpfung verletzt, und selbst in diesem Gebiet für mehr anmutig als frei, wenn ich den Umstand erwägen darf, daß er als berufskritische Instanz an meiner doch umfänglicheren Produktion in eben den fünfundzwanzig Jahren vorbeigelangen konnte, bis zu der anständigen Äußerung bei dem schon unvermeidlichen Anlaß der ›Letzten Nacht‹.« ⁵⁷ Nun darf nicht übersehen werden, daß Polgar Kraus keineswegs geflissentlich übersah, sondern in erster Linie Theaterkritiker war und daher nicht allzuviel Gelegenheit hatte, ihn zu besprechen. Daß Polgar sich andererseits nicht scheute, Kraus zu preisen, zeigt sein Artikel »Lettre de Vienne« in der Pariser Literaturzeitschrift »Nouvelles Litteraires«, der großteils dem Vorleser Kraus gewidmet war und von diesem prompt nachgedruckt wurde.⁵⁸ Kraus zitierte auch noch den zweiten auf Polgar bezogenen Satz Großmanns – über das hysterische Zwergengekreisch, das er bei vergleichbarer Nichtbeachtung erheben würde: »Eben nicht, Mausi, nie, in Erkenntnis der lokalen Bedingungen, denen auch der besser Geartete unterworfen ist, wohingegen das ›Totschweigen‹ in der Fackel eher die Anerkennung eines Kopfes bedeutet, der nicht zwischen die Saltens gehört. Ich habe keine Versäumnis begangen und keine beklagt, mich oft an einer Feinheit der Erfassung und Fassung erfreut, neben welcher der Alfred Kerr erst als der Weinreisende erscheint, der er ist, und ein Problematisches höchstens darin erblickt, daß ein so auf alle Wendungen und Windungen der Menschennatur parates Tastgefühl selbst bei einem Mindestmaß heroischer Ansprüche nicht vor Krötigem zurückschrickt, daß einem so ausgeprägten Durchschauersinn, einer so untrüglichen Witterung für alles Mausihafte der krasse Fall in der Nachbarschaft noch keinen Witz entrissen hat, in fünfundzwanzig Jahren.«[59] Hier aber unterschätzte Kraus Polgars Loyalität, und für Polgar galt auch nicht, was dieser jenem nachsagte:»Er verstand es, im zweifachen Sinn des Wortes, sich Feinde zu ›machen‹, er modellierte sie in schöpferischer Haß-Phantasie um zu gültigen Typen des Erbärmlichen und Verderblichen, das er mit nie befriedigtem Haß ein Leben lang bekämpfte, hierbei wenig beirrt von den Einflüssen so nebuloser Sternbilder, wie es ›Objektivität‹ und ›Gerechtigkeit‹ sind.«[60]

Doch nicht nur mit ernsten Dingen gab sich Polgar in den frühen zwanziger Jahren ab. Am 12. Februar 1921 meldete das »Prager Tagblatt«, »Wiens beste Schriftsteller Alfred Polgar und Egon Friedell« hätten für den zugunsten der Rettungsgesellschaft veranstalteten »Ball der Bösen Buben« ein »Böses Buben Journal« verfaßt, das – eine »sehr geistvolle Verulkung der recht geistesarm gewordenen Presse« – die Stadt »ein paar Tage lang amüsiert« habe.[61] Dieses Journal war die erste von insgesamt fünf Zeitungsparodien – letztes Zeugnis der Zusammenarbeit der ehemaligen Dioskuren – und ist keineswegs mit später üblichen harmlosen Witzblättchen zu vergleichen. Vielmehr behandelt es die Themen der Zeit aus Politik und Kultur im Zerrspiegel von Stil und Ideologie der karikierten Zeitung, verbunden mit maliziösen Seitenhieben auf Schriftsteller und Theaterleute. Das »Böse Buben Journal« enthält vor allem Greuelberichte über die Verhältnisse in der Sowjetunion; im graziösesten Feuilletonstil plaudert der Leitartikel zum Thema »Rußland und wir«: »Aus Rußland kommen schlimme Nachrichten. Der Bolschewismus herrscht und das Bürgertum ist an die Wand gedrückt. Mit pietätloser Hand zerbricht der entfesselte Proletarier jede Erinnerung an die glorreiche Vergangenheit des heiligen russischen Reiches. Vor dem Schreibtisch, an dem einst Iwan der Schreckliche sein gnädiges Szepter über die treuen Reußen geschwungen hat, sitzt jetzt ein Lenin und telegraphiert den ganzen Tag an alle, was bei den heutigen Posttarifen allein schon einen Großteil des Nationalvermögens verbraucht. Und der Louis-Quatorze-Pavillon, wo die zweite Katharina ihre exquisiten Orgien gefeiert hatte, ist jetzt ein ganz gewöhnlicher Saustall...«[62] Im Innenteil der Zeitung gibt es einen zum Leitartikel gehörenden Bericht über »Neue Greueltaten im bolschewistischen Rußland«: »Nach einem Privattelegramm aus *Moskau* soll der große ›Volksbefreier‹ *Trotzki* mit besonderer Vorliebe *Kinderohren* zu sich nehmen« – und dazu meist in Salatform. »Die Ohren stammen von weißen, gegenrevolutionären Kindern, während die so geschändeten Opfer unter dem Namen ›Trotzkis Salatkinder‹ weiterleben. Wie lange wird Europa noch den Schandtaten dieses zweiten Herodes ruhig zusehen?«[63] Im Kulturteil findet sich neben fiktiven Auszügen aus dem Tagebuch Hermann Bahrs eine der damals so beliebten, an Künstler gerichteten Rundfragen »Womit befassen Sie sich?« – Aus den Antworten gehe hervor, »wie reich trotz des Tiefstandes der Valuta das geistige Leben in unserem schwergeprüften Lande noch immer sich entwickelt«. Befragt wurden jene, die Karl Kraus mit dem Schimpfwort »Prominente« bedachte – von Bahr: »Ich arbeite schön stad und langsam an einem Zeitlustspiel ›Der Pimpf‹. Das Essaybüchl: ›Zwischen Salzburg und Peters-

burg‹ reift mir behaglich heran«, über Hans Müller, Franz
Lehár und andere bis zu Karl Schönherr: »Ich arbeite an
einem ganz komprimierten Dreiakter, in dem nur eine einzige Person vorkommt, und zwar ein Stummer. Das Stück
spielt in Tirol.«[64] Ein aller Wahrscheinlichkeit von Polgar
ersonnener Gerichtssaalbericht »Treu bis in den Tod« illustriert die Haltung des »Neuen Wiener Journal« jenen
gegenüber, denen Kriegsverbrechen vorgeworfen wurden.
»Vor einem Senat hatte sich der pensionierte G. d. K. Blasius *Nepleda* Edler von Fußtritt gegen die Anklage zu verteidigen, er habe im Kriege, als Major, ein seinem Kommando
unterstelltes Bataillon vollzählig aufhängen lassen.« Der
General verantwortete sich, ein »reisender Aufwiegler« sei
mit seinen Soldaten in Kontakt gekommen, und da er nicht
habe feststellen können, wer vom revolutionären Gedankengut infiziert worden sei, habe er die »verseuchte Kampfeinheit« hinrichten lassen müssen, das sei er – wie er unter
Tränen hinzufügte – »der beschworenen Treue für den
allerhöchsten Kriegsherrn schuldig gewesen«. Die »ergreifenden Depositionen des alten Haudegens« bewegten Vorsitzenden und Mitglieder des Senats tief. Warum man die
Soldaten nicht erschossen habe, sei aus Gründen der Sparsamkeit zu erklären. Der Beschuldigte habe sich keiner Verschwendung ärarischen Gutes bezichtigen lassen wollen:
»Jede verschossene Patrone sei eben vertan, indes man den
Strick immer wieder für ganze Regimenter verwenden
könne. (. . .) Der Gerichtshof verurteilte den General zu
einer halben Stunde Salonarrest. Beim Verlassen des Saales
wurden dem greisen Kriegshelden stürmische Ovationen
dargebracht.«[65]

Eine im satirischen Gesamtkonzept viel konsequentere
und hintergründigere Parodie ist aber Polgar und Friedell
mit dem »Nachtblatt«: »Böse Buben Presse« vom 1. Februar
1922 gelungen – die »Neue Freie Presse« zur Ansicht
bekehrt: »Eigentum ist Diebstahl«, wie das Motto neben
dem Titel lautet. In einer Mitteilung »An unsere Leser«

erklärt die Redaktion, sie habe ihre Position im »Mastkorb« des Schiffs der Zeit immer sehr verantwortungsbewußt eingenommen: »Unser gefährlicher, aber ehrenvoller Platz im Mastkorb ermöglicht uns auch genau zu erkennen, woher der Wind weht. Er weht immer entschiedener Ost-Nord-Ost. Aus solcher Erkenntnis die Konsequenzen ziehend, haben wir uns entschlossen, unser Blatt ins kommunistische Fahrwasser zu leiten. Es hat keinen Sinn, gegen den Wind zu schiffen. Zahllose materielle, finanzielle, kommerzielle und insbesondere ökonomische Gründe sprechen dafür, rechtzeitig den Kommunismus zu bekennen. Eitles, selbstsicheres Beharren bei einer Gesinnung, deren Prosperität von Tag zu Tag fragwürdiger wird, ist nicht unsere Sache. Deshalb nimmt die ›Böse Buben Presse‹ ihre ruhmvollen Fahnen herab von den Hochburgen des Kapitalismus und pflanzt sie auf die armen, aber reinlichen Hüttchen des Proletariats. (. . .) Wir danken einem hohen Adel, einer verehrlichen Hautefinance, allen Kreisen der Industrie und einem verehrungswürdigen Publikum für das Wohlwollen, das sie uns bisher angedeihen ließen, und werden bestrebt sein, auch in der neuen Gesinnung unsere P. T. Kunden zufriedenzustellen. Abonnenten aller Länder, vereinigt Euch auf die ›Böse Buben-Presse‹.« [66] Diese in prätentiös-geschwätzigem Stil gehaltene Gesinnungssatire ist trotz aller Abschwächung durch grotesken Humor den Angriffen Karl Kraus' gegen die Großmacht »Neue Freie Presse« nicht unähnlich. Auf Karl Kraus und dessen Entlarvung des journalistischen Anspruchs, in allen Wissensgebieten Bescheid geben zu können, bezieht sich auch der Artikel »Verbrecherische Irreführung der ›Bösen Buben Presse‹«: »Subversive Elemente, jeder Achtung vor der hohen und insbesondere in dieser schweren Zeit so verantwortungsvollen Aufgabe der Presse bar, haben in schamloser Weise eine Nachricht in unser Blatt geschmuggelt. (. . .) Die Meldung besagte, daß der als tollkühner Sportsmann bekannte, augenblicklich in Patagonien weilende Nathaniel Popper sich während eines Spazierganges mit seiner Braut in den reißend geschwollenen galvanischen Strom gestürzt und ihn durchschwommen habe, um der jungen Dame eine am anderen Ufer des Stromes blühende, besonders schön und voll entfaltete Windrose zu pflücken. Hiebei wäre er verunglückt.« Das Dementi behauptet, dieser »Grubenhund« entblöße keineswegs die Inkompetenz und gutgläubige Dummheit der Journalisten, denn – wie von Kapazitäten der Wissenschaft dem von ihnen geschätzten Blatt versichert wurde (gelehrte Zitate folgen) – es seien sowohl das Schwimmen im galvanischen Strom als auch das Pflücken einer Windrose durchaus denkbar. »Der gewissenlose Bubenstreich fällt also, wie immer man ihn betrachtet, nur auf seine Urheber zurück. Wir wissen uns auch mit allen anständigen, fortschrittlichen Elementen eins, wenn wir solche Schmutzereien, gegen ein Blatt vom Range der ›B. B. Pr.‹ verübt – noch dazu mitten in der Weltrevolution –, entschieden brandmarken und der Ansicht Ausdruck geben, daß derlei nur geeignet sein kann, den Ruf unserer Stadt als eines ›Capua der Geister‹ im Ausland schwer zu schädigen. Die Zeiten sind ernst. Die Valuta verröchelt. Volk und Presse müssen zusammenhalten. (. . .)«[67]

Andere Bosheiten der Parodie gelten den unzähligen Aktivitäten der berufsmäßigen Philantropin und Schulgründerin Genia Schwarzwald: »Während die unermüdliche Frau zahllosen Fragenden und Bittenden trostreiche Bescheide spendet, rastet ihr Gehirn keineswegs. Der Gedanke einer Beteiligung dethronisierter Fürsten mit Pulswärmern (sogenannten ›Stützerln‹) gewinnt Form und wird zwischen tausend erteilten Antworten sogleich in die Schreibmaschine diktiert. . .«[68] Auch die 17. Folge des Dramas »Kratt«[69] von Karl Schönherr ist in dieser Ausgabe zu finden. Sie präpariert so gelungen alle volkstümlichen Manieriertheiten und Requisiten des derb pittoresken, bäuerlichen Stils heraus, daß Karl Kraus in der »Fackel«

schrieb: »Denn man hat nunmehr erkannt, daß es Ganghofers letzter Wille war, mit Hasenclever die Stücke von Schönherr zu schreiben, die leider ohne die Parodien von Polgar nicht verständlich sind.«[70]

Mittels eines ähnlichen ideologischen Kunstgriffs wie bei der »Neuen Freien Presse« wurde im folgenden Jahr aus dem antisemitischen Leibblatt der Christlichsozialen die »Freisinnige mosaische Zeitung«: »Böse Buben Reichspost«, datiert mit dem 1. Februar 1952.[71] Auch sie ist von einer bösartigen Komik, über die sich die liberalen Intellektuellen Wiens amüsierten. Der sonst den Autoren nicht besonders gewogene Arthur Schnitzler notierte in sein Tagebuch: »Friedell las aus seiner u. Polgars sehr witzigen Bösen Buben Zeitung vor.«[72] Jedoch wirkt heute vieles – berücksichtigt man die sich fünfzehn Jahre später in Österreich abspielenden Ereignisse – gespenstisch. Das gilt vor allem für den Leitartikel »Zum Gedenken«: »Heute jährt sich zum 25. Male der glorreiche Tag, der das Gesicht der Welt entscheidend gewandelt hat. An jenem Tag trug die zähe Arbeit von Generationen endlich ihre Früchte. Noch gellt uns in den Ohren der Jubelschrei, mit dem allenthalben die Ausrufung der jüdischen Weltherrschaft begrüßt wurde.« Dennoch seien anfangs sogar »terroristische Maßnahmen«, von der Zeitung immer verurteilt, gesetzt worden, um das neue Regime zu festigen. »In Österreich ist diese Periode gottlob überwunden. Das Zwangsabonnement auf die ›Neue Freie Presse‹ ist seit Jahren aufgehoben, der grüne Fleck für Christen abgeschafft, ihre Ghettos, bis auf das im Liebhartstal, verschwunden, und das Märchen, daß sie das Blut jüdischer Dienstmädchen zur Herstellung ihrer Gugelhupfe verwenden, glaubt kein Vernünftiger mehr. Eine Welle der Toleranz flutet durch Europa und wird hoffentlich auch die letzten Reste des Antichristismus, dieser Schande des Jahrhunderts, hinwegspülen. Es ist ja nicht zu leugnen, daß durch die Zuwanderung der Westchristen unser Staat vor schwere Probleme gestellt wird, aber diese Probleme dürfen hiezulande nicht mit den Methoden der bayerischen Christenfresser gelöst und nicht in einem Ton behandelt werden, wie ihn deren führendes Organ, der ›Miesmacher Anzeiger‹, anzuschlagen pflegte. ›Menschen, Menschen san mir alle‹, heißt es schlicht-poetisch in einem Volkslied der Goims (deren Gesänge überhaupt dem Folkloristen mancherlei Interessantes bieten), und es gilt das tiefe Wort, das unser großer Epiker Hugo Bettauer geprägt hatte: ›Liebe ist dem Haß vorzuziehen.‹«[73] Der Journalist und Verfasser aktuellster zeithistorischer Romane Bettauer – »Die Wirklichkeit hat ihre Mühe, diesem Erzähler nachzukommen«[74] – wurde 1925, nachdem eine Hetzkampagne der »völkischen« und christlichsozialen Presse die Emotionen gegen den »jüdischen Sittenverderber« aufgeputscht hatte, von einem jungen Nationalsozialisten erschossen.[75] Nicht allein damit hat die Realität die satirische Utopie dieses Leitartikels eingeholt und aufs schrecklichste widerlegt.

Im unpolitischen Teil der Zeitung werden die »Neue Freie Presse« und ihr Feuilletonist Ludwig Hirschfeld Opfer einer unbarmherzigen Karikatur. Ein Artikel des »Tagesberichts« heißt: »Bubenstreich am Ludwig Hirschfeld Denkmal«. Unbekannte Täter hätten nicht nur die goldene Feder aus der Hand des Standbildes gebrochen, den Sockel, »sieben Jahrgänge der ›Neuen Freien Presse‹ in Erz exkremental verunreinigt«, sondern auch den »Schalk, der Hirschfeld im Nacken saß (das feinsinnige Detail des Denkmals) von seinem Platz entfernt und vorn am Kopf der knienden Frauenfigur (darstellend eine Leserin der ›Neuen Freien Presse‹) angebracht, so daß er ihr zum Hals herauszuhängen schien«. Zahlreiche Beileidskundgebungen seien der Redaktion des so verhöhnten Blattes zuteil geworden, darunter von »Hans Müller (mit einem Gedicht: ›Denn er war unser!‹)« und Hermann Bahr.[76] Außer vielen anderen Falschmeldungen enthält die »Böse Buben Reichspost« eine Szene Hugo von Hofmannsthals,

»Das große Ischler Welttheater«, und ein Inserat der »christlichen Possenbühne« (Direktor K. Schönherr), deren Programm nicht nur den »Wildgans Toni mit neuen Mödlinger Schnadahüpfln«, sondern auch das »Unwiderruflich letzte() Auftreten der urkomischen Brüder Th. und H. Mann in ihrem Originalsketch: ›Kultur oder Zivilisation?‹ ankündigt«.[77]

Die Parodie auf Emmerich Bekessys von der »Erpreßfreiheit« lebendes Boulevardblatt »Die Stunde« aus dem Jahre 1924 hatte allerdings auch direkte, persönliche Folgen. Polgar war laut eigenen Angaben bei der Gründung der Zeitung für die Redaktion angeworben worden,[78] hat aber dann nie eine Zeile dort veröffentlicht. Hingegen schrieb Friedell sehr wohl für das übel beleumundete Blatt Theaterrezensionen. Nach Erscheinen der Parodie verzichtete das Original auf Friedells weitere Mitarbeit. »Die Stunde« brachte Fortsetzungsberichte über die Entstehung der großen Vermögen in Österreich und ließ sich Verschwiegenheit über bestimmte Details bezahlen; auch Angriffe gegen sie wurden nach dieser Methode unterbunden, die von der »Bösen Buben Stunde« explizit beschrieben wird: »Sollte das häßliche und absurde Kesseltreiben nicht *sofort* eingestellt werden, so beginnen wir in der nächsten Nummer mit der sensationellen Artikelserie von *Asmodi:* ›Wie sie zu ihren Taschel gekommen sind. Blitzlichter in die Safes.‹«[79] Der Spezialbericht »Cosima Wagner in Wien« illustriert auch die schon im Druck diffamierenden Absichten, einzelne Passagen und Worte sind hervorgehoben: »Behandelt den Berichterstatter der ›Stunde‹ als quantité négligeable. – Und hätte doch seine Nachsicht sehr nötig. – nicht mehr die Jüngste – ziemlich antiquierten – Buckel – Krampfadern« etc.[80] Ein anderer Artikel, diesmal hymnisch, gilt wieder Frau Dr. Schwarzwald, in Klammer wurde jedoch hinzugefügt: Entgeltlich. »Ist es nicht ergreifend, was für einen Aktionsradius diese bewundernswerte Frau hat? Nur in Österreich ist es möglich, daß ein Mensch von solcher Begabung und Tatkraft nicht schon längst Bundespräsidentin, Rektorin der Universität, Erzbischöfin und Herausgeberin der ›Fackel‹ ist.«[81]

Das fünfte und letzte Produkt der Zusammenarbeit im Jahr darauf, 1925, orientierte sich nicht an realen Vorbildern: »Die Aufrichtige Zeitung der bösen Buben« sollte, auf die zynische Spitze getrieben, all das bringen, was Zeitungen eben sonst gerade nicht schreiben: die Wahrheit, möglichst ungeschminkt, d. h. nackt und ordinär. So findet sich da auf Seite drei eine Einschaltung: »Statt jedes weiteren Hin- und Her-Geredes diese Anfrage, mitten hinein ins Antlitz der Patzigmacher: Wer ist der ang'schissene Blade? Und: von wem hat die Hausmeister-Christin in der Blutgasse Nr. 58 ihre verdächtigen Wimmerl?«[82] Eine Rede des Außenministers vor Vertretern der Presse wurde – im Lokalteil – wie folgt wiedergegeben: »Die sensationelle Rede, die uns schon acht Tage vorher in Schreibmaschinenschrift zugegangen war, zerfiel in zwei Abteilungen. In der Pause zwischen diesen wurde kaltes Roastbeef, etwas Poularde und zartrosa Schinken, der in seiner Farbe an das unvergleichliche Blaßrot gewisser Kamelienspezies erinnerte, serviert. Die Brötchen hiezu waren überaus lecker und fanden lebhaften Anklang. Auch über die kleinen Bäckereien blieb die Gesellschaft längere Zeit in angeregtem Gedankenaustausch. Nach Schluß der Rede, die in einer für die ganze Zukunft des Landes entscheidenden Mitteilung gipfelte, gab es warme Würste, die mit lautem Applaus empfangen wurden. Von den Zigarren erregten die besseren Sorten Genugtuung; man bemerkte unter den Anwesenden u. a. kurze Bock mit schwarzem Deckblatt, sehr zierlich gefleckte Henri Clays und die kräftige, allgemein beliebte Uppmann.«[83] Das wohl von Polgar stammende Feuilleton über Grillparzer nimmt sich auch kein Blatt des Klassiker-Respekts vor den Mund: »Wieder ein Gedenktag. Wie mir der alte Fadian, schon in der

Schule eine wahre Landplage, zum Halse heraushängt, kann ich gar nicht sagen. (. . .) Seine Dramen kenne ich natürlich nicht, da sie erfreulicherweise fast nie gespielt werden und ihre Lektüre auf dem Gymnasium in die Oberstufe fällt. Im Konversationslexikon stehen bloß die Titel. Aber darauf kommt es ja gar nicht an, sondern auf jene paar Phrasen, von denen der Idiot von Leser nie merkt, daß er sie schon dreihundertmal gehört hat. Ich wiederhole daher, daß Grillparzer wahrhaft unser war und in seinem Lager sich Österreich befand, woran ich nicht versäumen will, die Bemerkung anzuschließen, daß der Österreicher ein Vaterland hat, es liebt und auch Ursach' hat es zu lieben, was allerdings, wie ich letzthin durch die Freundlichkeit unserer Modeberichterstatterin erfuhr, von Schiller behauptet wurde, im übrigen aber doch in diesen Zusammenhang gehört; zum mindesten dürfte es schwer sein, das Gegenteil zu beweisen, sofern überhaupt jemand ein so unwahrscheinliches Viech sein sollte, über einen solchen Zusammenhang nachzudenken.«[84] In der Briefkastenrubrik der »Aufrichtigen Zeitung« wird ein besorgter »Kritischer Anfänger« beraten: »Sie fragen uns: ›Wie schreibe ich, um von Karl Kraus nicht angegriffen zu werden?‹ Gar nicht. Ein anderes Mittel ist uns, denen diese Frage auch schon manch bitter-nachdenkliches Stündlein bereitet hat, unbekannt.«[85] »Nach Schluß der Redaktion« teilten die beiden Redakteure noch das Ende ihrer Koproduktion mit. Die Forderung Polgars, den »Gebrauch des gut deutschen Wortes: ›pr . . zen‹ einzuschränken (nicht mehr als dreimal pro Blatt)«, sei, so Friedell, »mit den publizistischen Idealen, die uns beide bisher leiteten, unvereinbar«.[86] Also nahmen die Blätter der »bösen Buben« ein unverhofftes Ende. Heute erst, da man in puncto Humor nicht verwöhnt wird, vermag man den außergewöhnlichen Einfallsreichtum der beiden Autoren wirklich zu schätzen, der eine solche Menge boshaften Witzes, eindeutiger wie zweideutiger Anspielungen hervorbrachte. Niemand sollte jedoch den engen Zusammenhang von Witzigkeit und Aggressivität übersehen, ebensowenig wie das gut getarnte kritische Potential, die tiefere Bedeutung, die sich hinter der Vielfalt von Scherz, Satire und Ironie verbarg.

Als Polgar 1922 erstmals über die »Salzburger Festspiele« berichtete, war er von der Zweckmäßigkeit des Unternehmens nicht überzeugt: »›Festspiele‹ im Lande der krepierenden Wirtschaft sind so was Töricht-Ungeschicktes, wie es eine Gemäldeausstellung in einem Blindenasyl wäre.«[87] Sein Verhältnis zu Max Reinhardt war durchaus kritisch. Wenn dessen Sohn Gottfried in seinen Erinnerungen berichtet, Polgar habe dem Regisseur Rudolf Kommer als Mittelsmann für die Vereinigten Staaten empfohlen: »Eine alte Kaffeehausfreundschaft verband die beiden, und es bereitete Polgar schon geraume Zeit Kopfzerbrechen, wie dem anderen wieder auf die Beine zu helfen sei«,[88] so entspricht das nicht ganz den Tatsachen. Einerseits war das Förderungsverhältnis umgekehrt, und andererseits hatte Polgar ein Jahr vorher den Freund noch gewarnt: »Sie werden doch nicht wirklich die Bêtise begehen, als Reinhardt-Wurzen nach Amerika zu fahren?? Fallen Sie doch diesen allerchristlichsten Brüdern nicht hinein, die nur mit Anweisungen auf die Seligkeit frommer Gottesdienst-Erfüllung zahlen!«[89]
Trotzdem hatte Polgar in den folgenden Jahren beruflichen, wenn auch keineswegs besonders ersprießlichen Kontakt mit Reinhardt – eine Verbindung, die jeweils durch Fritzi Massary und Pallenberg zustandekam. Mit Pallenberg, dem »geheimsten der Konfusionsräte« (Walter Benjamin), verband ihn geistige Wahlverwandtschaft. Er pries nicht nur den großen Komiker, sondern auch den Menschen – »ein reizender, herzbezwingender Egoist (...), ein charmanter Menschenmißbraucher, ein

sentimentaler Sadist sozusagen«[90] –, und die Massary war für ihn der Inbegriff einer Frau, die wußte was sie wollte, und ihren Willen obendrein in die Tat umzusetzen verstand – auf der Bühne wie im Leben. »Die Noten sind von Leo Fall. (. . .) Die Musik ist von Fritzi Massary«, lautet eine seiner oft zitierten Formeln der Bewunderung. Und: »Die Massary macht der dummen Operette den Sublimierungsprozeß.«[91] Ihre Tochter Liesl, die spätere Frau Bruno Franks, die Polgar 1922 kennengelernt hat, erzählt, Polgar sei einer der »intimsten Freunde« des Hauses gewesen und habe einen Teil des folgenden Sommers in der Villa ihrer Mutter in Garmisch-Partenkirchen verbracht.[92] Für die Festspiele 1923 bearbeitete Polgar Karl Vollmöllers »Turandot«, eine im ganzen ziemlich mißglückte Unternehmung, an der er schon während der Arbeit litt; nur mit »übelsten Gefühlen« vermochte er sie zu leisten; die Premiere mit Pallenberg, Hans Moser und Lili Darvas war dann auch alles andere als erfolgreich. Mißgelaunt stellte der Bearbeiter fest: »Ich hätte in derselben Zeit und mit demselben Eifer, den ich an die Vollmöller'sche Dichtung (unbedingt) gewandt habe, unsterbliche Meisterwerke schaffen und kiloweise czechische Dollars in Schundwährung verdienen können.«[93] Sein Engagement trug ihm bloß Ärger ein, die wiederholten Appelle an die Festspielleitung, die Nennung seines Namens zu unterlassen, blieben vergeblich. Kommer informierte er, er habe gehört, »Herr Hofmannsthal hätte seinem Erstaunen darüber Ausdruck gegeben, daß ich mit diesen ›Improvisationen‹ für ›Tur(andot)‹ so sehr unter mein Niveau hinabgegangen sei. Dasselbe sagten mir in (St.) Wolfgang u. später in Salzburg viele andere Leute und außerdem konnte ich es in einigen deutschen Blättern schwarz auf weiß lesen. Auch Herr Salten, einer der großen geistigen Paladine des Königs Max, versetzte mir eins hinterrücks (wie dies seine Art) . . .«[94]

1926 verpflichteten sich Polgar und Tucholsky, eine Revue für das Paar Massary-Pallenberg zu verfassen, die zur Aufführung im Berliner Deutschen Theater bestimmt war. Doch schon am 18. Juni klagte Tucholsky: »Polgar läßt mich im Stich. Er schreibt, es ginge ihm schlecht – und ob Roda, der nach Paris kommt, es nicht machen könne – und er wisse nicht ... Kurz: aus.«[95] Obwohl Tucholsky mit seinen düsteren Ahnungen recht hatte, sollte sich das Scheitern länger hinziehen, als er sich vorgestellt hatte. Das Skandalblatt »Die Stunde« meldete eine Woche, nachdem Tucholsky seinen Verdacht geäußert, Polgar habe sich »jetzt ernstlich entschlossen, die Revue überhaupt nicht zu schreiben«.[96] Am 1. August berichtet dieselbe Zeitung wiederum, nunmehr stehe der Titel der Produktion fest: »Der Untergang des Abendlandes«.[97]

Dazwischen lagen einige für alle Beteiligten unerquickliche Tage in Garmisch-Partenkirchen; Polgar und Tucholsky waren in einer Pension untergebracht, gleichsam zur Arbeit kaserniert, das Ehepaar Pallenberg trug den Autoren immer wieder seine Wünsche vor, und der Vermittler Kommer, als Verbindungsmann zu Max Reinhardt involviert, wurde nervös, so nervös, daß er die Nerven verlor. Laut Tucholsky habe er Polgar »wahnsinnig angeschnauzt«,[98] worauf ihm dieser einen beleidigten Brief schrieb: »Mein Zappeln in der Revueschlinge, in die ich aus Gutmütigkeit geraten bin, hast Du, anderen gegenüber, in die Formel gefaßt, daß ich mich nicht ›wie *ein* Schwein, sondern wie *zwei* Schweine‹ benommen hätte, daß ich mich Dir ›verekelt‹ habe usw. In Garmisch hast Du mich, vor grösserm Publikum, so schmafu behandelt, wie ich Dich überhaupt noch niemals jemand behandeln sah. Lieber Kommer, seit wir, nach den allerersten Anfängen unserer Bekanntschaft, uns näher getreten sind, war immer ich – das bekenne ich Dir von Herzen gern schwarz auf weiss, wie ich es auch jedem Dritten gegenüber laut und gern bekenne – also: war immer ich von uns Beiden der empfangende, Du der gebende Teil. Ich konnte Dir leider nie einen rechten Freundschaftsdienst leisten – Du hast mir viele und nicht geringe erwiesen, immer in der lautlosen, noblen Art, die eben Deine Art ist. Dass Du Dir der Dankverpflichtungen, die ich Dir gegenüber habe, bewußt oder zum mindesten unterbewußt bist, habe ich jetzt in Garmisch gespürt: – denn niemals würdest Du das Benehmen, das Du da gegen mich eingehängt hast, einem Menschen zu bieten wagen, von dem Du nicht das Gefühl hättest: Der muß kuschen, wenn ich ihn beleidige.–« Abschließend wünschte Polgar dem Freund »Alles Gute (. . .) von Herzen«, nicht ohne hinzuzufügen: »Eine weitere Inanspruchnahme Deiner freundlichen Mühe hast Du von mir nicht zu befürchten.«[99] Gleichwohl ging die Freundschaft deshalb nicht in Brüche. Kommer scheint sich entschuldigt, aber sachlich auf seinem Standpunkt beharrt zu haben, was ihm den – allerdings sanften – Einwand eintrug: »Du hast einmal Deine Hypothese, und jetzt suchst, siehst und findest Du überall zu ihr die Beweise. Daß die Hypothese am Ende falsch sein könnte, an diese verwegene Möglichkeit denkst Du gar nicht. Zweck dieses Briefes ist, Dich zu bitten, Deine bitteren Erfahrungen mit mir Frida (Koritschoner) nicht entgelten zu lassen. Sie freut sich so sehr auf Dein Kommen, spricht unaufhörlich davon, und es wäre ihr ein großer Kummer, ein Kommer-Kummer, wenn Du Dein Zimmer in diesem Jahr nicht beziehen wolltest. Man kann also auch sagen: ein Kommer-Kammer-Kummer.«[100]

Obschon die Arbeit schließlich Fortschritte machte, der Premierentermin verschoben wurde und die vorläufigen Ergebnisse die Auftraggeber zufriedenzustellten, fand »Der Untergang des Abendlandes« aus der Sicht von Polgar und Tucholsky auf Reinhardts Bühne nicht statt, und auch auf keiner sonst. Ein paar Szenen der Revue wurden 1927 in der »Weltbühne« abgedruckt, und für die Zukunft enthielt sich Polgar einer professionellen Verbindung mit dem großen Regisseur, weil er, wie er schrieb, den »Wert des alten Satzes« erkannt hatte: »qui mange du Reinhardt en meurt.«[101] Die persönlichen Beziehungen hielt er indes weiterhin aufrecht, war, da er im Sommer zumeist im Salzkammergut Quartier bezog, gelegentlich im »Prunkpalast Schloß Leopoldskron (erzbischöfl. Reinhardt'scher Besitz)«[102] eingeladen und ließ sich auch, wenn er dies nötig hatte, von Freund Kommer unter die Arme greifen, der inzwischen zum »Generalgouverneur der vereinigten Max Reinhardt-Werke«[103] avanciert war.

Weshalb die gemeinschaftliche Revue nicht zustande gekommen war, hatte mehrere Ursachen. Der in erster Linie aus finanziellen Gründen abgeschlossene Vertrag, der Druck von Termin und Erwartung und die ausgeprägte Fähigkeit zur Selbstkritik boten gewiß reichlich ungünstige Voraussetzungen. Infolge privater Komplikationen wurden sie noch verschärft, denn Polgar war nicht allein in Garmisch-Partenkirchen erschienen, sondern in Begleitung seiner späteren Frau Lisl, und diese erregte bei Tucholsky heftigste Antipathie. Alles erdenklich Schlechte warf er ihr in Briefen an Mary Gerold vor, und bei Polgar konstatierte er irritiert »masochistische Abhängigkeit«, zudem von einer Frau, die er grundsätzlich nur mit ehrenrührigen Bezeichnungen bedachte.[104] In seiner Abneigung soll er angeblich mit Max Pallenberg einer Meinung gewesen sein. Zur gespannten Lage trug ferner der Umstand bei, daß gleichzeitig unweit von Garmisch, nämlich am Wolfgangsee, Frida Koritschoner residierte, die Polgar auch damals oft sah und von der er sich keineswegs emotionell getrennt hatte. Sie stand gleichfalls bei Tucholsky nicht in hoher Gunst – »Die andere soll eine Bestie sein.«[105] Solche Konstellationen schufen natürlich die besten Bedingungen für einen Mißerfolg des Revueprojektes, und ein Gelingen wäre geradezu erstaunlich gewesen.

Diese kleinen Rückschläge, auf einem literarischen Nebenschauplatz erlitten, vermochten jedoch Polgars Weg zu allgemeiner Anerkennung nicht aufzuhalten. Man sprach nicht nur immer mehr über ihn, sondern man machte ihn auch zur »öffentlichen Person«, indem Zeitungen und Zeitschriften, zumeist in ehrender Absicht, seinen Namen nannten. Béla Balázs, posthum als bedeutender Filmtheoretiker bekannt geworden, hatte ihm schon 1923 sein Feuilleton »Meine Bibliothek« mit den Worten »Bekenntnisse eines nervösen Menschen. Für Meister a. p.«[106] gewidmet. Als sich Polgar im Jahr darauf in einer Besprechung des Romans »Turlupin« von Leo Perutz pauschal negativ über die Literaten äußerte – »Perutz ist kein Literat. Von den Verlogenheiten, Klebrigkeiten, Künsteleien, Schwindeleien des Metiers ist in seinen Büchern keine Spur.«[107] – und sich damit durchaus dem Krausschen Begriff der »Literatte« näherte, protestierte Kurt Hiller in einem Leserbrief gegen solche Generalverdammung. Ihm, dem »logokratischen Aktivisten«, bedeutete Literat ein Synonym für den kämpferisch-politischen Schriftsteller: »Was ist Polgar? Literat. Aelterer Schule, von uns Jüngeren hochgeachtet.« Natürlich gebe es unter Literaten Exemplare, die den Gebrauch des Begriffs als Schmähung rechtfertigten, »aber unter Literaten sind auch Männer und Jünglinge, die aus Leidenschaft klar formulieren, was der gewöhnliche Mensch dumpf im Herzen trägt. Kämpfer sind unter den Literaten; Kämpfer mit der Waffe des Worts. Die Führer der Revolution von 1789, die Führer der Revolution von 1917 sind Literaten gewesen. Voltaire, Jean Paul, Börne, Marx, Zola waren es; Shaw, Karl Kraus, Trotzki, Barbusse, Upton Sinclair sind es. Auch Sie, Polgar, sind es, auf Ihre Art.«[108]

So verherrlichte man den höchstempfindlichen wie den sozial engagierten Polgar und, auf Umwegen, überdies den Theaterkritiker. Nachdem Alfred Döblin im »Tage-Buch« eine Philippika gegen Rezensenten veröffentlicht hatte, antwortete Bernhard Diebold, durch seine Tätigkeit in der »Frankfurter Zeitung« als Verteidiger legitimiert: »Gewiß, im ganzen sind sie die Rotte Korah. Aber es gibt doch einen Fechter! einen Polgar! Müssen die auch weg, nur weil die anderen schlecht sind?«[109] Anton Kuh wiederum, der Polgar nur anerkennen konnte, wenn er dieser Anerkennung eine Portion Spott beimengte, wählte für seine verklausulierte Hommage die Form der Parodie. Vor seinem Debüt als Schauspieler im Theater in der Josefstadt – er verkörperte einen Kritiker – nahm er das kollegiale Urteil gleich vorweg und malte sich aus, wie die angesehensten Wiener Theaterreferenten, u. a. Raoul Auernheimer und Felix Salten, seinen Fauxpas auf die Bretter goutieren würden, die ihnen eine Welt bedeuten sollten. An die Spitze stellte er Alfred Polgar, der nach Kuhs Version meinen würde: »Der unsympathische Schreihals Gunn war der zuverlässigen Manier des Schriftstellers Anton Kuh anvertraut. Die Rolle faßte ihn auf, wie er ihr lag; fast lauter als gut war; doch schien umgekehrt er für die Herausarbeitung der Penetrancen, die solchem Publizistenschlag entströmt, ein zu diskreter Gestalter. Wie anders der Dr. Friedell! . . .«[110] Es gab schon bessere Parodien, und allein die Tatsache, daß Kuh diese Stil- und Gedankenparaphrase eben nicht gelang, zeigt das Besondere der Prosa Alfred Polgars.

»Meister der kleinen Form«

Das Jahr 1925 bescherte Polgar vielstimmiges gerührtes Gedenken: Man feierte ausgiebig seinen vermeintlichen 50. Geburtstag, denn viele Feuilletonisten sahen in ihm wohl die Verklärung ihrer eigenen, meist glanzlosen Existenz – ihm war es gelungen, die Schwelle zwischen Journalismus und Literatur zu überschreiten. Siegfried Jacobsohn, der Chef der »Weltbühne«, gratulierte seinem bevorzugten Mitarbeiter im Wiener »Tag« mit der »Liebeserklärung an einen Fünfziger« und wünschte ihm und sich, Polgar »möge in der zweiten Hälfte seines ersten Jahrhunderts keine von den hohen Eigenschaften verlieren, die ihn zu einem Stolz unseres Kritikerberufes, zu einer Zierde der ganzen Schreibergilde, zu einem Wohltäter der deutsch lesenden Menschheit machen«.[1]

Polgar hat diese auf einer Mystifikation beruhenden Ehrungen in einer Glosse verarbeitet, deren Aussage anscheinend niemand ernst nahm, da 1935 unter lebhaftester Anteilnahme der literarischen Welt – mit Ausnahme Hitler-Deutschlands und Schuschnigg-Österreichs – sein 60. Geburtstag zelebriert wurde: »Mein fünfzigster Geburtstag, der jetzt sozusagen gefeiert wurde, war gar nicht mein fünfzigster Geburtstag. Und das war das Feine an ihm. Ich kann nichts für den Irrtum, doch hab' ich ihm allerdings auch nicht widersprochen, denn man soll die Feste nicht nur feiern, wie sie fallen, sondern sie auch fallen lassen, wie sie gefeiert werden.« Er vergaß auch nicht persönliche Geschenke: »Von der schönen L. D. aber empfing ich eine Ananas. Was bedeutet dieses Obst?«[2] Die Antwort der schönen Lili Darvas auf solche Frage wurde den Lesern freilich vorenthalten.

Auch seinen 52. Geburtstag verbrachte Polgar in Berlin, wo er sich nunmehr immer häufiger und länger aufhielt. Das falsche Jubiläum und die Aufmerksamkeit, die ihm aus diesem Anlaß zuteil wurde, war aber nur das Vorspiel zu Polgars Aufnahme in den Kreis der beglaubigten Dichter. Wenige Wochen später erschien sein erster Band im Verlag von Ernst Rowohlt. Er trug den charakteristischen Titel »An den Rand geschrieben«. Obwohl in Kaffeehauszirkeln gemunkelt wurde, vermögende Polgar-Freunde wie die Massary hätten zur Risikominderung diese Ausgabe und auch die bald darauf veranstaltete seiner Theaterkritiken mitfinanziert, entpuppte sich das Buch binnen Kürze als »Bestseller«. Schon Mitte Februar 1926 berichtete die Wiener »Arbeiter-Zeitung«, die Polgars Werk kurz zuvor enthusiastisch besprochen hatte, dieses sei durch Neudruck wieder erhältlich. Im selben Jahr 1926, da auch noch – neben den ersten drei Bänden der »Schriften des Kritikers«: »Ja und Nein« – die Sammlung »Orchester von oben« erschien, schrieb ein Bewunderer: »Über Nacht ist er zum europäischen Erfolg geworden.«[3] Selbstverständlich war das übertrieben, doch veranschaulicht es den Gegensatz zwischen einem im Grunde nur von Eingeweihten anerkannten Dasein »unter dem Strich« und dem – gewiß beschränkten – »Ruhm« des Buchautors, einem Ruhm, den er nach außen hin mit Ironie zur Kenntnis nahm, jedoch ebenso wie diese Ironie zu genießen schien. Als ihn ein damals jugendlicher Verehrer, Hans Weigel, im Verlagshaus Rowohlt bat, einen Band zu signieren, wandte sich Polgar ostentativ triumphierend einem der Verlagsangestellten zu und sprach die geflügelten Worte: »C'est la gloire.«[4] Im Lauf von sieben Jahren, bis zur Wende 1933, folgte Band auf Band, summierte sich, was man ein Lebenswerk nennt, und er konnte dabei aus reichem Fundus schöpfen. Gleichwohl wurde er nicht müde, weiter Skizzen und Theaterkritiken zu produzieren, wobei deutschen Periodika wie dem »Berliner Tageblatt« und der »Weltbühne« das Recht des Erstdrucks eingeräumt war. Und trotzdem, obwohl Polgar auf dem Höhepunkt seiner Schaffenskraft stand, haftete all seinen Aktivitäten etwas

Spätsommerliches an: Die Ernte langjähriger Arbeit wurde eingebracht.

Die professionellen Leser, die Freunde und Kollegen stimmten einhelligen Lobgesang an, oft klug und hübsch formuliert, zugleich aber, weil die Stimmen nur geringfügig voneinander abwichen, ein wenig eintönig, zumal da die Mehrzahl der Rezensenten ihn auf die nicht ungefährliche Formel eines »Meisters der kleinen Form« oder Vergleichbares festlegten. »Schneeflocken unter dem Mikroskop – das sind die kleinen, rasch verwehenden Augenblicke des täglichen Lebens, gesehen mit den Augen des Dichters Alfred Polgar«,[5] meinte Gina Kaus über seinen ersten Rowohlt-Band, doch solches meinte nicht bloß sie allein: »Und von Art und Form der Flocken also sind die ganzen Beiträge dieses Buches: feinfigurige Kristalle, in den hübschesten Formen, dem saubersten Material, schwerelos ...«[6] Franz Molnár, dem Autor durch freundschaftliche Zusammenarbeit vertraut, hob vor allem die Präzision von Polgars Beobachtungsgabe und Formulierungskunst hervor: »Ich glaube, die Dinge fürchten sich vor seinem Auge. Was er anblickt, das ist verloren. (...) Im Augenblick, wo er sein Auge darauf richtet, nimmt er es aufs Korn und streckt es mit teuflischem Volltreffer nieder« – für einen Hymnus immerhin ein bemerkenswert zwiespältiges Adjektiv, und auch sonst stößt man da auf Wendungen, die nichts von der bei manchem Polgar-Kritiker üblichen Verharmlosungstendenz – bis hin zum »Herzigen« – spüren lassen: »Um die Wahrheit zu gestehen«, bekannte Molnár, »auch ich habe in diesem grausam klugen Buche nicht das gefunden, was die Leser der Einfachheit halber Herz zu nennen pflegen.«[7] Arnold Zweig wählte einen durchaus originellen, überlegenswerten Vergleich: Polgar ähnle einem berühmten Talmud-Kommentator aus dem Mittelalter: »Ja, so ist das mit den Polgars. Man liest das eine Stückchen, drei Seiten, noch eins, noch etliche – und so kommentiert sich in kurzen

Stücken das Vergängliche und das Bezaubernde, das Eklige und Staubige, das Rätselhafte und das Durchsichtige des täglichen Lebens: auf seinen genauen Wortsinn gebracht, mit der zartesten Federspitze nachgezeichnet – da steht es. (...) Der Kommentar hebt den Text aus dem Gewöhnlichen und Üblichen. (...) Das Marginal verändert den Leser – eine ziemlich eindringliche Art zu schreiben!«[8]

Andererseits erregte Polgar aber auch mit seinen, in die Geschichten eingestreuten, Bemerkungen Anstoß, und zwar bei der extremen Rechten. Er tat dies vor allem mit dem Text »Der Ochs in Todesangst« über einen »Besonder-Ochs«, der, entgegen der gängigen Meinung, sich nicht dumpf in sein letales Los fügte, sondern sein Heil in der Flucht suchte. Die sachliche Grausamkeit dem zur Schlachtung bestimmten Vieh gegenüber übertrug Polgar auf die Menschen: »Also Schlachtvieh hat keine Ahnung, was kommt. Zu Kriegsbeginn ist der Beweis im großen Stil erbracht worden. Da sah man es fröhlich brüllend durch die Straßen ziehen und die Stirnen, der Keule verfallen, hoch tragen.«[9] Das empörte den völkischen Literaturbetrachter Wilhelm Stapel – als typisch jüdische Verhöhnung des opferwilligen arischen Patriotismus – derart, daß er mit einer Brutalität, die an Deutlichkeit nichts zu wünschen ließ, geiferte: »Die ›Tageblatt‹-Juden tragen ihr Haupt mit Moses Zier hoch durch die republikanischen Straßen. Sie haben in ihrer Hornviehhaftigkeit kein Gefühl dafür, daß ihre Hybris die Keule des Schlächters herausfordert.«[10] In absehbarer Zeit sollte die Drohung Wirklichkeit werden.

Nach dem Erfolg von »An den Rand geschrieben« kam einige Monate später der Band »Orchester von oben« auf den Markt. »Quasi (als) Vorwort« hatte Polgar der Auswahl eine Betrachtung in eigener Sache, über die »kleine Form«, vorangestellt. Denn er war sichtlich irritiert, wie man ihn, seine spezifische Art von Literatur, einschätzte. Den Titel »An den Rand geschrieben« zu verwenden, sei äußerst unvorsichtig gewesen: »Mit dem Schlagwort, das den

Lesern der Titel in die Hand gab, schlugen sie mich, und das Stichwort, das er ihnen brachte, versetzten sie mir.«[11] Kränkende Assoziationen seien die Folge gewesen: »unscheinbar, nebensächlich, fern vom Kern, Notizen, Notizchen, Brosamen (süddeutsch: Brösel), Randleisten, Randschnörkel. Kurz, es lebte sich kritisch, auf meine Kosten, bequem vom Rand in den Mund; und ich lernte es sehr bedauern, daß ich dem Rat guter Freunde nicht gefolgt und mein Buch nicht ›Die silberne Glocke‹ oder ›Gewölk im Südsüdnord‹ oder schlechtweg ›Silpelith rudert über die Erlen‹ betitelt habe.«[12]

Über das Plädoyer in eigener Sache hinaus machte sich Polgar zum Anwalt der Kürze, der Prägnanz im allgemeinen, weil sie »der Spannung und dem Bedürfnis der Zeit gemäß ist, gemäßer jedenfalls, als, wie eine flache Analogie vermuten mag, geschriebene Wolkenkratzer es sind. (. . .) Das Leben ist zu kurz für lange Literatur, zu flüchtig für verweilendes Schildern und Betrachten, zu psychopathisch für Psychologie, zu romanhaft für Romane, zu rasch verfallen der Gärung und Zersetzung, als daß es sich in langen und breiten Büchern lang und breit aufbewahren ließe. (. . .) kürzeste Linie von Punkt zu Punkt heißt das Gebot der fliehenden Stunde. Auch das ästhetische. ›Schöne Literatur‹ mit geschwollnem Wanst ist ein Widerspruch im Beiwort.«[13]

Seine Theorie führte Polgar in dem Feuilleton »Ich kann keine Romane lesen« aus. Er liebe Grammatiken, in ihnen liege, »auseinandergenommen, das Elementargerüst aller denkbaren Denkgebäude bloß, mit Nuten, Klammern, Traversen, Stiften«. Ihre Kühle erfrische, und er könne solche Kapitel immer von neuem studieren, da sie jedesmal Unbekanntes mitzuteilen hätten – »Versuchen Sie das mit dem ›Zauberberg‹.«[14] »Bosheit, mein Herr, ist der Geist der Kritik«, sagt ebendort der kluge Aufklärer Ludovico Settembrini, und wenige andere Beispiele bestätigen so eindringlich die Wahrheit dieses Satzes wie dasjenige

Polgars. Die Animosität des als »Kleinkünstler« sehr von unten herab behandelten Autors gegen den exemplarischen Großschriftsteller sollte erst in der Emigration schwinden, da sich Thomas Mann hilfreich für ihn einsetzte. In der 1948 publizierten Fassung der Polemik heißt es dann: »Versuchen Sie so etwas mit .... aber nein, das würde zu weit führen, respektive zu nah.«[15]

»Warum er keine Romane schreibt?« fragte Franz Molnár seinerzeit in bezug auf Polgar. »Ich glaube, es graut ihm vor der Verantwortung, die mit der großen Komposition zusammenhängt (...). Auf mich macht er immer den Eindruck eines ausgezeichneten Sängers, der sich krankhaft davor fürchtet, an die Metropolitan Oper engagiert zu werden.«[16] Daran mag etwas Wahres sein, ebenso aber auch an der Vermutung, daß Polgar das besondere Talent zur weitgespannten Darstellung fehlte, er also aus einer kleinen Not eine große Tugend machte, lieber auf seinem Gebiet der erste war, als in der Masse der Romanciers zu verschwinden. Seine apodiktische Behauptung, es sei ihm psychisch und physisch unmöglich, epische Großformen zu konsumieren, war jedenfalls nichts weiter als Rhetorik. In einer Umfrage des »Tage-Buch«: »Die besten Autoren über die besten Bücher des Jahres« 1928 führte er ein kolossales Exemplar der von ihm angeblich geringgeschätzten Gattung an: James Joyce' »Ulysses«: »Weil er vom Chaos der Menschendinge einen Begriff gibt; Finsternis und Blitze, die sie sekundenlang durchreißen.«[17] Der einzige unter den Befragten (u. a. Heinrich Mann, Hermann Hesse, Frank Thieß und Bruno Frank), der dasselbe Werk nannte, war Bertolt Brecht, und auch er dürfte es nicht viel intensiver gelesen haben als Polgar: »... weil er (›Ulysses‹ – d. Verf.) nach Ansicht Döblins die Situation des Romans verändert hat und als Sammlung verschiedener Methoden der Betrachtung (Einführung des inneren Monologs usw.) ein unentbehrliches Nachschlagwerk für Schriftsteller darstellt.«[18]

Die »kleine Form« und ihr bekanntester Vertreter haben auch jene, die sich mit Kunsttheorie befaßten, zum – teilweise öffentlichen – Nachdenken bewogen. So Josef Hofmiller 1927: Polgars »Feuilletons sind Extrakte, geschrieben to the happy few, wie Stendhal zu sagen pflegte, streng genommen nur für sich selbst, mit einer unendlichen, unermüdlichen Freude an der Prägnanz von Wort, Satz, Seite, des Ganzen (...). Moments musicaux, Radierungen mit dem Federhalter, jeder Formel entwischend.«[19] Walter Benjamin versuchte in seinem Robert Walser-Essay das Jeder-Formel-Entwischende zumindest anzudeuten: »Was wissen wir denn überhaupt von den wenigen unter uns, die die feile Glosse auf die rechte Weise zu nehmen wissen: nämlich nicht wie der Schmock, der sie ›adeln‹ will, indem er sie zu sich ›emporhebt‹, sondern, ihre verächtliche, unscheinbare Bereitschaft nutzend, um ihr Belebendes, Reinigendes abzugewinnen. Was es mit dieser ›kleinen Form‹, wie Alfred Polgar sie nannte, auf sich hat und wieviel Hoffnungsfalter von der frechen Felsstirn der sogenannten großen Literatur in ihre bescheidenen Kelche flüchten, wissen eben nur wenige. Und die andern ahnen gar nicht, was sie einem Polgar, einem Hessel, einem Walser an ihren zarten oder stachlichen Blüten in der Öde des Blätterwaldes zu danken haben.«[20]

Robert Musil hingegen hatte – bei aller Wertschatzung – Reserven, die er freilich für sich behielt. In einer Notiz zum »fraglichen Wesen der Novelle« aus seinem Nachlaß findet sich eine skeptische, auf Polgar bezogene Bemerkung: »Auch weil es leicht ist, bedeutend zu tun, so ungefähr auf einem schmalen Raum, der nicht zu viel Prüfung gestattet.«[21] Überdies hielt er fest: »Aber solche Skizzenbücher ermüden; siehe Polgar. Warum ermüden sie mehr als Romane?«[22] und konstatierte bei Polgar das »dauernde() Bestreben, den Dingen die andere Seite abzugewinnen, das den Autor kleiner Betrachtungen auszeichnen muß«.[23]

Den Lesern der »Literarischen Welt« verhehlte er seine Sympathien indes keineswegs. Musils »Interview mit Alfred Polgar«, veröffentlicht am 5. März 1926, ist ein Kabinettstück kritischer Prosa. Auch ist darin die persönliche Beziehung zwischen den beiden sehr reizvoll auf den Begriff gebracht. Musil habe sich Polgar aus »Sportliebe« zum Opfer des Interviews ausersehen: »Denn eine ernste Unterredung mit Alfred Polgar zustandezubringen, ist für einen Mann von Literatur schwieriger als eine Forelle mit der Hand zu fangen. An einem Sommerabend vor ungezählten Jahren, auf einer Straße mit Bäumen, mitten in Wien, habe ich ihn zum erstenmal getroffen: Auf einmal machte mich eine Dame mit Alfred Polgar bekannt. Ich wußte nicht, wie er zu uns gestoßen war. Ich konnte im Dunkel nicht mehr von ihm ausnehmen als eine schlanke, etwas zaghaft vorgeneigte Gestalt, die als jung auf mich wirkte, obgleich ich wußte, daß ich selbst um etliche Jahre jünger war, was in unserem Alter damals viel ausmachte. Er richtete einige Liebenswürdigkeiten an mich, die ich wohl aus Befangenheit etwas breitbeinig eingesteckt haben mag, und ich weiß auch durchaus nicht, wie er fortging, denn mit einemmal fehlte er ebenso rasch, wie er gekommen war. So ist es bis heute geblieben.« Polgar benütze »mit ungeheurer Gewandtheit die trennenden Eigenschaften des Raumes und der Zeit. Es ist immer eine Portion Liebe mit Ohne, die er mir bestellen läßt.«[24] Der Kritiker und Schriftsteller Polgar sei ein Außenseiter. Von der »erfolgverbürgenden Gesellschaft mit haftender Beschränktheit«, wie sie im Wiener literarischen Leben vorherrsche, »hat sich Polgar sein Leben lang in stummem Protest ferngehalten und ist in kleine Montagsblätter geflohn, um möglichst selten mit der Literatur in Berührung treten zu müssen«[25] Polgars Verhältnis zur Wirklichkeit kennzeichnete Musil mit den Worten: Er »läßt die Dinge laufen, wie sie behaupten, es zu können; er sieht ihnen bloß zu und beschreibt sie. Aber seit Busch hat niemand ihre Misere so boshaft freundlich beschrieben wie er und offenbar geht er nur darum ins Theater, weil er das Leben dort sucht, wo es am lächerlichsten ist.«[26] Diese Art des Impressionismus sei jedoch nicht »etwas Weiches, nur den Eindrücken Hingegebenes. In seinen Eindrücken liegt ein System. Er läßt die Dinge vorbei, versetzt ihnen eins von hinten, und dadurch zerfallen sie wie auseinandergenommene Spielzeuge.« Das Ergebnis solcher Methode seien »kleine() aufsässige() Aufsätze«.[27]

Naturgemäß packte Polgar die Gelegenheit dieses Interviews beim Schopf und machte daraus eine amüsante Geschichte: »Ich bin interviewt worden, zum erstenmal im Leben und überraschenderweise. Der Mann, dem die seltsame Laune angekommen war, sich in mir ein bißchen umzusehen und mich als Führer durch mich zu benützen, ist eine höhere geistige Potenz, als ich es bin. Das erschwerte den Fall.«[28] Dem Befragten, nämlich ihm, sei entschieden unbehaglich zumute gewesen, er war verzagt über die Unordnung in seinem Inneren, die dabei zum Vorschein kam. »Wenn er mich doch etwas fragen wollte, worauf ich, als Ertrag langer Empirie und bohrenden Nachdenkens, sichere Antwort in mir wüßte! Zum Beispiel, ob ich an Sodbrennen leide. Oder an Psychoanalyse. Oder ob ich glaube, daß der Mensch monogam sei.«[29] Doch nichts dergleichen. Daher sei er gegen Interviews, prinzipiell wie im besonderen Fall. Musil, der sich im Grunde alles schon vor dem Gespräch zurechtgelegt haben dürfte, stellte abschließend und ordnungsgemäß bloß einige Fragen. Eine überlieferte Antwort heißt: »Ich habe nur eine idée fixe: es gibt nur eine idée flexible!«[30]

Des weiteren hatte der Befragte erklärt, derzeit an einer dreibändigen Sammlung seiner Theaterkritiken zu arbeiten. Die – im folgenden Jahr um einen vierten Band erweiterte – Auswahl der »Schriften des Kritikers«: »Ja und Nein« erschien dann gleichfalls 1926. Auch hier war das Urteil der zum Schreiben berufenen Leser zumeist enthusiastisch:

»Was Alfred Polgar, der Künstler unter den Kritikern, schafft, ist reinstes Genieprodukt, frei von jeder Doktrin.«[31] Der Schweizer Literarhistoriker Max Rychner sprach zwar einschränkend von »Artistenethos«, schloß jedoch, Polgars Texte seien all jenen zu empfehlen, »die für die gescheite Anmut kritischer Prosa ein Organ haben. Es sind wenige, aber sie sind eingerechnet, wenn vom Salz der Erde die Rede ist.«[32]

Nur einer, der längst vergessene Dramatiker und Kritiker Marco Brociner, richtete in seiner Besprechung ein Massaker an und schrak dabei weder vor Verdrehungen noch vor falschen Zitaten zurück: geschehen im »Neuen Wiener Tagblatt«.[33] Polgar antwortete im »Tag« ausführlich und beinahe höflich, freilich doppeldeutig, auf die Invektiven: »Meinem Buch war es beschieden, den abgeklärten Mann zum erstenmal aus dem Häuschen zu bringen, in dem er seit Jahr und Tag friedevoll sein kritisches Geschäft verrichtet. Doch, wie gesagt, ich finde, vom Berufsstandpunkt aus, den Artikel vortrefflich. Die Leute sollen nur einmal sehen, daß wir Kritiker genau so schonungslos die Meinung einander sagen wie den sonst unserem Urteil Ausgelieferten. Ich habe mich seinerzeit über die kindischen Stücke Brociners lustig gemacht, und er verreißt jetzt mein Buch – so gehört sich's.«[34]

Viel heftiger, ja ganz und gar unverblümt, reagierte der Herausgeber der »Weltbühne«, Siegfried Jacobsohn, auf die Anwürfe gegen seinen besten Mann. So als wäre er persönlich angegriffen worden, zog er, ohne Rücksicht auf das bürgerliche Gesetzbuch, gegen den »Tapergreis« Brociner publizistisch vom Leder, stellte ihn seinem Publikum als »rumänische(n) Hintertreppenschmierfink« vor und machte schließlich das kulturelle Klima in Wien für solche Schändlichkeiten verantwortlich: Daß man von Polgar in Österreich, »wo sich niemals ein Kritiker ihm hat vergleichen können«, keine Notiz nehme – »gut, so will es die Ordnung, so will es das Recht; und das wäre bei uns vielleicht gar nicht anders. Daß aber die einzige Zeitung, die von der Regel abweicht, einem vorsintflutlichen Tantiemenjäger beispiellos niedrigen Grades erlaubt, seine verstockte Ranküne an einem Stolz deutscher Literatur, an der Verkörperung menschlicher Noblesse, an diesem Nervensystem von letzter Verfeinerung geifernd und übelriechend auszulassen: das ist eine Handlungsweise, die der Berliner Presse einfach nicht zuzutrauen wäre. In Ferdinand Kürnbergers Stadt ist die Scham zu den Hunden entflohen. Und da ist sie freilich besser aufgehoben als beim Neuen Wiener Tagblatt.«[35]

Daß aber auch Berlin kein ungefährlicher Boden war, beweist eine private Mitteilung Polgars an Viertel aus jenen Jahren: »Die Gier, anzukommen, hält dem Wunsch, sich an Mißerfolgen des Nächsten zu ergötzen, durchaus die Wage, Talent macht so beliebt wie verhaßt, Erfolg verhilft zu Erfolgen, wird aber nicht verziehen, immer ist Krieg, nur die Bündnisse wechseln. Zudem haben die Menschen, wenn auch zuweilen ein ganz krankes, zerstörtes Selbstbewußtsein, ein unzerstörbares Geltungsbedürfnis, nichtgeboren-werden ist das Beste, nicht-beachtet-werden das Schlimmste, was dem Sterblichen (soweit er sich im Kunst-Bezirk herumtreibt) passiren kann.«[36]

Rudolf Kommer hat Freund Polgar neben vielem anderen auch die Bekanntschaft mit dem Mäzen Otto H. Kahn vermittelt. Dieser »gastfreundliche Mann, der das Los des Milliardärs mit Humor trägt und außer seinem leidenschaftlichen Kunstinteresse keine oberflächlich merkbaren Fehler hat«,[37] lud Polgar zu einer Kreuzfahrt die Adria hinunter in die Ägäis. »Das Schiff hatte acht Passagiere an Bord, keine Frau darunter. Infolgedessen herrschte Freiheit und Friede, jeder konnte tun, was er wollte, und besonders wer gar nichts tun wollte, fand hierzu die herrlichste Dauer-

Gelegenheit.«[38] Auch abgesehen von dieser Frauenlosigkeit vollzog sich die Reise »unter empörend kapitalistischen Umständen«,[39] nämlich auf der Yacht »Flying Cloud«. Später enthüllte Polgar, wer außer ihm und dem freundlichen Krösus zu der erlesenen Herrenrunde gehörte: natürlich Kommer, ferner der Bildhauer Joe Davidson, der englische Romancier Enoch Arnold Bennett, der Herausgeber der New Yorker Kunstzeitschrift »Vanity Fair«, Franc Crownenshield, und ein amerikanischer Maler, dessen Namen er nicht mehr erinnerte, der aber jedenfalls »jeden Morgen auf Deck eine kleine Matte hinbreitete, einen Golfball auf sie legte und von früh bis abend, nur für die Mahlzeiten unterbrechend, Luftschläge übte«.[40] Der wochenlange Aufenthalt auf der »Flying Cloud« sei »paradiesisch« gewesen, »die Regie tadellos, mehr im Stil Reinhardts als Piscators, durchaus danach angetan, dem Gast, der gratis mitfährt, die Illusion zu schaffen, das Leben sei doch schön«.[41] Wer mit den Großen dieser Erde gut sei, könne einfach zu jeder Jahreszeit dem Frühling nachfahren, »der nirgendwo heitrer lächelt als im Griechenmeer und nur zum geringeren Teil eine kalendarische, zum größeren aber, wie mehr minder alles, eine Geldfrage ist«.[42]

Noch vor seiner Abreise in den Süden hatte Polgar jedoch eine – für seinen parteipolitisch äußerst zurückhaltenden Standpunkt – bemerkenswerte Tat gesetzt. Er unterzeichnete die »Kundgebung des geistigen Wien«, also eine unverhohlene Wahlempfehlung zugunsten der Sozialdemokratie, in welchem Manifest, bei aller Vorsicht der Formulierung, die »*große soziale und kulturelle Leistung der Wiener Stadtverwaltung*« gepriesen wurde: »Diese große und fruchtbare Leistung, welche die Bedürftigen leiblich betreut, die Jugend nach den besten Prinzipien erzieht und entwickelt, den Strom der Kultur in die Tiefe leitet, *diese Taten wollen gerade wir anerkennen*, dieses überpolitische Werk möchten gerade wir *erhalten* und *gefördert* wissen.«[43] Er befand sich damit in bester wissenschaftlicher und künstlerischer Gesellschaft, nämlich unter anderen von Alfred Adler, Sigmund Freud, Hans Kelsen, Robert Musil, Anton Webern, Egon Wellesz und Franz Werfel, was freilich den politischen Gegner nicht hinderte zu unterstellen, »daß das Unterzeichnen der Kundgebung durch einige der angeblichen geistigen Führer Wiens auf Erwägungen materieller Natur zurückzuführen ist, die sich aus der Stellung der sozialdemokratischen Partei als herrschende Partei im Wiener Rathause für Leute ergeben können, die von dieser Partei aus verschiedenen Gründen nicht gerne übersehen werden wollen«.[44]

Wenige Monate darauf – dazwischen lagen der Brand des Justizpalastes vom 15. Juli 1927 und die brutale Vorgangsweise der Polizei, die 90 Tote zur Folge hatte – geriet er in einen kurzfristigen Konflikt mit den Sozialisten. Am 30. August erschien im »Berliner Tageblatt« seine »Rede, leider nicht gehalten am Grabe der Opfer«, dort mit einem Motto von Heinrich Mann versehen: »Man betont dann immer, vor allem müsse gelitten und gestorben werden, – was bekannt genug ist, aber es gefällt immer wieder, denn wer bezieht es ernstlich auf sich selbst!«[45] Im Geiste dieses Mottos äußerte sich auch Polgar in seiner imaginären Ansprache: »Ihr habt der ›Idee‹, für die Ihr lebtet, furchtbar geschadet, als Ihr für sie starbt, denn Euer Tod dient ihr bestenfalls als Zierat, als pathetischer Aufputz, indes Euer Leben ihr als wirkende Kraft diente, als Stein und Stufe zum Bau, als Geist und Hand und Willen und Leidenschaft. (...)
Ich weiß nicht, um welcher Sache, Partei, Pflicht, Idee willen Ihr gestorben seid. Ich nehme an, es müsse was sehr Schönes und Hohes gewesen sein, zu dessen fragwürdigem Vorteil Ihr Euch massakrieren ließet. Das ändert aber nichts an der Torheit Eures Tuns. (...) Um das Leben hochzubringen, seid Ihr zum Erzfeind, zum Tod übergelaufen. Die Mitkämpfer beruhigen Euch: Ihr wäret nicht vergeblich gestorben, und sich: ohne Menschenopfer gäbe es nun

einmal kein Aufwärts der Menschendinge. Vielleicht trifft das zu. Aber ich glaube, in eine wirklich höhere Phase der Entwicklung wird das allgemeine Spiel erst getreten sein, bis die Streiter sich der um sie Gemordeten schämen, nicht sich ihrer rühmen werden, bis sie Grüfte bekränzen werden, weil keiner drinliegt, bis der Kult der gefallenen Opfer abgelöst sein wird vom Kult der leeren Gräber.«[46]

Eine eindrucksvolle Rede, fürwahr, und außerordentlich typisch für Polgar – in ihrem verhaltenen humanitären Pathos, im Kampf gegen die Phrase und »gefräßige Ideen« – und doch, im kruden Zusammenhang des Blutbads, das die Staatsgewalt unter Polizeipräsident Schober angerichtet hatte und über das Polgar kein Wort verlor, wirkt sie verfänglich, zweideutig bis zum Fatalen, bedenkt man überdies, daß der Text kurze Zeit später am Ort des Geschehens, im Wiener »Tag«,[47] nachgedruckt wurde.

Unverzüglich und verbittert reagierte das – Polgar stets gewogene – »Zentralorgan der Sozialdemokratie Deutschösterreichs«, die »Arbeiter-Zeitung«: »Einer der feinsten und kultiviertesten Künstler Wiens, Alfred Polgar, hat eine Rede veröffentlicht (. . .). Schade, daß er sie, die Gott sei Dank nie gehalten wurde, nun dem Druck übergab, schade deshalb, weil sie auf das tiefste verletzt, was Polgar am höchsten achtet: den guten Geschmack. (. . .) Wie schief das alles ist, den Toten Moralpredigten zu halten: stilistische Arabesken um den Gedanken, es sei das Leben der Güter höchstes, sprachliche Ornamente, die Wirklichkeit übel verzerrend. Wie war es denn wirklich? Haben sie, die am 15. Juli erschossen wurden, ›um seinen Inhalt zu retten‹, das Leben hingeworfen, hat man sie nicht, die für Gerechtigkeit demonstrierten, die nicht wußten, was ihrer wartete, tückisch und grundlos niedergeknallt? ( ) Die Überzeugung, keine Idee sei so groß, so wichtig, daß man ein Leben ihr opfern dürfe, ist menschlich und schön, wenn sie auch unsere Überzeugung nicht ist; aber hier hat sie fehlgegriffen, hier wurde sie zum geschmacklosen Schnörkel, zum Akrobatenkunststück auf Gräbern, zu peinlich wirkender Literatur. Gerade Polgar hätte das fühlen müssen: hätte irgendein Literat die unerfreuliche Rede geschrieben, wir hätten sie als Symptom des Ungeistes gewertet, der gegen uns kämpft, wir hätten sie keiner Antwort gewürdigt. Daß ein geistiger Mensch sie schrieb, zwingt uns zu scharfem Protest – dem, sorgsam seine Entgleisung prüfend, sich der Autor anschließen wird. Oder sollte das *alles* sein, was er zum 15. Juli zu sagen hat, wirklich alles?«[48]

Der so energisch Angesprochene meldete sich in höchster Eile – bereits am folgenden Tag veröffentlichte die »Arbeiter-Zeitung« eine Zuschrift Polgars. Sein Artikel sei »mißverstanden worden. Er war durchaus prinzipiell gemeint, gegen die Verherrlichung des sogenannten ›Opfertodes‹, und hatte mit dem 15. Juli gar nichts zu tun. Den Scheußlichkeiten, die an diesem Tage im Namen der Ordnung verübt wurden, stehe ich mit dem gleichen Abscheu gegenüber, den jeder empfinden muß, der es noch nicht verlernt hat, sich über Bestialitäten zu entsetzen. Ich bin froh, daß Ihre mißverstehende Glosse (über meinen Artikel) mir Gelegenheit gibt, das zu erklären.« Die Redaktion wiederum versah dieses Bekenntnis mit dem Kommentar: »Wir aber sind froh, uns in Polgar nicht getäuscht zu haben; uns wäre, was er schrieb, nicht so wichtig gewesen, schätzten wir ihn nicht so hoch.«[49]

Im Dezember 1926 war Siegfried Jacobsohn gestorben. Kurt Tucholsky, der – anfangs – gemeinsam mit Carl von Ossietzky die »Weltbühne« weiterführte, versprach in seinem Nachruf: »Siegfried Jacobsohns Arbeit soll nicht umsonst gewesen sein. Organisches Leben zieht Leben an – es soll nicht untergehn. Gib deine Waffen weiter, S. J. –!«[50] Auch Polgar, Jacobsohns erklärter »Liebling«, nahm von dem Toten Abschied. Ihn traf der Verlust besonders hart, weil der Freund und »Vorgesetzte« sein mangelhaftes Selbstvertrauen stets durch verständiges Lob gefestigt hatte: »Ich, dem die eigne Schreiberei beim Schreiben manchmal Vergnügen, hinterher aber immer Beschämung ist und Qual ob der Unzulänglichkeit des Produzierten, ich kann ein Liederbuch davon singen, was dieses unaufhörliche Bejahen und Rühmen Jacobsohns für ein Antitoxin bedeutete gegen das Gift der Selbstverneinung.«[51]

Noch zu Lebzeiten ihres Gründers hatte sich die »Weltbühne« gewandelt: aus der Theater- und Kulturzeitschrift war ein vor allem gesellschaftskritisches Organ geworden: »S. J. härtete und schärfte seine Zeitschrift zum Instrument gegen Dummheit und Grausamkeit«, sagte ihm Polgar nach, »die auch noch post bellum Zeitregenten sind. In der ›Weltbühne‹ traten jetzt Literatur und Kunst (. . .) zur Politik in das Verhältnis: Luxus zum Notwendigen.«[52] Unter der Ägide von Tucholsky und – noch mehr – unter Ossietzky verstärkte sich diese Tendenz. Nicht deswegen gestaltete sich für Polgar die Mitarbeit schwieriger, vielmehr aus persönlichen Gründen. Durch seine Übersiedlung nach Berlin war es ihm nicht mehr möglich, Wiener Theaterberichte zu schreiben, und die Aufführungen Berliner Bühnen rezensierte in erster Linie Harry Kahn, sodaß Polgar zu seinem Kummer für sich im »Blättchen« keine rechte Verwendungsmöglichkeit mehr sah, obwohl er den »liebsten Tucho« wissen ließ, er würde »jede andre Art Mitarbeiterschaft an der ›Wb‹ (. . .) lustvoll übernehmen. Aber welcher Art sollte sie sein? Ich habe mit Ossietzky darüber gesprochen, wir sind aber auf keinen zündenden Einfall gekommen. Vielleicht wissen Sie irgendeine Form, in der ich mich, 2, 3mal im Monat in der ›Wb‹ bemerkbar machen könnte. Wirklich, ich täte das sehr gern. Jede Nummer ›Wb‹, in der ich nicht vertreten bin, tut mir weh. Theater kommt als Thema nicht in Frage, da ein großer Kahn jede Woche im Begriff ist, da zu sein. Also was dann?«[53]

Darüber hinaus kam er aufgrund seiner gespaltenen Existenz als Beiträger diverser Blätter in Schwierigkeiten:

»Die Zweiteilung m.(einer) Tätigkeit zwischen ›Tage(-Buch)‹ und ›Weltb(ühne)‹ macht mir Sorgen, aber die Zumutung, mich ausschließlich an das ›Tagb‹ zu binden, habe ich trotz lockender ökonomischer Vorteile entschieden abgelehnt.«[54] Im »Tage-Buch« waren gleichfalls Veränderungen vor sich gegangen. Stefan Großmann wurde 1927 von seinem Mitherausgeber Leopold Schwarzschild in der Leitung der Zeitschrift abgelöst, und Polgar regelte sein Verhältnis zu ihr neu: »Hauptpunkt des Vertrags – charakteristisch! – ist die Bestimmung einer Maximalanzahl von Beiträgen, die ich für die ›Weltbühne‹ schreiben darf!«, beklagte er sich bei Berthold Viertel, erbittert über die Mischung aus »so viel Verlogenheit, Geschäft u Kompromißlerei«.[55] Doch schließlich fand er sich damit ab, und nach außen hin war von solchen Komplikationen nichts zu merken.

Ab 1928 begann Polgar auch eine Karriere, die er selbst nur sehr ironisch verfremdet beschrieb: als Vortragender eigener Schriften. Er behauptete, dafür denkbar ungeeignet zu sein. »Was ein Scheffel ist, weiß ich nicht, aber daß ich, als Vorleser von Selbst-Geschriebenem, mein Licht unter ihn stelle, weiß ich.« Wegen der Verfänglichkeit eines Berichts in Ich-Form wechselte er alsbald in die dritte Person Singular: »Vor kurzem erst bestand mein Vorleser sein Debut. In einer kleinen Stadt, die sich ungemein freundlich benahm. Die liebenswerte Familie, welche den Saal, man kann nicht gut sagen: füllte, hatte den Mann vorher zum Abendessen nachher geladen, und so war der Kontakt zwischen Vorleser und Zuhörern schon da, als jener ihn herstellte.«[56] Wie sehr hier das für Polgar typische Understatement am Werk war, zeigt ein Brief an Berthold Viertel: »Ich habe in Prag, Preßburg, Wien aus m.(einen) Büchern gelesen und es war überall erstaunlich, wie gut die kleinen Geschichten die Belebung durch's gesprochene Wort vertragen und wie stark sie auf die Zuhörer gewirkt haben. Besonders, in Wien, im Arbeiterheim, war es ganz toll.«[57] Das war nicht im geringsten übertrieben. Ein Bericht der »Arbeiter-Zeitung« über eine von Polgars Lesungen für die sozialdemokratische »Kunststelle« weiß zu vermelden: »Lachend erspürte die Zuhörerschaft den hohen geistigen Genuß, nicht anders als *denkhaft* lachen zu können, und es war nicht mehr als selbstverständlich, daß Alfred Polgar seinem Auditorium nicht ohne Draufgabe entwischen konnte.«[58]

Begeisterung für Polgars Schriften brauchte auch Ernst Fischer, damals schon am linken Rand der Sozialdemokratie angesiedelt, nicht zu heucheln, sie stellte sich von selbst ein: »Jedes Wort ist sorgfältig abgewogen, und schien es zu gewichtig, beschwert von Pathos und Banalität, wurde es ausgeschieden und nicht in das zierliche, luft- und lichtdurchlässige Sprachgefüge eingekeilt. Tiefbehutsame Scheu vor allem Jähen, Ungestümen, Eindeutigen ist das entscheidende Merkmal dieser Sprache und des Daseinsgefühls, das sie formte. (. . .) Und immer wieder, die kühlgebändigte Nervosität kristallener Sprachkunst durchatmend, durchpulsend, die warme, unermüdliche Liebe eines Dichters, die Liebe zu Kindern, Tieren, närrischen, hilflosen, leise leidenden Geschöpfen, die Liebe zu dem aller großartigen Masken und faltenreichen Kostüme ledigen, zu dem nackten Leben.«[59]

Auf bürgerlicher Seite hatte Polgar hingegen einen schwereren Stand. Mußte sich Ernst Lothar in der »Neuen Freien Presse« überhaupt erst das Recht erkämpfen, Polgar rezensieren zu dürfen — »was der mir freundschaftlich gesinnte Ernst Benedikt gerade noch zuließ«[60] —, so nahm die »Reichspost«, das »unabhängige Tagblatt für das christliche Volk«, an Polgars politischer Haltung — »meist im Sinne des belletristischen Sozialismus« — Anstoß: »Trotz mancher geistreichen Bemerkung haben uns die 300 Seiten doch fast gar nichts zu sagen.«[61] »Die Reichspost ist doch die dümmste«, hatte Karl Kraus schon 1920 geschrieben und verhöhnte bald darauf die »gottverlassene Unbegabung dieser Preßgojs«.⁶² An solchem Urteil vermag auch eine differenziertere Rezension von Polgars gesammelten Theaterkritiken nicht zu rütteln – aus der Feder einer Dame mit klingendem Namen: Emmanuela Baronin Mattl-Löwenkreuz. Zwar bemerkte sie: »Der Blick, spöttisch, wehmütig lächelnd, aller Illusionen beraubt, prägt sich ein«, aber – die Baronin konnte nicht über den Schatten der »Reichspost« springen – »nie erreichen die Schriften des Kritikers überzeugenden Ton. Keine Minute sind sie lehrhaft oder auch nur ernsthaft, ein Wertmesser der Zeit, (. . .) als ob auf einem Strom von Essig Rosenblätter schaukelten.«⁶³ Mit dem Hochadel indes hatte Polgar keine Schwierigkeiten. Mechtilde Lichnowsky, selbst Schriftstellerin von Rang, wußte Polgar sehr wohl zu schätzen: »er hat mich immer bezaubert. *Das* ist einer, der Deutsch kann.«⁶⁴

Dem bezaubernden Mann die Gunst der Frauen zu verschaffen war auch Oskar Maurus Fontana im Wiener »Tag« bemüht. Sein »Kleines Gespräch über Polgar« geriet freilich an den Rand der unfreiwilligen Parodie: »Am Abend hatten sie sich gezankt. Am nächsten Nachmittag überreichte er ihr zur Versöhnung ein Buch: Der neue Polgar. Er heißt: ›Schwarz auf Weiß‹. Ich hätte dir auch Blumen schenken können oder ein Schmuckstück oder eine Schachtel Bonbons. Ich habe dir nichts davon ausgesucht, weil ich dir das allesamt mit einem Buch Polgars schenke. Er ist kräftig und süß wie Bitterschokolade, er glitzert mit seinen kunstvoll ziselierten Sätzen wie eine sehr schöne und seltene Goldarbeit und er blüht scheu und sehnsüchtig wie ein Bund Schneerosen, um die Immergrün getan ist. Konnte ich dir mehr geben?«⁶⁵ Das ist Ansichtssache; daß man aber auch mit Lob schaden kann, steht außer Zweifel. Polgar nahm die beunruhigende Huldigung dankend entgegen, ließ jedoch durch den Unterton erkennen, daß ihm dergleichen Verehrung ein wenig unheimlich war: »Lieber Meister: Was soll ich Ihnen sagen? . . . . Sie wissen doch! Sie haben so superfein, klug, warm, mit so liebevoller Versenkung in die geringe Materie geschrieben (. . .), es ist wirklich das Rundeste und Subtilste, was mir bisher an Kritik widerfahren ist. (. . .) Ich küsse Ihre Hand, Madame, und danke Ihnen auf's sehrste.«[66]

Liebevolle Versenkung in sein Werk ist Polgar in den Jahren bis 1933 wiederholt widerfahren – ob von Leopold Schwarzschild,[67] Soma Morgenstern,[68] Axel Eggebrecht,[69] Robert Neumann,[70] Max Herrmann-Neisse – »hier gibt es nur Vollendung, nur Gipfel, das Schicksal entschädigt sie so für ihre äußerliche Geringfügigkeit im Verhältnis zum Fassadenpomp der ›vollwertigen‹ Haupt- und Staatskünste«[71] – oder Walter Benjamin, der Polgar bescheinigte, der Ursprung von dessen Kunst liege »nicht in seinem bezaubernden Können oder der blendenden Leichtigkeit, sondern in der Gerechtigkeit, einer, die umso schwermutvoller ist, je mehr aller Fanatismus ihr fern bleibt«. Besonders hob Benjamin die »schöne Bescheidenheit dieses Autors« hervor. »Auch sie keine private Haltung, sondern verantwortliches, in Form gebanntes Verhalten.«[72] Bescheiden war Polgar jedoch wohl nur bedingt. Gewiß, er hat – und völlig aufrichtig – geschrieben: »ich nehme meine Arbeit ernst . . ., aber ich nehme sie nicht wichtig; zumindest nicht für die andern. Und das mache ich als Tugend geltend, als Qualifikation zum Schriftsteller. (. . .) es ist nicht gut, wenn von der Bedeutung, die das Schreiben für die Schreibenden hat, allzuviel in das Geschriebene niederschlägt. Dort lastet es: als totes Gewicht.«[73] Und so lag der Ursprung seiner Bescheidenheit eher im ästhetischen Kalkül als in der Mitmenschlichkeit eines reinen Herzens. Denn natürlich konnte Polgar von schneidendem Hochmut sein, ließ freilich seine Umgebung – abgesehen von Leuten, die ihm auf die Nerven gingen – die geistige Überlegenheit kaum spüren, war dafür viel zu urban und zu sehr geprägt vom Ritual altösterreichischer Höflichkeit.

Gleichwohl zeigte sich Polgars Verantwortungsbewußtsein nicht allein im Formalen, sondern auch in der themati-

schen Zusammenstellung seiner Bücher: Hatte bereits
»Schwarz auf Weiß« (1928) unter dem Titel »Das Gedächtnis zu stärken« Antikriegsskizzen enthalten, so war
»Hinterland« (1929) zur Gänze dem längst vergessenen
Grauen des Krieges gewidmet. Im Vorwort betonte Polgar,
er erzähle ganz bewußt nicht von blutigen Kämpfen, vom
Schlachtengetöse, denn auch »das Dämonische und das
Gewaltige verführen; und auch der Schrecken, ins Großartige gesteigert, hat seine Anziehungskraft. Vielleicht ist es
zum Zweck des ›Nie wieder Krieg‹ besser, von der Erbärmlichkeit, der erstickenden Dummheit und Dumpfheit, der
grenzenlosen, infernalischen Lächerlichkeit jener räudigen
Zeit (die ›die große‹ genannt wurde) zu sprechen, als von
ihren Greueln.«[74] Tucholsky rühmte – übrigens vergeblich,
da von dem ausgesprochen politischen Buch keineswegs
alle Polgar-Leser angesprochen wurden: »Es sind ganze
Abschnitte, die durchaus klassisch anmuten – hätten wir
pazifistische Schulbücher und nicht dieses wüste Gehetze
zum nächsten Krieg, so verdienten diese Kapitel, dort aufgenommen zu werden.«[75]

1930 erzählte Tucholsky dann in einem Rückblick auf die
Geschichte der »Weltbühne« über Siegfried Jacobsohn: »Er
hatte seine Lieblinge. Primus war Alfred Polgar, ohne den
in der Theatersaison keine Nummer denkbar war, (. . .) –
diesen Polgar hat S. J. wohl am meisten von uns allen
geliebt, und mit Recht.«[76] Tucholsky hat diese Zuneigung
bruchlos übernommen, und wie einst Jacobsohn, so verteidigte nun er Polgar gegen alle Angriffe, kamen sie von
rechts oder von links. Als der kommunistische Autor und
Beiträger der »Weltbühne« Franz Leschnitzer Polgar
attackierte, ihn als »schwarze Schmach« bezeichnete, brach
Tucholsky die Arbeitsverbindung ab, weil jemand, der
einen der Mitarbeiter, »und noch dazu unseren feinsten«,
so schmählich beleidige, nicht weiterhin im selben Blatt
gedruckt werden könne.[77]

Gemeinsamkeiten – auch für Zeitgenossen, Freunde wie Feinde, erkennbare – hatten Polgar und Tucholsky in der Tat. Emil Ludwig forderte, dem Paar ein imaginäres Denkmal zu errichten: »Weil Sie es sind, beide, die Zeit und Welt, Revolte und Resignation, Frauen und Staat, Auto und Musik, den allgemeinen Schwindel und das allgemeine Streben, Glauben und Lüge, in immer neuen kleinen Bildern fangen, immer wieder ein Gleichnis auf der Straße, ein Beispiel im Herzen, eine Parabel in der Zeitung – und weil Sie, als echte Dichter, dergleichen immer gleich in seiner gottgewollten Form finden.«[78] Unglauben, Mangel an Ehrfurcht mit einem Hang zum Blasphemischen wurde den beiden hingegen, sanft aber bestimmt, von Marierose Fuchs vorgeworfen – in einem Artikel, in dessen Gefolge Tucholsky seine »Briefe an eine Katholikin« verfaßte.[79] Ganz anders, energischer als die Einwände der moderaten Marierose Fuchs, klang der »Weckruf an die berufenen Hüter des Glaubens, der deutschen Sitte und der deutschen Seele«, verschickt vom »Deutschen Frauenkampfbund«. Erich Kästner berichtet, er sei, u. a. mit Tucholsky und Polgar, in die Schlußrubrik dieses kämpferischen Steckbriefs geraten, worin nur die Verworfensten der Verworfenen Aufnahme fanden, mit einem – von den Damen bevorzugten – deutschen Wort: in die »Schmutzsonderklasse«.[80]

Freilich konnte man, bei aller Unterschiedlichkeit, ja Unvergleichlichkeit im einzelnen, diese Autoren auch auf einen anderen gemeinsamen Nenner bringen, wie Walter Benjamin es tat, als er für sie den Begriff der »linken Melancholie« prägte: »Kurz, dieser linke Radikalismus ist genau diejenige Haltung, der überhaupt keine politische Aktion mehr entspricht. Er steht links nicht von dieser oder jener Richtung, sondern ganz einfach links vom Möglichen überhaupt. Denn er hat ja von vornherein nichts anderes im Auge als in negativistischer Ruhe sich selbst zu genießen.«[81] Ausdrücklich erwähnte Benjamin dabei Kästner,

Tucholsky und Walter Mehring; Alfred Polgar, der in die erlesene Runde gar nicht so schlecht gepaßt hätte, nannte er indes nicht. Möglicherweise war es persönliche Sympathie, die ihm solche Zurückhaltung auferlegte. Am 6. Juni 1929 schrieb Benjamin, aus Berlin, an Gershom Scholem: »Ich habe einige nennenswerte Bekanntschaften gemacht. Ad 1 die nähere mit Brecht (über den und über die viel zu sagen ist) ad 2 die mit Polgar, der jetzt zu Hessels nächstem Kreise gehört.«[82]

»Hessel träumte die Wirklichkeit – das half ihm über sie hinweg, im Dichten und im Leben«,[83] sagte Polgar über den Freund, als er 1941 von dessen Tod erfuhr. Und fürwahr, das Leben in seinem »heimlichen Berlin«, wie Franz Hessel es sah,[84] hatte etwas Alltagsfernes, Traumhaftes. In tagebuchartigen Notizen aus seinem Nachlaß erscheint dieser Kreis wie durch einen zarten Schleier gesehen: Da treten Benjamins Freundin Asja Lacis und ihr Mann Bernhard Reich auf, die Autoren Wilhelm Speyer und Siegfried Kracauer, die Massary und Pallenberg, Leopold Schwarzschild, Curt Bois und Mischa Spoliansky, der Wiener Schokoladenindustrielle Hans Heller, der Berliner Kunsthändler Paul Graupe und seine schöne Frau Käte; überdies unbekannte, anscheinend ein wenig leichtlebige Mädchen namens Nicolletta, Doris und Ola, und über allem und allen schwebt ein Hauch von merkwürdiger Erotik, ob bei Spaziergängen im Grünen, in den Villen der Reichen oder in Bars.

Unter dem Datum des 25. Juni 1929 hielt Hessel beispielsweise fest: »Abends (. . .) Klause, wo ich Polgarn mit Nicoll. finde, mit der er Pallbg zur Bahn gebracht hat. Hinzu Ola und Dor.(is), die fortwollen (. . .). Nebentisch Gretl H.(eller) mit kinnbärtigem Kinorussen ernst. Wir vier voran zu Ola. Wohin dann Polg.(ar) u. Hans Heller folgen. Diwanlagerungen Ola im rosa Schlafrock (. . .) Doris, um deren Freundschaft Nicoll etwas vergeblich u bis zu Tränen warb, eigentraurig (. . .) und bald weg. Die andern lagern, zuletzt um Olas neues anliegend griechisches Gewand in hellblauen engen Riffen, in dem ihre bezaubernde Gestalt ganz sichtbar. Spielerisch wehrt Nicoll Hellern die Olazärtlichkeit u will selbst ... Zu ihrer Seite Polg. mit Magenweh u Kreide u Wohlwollen.«[85]

Vier Tage später sind die beiden abermals unterwegs: »Mit Polg. hinaus in Hubertusallee zu Graupes. Sie in dunkel ausgeschnitten mit Glettblume. Der Wiener Kunsthändler, der den Vigdor aufgekauft hat. Hinzu Ploschitzky, dunkel mit blondkrümeliger Frau in Blumenkleid. (...) Ich mit der P. aber bei Polg. süss knabige (Lilly) Benedikt Turel. Die nachher am Kamin in Frauengruppe auf Kissen und bodenkniend. Etwas betrunken hin und her zu Polg. und mir u ihrem B.(enedikt). Wir dürfen u müssen ihr hinterwärts den Schopf streicheln (...) Sie knierutscht von einem zum andern, indes die P. aus Händen wahrsagt. Bezaubernde riskierte Ausgeliefertheit der Kleinen, ihre sichtbare Brust. Nah-Unnahbares. Aber nachher sagt in später Klause P. mir, daß sie unselig lesbisch sei. Und beklagt Wirrnisse all dieser Frauen reicher Kunstkaufleute.«[86] »Aus der Perspektive des Schriftstellers« hat Polgar einmal, wenige Jahre zuvor, festgestellt, und man kann ihm darin nur beipflichten: »Eine sehr praktische Einrichtung ist es, daß die Menschen Namen tragen, daß sie heißen. Zum Beispiel Fritz oder Theodolinde oder Karlchen. Wenn man nämlich von ihnen erzählt oder gar sie reden läßt, ohne sie mit Namen zu etikettieren, kommt es oft zu einem schwierigen Durcheinander von er, sie, dieser, jener, zu einem abscheulichen Gedränge von hinweisenden Fürwörtern, in denen sich keiner mehr zurechtfindet. Wie erleichtert es die sprachliche Fügung, verdeutlicht den Satz für Ohr und Auge, wenn man schreiben darf: ›Indes Fritz, der spöttisch auf Karlchen sah, sein Knie an Theodolindens Knie schmiegte, berührte Theodolinde mit ihrem Knie das Knie Karlchens, der Fritz gütig anlächelte.‹ Das ist eine schlichte, gerade Situation, der Leser kennt sich aus.«[87]

Einen »unmöglichen Menschen« nannte Polgar im »Berliner Tageblatt« Hessel, den still-melancholischen Meister dieser Erotik: »Er phantasiert, was ist. Jeder Vorgang, von ihm gesehen, wird ein wenig magisch, jede Schlechtigkeit verzauberte Güte, aller Haß überkompensierte Liebe (...)«[88] Hessels ganz und gar unpenetrante Güte habe Polgar aber, so wenigstens behauptete er, auf die Dauer nicht vertragen. Das Unbewußte rebellierte: »Im Traum habe ich meinen Freund, den sanftesten, feinsten, liebenswertesten Mann, Franz heißt die Anti-Kanaille, ermordet. Er hat mir nie etwas getan. Eben darin dürfte das Urmotiv der abscheulichen Traumtat gelegen sein. Der Ermordete ist schuldig.«[89]

Als Hessel, auch in Polgars Träumen noch lebendig, 1930 mit diesem ein Lokal – »Weiss in der Kommandantenstraße« – besuchte, wo ein Plakat »Privatbrand« hing, kommandierte Polgar: »Ein Schnaps für Nero.«[90] Sein Renommee bei privaten Geselligkeiten verdankte er nicht zuletzt der Gabe des plastischen, oft auch boshaften Formulierens. Er galt in Berlin, laut Hans Sahl, als »Chargé d'Affaires einer Wiener Kultur, die in den Zwanziger Jahren nach Berlin übersiedelte, angezogen von der künstlerischen Dynamik dieser Stadt und der witzigen Lebensart ihrer Bewohner«. Das hielt den Wiener Geschäftsträger jedoch keineswegs davon ab, immer wieder die Überlegenheit kakanischen Stils in Dingen des praktischen Lebens und der Sprache zu betonen. In einem Restaurant verkündete er einmal: »Ein Volk, das eine Brause nimmt, anstatt, wie es sich für anständige Leute gehört, eine Dusche, verdient es nicht, daß....«[91] Was dieses Volk nicht verdiente, läßt sich nur vermuten: wahrscheinlich die Ehre, so exquisit anständige Leute wie Polgar als Gäste zu beherbergen.

Ein anderer, mondänerer Kreis als jener von Franz Hessel hatte sich in der Bar des »Hotel Eden« gebildet. Hier verkehrten außer der Massary und Pallenberg Leonhard

Frank, Erich Maria Remarque, Franz Molnár und Marlene Dietrich, zu deren ersten Bewunderern Polgar gehörte. Als sie Mitte der zwanziger Jahre in den Kammerspielen in einem amerikanischen Stück, »Broadway«, eines der zugehörigen »girls« verkörperte, entstand »eine kleine Dietrich-Gemeinde in Wien (...) (ihr Präsident war der bedeutende Psychoanalytiker und Sprachforscher A. J. Storfer und ihr Mitglied ich), die von dem erstaunlichen Broadway-Mädchen schwärmte und seine Besonderheit zu deuten suchte. Bei uns hatte das Phänomen: Dietrich schon Namen und Inhalt, ehe es noch recht Gestalt angenommen und durch Leistung offenkundig geworden war. Nomina ante res, sagen die Scholastiker: die Begriffe sind vor den Dingen da.«[92] Den Berliner Stammtisch beschrieb Fritz Kortner aus eigener Anschauung: »In der Eden-Bar wurde viel geschwatzt, viel geklatscht, viel über Pallenberg und über Molnárs Aussprüche gelacht und nur selten politisiert. Polgar, völlig unpolitisch, fand in der Hitlergefahr Nahrung für seine ihm teure Melancholie.«[93]

Doch mischte sich der angeblich völlig unpolitische Polgar auch unter notorisch politische Zeitgenossen. Hermann Kesten erzählt: »Man mußte in einen der Villenvororte von Berlin fahren, da versammelte die Witwe Siegfried Jacobsohns, eine weiträumige, breitlächelnde Dame (mit einem Kinderbuchverlag im Hinterhalt) – in regelmäßigen Abständen die ortsansässigen Mitarbeiter der ›Weltbühne‹ zu dünnem Tee und antikollegialen Gesprächen in jener kaltschnäuzigen, postmarxistischen, radikalitätspritzenden Manier, die unter den Weltbühnenmitarbeitern wie eine Art preußisches Großstadtsumpffieber grassierte. Die Witwe trug sich mit der finstern Absicht, ihren Mitarbeitern Ideen für neue Artikel einzublasen. (...) Ziemlich verloren stand ich bei meinem ersten Besuch im Salon der Weltbühnenwitwe herum, zwischen lauter Redakteuren und Mitarbeitern, Carl von Ossietzky, Kurt Tucholsky, Walter Mehring, Heinz Pol,

Ernst Toller, Arnold Zweig, Lion Feuchtwanger, Werner Hegemann, Alfred Polgar und vielen bekannten Unbekannten (...)«[94]

Mit einem weiteren Zirkel – dem um das »Berliner Tageblatt« – dürfte Polgar allerdings nur den allernötigsten Kontakt unterhalten haben, obwohl er einer von dessen beliebtesten Autoren war. Im »Wunsch-Spiegel«, für den die Leser alle jene nennen konnten, deren Photo sie im Blatt abgebildet sehen wollten, rangierte Polgar neben dem Verleger Hans Lachmann-Mosse, neben Upton Sinclair, Else Lasker-Schüler, Ferdinand Bruckner und dem bekannten Volkswirtschaftler Alfons Goldschmidt. Doch im Feuilleton, dessen damals jugendlicher Chef, Fred Hildenbrandt, in seinen Erinnerungen über Polgar nichts Nennenswertes zu vermelden weiß,[95] herrschte unangefochten der Republik mächtigster Kritiker: Alfred Kerr. Von ihm hielt Polgar anscheinend wenig, und für die große Auseinandersetzung zwischen dem Berliner Kritikerpapst und dem Herausgeber der »Fackel«[96] fand er, Berthold Viertel gegenüber, nur die Worte: Kraus »hat sich als Zecke im Fleisch des alten Kritiken-Rülpsers Kerr etabliert, und saugt und bohrt und beißt dort mit aller Kraft seiner geistigen Kiefer. Ich denke, Du bist von diesem famosesten Kampf hinlänglich unterrichtet.«[97]

In Berlin hat Polgar viele neue Freunde gewonnen – andere Beziehungen hingegen lockerten sich: so hatten er und Friedell sich während dieser Jahre innerlich voneinander entfernt. Bereits im Band »An den Rand geschrieben« steht eine Laudatio auf Friedells Hund Schnick, auf die jeder Hunde-Besitzer stolz sein konnte: »Beifall schätzte er gering, nahm ihn mit spöttischer Teilnahmslosigkeit hin. Er lechzte nicht nach Publikum.
Dieser Hund hatte ein philosophisches Wesen. (...) Aber – als kluges Geschöpf, das er war – mag er bald zur Erkenntnis, daß er nur ein rezeptiver, kein produktiver Denker wäre, gekommen und ihm als höchstes Ergebnis seines

Nachsinnens dessen Fruchtlosigkeit bewußt worden sein. Als redliches Tier zog er hieraus die Konsequenz, das Zusammengeschnüffelte für sich zu behalten. Er war kein Philosoph für die Zeitung, die Plattheit will oder billige Paradoxie (...)

Er war ein Charakter. Er gehörte nicht zu jener Rasse, die die dreckigste Hand leckt, wenn sie nur krault.« Sehr schmeichelhaft für Herr und Hund; eigentlich aber nur für letzteren, denn in einem beiläufigen Nebensatz meinte Polgar, der verstorbene Schnick sei »durchaus der Gegensatz seines Herrn« gewesen.[98] Nun hatte Friedell Polgar voll Hochachtung bescheinigt, die Lichtenberg eigene Gabe zu besitzen, »aus allem Gift zu saugen«,[99] indes dürfte er den Becher Gift, ihm selbst gereicht, kaum goutiert haben, zumal da die Mixtur so fein dosiert war, daß man erst beim letzten Tropfen das Bittere herausschmecken konnte.

Nicht einmal Polgars öffentlicher Geburtstagsglückwunsch, »Fünfzig Jahre Friedell«, kann das gestörte Verhältnis wieder ins Lot gebracht haben, obschon der Gratulant darin voll des Lobes war, vor allem über die »Kulturgeschichte der Neuzeit«, ein Werk, welches, »zahllose kritische Stimmen bekunden das, den Besten seiner Zeit genug getan (hat), die Leser der ›Weltbühne‹ wissen, daß sogar ein Mann von der unvergleichlichen geistigen Kapazität und Strenge Alfred Döblins Friedells Kulturgeschichte des Rühmens wert erachtet hat. (...) Ich liebe ihn, und bin entschlossen, obgleich sowas sehr wider meine Natur ist, die ›Kulturgeschichte der Neuzeit‹ zu lesen.«[100] Gleichwohl steckt in einer winzigen Nebenbemerkung wiederum eine Spitze gegen den Kameraden von einst: »Ich möchte gern viel von seinem Witz erzählen, (...) von der treuherzigen Perfidie, mit der er Menschen gewinnt und verrät.«[101] Der Eindruck der »treuherzigen Perfidie«, durchaus schätzenswert vom technischen Standpunkt einer Polemik aus, drängt sich allerdings auch bei einer Polgar-Rezension auf. 1931 bearbeitete Friedell mit Hans Saßmann für Max Reinhardt die Offenbach-Operette »Die schöne Helena«. Der Kritiker Polgar, unzufrieden mit dem Gebotenen, wählte keine schweren Waffen, er bevorzugte Florett: »Die dramaturgische und textliche Erneuerung besorgten Egon Saßmann und Hans Friedell. (...) Auch schlichter Humor kommt zur Geltung. Der lachende Jubel, mit dem Merkurs Bemerkung, er sei ›der Gott der Diebe und der andern Kaufleute‹ von den Berlinern aufgenommen wird, nimmt von dieser Menschengattung das Odium der geistigen Hoffärtigkeit und Anspruchsfülle, das auf ihr lastet.« Friedell habe sich die Charge des Merkur auf den Leib geschrieben, »des Gottes der Kaufleute und der andern Librettisten, der als überlegener Dialektiker fein-humorige Sätze redet und dem Partner überdies Anlaß zu einem listig vorbereiteten, auf Friedells ›Kulturgeschichte‹ gemünzten Extempore gibt. Ich, sowie ein Herr in der 17. Reihe rechts, haben die Anspielung sofort verstanden und über sie intensiv geschmunzelt.«[102] Und im Sommer 1932 schrieb Polgar, weniger subtil, an Kommer: »Da das Leben kurz ist und – insbesondere, seit Friedell und Saßmann es im Sinn Reinhardts bearbeiten – immer dreckiger wird, möchte ich dich gern eine halbe Stunde lang sprechen.«[103] Im Gegenzug sollte sich Friedell weigern, zu Polgars – falschem – 60. Geburtstag eine knappe Würdigung zu verfassen, mit der Begründung »(...) darüber fällt mir absolut nichts ein«[104] – und als Polgar vorschlug, die gemeinsam für die »Fledermaus« produzierten Einakter in einem Bändchen zu sammeln, winkte der Mitarbeiter ab – es sei »nicht gerade das Ziel (seines) Ehrgeizes, mit Polgar zusammen auf dem Zettel zu stehen.«[105] Dieser wiederum bescherte Friedell zum echten 60. Geburtstag im Jänner 1938, wenige Wochen bevor er ihm einen Nachruf zu schreiben hatte, eine herzlich boshafte Neufassung eines älteren Artikels, in der es, bezugnehmend auf die politischen Umwälzungen der Zeit, hieß: »Die ›Kulturgeschichte der Neuzeit‹ ist Max

Reinhardt gewidmet, die des Altertums Knut Hamsun. Von der Entwicklung der Dinge und des Verfassers dürfte es abhängen, wem die ›Kulturgeschichte des Mittelalters‹ zugeeignet sein wird.«[106]

Im Privaten gab es aber damals nicht nur Trennung, sondern auch das Gegenteil. Am 23. Oktober 1929 legalisierte Polgar seine Verbindung mit Elise Loewy in Wien. Trotz Ehe behielt man weiterhin getrennte Wohnungen, »Lisl Polgar, Private«, blieb in der Dorotheergasse 7, wenige Schritte entfernt vom Bräunerhof, wo Polgar immer noch in einer Mansarde, angefüllt mit Büchern und einem Flügel, einquartiert war. In Robert Musils knapper Beschreibung: »Er wohnt in einem Atelier, sechs Treppen hoch, mit darangebauter Schlafgondel. Man sieht Dächer, Abstürze, Rückseiten, Himmel; eine Landschaft für Rauchfangkehrer, Katzen und Kubisten.«[107] Wenn Polgar seine zum Zweitwohnsitz gewordene Heimatstadt besuchte, vergaß er nie, im Café Herrenhof vorbeizuschauen – um Adolf J. Storfer zu treffen oder den nunmehrigen Chefredakteur der »Wiener Allgemeinen Zeitung«, Dr. Eugen Lazar. Bei Wien-Aufenthalten fanden sich dort auch die Brüder Rudolf und Balder Olden und das Ehepaar Ernst und Anuschka Deutsch ein. Desgleichen konnte man Polgar im Salon von Hans Heller antreffen, der im vierten Bezirk ein geselliges Haus führte. Zu dessen Besuchern gehörten Musil, der Kunsthistoriker Dr. Ernst von Garger und Willi Schlamm, der etwas später die »Wiener Weltbühne« und kurze Zeit »Die neue Weltbühne« leiten sollte, an der Heller finanziell beteiligt war.[108]

Trotz solcher Kontakte – er war ja auch weiterhin für den »Tag« tätig – hatte Berlin die weitaus größere Anziehungskraft, und Polgar in der Hauptstadt des Deutschen Reiches viel mehr Möglichkeiten – auf dem Theater und, dies vor allem, beim Film. 1930 schrieb er sein einziges größeres Drama: »Die Defraudanten«, eine Komödie in drei Akten »nach Motiven aus dem gleichnamigen Roman Valentin

Porträt Emma Rudolfs mit Hymne Peter Altenbergs (2)

Der Jugendfreund Stefan Großmann – Zeichnung aus der Geburtstagsnummer des »Tage-Buch«, 1925 (3)

Emma Rudolf, Alfred Polgar ca. 1905 (4)

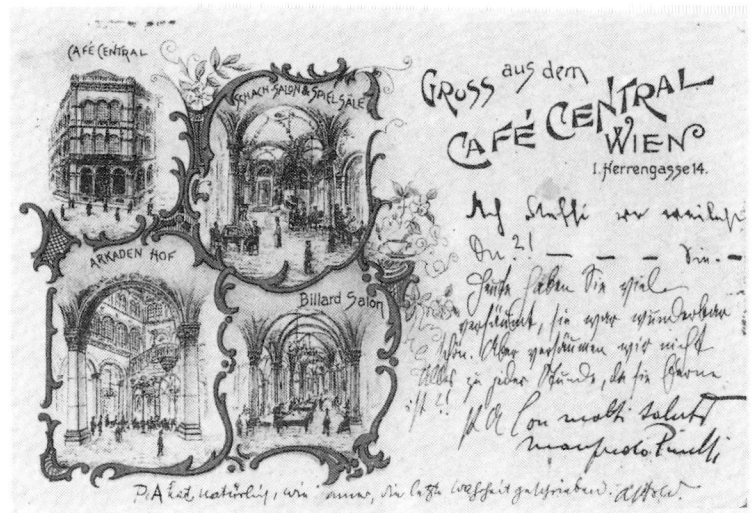

Grußkarte von Peter Altenberg und Polgar, 1900 (5)

Peter Altenberg (6)

Egon Friedell (7)

Umschlag Fritz Schönpflugs zur Satire »Soldatenleben im Frieden«, 1910 (8)

John Heartfields Umschlag für Polgars zweiten Nachkriegsband »Gestern und heute«, 1922 (9)

Die Operettendiva Fritzi Massary, »eine Frau, die weiß, was sie will« (10)

Max Pallenberg, der »Durchschauer der menschlichen Komödie« (11)

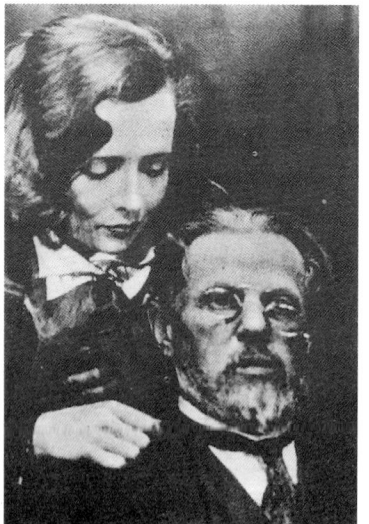

Szenenphoto aus Polgars »Die Defraudanten« mit Gina Falkenberg und Max Pallenberg (12)

Elise Loewy, verheiratete Polgar (13)

Auf den großen Boulevards, Lisl (in der Mitte) und Alfred Polgar, 1926/27 (14)

Sommer im Ausseerland, 1926 (15)

Max Reinhardt und Rudolf K. Kommer (16)

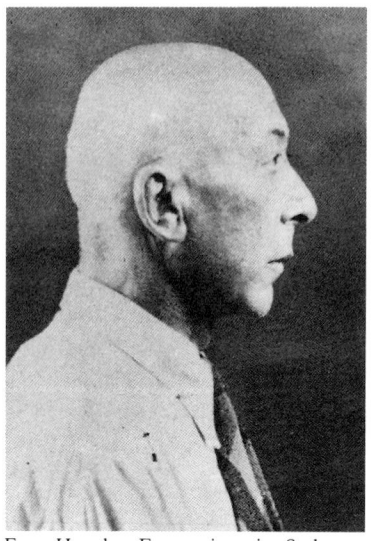

Franz Hessel – »Er war eine reine Seele und schrieb ein reines Deutsch« (17)

Adolf Josef Storfer, Direktor des Psychoanalytischen Verlages, Herrenhof-Stammgast und Sprachforscher (18)

Käte Graupe (19)

Alfred Polgar (20)

Antisemitische Karikatur aus dem
»Völkischen Beobachter«, 1938 (21)

Alfred Polgar (22)

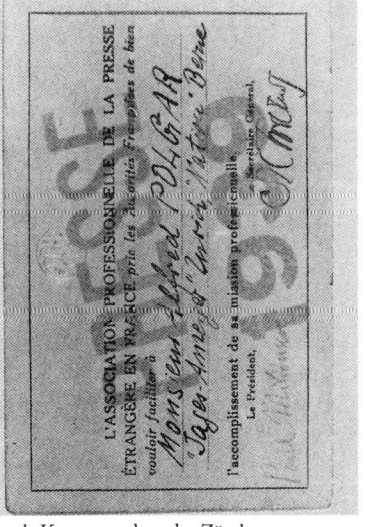

Im Exil – französischer Presseausweis für Polgar als Korrespondent des Zürcher
»Tages-Anzeiger«, 1939 (23, 24)

Auf der Flucht nach Amerika – Lisl Polgar an Bord der »Nea Hellas«, 1940 (25)

Im Haus des Freundes Hans Heller, Hartsdale 1944/45 (26)

Thanksgiving Dinner 1940 im Haus von Donald Ogden Stewart, Beverly Hills – von links nach rechts: Mrs. Donald Ogden Stewart, Lisl und Alfred Polgar, Mr. Donald Ogden Stewart, Holland Stewart (27)

Lili Darvas (28)

Bruno Frank (29)

Wieder in Europa – Alfred und Lisl Polgar (30)

Alfred Polgar, zur Zeit auf einer Europa-Reise, hinterläßt Stuttgart eine Tüte voll geschliffener Bonmots. Die ersten seit fünfzehn Jahren auf deutschem Boden. Sie werden nicht vertrocknen.

Der »Meister der kleinen Form« auf Vortragsreise in Deutschland (31)

Dank des österreichischen Bundespräsidenten Theodor Körner (32)

Mit Carl Seelig (33)

Alfred und Lisl Polgar mit Berthold und Elisabeth Viertel (34)

Als Gäste in Zürich (35)

Leben im Hotel (36)

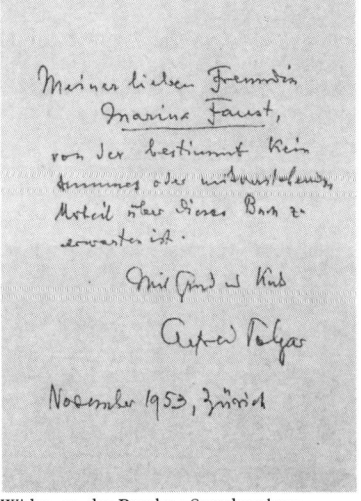

Widmung des Bandes »Standpunkte«
an ein dreijähriges Mädchen (37)

Katajews«, eine Formel, auf die er besonderen Wert legte, weil ihm Katajews Übersetzer, Richard Hoffmann, wegen der Urheberrechte erhebliche Schwierigkeiten machte. Der Berliner »Drei-Masken-Verlag« erwarb die Aufführungsrechte des Lustspiels, und Anfang 1932 erschien bei Rowohlt die Buchfassung.

Als tantiemenberechtigter Co-Autor hatte Franz Theodor Csokor gewirkt, ohne jedoch in der Öffentlichkeit genannt zu werden. Der Roman erzählt von den grotesken und turbulenten Verwicklungen, in die biedere Beamtenseelen im frisch revolutionierten Rußland geraten, als sie sich völlig betrunken an den ihnen anvertrauten Lohngeldern vergreifen. Der Schluß des Dramas weicht von Katajews Vorlage ab: Statt wegen betrügerischer Machenschaften eingesperrt zu werden, rettet die vom Pfade der Tugend abgekommenen »Helden« ein noch größerer Betrug ihres Vorgesetzten. Auch auf die russische Atmosphäre wurde verzichtet (die Personennamen zeigen eher einen Wiener Einschlag), das Geschehen »ist an keine Zeit, an keinen Ort, an keine politische Voraussetzung gebunden« – behauptete Polgar in der nicht sonderlich positiven Besprechung des eigenen Werkes. »Beabsichtigt war: ein Spiel vom armen Mann, der in Schande fällt wie in Ohnmacht, eine ganz auf das Wort gestellte und also auch ihr dramatisches Gefälle vom Dialog beziehende einfache Komödie von allgemein-menschlicher Gültigkeit (. . .)«[109] Auf den Vorwurf der kommunistischen »Roten Fahne«, er habe die »proletarische Unterlage« des Romans böswillig unterschlagen, verantwortete sich der Beschuldigte, der »Brauch des Defraudierens« sei wohl kein »Klassenprivileg«, das Proletarier unbedingt für sich reklamieren müßten.[110]

Die Komödie war in der Konzeption der Hauptfigur, des Oberbuchhalters Prokop, Max Pallenberg auf Leib und Seele geschrieben – dem »Durchschauer der menschlichen Komödie, deren Traurigkeit und Lächerlichkeit sein Spiel offenbart«,[111] wie der Verfasser in der gedruckten Widmung erklärte. 1931 an der Berliner Volksbühne uraufgeführt, hierauf am Hamburger Schauspielhaus gespielt, hatte das Stück eine »furchtbare Presse«.[112] Dennoch erwarb die Allianz-Filmgesellschaft die Verfilmungsrechte, und Polgar verfaßte innerhalb von vier Monaten ein Drehbuch, das aber nicht akzeptiert wurde. Also schrieb er gemeinsam mit Fritz Kortner (der auch Regie führte) unter dem Titel »Der brave Sünder« ein neues Film-Skript, das, so Polgar gegenüber Csokor, mit Katajews »Defraudanten« »nicht mehr das Geringste gemein« hatte und mit dem Drama bloß »ein paar Dialogsätze«.[113] Max Pallenberg, auch im Film die Hauptfigur, veröffentlichte nach den Dreharbeiten eine Hommage auf seinen Regisseur: »Sie waren mir ein Publikum, Kortner, und Sie waren mir ein Autor. Sie fesselten mich und entfesselten mich. Schön war die ganze Zeit der Arbeit, und wenn ich um zwei Uhr nachts am Umfallen war, dann: Es war noch im Umfallen schön!«[114]

Der Wiener Korrespondent des »Berliner Tageblattes«, Heinrich Eduard Jacob, machte anläßlich der Uraufführung im Wiener Apollo(film)theater einen höflichen, und nicht ganz unberechtigten, Einwand. Polgar sei »im Reiche der Schrift« etwas Ähnliches wie Pallenberg in dem der Schauspielkunst – »ein Glossator nämlich, der im Moment des Darstellens auch schon glossiert: darum ist dieser Film so gut. Aus diesem Grunde ist er freilich auch etwas zu dialektisch geraten. Das Leben polgarisiert nicht so stark. Das Leben bringt nicht alle fünfzig Meter eine blendende Antithese hervor. Hier haben die beiden Textbuchverfasser die Geschehnisse mit Geist allzu fühlbar synchronisiert, mit Prudentia Polgaris gleichsam.«[115] Begeisterter äußerte sich der Filmtheoretiker Rudolf Arnheim, der dem cineastischen Erstlingswerk (Polgars erstes Drehbuch, Kortners erste Regie, Pallenbergs erster Tonfilm) das Zeugnis ausstellte, es gehöre »zum Besten, was in deutschen Ateliers seit vielen Jahren geschaffen worden ist«.[116] Gleichwohl war dem »Braven Sünder« damals kein durchschlagender Erfolg beschieden, seine Komik und seine technischen Vorzüge waren ihrer Zeit voraus, zumindest den Erwartungen des Publikums. Und die Entstehung hatte Polgar so viel Unannehmlichkeiten und Ärger eingetragen, daß er Csokor versicherte: »Du kannst mir glauben, (...) daß ich (...) den Tag verfluche, an dem ich den Einfall hatte, Katajew zu dramatisieren.«[117]

Das gebrannte Kind konnte sich freilich vom Feuer nicht trennen. Bei weiteren zwei Produktionen war Polgar an der Drehbucherstellung beteiligt: an Alexander Kordas »Zum goldenen Anker« (nach dem Bühnenstück »Marius« von Marcel Pagnol), 1931, und an der Filmversion von Stefan Zweigs »Brennendes Geheimnis«, 1933,[118] – als Hauptautor firmierte Friedrich Kohner, Regie führte Robert Sidomak, die Hauptrollen spielten Willi Forst, Hilde Wagner und Lucie Höflich. Andererseits boten Polgar die Erfahrungen mit der Filmpraxis auch die Möglichkeit der literarischen Verwertung: der »Meister der kleinen Form« verfertigte damals einige Studien, deren scharfer satirischer Blick Intimkenntnis des Milieus verrät.[119]

Aus der politischen Realität hatte sich der Autor Polgar hingegen weitgehend zurückgezogen, sozialkritische Texte und Justizgrotesken wie »Nicht für es gebaut«[120] aus dem Jahre 1930 bilden in seiner damaligen schriftstellerischen Produktion die Ausnahme. Daß er die Zeichen der Zeit übersah, ist unwahrscheinlich. Anfang 1931 sprach er in einer Theaterkritik von den »›Gesellschaftsstücke(n)‹, die, eine geordnete, gesicherte Welt imaginierend, über die Bühnen Berlins gespenstern. Friedvolle, vergnügliche Stücke, als geschichtliches Symptom betrachtet etwa das, was, eine Schraubenwindung von anderthalb Jahrhunderten zurück, die Schäferspiele waren, an denen die französische gute Gesellschaft sich noch ergötzte, als schon der Finsterniswind wehte, der große Erderschütterungen zu begleiten pflegt«,[121] und der Finsterniswind sollte später eine seiner bevorzugten Metaphern werden, das kaum Faßbare ins Wort zu fassen. Über jene, die anfangs Deutschland und schließlich die ganze Welt erschütterten, verlor Polgar indes – öffentlich – kein Wort. Als aber der Hauptvorstand des »Schutzverbands Deutscher Schriftsteller« im Herbst 1931 die Linksopposition im Verband (u.a. Bernard von Brentano, Brecht, Anna Seghers, Ludwig Renn und Wieland Herzfelde) durch Massenausschluß auszuschalten versuchte,[122] setzte er seinen Namen auf eine Solidaritätserklärung unter diejenigen von Ernst Toller, Walter Mehring, Georg Lukács und anderen. [123]

1932 mußte Carl von Ossietzky eine eineinhalbjährige Kerkerstrafe antreten – wegen eines in der »Weltbühne« 1929 erschienenen Artikels über und gegen Machinationen der Reichswehr. Tucholsky, der sich der Farce einer politischen Justiz entzogen hatte, schrieb: »Carl von Ossietzky geht für achtzehn Monate ins Gefängnis, weil sich die Regierung an der Weltbühne rächen will, rächen für alles, was hier seit Jahren gestanden hat. Ossietzky (. . .) geht ins Gefängnis für alle seine Mitarbeiter. Dieses Urteil ist die Quittung der Generale.«[124] Die Mitarbeiter, unter ihnen Polgar, verabschiedeten sich von ihrem Herausgeber vor dem Tor der Strafanstalt Tegel. »Anderthalb Jahre Gefängnis«, räsonierte Polgar – »Dafür könnte man sich, außer auf dem Gebiet der freien Meinungsäußerung, nach dem Tarif des deutschen Strafgesetzbuches Verschiedenes leisten. Zum Beispiel: Die Schändung von ein paar minderjährigen Mädchen; oder mehrere Einbruchsdiebstähle; oder die Unterschlagung größerer Summen«[125] –, und daraus sprach schon die Stimme der Ohnmacht, ein Protest, der seine Aussichtslosigkeit längst erkannt hatte. Resignation spricht auch aus einem Satz, überliefert von Kurt Tucholsky in seiner bitteren Abrechnung »Juden und Deutsche«, die er knapp vor seinem Selbstmord niederschrieb: »Wie sagt Alfred Polgar: ›Der Umfall beginnt damit, daß man hört: Eines muß man den Leuten lassen...‹ Und sie lassen ihnen das eine und das andere und dann alles.«[126]

Über Hauptmanns Tragödie »Vor Sonnenuntergang«, eine der letzten großen Premieren im Berlin der hinscheidenden Weimarer Republik, zog Polgar das Resümee: »Ein Glanzstück großen Theaters, Theaters der bürgerlichen Gesellschaft vor Sonnenuntergang«.[127] Im Jänner 1933 unterfertigte er noch einen Brief an Kommer, der den unübersehbaren Appell »0« enthielt, mit »treu jüdischem Gruß«.[128] Am 30. Jänner wurde Adolf Hitler zum Kanzler des Deutschen Reichs bestellt. Mit den Flammen des Reichstags, vier Wochen darauf, wurde auch Weimar endgültig ausgelöscht.

Berthold Viertel rettete Polgar das Leben: »Dies geschah Anfang März 1933, als er uns in Berlin zu frühester Morgenstunde aus Prag anrief, mit der dringenden Einladung, den morgigen Sonntag dort mit ihm zu verbringen. Wir verstanden und fuhren. Vierundzwanzig Stunden später waren alle Mitarbeiter der ›Weltbühne‹ (...) verhaftet.«[129] Der »Fürst der Wiener Grazie« (Willy Haas) hatte Berlin verlassen, und 18 Jahre sollten vergehen, bis er die Stadt wieder betreten konnte. Die glanzvolle Metropole jedoch war in der Zwischenzeit zugrundegegangen, ebenso wie das »heimliche Berlin«, das Polgar nicht minder geliebt hatte.

Fremder in der Heimat

»Wir gingen ins Exil wie entthronte Könige. Einige von uns hausten tatsächlich wie solche an der Riviera. Andere würgten das Brot der Armut und der Knechtschaft.«[1] In diesen Worten Berthold Viertels liegt das ganze Schicksalsspektrum der deutschsprachigen Emigration. Alfred Polgar, der »ungekrönte König des Feuilletons«, gehörte nicht zu jener Handvoll Dichter, die – Großschriftsteller im doppelten Wortsinn und hartnäckige Villenbesitzer – ihren gewohnten Lebensstil auch im Exil ohne größere Einschränkungen beibehalten konnten. Aber nicht nur die materielle Notlage erschwerte die Existenz der überwältigenden Mehrheit der Autoren, sondern auch die geistige. »Dichter, richtige Dichter haben es leicht«, klagte Polgar 1935. »Sie schreiben für die Ewigkeit, und also können sie aus der Fülle der ewigen Themen schöpfen. Sie ziehen sich, einige ostentativ, in den Bezirk des sogenannt: rein Literarischen zurück, der im Frieden erhabener Entrücktheit ruht, wind- und wettergeschützt nach allen Seiten, und in dessen Stille, wenn überhaupt, höchstens ein ferner Schein, ein gesiebter Widerhall von dem dringt, was heute Menschenherz bewegt. Der gemeine Schriftsteller aber, homme de lettres ordinaire, unfähig, sich von solcher Bewegung abzulösen, fühlt sein Wort überflüssig und ohnmächtig in einer Zeit, deren grausige Musik jeden ihr unterlegten Text verschlingt.«[2] Kein Zweifel, Alfred Polgar ist – in diesem Sinn – kein richtiger Dichter gewesen, und er hatte es daher besonders schwer.

Die erste Station seiner Emigration war Prag, damals ein »richtiges Flüchtlingslager« – Ernst Deutsch, Arnold Zweig, Brecht und Weill, Alfred Kerr, die Brüder Mann und Polgars ehemaliger »Chef«, Theodor Wolff vom »Berliner Tageblatt«, waren dort anzutreffen.[3] Bald fuhr das Ehepaar Polgar nach Wien, und schon am 28. Mai 1933 erschien im »Prager Tagblatt« eine düster-melancholische Skizze, »Bar-

Besuch 1933«,[4] ein genaues Abbild der eigenen Stimmung. Nach langen Jahren kehrt ein Mann in seine Heimatstadt zurück, die alten Freunde sind verschwunden, und so beschließt er, die Sängerin Sybil aufzusuchen, die vordem immer in einer bestimmten Bar verkehrte. Er findet Sybil auch tatsächlich, aber nun ist sie kein Gast mehr, sondern tritt selbst auf. Die meisten Besucher des Lokals sind mit ihr bekannt und »nur da, um ihr das Da-Sein zu erleichtern. (. . .) Viele Tische blieben leer, teils aus Gründen des wirtschaftlichen Überhaupt, teils weil es Unruhen in den Straßen gab, die dem ohnehin aussterbenden Geschlecht der Nachtwandler den Weg ins Amüsement verleideten. (. . .) Sybil singt: ›Ich bin ja heut' so glücklich, so glücklich wie noch nie.‹ Manche murmeln den Refrain mit, sogar der Herr am Klavier; und einer Zuhörerin laufen plötzlich Tränen über das lachende Gesicht.
›Ja, um Himmels willen, warum weinst du denn?‹...
›Weil es so lustig ist‹, antwortet die Frau. Wirklich, das ist auch der Grund, weshalb sie weint. Und keine Spur Ironie steckt in ihrer Antwort.«

Die Ratlosigkeit der ersten Wochen durchbrachen Briefe des Schweizer Publizisten und Mäzens Carl Seelig, des Freundes und Vormundes von Robert Walser, der einer der unermüdlichsten Helfer der bedrohten, vertriebenen und außer Verdienst gesetzten Autoren werden sollte.[5] Seelig lud Polgar nach Zürich ein, um dort mit ihm die Chancen, Kontakte zu Zeitungen anzuknüpfen, zu beraten. Der Eingeladene machte sich keine Illusionen über die Erfolgsaussichten: »Von der N.(euen) Z.(ürcher) Z.(eitung) verspreche ich mir nicht viel. Ich höre, daß Herr Korrodi (Eduard Korrodi, der Feuilletonchef dieser Zeitung – d.Verf.) mit Arbeitsanträgen deutscher Litteraten überlaufen wird – und weiß, daß ich im Gedränge schlechte Figur mache. Ich bin mein Leben lang in der Theatergarderobe immer der letzte; und immer gerade, wenn ich zum Einsteigen komme, ist der Omnibus komplett. – Ich

komme ohne bestimmten Plan und ohne bestimmte Absicht nach Z.(ürich). Und auch ohne jeden Optimismus. Es ist ja wohl auch in Z., wie hier, ein Staubecken der Diaspora, und also dürfte die Abstumpfung gegen die Not der Zuwanderer ziemlich vorgeschritten sein.
Aber es gibt Zufälle, Marotten des Schicksals, Blitze aus blauem und Sonnepointen aus grauem Himmel. Und, als letzten Trost, der Gedanke an den Gott, der nicht nur die Flinten wachsen ließ, sondern auch das Korn, in das man sie wirft.«[6] Seelig, der selbst äußerst bedürfnislos lebte, stammte aus einer angesehenen und begüterten Schweizer Familie. Er kannte die gute Zürcher Gesellschaft, und die gute Gesellschaft, wenigstens die kunstinteressierte, kannte ihn. Es war ihm ein Leichtes, Polgar mit dem Zürcher Bankier Walter Bär bekanntzumachen, der als eventueller Förderer in Betracht kam. Nach kurzem Aufenthalt fuhr Polgar nach Paris, weil sich, wenn überhaupt, nur dort ein Einstieg ins lukrative Filmgeschäft ergeben konnte. Die Sonnepointen aus grauem Himmel wollten sich freilich nicht einstellen, im Gegenteil, die Tage verliefen im Sand wie die Projekte.

»Hier ist ringsum lauter Fremde, und ich schwimme als ein ziemlich verlorenes Einzelwesen in dem gleichgültigen Meer von Menschen. Die deutsche Emigration gedeiht, was die Kopfzahl anlangt, üppig. Viele wollen hier sich eine Existenz schaffen, aber die Möglichkeiten hiezu sind gering. Ich für meine Person habe wenig Hoffnung, weil Energie mein kleinstes Laster ist und das ruhige Abwarten meiner Chance (an den vorhandenen oder nicht vorhandenen Mitteln) seine natürliche – leider nahe Grenze findet. Ich will aber jedenfalls sozusagen à l'extrême durchhalten, es sei denn, die Züricher Plutokratie besinnt sich noch im letzten Augenblick und nimmt mich an ihren Busen.«[7] Das Gefühl der Vereinzelung, die Notwendigkeit, sich, unter Umständen, energisch gegen andere, Schicksalsgefährten, durchsetzen zu müssen, bedrückten ihn. »Ich spreche hier viele Menschen, ganz Berlin (und nicht das sympathischste) ist da, und mißt einander mit Blicken, in denen Solidarität und Feindseligkeit eng gemischt erscheinen.«[8]

An die Hilfe von seiten der »Züricher Plutokratie« vermochte Polgar nicht recht zu glauben, unterschätzte aber dabei sowohl diese als auch Seeligs Beharrlichkeit. »Der Bankier wird (darüber geben wir uns beide keiner Täuschung hin) bedauern, nicht in der Lage zu sein. Es ist die platonische Idee eines richtigen Bankiers, zu bedauern, nicht in der Lage zu sein. Wenn ich's genau überlege, ist es ja auch eine tolle Zumutung, für einen fremden Menschen aus purem Idealismus Geld hergeben zu sollen. Wir leben ja nicht im goldnen Zeitalter, sondern im dreckigen.«[9] Als dann Geldsendungen in Paris ankamen, wurde Polgar die eigene Situation erst klar. Verstört fragte er sich und Seelig, ohne allerdings eine befriedigende Antwort erhoffen zu können: »Wie macht man's, ein Schnorrer zu sein u. doch ein Gentleman zu bleiben?«,[10] und fünf Tage darauf schrieb er nach Zürich: »Sie wissen's nicht, können's nicht wissen, wie kotz-übel mir als Bettel-Litterat zu Mute ist.–«[11] Am 18. Juni wußte Polgar noch zu berichten: »Ich bewahre meine ›Würde‹ (›Würde‹ ist ein Konjunktiv), so gut ich kann und laufe niemand nach. Das ist ein gutes Prinzip, – wenn man's durchhält.«[12] Fast genau einen Monat danach blieb ihm nur mehr Flucht in den Zynismus: »Es ist eine Lust, zu leben, sagte Ulrich v. Hutten, der freilich ein Syphilitiker war: Und die müssen's wissen.«[13]

Galgenhumor, jener, der gerade im Hause des Gehenkten vom Strick spricht, klingt auch durch die Zeilen von Polgars erstem, in jenen Sommerwochen verfaßten, satirischen Antinazi-Artikel. Als Sprachrohr wählte er Leopold Schwarzschilds »Neues Tage-Buch«, in dem er sich noch wiederholt zu Wort melden sollte, sei es unter eignem Namen, sei es unter dem Pseudonym Archibald von Douglas. Die Satire »Auch das wäre möglich« imaginiert, daß im eben angebrochenen Dritten Reich der Mond als

Hauptgestirn dekretiert wird und alle jene, die diese Rolle weiterhin der Sonne zuweisen, schwersten Verfolgungen ausgesetzt sind. Vor allem die mit dem Faschismus aus Überzeugung oder Opportunismus paktierenden Intellektuellen, Schriftsteller und Künstler, nahm Polgar dabei aufs Korn: »Hanns Heinz Ewers dichtet die Mond-Hymne. Das Theaterstück von Johst, ›Der deutsche Mond‹ – ein dramatisches Trutz- und Heldenlied – wird für alle Bühnen des Reichs als obligatorisches Zugstück erklärt. (. . .) Dr. Gottfried Benn schreibt in einem aufsehenerregenden Artikel, in welchem er zuvor mit bitteren Worten die feige Emigration geißelt, die in den Riviera-Palästen sich in ihrem Fett wälzt, wie folgt: ›Nun endlich strotzt der Mond-Mensch seine mystische Fülle durch das Zeiten-Nichts. Es ist da, das Quader-Geschöpf mit der Faust-Seele, mit der Seelen-Faust, mit den Sichelfurchen in seinem von lebensfrohem Todeswunsch durchpulsten Ursinnenraum, das Mondgehirn mit Eckzähnen, gewaschen und durchsegnet vom Blut der Blute, eisenkantig hingereckt ins Aeonische.‹« Allzuviel mußte der Satiriker dabei am Original gar nicht verändern. Und auch Herbert Ihering, einstmals sehr weit links angesiedelt und Brechts Prophet im Weimarer Feuilleton, verzieh er die eifrige Anpassung nicht. Dieser Theaterkritiker, so heißt es bei Polgar, verlange »in einem Zyklus heftig fordernder kritischer Essays das vorstoßende Mond-Zeitstück. Er widmet seinen Zyklus, zur Feier der Tötung des tausendsten kommunistischen Schriftstellers, dem Ministerpräsidenten Göring als dem ›heiligen Johann der Schlachthöfe‹.«[14] Der Oktober 1933 brachte, von der Öffentlichkeit unbeachtet, Polgars tatsächlichen 60. Geburtstag; nur im kleinen Kreis wurde seiner gedacht: Hans Heller machte die Einweihungsparty in seiner neu eingerichteten Wohnung zum Geburtstagsfest für den »beloved mentor« Polgar.[15]

Im Spätherbst 1933, nach Aufenthalten in Zürich und Ascona, war Polgar dann wieder in Paris, um mit »Filmleuten und mit dem Komponisten der 3 Groschen Oper, Kurt Weill«, der sich von ihm den Text zu einem musikalischen Lustspiel wünschte, zu konferieren. Gleichzeitig arbeitete er an einem Romanexposé; das anfänglich vorgesehene Thema »Briefe an Verlorenes« schien ihm jedoch bald für ein ganzes Buch zu wenig tragfähig.[16] Diesmal sollten Polgars Pariser Wochen, das bange Warten und aufreibende Verhandeln nicht völlig vergeblich, und auch nicht umsonst gewesen sein, zwischen welchen Begriffen er genau zu unterscheiden wußte: Das Filmexposé zu Knut Hamsuns Roman »Viktoria« hatte berechtigte Chancen, angenommen zu werden, und sein Entwurf für einen Roman über das Leben Homers lag beim Amsterdamer Verlag Allert de Lange.

Im Jänner 1934 wechselte Carl Seelig vom »Zürcher Tages-Anzeiger« zur »Neuen Zürcher Zeitung« und bemühte sich von nun an, Beiträge Polgars dort unterzubringen, jenen Satz bewahrheitend, den Polgar schon im Pariser Sommer 33 geschrieben hatte: »Vraiment, es ist keine leere Redensart, wenn ich Ihnen versichere, daß in meinem Leben noch niemals ein Mensch – von Frauen abgesehen – mit so gütigen und zarten Händen in mein Schicksal eingegriffen hat, wie Sie.«[17] In der »Neuen Zürcher« gedruckt zu werden war Polgar hauptsächlich wegen seiner Zürcher Mäzene (Bankier Bär, Alwin Schmid) bestrebt – als Beiträger dieses renommierten Journals war er, für Schweizer Verhältnisse, kein dahergelaufener Niemand mehr wie zahllose andere Hitler-Flüchtlinge. Probleme ergaben sich aber aus der politischen, wenig emigrantenfreundlichen, Haltung der Zeitung, insbesondere ihres Feuilletonchefs Eduard Korrodi. Einen Artikel sandte Polgar an Seelig mit der Bemerkung: »»Er ist von so vollendeter Harmlosigkeit und so apolitisch, daß ihn, glaube ich, die tapfere › N.Z.Z. ‹ ohne Sorge drucken kann«,[18] und etwa drei Monate danach schickte er unter anderem den Text »Führer durch einen Führer«,[19] wollte ihn jedoch der »Neuen Zürcher« nur zumuten, wie er respektlos meinte, »falls diese nicht schon beim Lesen des Wortes ›Führer‹ vor Angst ohnmächtig auf den Hintern fällt«.[20] Als ein von Polgar eingesandter Beitrag (Filmglossen) allzu lange unpubliziert blieb, verlor er die Geduld: »Es scheint mir nicht so wichtig, daß meine Zürcher Gönner etwas dort von mir lesen, und die Demütigung, die mir die ›N.Z.Z.‹ durch ihre Behandlung m.(einer) Arbeit zuteil werden läßt, doch schon ziemlich unerträglich. Wenn Herr D.(r.) Korrodi gegen die Emigranten ist (ich bin, als Österreicher, schließlich keiner in des Wortes Sinn), möchte ich ihn nicht umzustimmen versuchen, aber auch nicht um der Chance willen, einmal im Jahr 40 Frcs. von der ›N.Z.Z.‹ zu bekommen, mir eine bagatellisierende Behandlung gefallen lassen.«[21]

Gemeinsam mit Friedrich Kohner arbeitete Polgar im Winter 1933/34 für den Film »Viktoria«. Zur Erstellung eines endgültigen Exposés zog er sich mit ihm nach Pontresina in »Klausur« zurück. Ende April war das Drehbuch – »Immerhin etwa 300 Seiten!«[22] – dann fertig. Polgar wünschte sich – vergeblich – Berthold Viertel als Regisseur: »Du wärest der rechte Mann, es in lebende Bilder, in bildhaftes Leben umzusetzen.«[23] Der Film wurde trotzdem produziert, freilich auf eine Weise, die sich Polgar nicht im geringsten gewünscht hatte. Mit einemmal war »Viktoria« ein deutsches, ein neudeutsches Produkt geworden[24] – das Buch trug den Namen Robert Adolf Stemmles, und von Polgar und Kohner war nichts zu sehen noch zu hören. Gegen solche Praktiken protestierte Polgar, wie es sich gehört, in der amtlichen »Wiener Zeitung«.[25] Als der düpierte Drehbuchautor dann Anfang 1936 den Film in Wien sah, fand er ihn »langweilig, matt, ohne Tiefe oder Höhe. Und so was von Kälte, Verlogenheit und Komödianterei wie die Luise Ullrich ausstrahlt, habe ich schon lange nicht gesehen...«[26]

1934 war auch sonst kein gutes Jahr: während des Bürgerkriegs in Österreich, als Bundeskanzler Dollfuß und die

Heimwehren mit rücksichtsloser Gewalt die Sozialdemokratie zerschlugen, hielt sich Polgar allem Anschein nach gar nicht in Wien auf, sondern in Zürich. Nur sehr versteckt konnte der Bürger des »Ständestaates« Polgar, in seiner Erzählung »Toddy und die Schwämme« (1935), die Ereignisse erwähnen: »Es wurde Morgen und wieder Abend, und während dreimal vierundzwanzig Stunden geschah Grausiges in der Stadt, die in ihrem inneren Bezirk das kalte, in ihren äußeren Bezirken das heiße Fieber schüttelte.

Viele Uhren standen still, weil man vergessen hatte, sie aufzuziehen, und manches Herz, weil es vergessen hatte, seinen Schlag vorsichtig zu dämpfen. Und es wurde abermals Morgen und Abend, geschehen war geschehen, hin hin, die elastischen Menschen kamen drüber hinweg, wie sie schließlich, außer über ihren eigenen Tod, über alles hinwegkommen (. . .)«[27]

Erst im Abstand von zehn Jahren, im amerikanischen Exil, sagte Polgar, was er vom Austrofaschismus hielt, dessen Schöpfer er zumindest vom Sehen kannte, da Engelbert Dollfuß im selben Haus, Stallburggasse 2, wohnte wie er. »Im Februar 1934 brach er (Dollfuß – d. Verf.) mit Kanonen, Kerkern und Galgen den Widerstand der österreichischen Arbeiter, beseitigte so das wirksamste Antitoxin gegen das Nazi-Gift, von dem sein unbegreiflicher, ›christlich-deutscher Bundesstaat auf kooperativer Basis‹ damals schon kräftig infiziert war. (. . .) Am 1. Juli (recte Mai – d. Verf.) setzte Dollfuß seine neue Verfassung in Kraft. Kein Mensch verstand sie; das war das Feine an ihr. In seinem Kommentar zu dem dunklen Werk drückte der Kanzler Befriedigung darüber aus, ›daß wir den Sozialismus in diesem Lande ausgeschaltet haben‹. Am 8. Juli forderte er, im Wallfahrtsort Mariazell, die Österreicher dringend auf, ›mehr wallfahrten zu gehen‹. Der Minister für die öffentliche Sicherheit aber, Major Fey, stellte fest: ›Die öffentliche Sicherheit in Österreich ist gewährleistet.‹

Infolgedessen brachte Frau Dollfuß ihre zwei kleinen Kinder schleunigst nach Riccione, zum guten Onkel Mussolini, dessen cäsarisches Auge damals noch mit Wohlgefallen ruhte auf dem braven faschistischen Zögling Österreich und Verachtung blitzte für den lächerlichen Kopisten in Berlin.« Am 25. Juli 1934 »ließ Hitler, undankbar wie er war, den kleinen Mann totschießen«.[28]

Zu allem – politischen – Unglück gesellte sich das private: Im Juni 1934 kam Max Pallenberg bei einem Flugzeugabsturz in der Tschechoslowakei ums Leben: »Noch grauer und trüber, als sie ohnehin schon ist, noch mehr verlassen von guten und überlassen bösen Geistern scheint die Welt, seit dieser strahlende Spaß- und Ernstmacher nicht mehr in ihr herumrumort.«[29] Während eines Aufenthaltes in der Schweiz sah Polgar seinen alten Freund und Gefährten aus gemeinsamen Tagen bei der »Weltbühne«, Kurt Tucholsky. Im Jahre 1952 berichtete er dessen Witwe über diese letzte Begegnung: »Ich besuchte ihn in seinem Refugium – er wollte eigentlich keine Besuche – und nahm einen traurigen Eindruck von dem Besuch mit. Er war verstört, überzeugt, daß er auch im Ausland verfolgt werde, und in seiner Tasche trug er einen Revolver.«[30]

Der Homer-Roman machte in der Zwischenzeit nur geringe Fortschritte, die Widerstände, die ihm die epische Großform entgegensetzte, wurden dem Autor bereits im Anfangsstadium der Arbeit schmerzhaft deutlich: »ich kann keine ›Handlung‹ erfinden, ich komme immer in's Meditieren und Glossieren.«[31] Ökonomische Entlastung und psychische Belastung in einem brachte eine weitere Aktion Carl Seeligs: Er hatte sich ohne Polgars Wissen an Marlene Dietrich gewandt und sie auf dessen bedrängte Lage aufmerksam gemacht. Sie versprach einen größeren Dollar-Betrag und hielt Wort. »So willkommen mir diese Hülfe ist, so viel Peinliches hat die Sache doch für mich, und ich wälze das Problem, wie ich mich nun zu benehmen habe.«[32] Viertel gegenüber strich er jedoch vor allem das

Positive an der Haltung Marlene Dietrichs heraus: »Sie hat sich (...) *phantastisch* nett zu mir benommen. Rührend nett. Ich danke es *ihr*, daß ich, sozusagen, noch obenauf schwimme...«[33]

Anfang September traten Gefäßkrämpfe und chronischer Magenkatarrh auf. Trotz all dieser Widrigkeiten mußte Polgar seine »journalistische« Tätigkeit fortsetzen. Aufforderungen zur Mitarbeit an Wiener Zeitungen, vor allem vom »Neuen Wiener Journal«, hatten für ihn nichts Verlockendes: »mir graust vor der Wiener Presse, die ja außerdem elend zahlt, und jede Bindung hier ist mir fatal, weil ich nur das Verlangen habe, rasch wieder weg zu kommen, in die geliebte Schweiz.«[34] Aber nicht allein das Grausen vor der Wiener Presse war es, das eine stärkere publizistische Verankerung im »Ständestaat« verhinderte, sondern auch das intellektuelle Klima. Ludwig Ullmann meinte 1938 rückblickend, zwar ein wenig übertreibend, aber in der Tendenz durchaus zutreffend: »In den letzten vier (nicht mehr demokratischen) Jahren Österreichs war Literatur, respektive das, was man vordem so nannte, eher verdächtig. Ein paar, sogar namhafte Schriftsteller paßten sich dabei recht gewandt, freilich unter verlegener Verleugnung ihrer liberalen Vergangenheit, an. Es war die Zeit, da ein Kritiker der schärfsten und geistvollsten Raison wie Alfred Polgar in keinem Wiener Blatt gedruckt(...) werden konnte.«[35]

Jene Artikel, die Polgar damals schrieb und – außerhalb seiner Heimat – veröffentlichte, waren in der Tat nicht dazu angetan, in Wiener Zeitungen publiziert zu werden. Seine respektlose Glosse über Richard Strauss, »der bekanntlich im Dritten Reich in Ungnade fiel, weil er für seine letzte Oper ›Die schweigsame Frau‹ einen Text des rassisch bemakelten Stefan Zweig benützte«, daher, als Wiedergutmachung, eine Tondichtung zur Glorifizierung Hindenburgs und des Tannenbergdenkmals plante und sich zu diesem Zweck – Inspiration ist alles – nach

Ostpreußen begab, um »gewissermaßen ganz drin (zu sein) in dem Objekt (. . .), dessen musikalische Verherrlichung er beabsichtigt.
Wohin wird sich der große Mann begeben, wenn er, was doch mit Sicherheit zu erwarten ist, sein symphonisches Opus ›Der Führer‹ schaffen wird?«[36] – diese Glosse wäre vielleicht noch angegangen.
Polgars Feuilletons über den Spanischen Bürgerkrieg hingegen waren keinesfalls für die gleichgeschaltete österreichische Presse geeignet: »Bomben fallen auf Madrid, von Spaniern auf die Wohnstätten von Spaniern geworfen. (. . .) ›C'est la guerre!‹ sagen die Männer, denen ein starkes Herz im Busen schlägt, und zucken die Achseln, besonders wenn es Achseln sind, auf denen Epauletten blitzen. In der belagerten Stadt entladen sich Wut und Rachsucht an Geiseln und Gefangenen, und General Franco erklärt, daß er nach seinem Einzug in Madrid für jeden Geiselmord fünf von den Miliztruppen werde erschießen lassen. (. . .) Die europäischen Mächte sehen mit ungeteiltem Bedauern den Ereignissen zu.«[37] Und gerade diese Nicht-Intervention, die inhaltsleeren diplomatischen Floskeln, mit denen man Grauen zudeckte, empörten Polgar besonders: Als die Franco-Truppen die baskische Republik zerstörten, zitierte er Lloyd George: »Es ist ein schwarzes Blatt in dem Buche der Geschichte mächtiger Nationen, auf dem verzeichnet steht, daß sie schweigend und untätig zuschauten beim Schauspiel der Massakrierung von Kindern für die Treue ihrer Väter zur Sache der Freiheit.« Polgar selbst fügte hinzu: »Politik enthebt den Menschen, der ihr dient, der Pflicht, einer zu sein, Politik, sagen die Politiker, wird nur der richtig betrieben, der mit Helligkeit des Verstandes völlige Stumpfheit des Gefühls verbindet. Obschon es so ist, immer so war und, wenn nicht alle Anzeichen trügen, immer so bleiben wird, dürfte doch die Geschichte als Greuel aller Greuel, die sie aus unserer Zeit zu berichten haben wird, das

›schweigende und untätige‹ Zuschauen verzeichnen, in dem die mächtigen Nationen diesen Greueln gegenüber verharrten.«[38]

Kurz vor Weihnachten 1934 hatte sich Polgar – wie in den kommenden Jahren noch des öfteren – am Ende geglaubt. Er schrieb nach Zürich: »Ich möchte nun, weil mir die erträgliche Grenze erreicht scheint, *nicht* mehr, daß Sie, lieber unermüdlicher Helfer noch irgendwas im Sinn der Beschaffung von Geldmitteln für mich tun. *Es ist genug*. (...) Solange ich mein Leben auf der bürgerlichen Basis (unter die hinunterzugehen mir unmöglich ist) fortführen kann, so lange wird es eben gehen. Geht es nicht mehr, so ist's auch, richtig betrachtet und gewertet, kein Unglück.«[39] An Berthold Viertel sandte er einen Hilferuf: »Wenn Du überflüssiges Geld hast, schick' mir etwas. *Keinesfalls*, Lieber, wenn Du nichts schickst, plage Dich (...) mit brieflicher Erklärung, warum nicht, und Bedauern, daß nicht. Ich nehme dann keine Antwort als eine Antwort.«[40] Da auch im folgenden »Weit und breit kein Silber-, nicht einmal ein Blechstreifen am Horizont«[41] auftauchte, begann Polgar, seine Bücher zu verkaufen – »Großen Wert hat ja meine Bibliothek nicht und ich trenne mich leichten Herzens von ihr. Was hernach sein soll, weiß ich nicht.«[42] Verbissen arbeitete er weiter, für das »Prager Tagblatt« und die Basler »National-Zeitung«, die Einkünfte aus diesen Quellen reichten allerdings nicht aus: »Es handelt sich längst nicht mehr um das Problem des guten oder bequemen Lebens. Es handelt sich um die Deckung der primitivsten Bedürfnisse, um die tägliche Sorge, woher das Nötige für Kohle und Fraß nehmen. Und Sie würden's kaum glauben, wie viele Tage es gab und gibt, an denen ich die Frage *nicht* zu lösen weiß. Meiner Frau gegenüber cachire ich die Lage, so weit ich nur lügen und die Komödie der Zuversicht spielen kann. Unter der Erkenntnis der wahren Situation würde sie zusammenbrechen. Und ich selbst, Sie kennen mich ja, habe so gar kein Talent, in's

Elend unterzutauchen. Ich bin zu alt dazu, zu neurasthenisch, zu müde.«[43] Wenn Polgar sich Leid und Überdruß an solcher Existenz, nach eigenen Worten in einer »Jeremiade«, von der Seele schrieb, so widersprach das entschieden seinen Prinzipien. Er, der so überzeugend die Rolle das »père noble« zu spielen wußte, dessen Ironie Schutzpanzer gegen die Zumutungen von Zeit und Welt war, aber eben nur ein sehr notdürftiger, sah sich seiner ihm angemessenen Lebensart beraubt. »Sie dürfen mir glauben«, meinte er am 4. März 1935 zu Seelig, »daß ich mit radikalen Enthüllungen weder koquettire, noch damit Eindruck auf die Mitleidsdrüse weichherziger Nebenmenschen machen will, noch überhaupt anders als mit Grauen und Angst an derlei denke. Ich liebe das Leben und niemals würde ich freiwillig von ihm lassen. Aber es läßt ja von mir! Ich bin doch, scheint es, von allen Instanzen rechtskräftig *verurteilt*, und der Spruch wird, weiß Gott, nicht leichter dadurch, daß seine Vollstreckung mir überlassen bleibt.«[44]

Die »ökonomischen Scheußlichkeiten« wurden verschlimmert durch »seelische Not. Denn Sie wissen, daß ich in Liebe einem Menschen verbunden bin, den zu sehen mir der Mangel aller Mittel, von hier fortzukommen, unmöglich macht. In meinem Herzen ist nichts als grenzenlose Traurigkeit und grenzenlose Sehnsucht – die ich beide nur durch dicke Dosen von Schlafmitteln wenigstens für ein par Nachtstunden zum Schweigen bringen kann.«[45] Der Mensch, der Polgars Herz beschwerte, war Käte Graupe. Er hatte sie in Berlin kennengelernt,[46] wo sie vorderhand auch noch wohnte. Nur in der Schweiz und – manchmal – in Paris konnte er sie sehen, und Seelig machte den Mittler zwischen ihnen, überbrachte Botschaften, beförderte Briefe weiter. Jede Vorsicht schien angebracht – beide waren ja verheiratet. Die Augenblicke des Glücks können nur teilweise die langen Perioden des Unglücks wettgemacht haben, doch dies entsprach durchaus der Regel von Polgars Beziehungen. Jedenfalls muß Käte Graupe eine faszinierende Frau gewesen sein. Anfang 1945 ist sie an Krebs in New York gestorben, und Leopold Schwarzschild, der die Totenrede hielt, malte ihr Bild in den eindrucksvollsten Farben: »Sie war wie eine Botschaft aus einer Zeit, in der Ruhe noch ebensoviel galt wie Aufgeregtheit, Feinheit mehr als Kolossalität, Lächeln mehr als Schweiß, Redlichkeit mehr als Gesinnung. Käte, arme Käte, die wir alle sehr liebten, manchmal warst Du in dieser verpöbelten Welt wie ein Reliquie. Die Kluft war groß zwischen dieser Welt und Dir, die Du eine Aristokratin warst, ergeben dem Subtilen und Differenzierten im Geschmack, im Verstand, in der Moral, – und die Kluft wurde immer größer, und Du hast es gewußt. Es war eine schrumpfende Welt für Dich, und Du hast es erfahren.«[47]

Im Frühjahr 1935 brachte der Amsterdamer Allert de Lange Verlag Polgars Skizzenband »In der Zwischenzeit« heraus, das Honorar dafür hatte der Autor allerdings schon im Herbst 1933 erhalten und längst verbraucht. In der »Neuen Freien Presse« erschien, »überraschenderweise, eine begeisterte Kritik«,[48] verfaßt von Ernst Lothar,[49] und – eher am anderen Ende des politischen Spektrums – in der in Österreich und im Deutschen Reich verbotenen sozialistischen Monatsschrift »Der Kampf« war das Echo gleichfalls äußerst positiv. Neben Polgars stilistischer Kunst pries man dessen erfahrungs- und erkenntnisreiche, tief pessimistische Weltsicht, durch die er in den knappen Skizzen und Betrachtungen zur Zeit mehr auszusagen habe als manche in ihrem ganzen Œuvre: »Jede wiegt eine Abhandlung, manche einen Roman, der schmale Band viele Bände anderer Schriftsteller auf.«[50] Hermann Hesse blieb es vorbehalten, zu vermuten, daß an der hinter »ihrer eleganten Fläche (verborgenen) stille(n) Melancholie... nicht allein die Emigration« schuld sei. »Der Literat, der eine journalistische Aufgabe hat und auf den Apparat der Zeitungen angewiesen ist, mag seine Spezialität noch so hoch ausbilden, seine Kunst noch so fein beherrschen, auf die Dauer wird ein Unbefriedigtsein übrigbleiben und etwas von dem Neid, den der Musikant gegen den Komponisten empfindet.«[51]

Zu Pessimismus und Melancholie war immer wieder Anlaß gegeben. Man sperrte Polgar den elektrischen Strom, und, um seine Stenotypistin bezahlen zu können, der er den Lohn schuldete, mußte er sich im Caféhaus »vom Kellner das Nötige« ausborgen.[52] Die Arbeit am Homer-Manuskript ging nicht voran, Walter Landauer vom Allert de Lange Verlag beharrte »auf seinem Verlangen nach einem Roman«, so Polgar am 22. April 1935, wobei er jedoch meinte: »ich glaube, ich könnte jetzt, aus meiner Tristesse und Bitterkeit heraus, einen (Roman – d.Verf.) schreiben. Aber es ist vor Ablieferung mindestens der Hälfte des MS kein Geld vom Verlag zu bekommen. So wird der Roman wohl ungeboren bleiben.« Polgar schloß mit den Worten: »Ich bin todmüde. Und jeder Morgen holt mich in den Tag wie der Wärter den Gefangenen zu neuer peinlicher Vernehmung.«[53]

Polgars »60.« Geburtstag, am 17. Oktober 1935, warf seinen Schatten voraus: Die antifaschistische Schweizer Wochenschrift »Die Nation« verpflichtete ihn aufgrund einer Intervention Carl Seeligs zur Mitarbeit; so hatte er zumindest von drei Zeitungen (»Prager Tagblatt«, Basler »National-Zeitung«, »Die Nation«) relativ regelmäßig Honorare zu erwarten. Thomas Mann, der 1935 tatsächlich 60 Jahre alt wurde, übermittelte der nicht ganz echte Jahrgangskollege Polgar zum Anlaß seine »wärmsten, verehrungsvollen Glückwünsche« – »verschärft durch gleichzeitige Sendung (seines) neuen Buches«, das der Jubilar »nur als Zeichen der Ergebenheit und des Respekts, nicht als Nötigung zur Lektüre«[54] auffassen möge.

Dem oft trübsinnigen Schützling eine Freude zu bereiten, hatte sich Seelig an zahlreiche prominente Persönlichkeiten gewandt, um ihnen für die Basler »National-Zeitung« Stellungnahmen zu Polgar zu entlocken. Bei manchen holte er sich eine Abfuhr – aus verschiedenen Motiven. Bruno Frank teilte ihm auf Bitte seiner Schwiegermutter Fritzi Massary mit, »wie gerne sie sich an diesem ›Dank für Polgar‹ beteiligt hätte. Sie hat auch verschiedene Ansätze dazu gemacht, aber der Gedanke an die so nahe Verbundenheit zwischen Alfred und ihrem verstorbenen Gatten ließ es ihr doch immer wieder unmöglich erscheinen, etwas für die *Öffentlichkeit* zu diesem Tag zu formulieren.«[55]

Franz Werfel entschuldigte sich mit Abwesenheit – er sei eben erst und wohl zu spät von ausgedehnten Reisen zurückgekehrt. »Auch will ich Ihnen offen gestehen, daß ich gar nicht recht wüßte, was ich über Alfred Polgar, den ich für einen ausgezeichneten Kritiker und Betrachter halte, Prinzipielles schreiben könnte. Und oberflächliche Grüße und Dankeserstattungen zu irgendeinem Geburtstag liegen mir nicht.«[56] Hermann Hesse wiederum wußte sehr wohl Prinzipelles zum auferlegten Thema zu sagen, doch wäre dieses Prinzipielle kaum als Glückwunsch geeignet: »Denn so sehr ich die geschliffene, liebenswürdige und menschenfreundliche Art Polgars anerkenne, sehe ich doch in seiner Form des Feuilletons eine Schablone, die ihn verhindert hat sich zu entwickeln. Diese Feuilletons sind oft beinah ernsthafte Betrachtungen, oft beinah ernsthafte Anklagen, dringen aber niemals bis in eine reine Kategorie vor, sie sind und bleiben eben Plauderei, die den Autor und den Leser letzten Endes zu nichts verpflichtet. Es fehlt nicht an Witz, nicht an Kunst, auch nicht an Herz und Wärme, es fehlt aber an Bekenntnis, an einem wirklichen, ernsthaften Glauben. So bleibt alles im Bereich des Feuilletons, des Witzig-Sentimentalen.«[57]

Die »tabula gratulatorum« konnte sich gleichwohl – auch ohne Hesse – sehen lassen. Da waren Paula Wessely, Albert Bassermann, Leo Slezak und Carl Seelig vereint. Joseph Roth legte ein großes Bekenntnis zu seinem Lehrer ab: Er habe ihm, einem der »behutsamsten (. . .) deutschen Schriftsteller der Gegenwart«, viel zu verdanken. »Die sprachliche Behutsamkeit habe ich von ihm gelernt. Ich gestehe, daß ich versucht habe, sie ihm abzulauschen; daß ich versucht habe, den Geheimnissen der deutschen Sprache nachzuspüren, so, wie er unter wenigen es kann, dank seiner Gnade, zu hören und zu fühlen. (. . .) In diesen jämmerlichen Tagen, in denen Barbaren und Stotterer die deutsche Sprache mißhandeln, wird das Werk Alfred Polgars bedeutender, als es jemals ›in ruhigen Zeiten‹ erschienen wäre.«[58]

Mit der Familie Mann tauschte Polgar Artigkeiten und Komplimente aus. Thomas Mann versicherte, er schätze in ihm einen »feinen Künstler von echt österreichischer Kultur, der (ihm) durch seinen nachdenklichen Witz, seine anmutige Satire schon oft Freude und Heiterkeit gebracht« habe.[59] Hier allerdings war der Redakteur Seelig tätig geworden – im Originalbrief an ihn hatte es nämlich noch geheißen: »einen feinen Künstler des Feuilletons«.[60] Bei Bruder Heinrich war solch kosmetische Operation nicht nötig. Er konzedierte Polgar sogar, eine pädagogische Aufgabe zu erfüllen: »Er hat geistiges Entzücken erregt und seine Leser für mehr als eine Stunde besser gemacht, was sehr viel ist, und wofür sie ihm tief dankbar waren.«[61] Auch Klaus Mann muß sich sehr positiv Polgar gegenüber geäußert haben. Denn eine Woche nach dem ominösen Datum bedankte sich dieser »schönstens für (dessen) freundliche Worte, die (seinem) nicht sehr kräftigen Selbstbewußtsein wohl getan« hätten.[62] Dem spirituellen Familienoberhaupt und Nobelpreisträger Thomas Mann schrieb er gleichfalls einen gerührten Brief. Er sagte dem »verehrteste(n) Herr(n) Doktor« herzlichen Dank für die »mehr als gütigen, öffentlichen und privaten, (ihm) gewidmeten Worte. Daß neben dem Format und der Weltgeltung Ihres Werkes mir mein œuvre (besser mein. hors d'œuvre) winzig klein erscheint, mögen Sie mir glauben. Umso dankbarer empfinde ich es, daß Sie dieser Geringfügigkeit etwas Anerkennenswertes abgewonnen haben.«[63]

Einer von Polgars engsten Freunden, Bruno Frank, nahm im »Neuen Tage-Buch« die Gelegenheit wahr, Freundschaft und Hochschätzung öffentlich zu bekennen: »Ich sehe Alfred Polgar vor mir: das zart und klar gezeichnete Haupt mit den adelig eingebetteten Augen, das für sich ganz allein alles Rassengewäsch des zu kurz gekommenen Gesindels zunichte macht; und ich weiß, daß die wenigen seinesgleichen berufen sind, Sprache und geistigen Anstand über das Kot- und Eitermeer dieser deutschen Gegenwart hinüberzuretten.«[64]

Karl Kraus gratulierte – verspätet und auf seine, sehr persönliche Weise. Anfang 1936 erschien im »Prager Tagblatt« ein Aufsatz Polgars über die neu eingeführte Raucherlaubnis für Häftlinge in österreichischen Gefängnissen. Diese so unscheinbare Reform sei nicht zu bagatellisieren, da sich an ihr eine Justizpraxis abzeichne, die »den Kerker nicht lediglich als Instrument der Rache ansieht (. . .). Schön, daß gerade in Österreich der Entschluß zur erwähnten Reform gefaßt wurde, daß wieder einmal dieses wunderliche, kleine, machtlose und so tausendfach liebenswerte Land der Welt zu Bewußtsein bringt, was für Schmach und Unglück das wäre, wenn es ans Hakenkreuz geschlagen würde.«[65] Kraus widmete diesem Bekenntnis zu Österreich im letzten Fackelband vor seinem Tode eine eigene Glosse: »Eine Verteidigung der Donau, wie wenig muß sie, nichtwahr, dem anstehen, der gerade gegen diesen Strom dauergeschwommen ist – und doch tat er's um der echten ›Schätze‹ willen, die er besser sah als die, die prinzipienfest mit dem Strom schwimmen, ja selbst als die bodenständigen Uferbewohner, welche doch bestimmt keine Ahnung von Raimund und Nestroy haben, von Peter Altenberg und Adolf Loos. Es sind eben (›c'est comme ça‹) die Widersprüche, und da kann man halt nix machen: als schwimmen, wie man will und nicht: wie die andern wollen, daß man schwimme.«[66] Kraus zitiert die oben erwähnte Passage und meint: »Die Einsicht, die in jenem Satz enthalten ist, macht dem Autor, Alfred Polgar, mehr Ehre, als ihm zu seinem sechzigsten Geburtstag erwiesen wurde (. . .)«[67]

Obwohl Polgar bedauernd feststellte, daß sein Festtag »viel gute Worte und gar kein Geld« gebracht habe – und das sei einem »Wermutsbecher im Freudentropfen«[68] vergleichbar –, half ihm all die Anerkennung über seine deprimierende Situation ein wenig hinweg. Er bemerkte natürlich an den freundlichen Würdigungen »einen etwas nekrologischen Charakter, ein warmes nil nisi bene«, doch immerhin nötigten sie das »Objekt-Subjekt ihrer Betrachtung angenehm (. . .), zu sich selbst hinaufzusehen«.[69]

Private Sorgen, meist finanzieller Art, überwiegen in Polgars Briefen aus dieser Zeit bei weitem. Was er vom Geschehen in Europa, vor allem im »Dritten Reich«, hielt, kann man in seinen Schriften nachlesen. Eine der nicht zahlreichen Ausnahmen bildet seine Einschätzung des Falles Mann-Korrodi. Am 26. Jänner 1936 polemisierte Eduard Korrodi heftig gegen Leopold Schwarzschilds im »Neuen Tage-Buch« publizierte These, die gesamte deutsche Literatur von Bedeutung sei aus ihrer Heimat ausgewandert, und wandte sich pauschal gegen die für ihn bloß »jüdischen« Emigranten. In einem offenen Brief an die »Neue Zürcher Zeitung« brach Thomas Mann sein lange gewahrtes Schweigen, bekannte sich zur deutschen Emigration und äußerte seinen tiefen Ekel vor dem Nationalsozialismus. Mit seltener Emphase und emotionaler Anteilnahme reagierte Polgar auf diese Auseinandersetzung: »Der Briefwechsel Mann-Korrodi hat mich (und nicht nur mich) maßlos erregt. Insbesondere die Korrodi'sche Perfidie, den Menschen, die die *Vergewaltiger* Deutschlands hassen, zu insinuieren, ihr Haß gelte *Deutschland* und wie er das Wort ›Emigrant‹ ausspricht, als sei das an sich schon etwas wie ein Aussätziger, des Abscheus Würdiger – und Alles so triefend von Gerechtigkeit, Wahrheit, Biederkeit, Kunst-Verehrung – und, satt und sicher in seinem

Redaktionsstühlchen, so ohne Ahnung des Elends, der Verzweiflung, der innern und äußern Not der Menschen, denen er, speichelnd von Tugend und Selbstzufriedenheit, die faden Leviten liest – da kann man sich wirklich nur in den äußersten Cynismus und die tiefste Menschen-Verachtung retten. Glauben Sie mir, Liebster, es ist nicht der *Antisemit* Korrodi, der diese Reaktion in mir auslöst. Es ist diese Mischung von Schöngeist und Unmensch, die Euren Litteraturpapst so zuwider erscheinen läßt. Wenn Sie anders denken, nehmen Sie mir's nicht übel.«[70] Das ist, in seiner humanistischen Empörung, unzweideutig, sogar sehr eindeutig, und trotz oder vielleicht auch wegen des stürmisch bewegten Satzbaus eine überzeugende Darstellung.

Im November 1935 hatte Polgar noch alles daran gesetzt, sich Luft zu verschaffen, Zeit und Ruhe für schöpferische Arbeit im großen Stil: an dem Roman, von dem er sich und Seelig eine »radikale Änderung« seiner »ganzen Lebenssituation« versprach. Auch eine englische Ausgabe erhoffte er: »Meine bisherigen Bücher boten durch ihre sprachliche Ziselierung der Uebersetzung unüberwindliche Schwierigkeiten; bei einem breit hinerzählten Roman fallen diese Schwierigkeiten weg.«[71] Das unlösbare Problem bestand aber darin, jemanden zu finden, der bereit gewesen wäre, sich das erwartete Honorar verpfänden zu lassen und dem Autor vorzustrecken.

Neben solchen Plänen hatte die tagtägliche Arbeit weiterzugehen – Theaterkritiken für das »Prager Tagblatt«, politische Glossen für »Die Nation« und die Basler »National-Zeitung«. Eines der Hauptthemen von Polgars Chronik des Untergangs bildet der Verrat der Intellektuellen und Künstler, die im »Hand- und Gesinnungsumdrehen«[72] das den neuen Herren Wünschenswerte apportieren. Da sind die deutschen Wissenschaftler – »Begnügten sie sich, zu verschweigen, was auszusprechen ihnen nicht erlaubt, sie würden damit ihren wissenschaftlichen

Ruf und den ihrer Wahrheitsliebe nicht gefährden« –, die Felix Mendelssohn vordem als Genie gehuldigt hatten und ihn danach als zu echtem künstlerischen Schaffen unfähigen Judenstämmling abqualifizierten. »Ob solchen Umschlags eines Gelehrtenurteils staunt der Laie, aber der Fachmann wundert sich gar nicht: der Fachmann für Charakterologie nämlich, zumal der für Charakterologie des deutschen Professors.«[73] Da ist zum großen Schmerz Polgars sein literarisches Jugend-Idol Knut Hamsun, der sich, noch bevor er infolge des Einmarsches deutscher Truppen einen handfesten Anlaß zur Kollaboration fand, der nationalsozialistischen Propaganda gegen die Verleihung des Friedensnobelpreises an Carl von Ossietzky angeschlossen hatte: »daß dieser große Mann, dessen großes Herz, ein Leben und ein Lebenswerk lang, für die schuldlos leidende Kreatur schlug, sich *gegen* sie wenden, ja ihrer spotten könnte – das erschüttert wie Durchbrechung eines Naturgesetzes. Als wenn die Sonne mit einemmal statt Wärme Kälte ausstrahlte.«[74]

Polgars unglückliche Liebe zum Film, der Glaube, in diesem Bereich materielle Rettung finden zu können, führte ihn wiederholt nach Paris (so im März 1936), ließ ihn alte Entwürfe wie »Das liebe Publikum«, das er einst für Max Pallenberg verfaßt hatte, an Seelig schicken, damit dieser sie unter seinem Namen verkaufe, und rastlos Projekte entwerfen. Auch das Exposé für einen österreichischen Film mit einem Vor- und Nachspiel »Es war einmal...« führte zu keiner Wende, sondern hatte dasselbe Schicksal wie die übrigen – keine Gegenliebe bei Produzenten und Regisseuren zu finden. Der Stoff, dessen Titel nach Märchen klingt, lehnt sich im Grundeinfall an die Affäre Alexander Girardi – Helene Odilon an, sollte jedoch vor allem etwas anderes vergegenwärtigen; »Was im Stück angerührt und in Aktion, Bild und Dialog widergespiegelt werden soll, ist: das alte Österreich, die Interessen, das Weltbild, der Lebensstil, die Kultur und der leichte, sorglos moussierende Sinn der Vorkriegszeit. Die Gesellschaft vor 1914, und was sie als ihr Problem ansah. Ihr Geist und Geschmack. Ihr folgenschwerer Glaube an die Unveränderlichkeit des Bestehenden. Ihre blinde Ahnungslosigkeit der heranwachsenden Kriegsgefahr gegenüber. Ihr Tanz auf dem Vulkan.«[75]

Der Inhaber des neu gegründeten Humanitas-Verlages, Dr. Simon Menzel, hatte mit Polgar einen Vertrag über ein Skizzenbuch abgeschlossen. Der Band mit dem geplanten Titel »Sekunde im Spiegel« (»Sekundenzeiger«) sollte großteils politische Glossen enthalten; die Politik kam dann auch dem Autor dazwischen, nämlich das Abkommen zwischen Schuschnigg und Hitler vom 11. Juli 1936. Als Polgar die »Extraausgabe über die österreichischen Vorgänge« las, »überfielen (ihn) die bösesten Magenschmerzen (. . .)«. Er erkannte sogleich, daß dadurch erhebliche Teile seines Manuskriptes für den Verleger untragbar geworden waren, »sonst würde, wie die Dinge stehen, das Buch in Österr.(eich) sofort verboten.«[76] Seeligs Beschwichtigungsversuche wies Polgar zurück: »Sie sehen, glaube ich, die politische Situation ein wenig zu rosig, wenn Sie annehmen, daß ein Buch mit antideutscher, d.h. antinationalsocial.(istischer) Tendenz im Herbst in Österreich noch möglich wäre! Will Herr D(r). M.(enzel) auf das öst.(erreichische) Absatzgebiet nicht verzichten, muß ich die Hälfte der Stücke, die das Manuskript bis jetzt enthält, zurückziehen.«[77] Als Polgar absehen konnte, wie der Band »Sekundenzeiger« endgültig aussehen würde, hätte er am liebsten sein Erscheinen verhindert: »›Sekundenzeiger‹, wie gesagt, bliebe besser ungeboren«,[78] bemerkte er am 16. November 1936.

Das ungeliebte literarische Kind präsentierte sich schließlich viel positiver als vom Autor befürchtet. Was unter Qualen und Depressionen entstanden, einem trostlosen Alltag tatsächlich abgepreßt war und der unerbittlichen Selbstkritik Polgars nie standzuhalten schien, verlieh seinem Schaffen eine neue Dimension. Wenn es so etwas wie Sublimierung persönlichen Leides in der Kunst gibt, dann in diesem Fall. Hans Sahl verteidigte das Werk vehement gegen potentielle Leser und Kritiker, gegen die Vorurteile des typischen Polgar-Publikums: »Wenn ein neues Buch von Alfred Polgar erscheint, fehlt es nicht an den üblichen Lobeshymnen. Man spricht von ›Charme‹ und ›Esprit‹ und schreibt dem ›Meister der kleinen Form‹ allerlei schamhaft verhüllte Komplimente ›an den Rand‹. Das geht nun schon so eine geraume Zeit; der ›feinsinnige Ironiker‹ wird mit jedem Band, den er herausgibt, immer feinsinniger und ironischer, – obwohl jene, die ihn dafür halten, längst hätten merken müssen, daß dies alles gar nicht mehr stimmt, ja, daß es nie gestimmt hat.« Denn hinter der virtuosen Form erkannte Sahl genau das, was Hesse nicht sehen wollte oder konnte: unbeugsame Gesinnung. »Er entscheidet sich ganz und ohne Vorbehalte, aber die Art, wie er seine Entscheidung formuliert, trägt ihn über das Nur-Politische, Nur-Bekennerhafte hinaus. (...) ›Sekundenzeiger‹ ist vielleicht das schönste, tiefste, nachdenklichste Buch, das Alfred Polgar bisher veröffentlicht hat. Geschrieben in einem Deutsch, das wir heute dankbarer denn je entgegennehmen, zeugt es für einen Autor, der noch das Schreckliche mit den Mitteln geistiger Überlegenheit mitzuteilen weiß.«[79] Ganz anders dachte der einflußreichste Kritiker der Schweiz, Eduard Korrodi, bei dem sich Polgar durch ostentative »Nicht-Ablieferung des Schmeichelei-Tributs, der ihm gebühre«[80], unbeliebt gemacht hatte. In seiner Rezension qualifizierte Korrodi Polgar mit einem »recht brav« ab und wertete vor allem die politischen Glossen negativ: »Da findet man denn doch oft ein Obenhin-denken: Menschliche Politik um einer Pointe willen.«[81]

»Sekundenzeiger« enthält auch die Erzählung »Auf dem Balkon«,[82] erstmals erschienen in der Basler »National-Zeitung«. Sommerabend in einem Landhaus über dem

Bergsee – gute Gesellschaft, Abendlicht, gediegene Weine, gepflegte Konversation. Der Hausherr, ein reicher Mann, hatte einen wunderschönen Ausblick. »Er sah über den kleinen europäischen See hinüber bis nach Südafrika, wo ihm in blühenden Kupferminen die Dividende reifte.« Unten im Tal fährt ein Zug. »Man sprach von Greueltaten, im Nachbarland an Schuldlosen verübt, und von der Grausamkeit der Menschen, die machten, daß solches geschah. Man sprach nicht von der schauerlichen Seelenruhe der andern anderswo, die es, ungestörten Schlafs und ungestörter Verdauung, geschehen ließen.« Von der anderen Seite nähert sich ein zweiter Zug, die beiden leuchtenden Schlangen kriechen, von oben gesehen, ganz langsam aufeinander zu, gleich werden sie einander passieren. Doch mitnichten – sie schieben sich ineinander, die Lichter erlöschen. »Ein Unglück ohne Zweifel, ein Eisenbahnzusammenstoß. (. . .) Wisse vielleicht jemand von einem ihm Nahestehenden, der Passagier eines der beiden Züge gewesen sein könnte? Nein, glücklicherweise. Nur ganz fremde Menschen – die Gesellschaft fühlte das mit Beruhigung und Dankbarkeit – fielen der Katastrophe da unten zum Opfer. Vielleicht nicht einmal Landsleute. (. . .) ›Von so weit gesehen‹, sagte die Dame, ›schien selbst der Zusammenstoß eine Spielzeug-Affäre.‹ Der Hausherr präzisierte den Eindruck ähnlich, etwa so, daß aus der Ferne auch das Grausige nicht grausig wirke. Damit kehrte das Gespräch zwanglos zu den früheren Themen, die eines politischen Beigeschmacks nicht entbehrten, zurück.« Man hat diesen Text als einen von Polgars wesentlichsten erkannt – »in der beiläufigen Erzählung des Beiläufigen« springe »Erschrecken hervor«,[83] doch geht es hier eben nicht um allgemeine Satire, die Entlarvung klischeehafter Reaktionen und Gefühle. Denn »Auf dem Balkon« ist die Parabel der schuldig-schuldlosen Zeitgenossenschaft des faschistischen Terrors. Die guten Menschen, die auf dem Balkon der Zeit sitzen, in Geborgenheit die Bestialität der anderen nur aus der Distanz erleben, sich empören, daß andere, die ihr näher sind, sich nicht empören und in selbstgefälliger Untätigkeit verharren, weil der Schrecken aus der Ferne beinahe putzig, eben wie eine Spielerei erscheint – sie in ihrer Unfähigkeit zum Mit-Leid und ihrer »Unfähigkeit zu trauern« sind es, die Polgar nicht nur in seinen Glossen, sondern auch in dieser Erzählung anklagt, hier allerdings ohne den Vorwurf und seine Empörung direkt auszusprechen; er unterbricht die friedvolle Abendstimmung nicht, mit Horváthscher Virtuosität demaskieren sich Gemeinheit und Dummheit in den harmlosesten Sätzen: die Entstehung des Grauens aus dem Idyll.

Seinen Anspruch auf Geltung hatte Polgar nun unter dem Druck der Verhältnisse schon so weit aufgegeben, daß er bereit war, eine Karriere als »Reklame-Schriftsteller« zu erwägen und auch tatsächlich zu beginnen – »Eine Tätigkeit, bei der einem der Schädel dumpf und leer wird.«[84] Daneben ließ ihn aber der Gedanke an ein neues »Glossen- und Theater-Buch« nicht ruhen, für das er den Arbeitstitel »Chronik und Spiegel« wählte. Stefan Zweig – er »tat überaus interessiert und freundschaftlich« – riet ihm bei einem Besuch, das Manuskript zu teilen, »d.h. einen rein kritischen Band fertig zu stellen. Das habe ich auch getan«, berichtete Polgar und meinte: »Es ist ein, wie ich glaube, amüsantes Büchlein geworden, besteht nur aus grundsätzlichen Bemerkungen und heißt: ›Handbuch des Kritikers‹.«[85] Außerdem zeigte er dem Gast Entwürfe zu seinem Roman, und dieser war »von dem, was er sah«, und was der Autor »ihm erzählte, sehr impressioniert. Er will die ersten Kapitel für seinen englischen Verleger, Mr. Hübsch, haben«,[86] notierte Polgar, in seinem Selbstbewußtsein sichtlich gestärkt.

Wegen seines angegriffenen Gesundheitszustandes mußte sich Polgar bald nach seinem Zusammentreffen mit Zweig in ärztliche Behandlung begeben; Fritzi Massary finanzierte einen zweiwöchigen Kuraufenthalt. Im Juni

1937 schickte er Seelig die Rohmanuskripte der nunmehr zwei Bände, deren zweiter »Taschenspiegel« heißen sollte. Seelig hatte Bedenken, formaler und inhaltlich-politischer Art. Die vehement antinationalsozialistische Tendenz der Glossen schien ihm trotz grundsätzlicher Übereinstimmung mit dem Autor für den Kunstschriftsteller Polgar zu wenig sublim, zu deutlich. Dieser nahm sich in seiner Antwort kein Blatt vor den Mund: »Aber die *Gründe*, die Sie gegen das Buch anführen, kann ich nicht gelten lassen. Es enthält keinerlei Attacken gegen Deutschland, denn Deutschland und das Régime Hitler sind nicht dasselbe. Man ist wahrhaftig nicht gegen das Lindbergh-Kind, wenn man gegen die Räuber ist, die sich seiner bemächtigt haben. Ich halte es überdies für ganz unmöglich, heute Glossen zum Zeitgeschehen zu schreiben, die *nicht* zu den deutschen Schreckensdingen Stellung nehmen, d.h.: die *nicht* dem Schmerz und Abscheu über das, was im 3. Reich geschieht, Ausdruck geben. Und wenn dieser Ausdruck auch noch so wenig litterarisch qualifiziert ist: – bringt er den Lesern nur in *Erinnerung*, welcher Schändlichkeiten und Gemeinheiten sie Zeitgenossen sind, so hätte er schon seine Rechtfertigung in sich.«[87]

Marlene Dietrich trat nun wieder in Polgars Leben, diesmal aber nicht als Geldgeberin, oder zumindest nur indirekt. Am 23. September 1937 meldete »Die Stunde«: »Während ihres diesjährigen Sommeraufenthaltes im Salzkammergut traf Marlene Dietrich mit Alfred Polgar zusammen und diese Begegnung entwickelte den Plan Alfred Polgars, eine Marlene-Dietrich-Biographie zu schreiben.«[88] Genauer gesagt, hatte ihn der Wiener Verlag Lechner dazu ausersehen. In den Worten Polgars klingt die Begegnung so: »Im Sommer 1937 bewohnte Marlene mit Mann und Freundin ein entlegenes Bauerngehöft am Wolfgangsee, einen alten Kasten ohne Spur von Villa (. . .). Nicht der kleinste echte Breughel hing an den vom Ofenruß geschwärzten Wänden, nicht einmal ein Segantini.

Kurz, von jener veredelten Rustikalität, die den Bauernstuben der Millionäre eigentümlich ist, hatte die Sommerwohnung Marlenens nichts. Gäste kamen, das ließ sich nicht vermeiden; Gäste gingen, und das waren schöne Augenblicke.«[89] Zum Zwecke der Biographie befragte Polgar sie natürlich: »Marlene Dietrichs Antworten waren bezaubernd unbefangen, so klug wie fein, und enthielten den Höchstperzentsatz an Aufrichtigkeit, den ein Gespräch zwischen Kulturmenschen verträgt.«[90] Auf die Frage, ob sie gerne in Österreich leben würde, »erwiderte Marlene mit einer leichten Ausbiegung ins Delphische: ›Ich sehne mich immer nach Österreich. Es ist so schön, sich vorzustellen, man hätte dort sein Zu-Hause.‹«[91]

Polgar hatte dort sein Zu-Hause, und doch war er längst ein Fremder in der Heimat. Im selben Sommer machte er eine andere Bekanntschaft – allerdings beschränkte sich diese auf Blickkontakt: »An einem Augusttag des Jahres 1937 war der liebliche Ort Kammer am Attersee (Salzkammergut) in Erregung. Herr von Papen, Gesandter des Dritten Reiches in Wien, sollte auf einer Sommerrundfahrt durch Österreich nachmittags nach Kammer kommen.«[92] Die Bewohner von Kammer bekannten sich als »leidenschaftliche Nazis nur vor und nach der Sommersaison; während dieser hielten sie, in puncto Kasse besonders, auf Neutralität«. Trotzdem kam es am Abend zu Menschenansammlungen vor dem Hotel – »Bei Dämmerung war der Garten gefüllt von Hunderten im Chor sich äußernder Nazis, alle geziert mit dem damals in Österreich verbotenen Parteiabzeichen.« Aufgebracht rief der Journalist »Kirschbaum vom christlichsozialen ›Neuigkeitsweltblatt‹« bei der Gendarmerie an, was Papen freilich nicht hinderte, eine Rede an die Menge zu halten – »Patriotische Hotelgäste empfanden das Benehmen des Gesandten als Skandal und schickten ein mit vielen Unterschriften versehenes Protest-Telegramm (von Kollegen K. und mir meisterlich textiert) an Schuschnigg. So kindlich nichtsahnend vom wahren Stand und Gang der Dinge waren noch im August 1937 die Sommerfrischler im Salzkammergut!«

Im Oktober reiste Polgar nach Paris, um dort mit der Dietrich und ihrem Mann Rudolph Sieber das Nötige zu besprechen. Man zeigte ihm alte Filme des Stars: »Die parmal Beisammensein mit der D.(ietrich) waren nett, aber anstrengend und, dies vor Allem, völlig unergiebig.«[93] Nach Wien zurückgekehrt, machte sich Polgar sogleich ans Werk, obwohl dadurch die Weiterführung seines Romans unterbunden wurde. Diese Lebensgeschichte zu schreiben – »eine bittre, schwere Arbeit« – bereitete ihm mehr Mühe und Sorge, als er erwartet hatte: »Ob Marlene und dem Verlag gefallen wird, was ich da mache, ist fraglich. Es passirt mir beim Schreiben zu häufig, daß ich, des trocknen Tones satt, in eine ironische Einstellung zum Thema hineinrutsche«,[94] teilte er Seelig am 14. Dezember mit. Es war Polgars letztes großes Projekt vor dem »Anschluß«, und noch Ende Jänner 1938 berichtete er: »Das D-Buch lastet auf mir wie eine schwere Krankheit. Ich bin etwa in der Hälfte. Und *muß* es fertig machen, ob nun die Gerüchte stimmen oder nicht, daß sie nach D.(eutschland) geht. Stimmen sie, dann könnte das Buch (was ich innigst wünschte) keinesfalls unter meinem Namen erscheinen. Jedenfalls drängt der Verlag auf Fertigstellung des Ms, und hiezu bin ich ja auch verpflichtet.«[95] Marlene Dietrich ging nicht nach Deutschland, und auch das Buch, »Marlene. Bild einer berühmten Zeitgenossin«, ist nie erschienen.

Im Spätherbst 1937 war bei Oprecht Polgars »Handbuch des Kritikers« herausgekommen, ein aphoristischer Auswahlband seiner Stellungnahmen zu Theater, Film und Literatur von bemerkenswerter Dichte. Friedrich Torberg rühmte das Werk im »Prager Tagblatt«, von Ludwig Ullmann, Edwin Rollett und Armin Friedmann in Wiener Zeitungen, in holländischen und englischen Blättern erschienen sehr positive Kritiken. Carl Seelig sang sein

Loblied gleich in vier Schweizer Journalen. Auch die Emigrantenpresse, von dem in Moskau publizierten »Wort« bis zur »Pariser Tageszeitung«, war begeistert. Hermann Brochs Würdigung, die schönste von allen, ursprünglich für die »Neue Freie Presse« bestimmt, doch schließlich – aufgrund der politischen Umstände – in Thomas Manns »Maß und Wert« veröffentlicht, pries »jene Mischung von blitzartiger Weitsicht, von Witz, von Sprachhingegebenheit, von schmerzlicher Heiterkeit, ethischer Festigkeit und humanster Haltung, Spiel an der Grenze des Spieles, Ernst an der dämmernd-äußersten Grenze des Ernstes, kurzum, (. . .) jene Einheit von Anmut und Würde, die das Werk Polgars in einem Maße auszeichnet, daß es, um in seiner allerdings unnachahmlichen Diktion zu reden, vor Leichtigkeit in die Tiefe sinkt.«[96] Joseph Roth äußerte sich im »Neuen Tage-Buch« eher oberflächlich, hauptsächlich Zitate aus der Einleitung referierend, und kam zu dem nicht ganz überzeugenden Schluß: »Die öffentliche Meinung ist ein Plebejer, der sich reserviert verhält gegen jede Erscheinung, die einige Symptome von Noblesse verrät, aber auch Symptome der Klugheit und der kultivierten Produktivität. In dieser Zeit der Stinkbomben, der Stinkbomben-Epoche, wie sie hoffentlich einmal heißen wird, glaube ich dennoch das ›Handbuch des Kritikers‹ empfehlen zu dürfen; ja, es zu müssen.«[97] Angesichts dieser in ihrem logischen Aufbau etwas unpräzisen Rezension stellt sich eine gewisse Ratlosigkeit ein. Polgar reagierte ironisch-gekränkt. Dem Herausgeber Leopold Schwarzschild schrieb er, er könne sich für so etwas »Wurschtiges, Uninteressiertes« weder bei Roth noch bei der Zeitschrift bedanken. »Wäre gar keine Besprechung meines Buches im ›TB‹ erschienen, so hätte ich sie mit viel mehr Genuß und Befriedigung gelesen als jene, die nun leider erschienen ist. (. . .) Ich verlange ja nicht viel von Kritiken, die mir gelten; mir genügt es durchaus, wenn sie hymnisch sind, fanatisch in Lob und Anerkennung und so ausführlich, als hätte der Verfasser sich vom Objekt seiner Begeisterung gar nicht trennen können. Diesem Mindestanspruch genügen nun die Bagatell-Zeilen Roths, das werden Sie zugeben, ganz und gar nicht. (. . .) Sie werden sich wundern, daß ein so überlegener Geist wie ich sich nicht entblödet, gekränkt zu sein. Aber wenn meine Eitelkeit im Spiel ist, da verstehe ich keinen Slibovitz.«[98]

Für Sonntag, den 6. März 1938, hatte der Direktor des Theaters in der Josefstadt eine »Österreichische Matinee« angesetzt — eine Woche vor der von Bundeskanzler Schuschnigg geplanten Volksbefragung über Österreichs Unabhängigkeit. Der Staatssekretär und Lyriker »Zernatto kam dabei zu Wort, doch auch der atmosphärische Sprachkünstler Josef Weinheber, dessen nationalsozialistisches Bekenntnis sich noch nicht manifestiert hatte, Beer-Hofmann, Hermann Broch, Polgar, Zweig, Werfel, lauter Emigranten von morgen. Schauspieler lasen aus ihren Werken, ich selbst sprach Grillparzers ›Sie sollen ihn nicht haben, den grünen Donaustrand!‹, da hatten sie ihn fast schon.«[99] Soweit Ernst Lothar. Kurz nach dieser patriotischen Veranstaltung war Polgar bei Freunden zu Gast — »Man diskutierte erregt und mit forcierter Hoffnung die Ereignisse. Er hörte still zu, nach einer Weile erhob er sich, sagte, er müsse noch den Nachtzug nach Zürich erreichen, und verabschiedete sich.«[100]

Unstet und flüchtig

1936 hatte Polgar die Kürzestgeschichte »Schicksal in drei Worten« veröffentlicht, deren ganz und gar unspektakuläre, leise Pointe so populär wurde, daß man schließlich nicht mehr wußte, woher sie stammte. Ein deutsches Emigrantenehepaar hat, lange Zeit vergeblich, eine neue Heimat gesucht: »Da ereilte den Emigranten das große Glück: man bot ihm eine Stellung in Sydney an. Sydney in Australien. Er griff natürlich mit Freuden zu. ›Australien‹, sagte ein Bekannter zu dem Glücklichen, ›mein Gott, das ist aber weit!‹ ... Die Antwort lautete: ›Weit? ... Von wo?‹ ›Weit? ... Von wo?‹: eine prägnantere Formel für Heimatlosigkeit, Entwurzelung, Verlorensein auf dem Erdenrund wird sich kaum finden lassen«,[1] meinte der Glossator, und er hatte sehr recht damit. Nicht einmal zweieinhalb Jahre darauf prägte er abermals eine – klassisch gewordene – Formel für das Los der Flüchtlinge, diesmal aber nicht in Form einer Anekdote, sondern im Gleichnis: »Ein Mensch wird hinterrücks gepackt und in den Strom geschmissen. Er droht zu ertrinken. Die Leute zu beiden Seiten des Stroms sehen mit Teilnahme und wachsender Beunruhigung den verzweifelten Schwimmversuchen des ins Wasser Geworfenen zu, denkend: wenn er sich nur nicht an *unser* Ufer rettet!«[2]

Zwischen diesen Texten lag viel bittere Erfahrung. Zum Kampf um das materielle Überleben hatte sich jener, noch aufreibendere, um das amtlich beglaubigte gesellt – ein Leben als rechtloser Emigrant, hin- und hergeschoben zwischen Staaten und Obrigkeiten, ihrer Willkür und Gleichgültigkeit hilflos ausgeliefert. Beim »Anschluß«, am 11. März 1938, befand sich Polgar bereits in Sicherheit, im Zürcher Hotel Urban. Daß seine Frau Lisl das besetzte Österreich noch verlassen konnte, war der »beim ersten Anzeichen der Gefahr sofort einsetzenden Hilfe (...) Bruno Franks (zu danken). Bei ihm wurde das Wort von den

›Freunden in der Not‹ kläglich zu Schanden«³, wie Polgar am 15. März der Hilfsorganisation »American Guild for German Cultural Freedom« mitteilte.

Als Gina Kaus in jenen Tagen, auch sie auf der Flucht, am Zürcher Hauptbahnhof ankam, standen dort Alfred und Lisl Polgar. Sie »waren an die Bahn gekommen, nicht weil sie jemanden erwarteten, sondern um zu erfahren, wer sich gerettet hatte. Polgar und ich weinten hemmungslos.«⁴ Die Sorge um bedrohte Freunde und Bekannte wechselte mit der um die eigene Existenz ab. Zum einen wurde gleich zu Beginn des Zürcher Aufenthalts die gesamte Barschaft Polgars gestohlen, zum anderen war die Eidgenossenschaft keineswegs bereit, ihn aufzunehmen. Der »Schweizerische Schriftstellerverein« (SSV) stellte am 8. 4. 1938 an die Fremdenpolizei Zürich den formellen Antrag, »Alfred Polgar die Erwerbsbewilligung zu verweigern. Dabei ist dem Gesuchsteller ausdrücklich zu erklären, daß er auch nicht das Recht hat, unter fremdem Namen in unserem Lande journalistisch oder schriftstellerisch tätig zu sein.«⁵ Die Konkurrenzsituation unter Schweizer Literaten infolge des Verlustes von Absatzgebieten sei äußerst kritisch, außerdem erforderten die großen Gegensätze und Spannungen in Europa und innerhalb der einheimischen Bevölkerung, unter allen Umständen auf dem Prinzip der Aussöhnung und Mäßigung zu bestehen. »Unversöhnlich zeigten sich immer nur die ausländischen Elemente, die nichts zu verlieren hatten.« Was Polgar betreffe, habe zwar die »Redaktion der ‹Nation› erklärt, ›daß es für den Sprachkünstler Polgar keinen Ersatz gebe‹«.⁶ Diese Behauptung, so meinte der SSV, spreche bloß für die mangelnde Personenkenntnis des Chefredakteurs. »Im übrigen braucht über die literarischen Qualitäten von Alfred Polgar nicht viel gesagt zu werden. Zweifellos ist er ein talentierter Schriftsteller von eigener Art, der sich in den Nachkriegsjahren in gewissen Kreisen einen Namen machte. Trotzdem muß festgestellt werden, daß das Schaffen Alfred Polgars nicht von derartiger Bedeutung ist, daß er eine wirkliche Bereicherung des geistigen Lebens unseres Landes darstellte. Darauf aber kommt es schließlich an. Ausländische Autoren sollten nur dann eine Arbeitsbewilligung erhalten, wenn sie zu den wirklich hervorragenden Geistern unserer Zeit gehören.« Daß er inzwischen weiterhin Beiträge in der »Nation« veröffentliche, ohne die behördliche Genehmigung zu haben, sei »ein erneuter Beweis dafür, wie wenig sich diese Emigranten um unsere Gesetze kümmern«.[7]

»Die Schweiz ist ein Land, das berühmt dafür ist, daß Sie dort frei sein können. Sie müssen aber Tourist sein«,[8] erklärte Brecht nicht ohne Grund. Und nicht einmal Carl Seelig und dessen Anwalt gelang es, für Polgar eine Ausnahme zu erreichen. »Diesen Emigranten« und den »gewissen Kreisen«, wie es im Amtsschweizerischen hieß, war man alles andere als wohlgesinnt, und im Grunde war es nur ein Unterschied im Tonfall, weniger der Gesinnung, der diese halbamtliche Aussage von den Attacken des »Völkischen Beobachters« aus demselben Jahr trennt, in denen am Beispiel Polgar den staunenden Volksgenossen enthüllt wurde, »wie frech und schamlos die Juden die niedersten Instinkte ihres Wirtsvolkes aufreizten, um es zu entnerven und zu demoralisieren«.[9]

Da alle Versuche erfolglos blieben, suchte Polgar noch im Frühjahr 1938 sein Heil in Paris. Gleich nach der Ankunft erkrankte seine Frau Lisl schwer und mußte sich einer Operation unterziehen; einen Teil der hohen Kosten beglich Bankier Walter Bär. Polgars erster Brief von Paris nach Zürich spiegelt seine Verstörung wider, und auch den Inhalt seiner Tage: »Ich bin hier noch nicht recht zur Besinnung gekommen vor lauter Laufereien und Bemühungen in Aufenthalts- und Paß-Fragen. Für alle Fälle versuche ich auch hier Arbeitsmöglichkeiten (Film) ausfindig zu machen.«[10] Nach den offiziellen Richtlinien hätte er, wie alle seit 14. März angekommenen Flüchtlinge, in ein anderes Departement, »mindestens 60 km weit von Paris«, ziehen müssen – »Für mich – so sagte mir der chef de service auf der Polizei – würde noch eine Ausnahme gemacht werden, denn Frankreich sei flattée, einen Schriftsteller von m.(einer) Bedeutung auf seinem Terrain zu wissen.«[11] Die Dietrich-Biographie war verlorene Arbeitsmüh' gewesen; Polgar telephonierte zwar gelegentlich mit Rudolph Sieber, mit dem Manuskript war aber unter den gegebenen Umständen »nicht das geringste anzufangen«.[12]

»Wie und wo wir nun unser äußerst leck gewordenes Lebens-Schifflein verankern werden, weiß ich nicht«, schrieb Polgar am 15. Juni 1938 an Seelig und fuhr fort: »Ich bin trotzdem nicht verzweifelt, sondern eher von einer tiefen Gleichgültigkeit befallen.«[13] In Paris gab es eine große Zahl österreichischer Emigranten, die ein ähnliches Los zu tragen hatten und deren Anblick Polgars Lebensfreude nur geringfügig erhöhte: »Wenn es ein Trost sein soll, daß es andern Ex-Autrichiens hier *noch* schlechter geht – diesen Trost haben wir reichlichst.«[14]

Da das Hotel-Leben in der Hauptstadt – noch dazu in guter Gegend – zu teuer wurde, fuhren Alfred und Lisl Polgar am 20. Juli in die Provinz, in einen Küstenort in der Normandie. »Auch hier, in Cabourg, könnte man sich sozusagen ›erholen‹, wenn die inneren Voraussetzungen hiezu gegeben, die äußeren Verhältnisse anders, die Gegenwart nicht so düster und die Zukunft nicht so finster wären. Also, es fehlen nur ein par Kleinigkeiten, um glücklich zu sein.«[15] Doch gerade solche »Kleinigkeiten« fielen ins Gewicht: »Fern der Heimat ist schon schwer, – fern der Muttersprache aber ganz unerträglich.«[16] Tiefe Schwermut überschattete diese Sommertage: »Freunde sind eine rare Species geworden. (...) Die paar, die ich hatte, sind teils tot, teils im Dickicht der Ereignisse und des Elends verschwunden. Mir ist oft verteufelt einsam und verloren zu Mute.«[17] Bis Ende August harrte Polgar in Cabourg aus. Noch dorthin hatte ihm »Die Nation« mitgeteilt, sie müsse die Anzahl seiner Beiträge reduzieren, weil sie »oft zu ›morbid‹« seien.[18]

In Paris bezogen die Polgars dann eine eigene Wohnung, anfangs im 15., später im 16. Arrondissement (Rue du Commandant Marchand), und bei allen finanziellen Kalamitäten ihres Mieters berichten Besucher, die Behausung am Rande des Bois de Boulogne habe sich durchaus sehen lassen können. Für kreative Tätigkeit im großen Stil, nämlich das Weiterführen des Homer-Romans, erwiesen sich die Umstände trotzdem als höchst ungeeignet: »Es gibt Menschen, die, auch wenn ihnen die Not schwer und schwarz auf der Brust sitzt, in ihrem Kämmerlein dichten können. Ich gehöre nicht zu diesen Tapferen. Vielleicht bin ich auch schon zu alt für derlei Überwindungen der Sorge durch konsequentes Hinstarren auf einen abseits von ihr gelegenen Punkt. (...) Mich macht Not nicht erfinderisch, sondern steril.«[19]

Wenige Tage nach diesem Bekenntnis, Mitte November 1938, teilte sich Polgar jemandem mit, der mit seinen Kümmernissen nicht so vertraut war wie Freund Seelig: Arthur Schnitzlers Sohn Heinrich. Aber selbst in diesem Brief kommt die persönliche Situation wie die allgemeine der Flüchtlinge unverhohlen zum Ausdruck: »Theater, Kunst, litterarische Interessen: wie fern liegt das Alles! So fern wie die Spiele der Gesundheit dem Kranken, der weiß, daß er von seinem üblen, ambulanten und zudem äußerst wackligen Bett nicht mehr aufstehen wird.«[20] Über die Stellung der Vertriebenen in ihrem Asylland machte Polgar sich und Heinrich Schnitzler, der bereits in den Vereinigten Staaten lebte, nichts vor: »Frankreich ist sauer geworden, und der émigré, zumal der ohne Geld, hier eine Wanze, die man nur nicht zertritt, weil ihrer zu unappetitlich viele sind. War die Bevölkerung bisher zur Hälfte antisemitisch, so ist sie jetzt zur andern Hälfte betont judenfeindlich. (...) Wie lange hier in Frankreich die Juden noch in Freiheit und im Vollbesitz ihrer Menschenrechte werden verhungern dürfen, hängt von Hitler ab. Wenn er, mit dem nötigen ernsten Nachdruck, verlangen wird, daß dem ein Ende sein solle, werden die Franzosen aus der Bagatellsache keine causa belli machen.« Das Leben im Ghetto der Emigranten hatte auch gespenstische Seiten – so eine Wiener Bar von Oscar Karlweis und Karl Farkas, zu deren Besuch man Polgar nötigte. »(...) Sie können sich den makabren Eindruck solcher wienerischen Vergnügungsstätte in Paris, heutigentags, kaum vorstellen«, berichtete er Schnitzler. »Dort zu sitzen und, indes in Wien gemartert und massakriert wird, Herrn Rotter mit vollem Schmalz vortragen zu hören: ›Wien, Wien, nur Du allein‹ – es ist, um die Seele aus dem Leib zu kotzen.«[21] Ein verfängliches Zusammentreffen mit dem vormaligen Führer der faschistischen Heimwehren, Ernst Rüdiger Starhemberg, schlug Polgar aus – man saß zwar im selben Boot der Hitler-Flüchtlinge, doch war dies Boot geräumig genug, hatte ausreichend viele Decks, einander ausweichen zu können.

Andere Gesellschaft, zumindest publizistische, mied Polgar indes keineswegs: er schrieb – wie Joseph Roth, Friedrich Torberg und auch die monarchistischer Gesinnung ganz und gar unverdächtige Hermynia zur Mühlen – einige Beiträge für »Die Österreichische Post«, das Organ der österreichischen Legitimisten. In seiner Zusage zur Mitarbeit hatte er Torberg geantwortet: »... aber die Aussicht, als Kaiserlicher Rat im Krematorium zu landen, hat etwas Berauschendes.«[22] Polgar war damals überzeugt, in dieser Krisensituation seien ideologische Differenzen nicht ausschlaggebend, dafür die Einheit im Bekenntnis zu Österreich: »Die österreichische Emigration hegt in ihren Wunschträumen verschiedene Konzeptionen, das künftige Schicksal des Vaterlandes betreffend. Diese geteilte Auffassung darüber, welche Gestaltung einem befreiten Österreich zu wünschen wäre, vereitelte bisher alle Bemühungen um eine einheitliche Vertretung der österreichischen Interessen im Exil. Es ist etwa so, als ob Schiffbrüchige, auf schwankstem Boot im Ozean treibend, das parallele Rudern einstellen, weil sie darüber, was nach erhoffter glücklicher Landung zu geschehen hätte, verschiedener Meinung sind.«[23] Dasselbe Ziel: alle Emigranten in einer überparteilichen Sammelbewegung zu vereinigen und deren Interessen ungeachtet politischer Differenzen zu vertreten, verfolgte die von dem ehemaligen Presseattaché an der österreichischen Gesandtschaft in Paris, Martin Fuchs, initiierte »Zentralvereinigung österreichischer Emigranten«, deren Aussendungen von einem Beirat, bestehend aus Sigmund Freud, Alfred Polgar, Franz Werfel und Berta Zuckerkandl, unterzeichnet waren.[24] Polgar zählte überdies zu den ersten Mitgliedern der von Emil Alphons Rheinhardt ins Leben gerufenen »Liga für das geistige Österreich« (»Ligue de l'Autriche vivante«), die sich weltanschaulich ebenfalls nur insoferne definierte, als ihr bloß jene beitreten sollten, »denen Humanität, geistige Freiheit und unbedingte Entwicklung der unserem Volke innewohnenden Kräfte unerläßliche Lebensbedingung sind«.[25] »Der Sozialistische Kampf« glossierte die Bildung dieser Liga gleichwohl äußerst abfällig: »In der Mitteilung über diese vaterländisch-kommunistische Gründung und in dem Gründungsaufruf dieser Organisation wimmelt es von geistiger Tradition, geistiger und seelischer Eigenart Oesterreichs, einzigartiger Kultur, Freiheit des Geistes, Humanismus. Unterschrieben ist der Aufruf von namhaften Schriftstellern wie Alfred Polgar, von notorischen Schuschnigg-Anhängern wie Joseph Roth und Franz Werfel und auch von Fritz Brügel.«[26] Als Joseph Roth starb, meinte Polgar in seinem Nachruf, weniger die Schwierigkeiten des Exils hätten diesen verzweifeln lassen, vielmehr »der Triumph des Bösen und der Dummheit, die Niedertracht, die sich als Gesetz statuierte und in dessen Namen ungeheuerliche Schandtaten an Schuld- und Wehrlosen verübt, (...) der Abbau der geistigen und moralischen Werte, denen die zivilisierte Welt in tausendjährigem

Bemühen Geltung errungen hatte, (...) die Raschheit, mit der diese Welt vom Widerspruch zur beflissenen Wurschtigkeit überging, (...) ihre fortschreitende Vergiftung durch das Sekret der Hakenkreuzspinne«.[27]

Abgesehen von bescheiden vergüteten Beiträgen für Emigrationszeitschriften und den Zuwendungen Carl Seeligs und Bruno Franks lebte Polgar zeitweise wieder von Inseraten »für eine Schweizer Zigarettenfabrik, was viel schwerer ist als Theaterkritiken oder Geschichten schreiben, aber immerhin ein bißchen was, das einem Einkommen entfernt ähnlich wird, hie und da in's Haus bringt. An meiner Wiege (wo ist sie allerdings schon?) wurde mir nicht gesungen, daß ich als Patriarch die hochwertigen Ernten Mazedoniens und die Bekömmlichkeit des dort wachsenden Tabaks werde rühmen müssen. Es ist aber item eine sinnvollere Beschäftigung als Dichten und eine anständigere als Filme-Schreiben.«[28]

Die Monate in Paris, das Bangen, ob und wann der große Krieg ausbrechen werde, und die Einsicht in die Ergebnislosigkeit seiner langfristigen Arbeitsvorhaben – all das veranlaßte Polgar, nach bekannter Formel: Gerichtstag zu halten über sich selbst, von diesem Prozeß auch Seelig Kenntnis zu geben: »Ich mache jetzt in den vielen Stunden trister Grübelei oft so eine Art Bilanz m.(eines) Lebens – erschreckend, was für ein Passivum dabei herauskommt. So viel Zeit und Gelegenheit vertrödelt, so viel zielloses Hinvegetieren, so wenig Widerstand geleistet gegen das Schwächliche, Klägliche im eigenen Innern! Ich war ein schlechter Pfleger meines kleinen Gartens – und ich bin traurig, daß er nun gar so verwahrlost und übel aussieht. Ein Zufall brachte mir kürzlich die Briefe von Hofmannsthal in die Hand (Kennen Sie die 2 Bände?), er wäre jetzt etwa so alt wie ich, die Menschen, an die jene Briefe gerichtet sind, habe ich fast alle gekannt, die Zeit, in der sie geschrieben wurden, miterlebt. Sie können sich nicht denken, wie ergriffen ich von diesen Briefen war, von dem unablässigen

Bemühen des Schreibers, ein Maximum an Welt und Geist in sich hineinzutun, ein Maximum an Leistung aus sich hinauszuzwingen. Er stellte höchsten Anspruch an sich und tat, was er konnte, ihm gerecht zu werden. Der Mensch, dem man das nicht nachsagen kann, hat falsch gelebt. Und hundertfach gilt das für den Künstler, ganz gleich, wie groß oder klein sein Talent gewesen sein mag.«[29]

Anfang Mai 1939 schickte er das Manuskript eines neuen Auswahlbandes an Seelig: »Jedes einzelne Stück wurde sprachlich retuschiert, straffer gefaßt, die welken Stellen weggeschnitten, durch anderes ersetzt, etc. etc. Auch einiges Neue ist hinzugekommen, besonders in der Glossenreihe, die den Band schließt. Ich habe mich für den Titel ›Synkope‹ entschieden. Es ist der Name einer Geschichte, die im Band Aufnahme gefunden hat, und er sagt von meiner Art Charakteristisches aus (nämlich die Betonung unbetonter Taktteile).«[30] Es dauerte drei Jahre, bis der Band – »Sprachlich ist er gewiß der reinste und dichteste unter allen meinen Büchern«[31] –, in mehreren Punkten vom ursprünglichen Konzept abweichend, bei Oprecht erschien. Er hieß: »Geschichten ohne Moral«.

In den Wochen vor Kriegsausbruch beschäftigte sich Polgar intensiv damit, einen Verlag für diese Auswahl zu finden; und daran war ihm weniger aus Geldgründen denn aus solchen der Selbstachtung gelegen. Auf Bitten und Drängen wollte er sich diesbezüglich keinesfalls einlassen: »Ich habe leider seit 1933 vielfach und vielen Menschen gegenüber als Bittsteller (um materielle Hilfe) auftreten müssen – aber als Schriftsteller habe ich nie und niemand gegenüber den geringsten Versuch unternommen, meiner litterarischen Arbeit Unterkunft zu erbetteln. In *dem* Punkt bin ich sozusagen: rein geblieben, habe mir niemals etwas vergeben; und möchte an dieser Praxis jusqu'à la fin festhalten.«[32] Was in diesem Zitat sichtbar wird, ist mehr als Dichterstolz vor Verlegerthronen. Hatte sich Polgar in den vergangenen Jahren schon so viel »vergeben« müssen, ein Leben geführt, das er selbst bloß mit dem Wort »Schmutz« verband, das ihn anwiderte, ihm Scham und Ekel einflößte, so war sein literarisches Werk für ihn zu einem emotional immer stärker besetzten, unantastbaren Bereich geworden, der ihm gab, was die Lebensumstände im Alltag ihm verweigerten: Befriedigung, Stolz, Einklang mit sich selbst. Und diesen Bereich mußte er »rein« halten, um psychisch überleben zu können.

Zweifellos, objektiv gesehen, lebte Polgar nicht im Elend, das änderte aber nichts daran, daß er es so empfand. Die mühsam, oft verzweifelt gewahrte Würde bedeutete ihm, obwohl er sie gleich Karl Kraus als »konditionale Form von dem, was einer ist« verstand, sehr viel. Sein feines Gefühl für die Menschenwürde des andern machte ihm den Respekt vor der eignen Person, die Selbstachtung, unverzichtbar. Als ihn Seelig sanft zu Einsparungen ermunterte, antwortete er: »Die einzige Ausgaben-Post, die verringert werden könnte, wäre die Ausgabe für Wohnung, wenn wir uns entschließen könnten, in *einem* Zimmer zu wohnen. Das wäre für beide Teile ein Martyrium, das *ich* ganz gewiß nicht lange durchstehen würde... Ach, Lieber, dieses ganze Thema ist so unerquicklich, dieser ganze Fragen-Komplex mit dem arme-Leute-Geruch drüber ist rundweg zum Kotzen.«[33]

Abwechslung und Anregung brachte ein Gast aus den Vereinigten Staaten: »Thornton Wilder hat mich hier besucht und mir Grüße von H. Broch gebracht. W.(ilder) ist ein reizender Mensch, jung trotz seiner 50 Jahre, sprühend von Geist und Laune. (...) Er riet mir, ein *Tagebuch* zu schreiben, das wäre für mich die richtige Form.«[34] Polgar folgte Wilders Rat, jedoch anders, als dieser »es meinte, persönlicher. Es könnte – falls ich nicht vorzeitig, mit Verlaub zu sagen, die Feder in's Korn werfe – etwas Lesbares entstehen. Ein dünnes Buch von etwa 100 Seiten.«[35]

Und dann kam der Krieg. »Ich möchte unendlich gern

mithelfen«, teilte er Seelig mit, »in irgendwelcher Form, durch irgendwelche Arbeit, dem Land, das mir Asyl gewährt hat, nützlich zu sein. Habe mich auch hiezu gemeldet. Aber mit österr.(eichischen) Schriftstellern, die mangelhaft französisch schreiben und sprechen, weiß man wenig anzufangen. Und zu resoluteren Leistungen machen mich Alter und körperliche Unzulänglichkeit wenig brauchbar. Gottlob erkennt man hier, daß wir Österreicher die erbittertsten, radikalsten Feinde der Hitlerei sind und setzt keinen Zweifel in unsere leidenschaftliche Anteilnahme an der französischen Sache. Aber immerhin: Emigrant ist Emigrant, und hat sich in die Rolle zu fügen, die man ihm zuweist. Ich hoffe sehr, es kommt zur Bildung einer österr.(eichischen) Legion, bei der ich zumindest im Kanzleidienst mittun könnte.«[36] Man brauchte Polgar jedoch nicht; die österreichische Legion kam nicht zustande, und die Franzosen hatten wohl in der Tat andere Sorgen.

Die meisten Emigranten, auch prominente Literaten, wurden bald darauf in Lagern, oft unter unmenschlichen Bedingungen, kaserniert. Polgar blieb das erspart, wodurch seine Erinnerungen an Frankreich immer noch ungetrübter klingen als die anderer Exilanten: »Mich schützte mein Alter und das hiesige Propaganda-Amt (Giraudoux). Die franz.(ösischen) Schriftsteller wissen, merkwürdigerweise, von mir und meinem armen »œuvre«.[37] Im »Neuen Tage-Buch« glossierte Polgar die Lage der Flüchtlinge unter dem Titel »Quarantäne«. Es sei tragisch, daß nun gerade die Flüchtlinge jenen, die ihnen Zuflucht gewährten, verdächtig erschienen, andererseits psychologisch verständlich: »Die deutschen Emigranten in Frankreich tragen das Schutzzeichen des Verfolgten, dem Asylrecht zugebilligt wurde, – aber sie tragen auch das Stigma, Deutsche zu sein, das heute leider, mit so viel Recht und Grund!, die Eigenschaft hat, vor Gott und Menschen mißfällig zu machen.« Vorderhand behandle man sie weder als Freunde noch als

Feinde, »sondern als Menschen in Quarantäne«. Und dieses Schicksal sei immer noch jenem vorzuziehen, das ihnen »die in Räuber- und Mörderhände gefallene Heimat bereitet hätte«.[38]

Dieser Artikel in seiner »überaus feinsinnig nuancierte(n) Objektivität«, wie Leonhard Frank die Haltung des Verfassers wenig wohlwollend charakterisierte, rief allerdings bei den Emigranten, die sich tatsächlich in »Quarantäne«, nämlich in den Anhaltelagern, befanden, Empörung hervor: Franks autobiographischer Roman »Links wo das Herz ist« schildert, ohne Polgar als Autor zu nennen, die Reaktionen der Internierten: »Ein Lagerinsasse, ein Zahnarzt aus Berlin (. . .) las den Artikel seinen vierzehnhundert Schicksalsgenossen vor im Hof. Der Totenstille folgte ein Entrüstungssturm sondergleichen. Der Zahnarzt brüllte ins Gebrüll, ob es die Aufgabe eines jüdischen Emigranten sei, diese Maßnahme der französischen Regierung gegen die jüdischen Emigranten zu rechtfertigen.«[39] Als »Links wo das Herz ist« 1952 auf den Markt und Polgar zu Gesicht kam, war er sehr aufgebracht und wollte anscheinend eine Entgegnung schreiben, hat es aber nur bis zu Notizen in Kurzschrift gebracht, in denen es heißt: »Unsere Beziehungen, seit einem Menschenalter, schwankend zwischen Bekanntschaft und (zumindest meinerseits) Freundschaft. Das Stinkbömbchen gegen mich solange aufbewahrt, jetzt zur Explosion gebracht. Warum?«[40]

Doch auch andere Aufsätze im »Neuen Tage-Buch« (und in der »Nation«) zeitigten unverhoffte Wirkung, wenngleich nicht nach Jahrzehnten, sondern unmittelbar. Zum zweiten Jahrestag des »(durch Selbstmord erleichterten) Mord(es) an Wien« verfaßte Polgar einen Nachruf, der zeigt, wie sehr er, ungeachtet aller Kritik, dieser Stadt verbunden war. Tod und Verklärung schweben zwischen den Zeilen dieses Textes, und Wien erschien dem Emigranten nur mehr als »Gespenst einer Stadt. Ein Gespenst im Tageslicht, also doppelt unheimlich.«[41] Die Nazipresse reagierte empfindlich. Ein namenloser Skribent ließ sich in der »Berliner Börsen-Zeitung« über das Thema »Herr Polgar und die Weltgeschichte« aus: »Der jüdische Literat Alfred Polgar, ehemals Café Central Wien, heute irgendwo in der Schweiz, hat sich in der Systemzeit damit beschäftigt, die Spitzfindigkeiten des Talmuds für die Wiener und Berliner Asphaltpresse in die gedrechselten Wortspiele seiner Feuilletons umzumünzen. Er war ein Intellektualidylliker des kleinen Lebens, ein Schrebergärtner der Alltagserotik, und wenn sich Gelegenheit gab, einer Offenbarung des Heroismus oder sonst einem großen Gefühl ein paar Dreckspritzer anzuhängen, so hatte er immer gleich einen Einfall für eine zynische Formulierung zur Hand. Auch jetzt hat Herr Polgar noch solche Einfälle. Er hat in diesen Tagen den Einfall gehabt, den Jahrestag der Wiedervereinigung der Ostmark mit dem Reich zu begehen. (. . .)«[42]

Die deutsche Gelehrtenrepublik, würdig vertreten durch den Zeitungswissenschaftler Wilmont Haacke, war damals auf den Schriftsteller Polgar ebenso schlecht zu sprechen: denn nicht nur führte sich offensichtlich in ihm »die Geistreichelei des jüdischen Feuilletons nach einem Jh. selbst ad absurdum«, sondern er galt auch als einer der gefährlichsten, weil »intelligentesten Zeugen intellektualistischen Zerpflückens aller Werte und einer nihilistischen Weltansicht«, verschärft durch den Umstand, daß Polgar während des Ersten Weltkrieges, »wie Karl Kraus und andere Juden des Wiener Feuilletons, auf den Zusammenbruch seines Gastlandes hingearbeitet (hatte), wo immer er nur konnte«.[43] Begreiflich, daß man einem so verdächtigen Zeitgenossen am 11. Mai 1939 die deutsche Staatsbürgerschaft entziehen mußte, die ihm allerdings, wie allen Österreichern, erst im März 1938 zwangsweise zuerkannt worden war.

Kurz vor Weihnachten 1939 beschrieb Polgar die Stimmung im Paris der »drôle de guerre« als: »schlafender Krieg.

Niemand weiß, wann und wie er erwachen wird.«[44] Um dem Freund wieder eine Verdienstchance zu geben, überredete Seelig Polgar zur Bearbeitung eines Nestroy-Stücks. Nach einigen Bedenken willigte dieser ein: »Schade, daß es keine Tragödie ist, die ich bearbeiten soll. Für eine solche fände ich jetzt eher die entsprechenden Farben und Töne.«[45] Schließlich einigte man sich auf die Posse »Der Zerrissene«.

Bis zuletzt blieben Alfred und Lisl Polgar in ihrer kleinen Wohnung im 16. Arrondissement: »Ich sitze in meinem winzigen Zimmer, von dem aus man den Anfang des bois de Boulogne sieht, die Straße hat Winter-, der Himmel Sommerfarben, und ich gucke auf beide so beziehungslos, als hätte ich keine Seele mehr, die, was die Augen ihr zubringen, in Empfindung umzusetzen vermöchte. Kennen Sie solchen Zustand absoluter Leere, wo man sich nur noch quasi als Anhängsel seiner Kleider fühlt?«,[46] so fragte er Seelig im Februar 1940. Das Leid, das ihn umgab »in dieser schweren Zeit der Not, in dieser schweren Not der Zeit«[47] – ein Achim von Arnim-Zitat, das er schon kurz nach Kriegsbeginn verwendet hatte –, relativierte wohl das eigene, »aber es steckt doch jeder in *seiner* schmerzempfindlichen Haut, und den Wunsch aus der zu fahren, kann keinerlei Erkenntnis zum Schweigen bringen. Das Nervensystem ist krank – da kann der beste Wille nicht helfen.«[48]

Daß in dieser Situation die Fertigstellung seines Homer-Romans in weiteste Ferne gerückt war, ließ Polgar Willi Schlamm in gezwungen heiterer Form wissen: Das »Fragment zu finden (wird) dem Ordner m.(eines) Nachlasses hoffentlich Spaß machen (. . .). Es dünkt mir nämlich höchst wahrscheinlich, daß der Autor früher fertig sein wird als das Buch.«[49] Da die militärische Lage immer bedrohlicher wurde, verhafteten die Franzosen sogar Leopold Schwarzschild; Polgar selbst brachte die letzte Nummer des »Neuen Tage-Buch« heraus.[50] Kurz vor dem Einmarsch der deutschen Truppen in Paris verließen Alfred und Lisl

Polgar überstürzt Paris – in dem von Pablo Tänzer gelenkten Fluchtwagen befand sich auch der Sportjournalist Dr. Paul Schneeberger. »(. . .) Alles, bis auf's letzte Stückchen Garderobe und das letzte Blättchen MS, Bücher etc.« blieb zurück, behauptete er später, was freilich nicht ganz exakt war, denn wenigstens das Dietrich-Manuskript und ihm anvertraute Papiere seines Freundes Franz Hessel hatte er gerettet. Der Verlust war trotzdem erheblich: »7 Koffer, die wir wohl kaum jemals wiedersehen werden, womit wir dann zum zweiten Mal unser gesammtes, in unserer Situation unersetzliches Hab und Gut verloren hätten.«[51]

Als Polgar diese Einzelheiten berichtete, saß er schon etwa sechs Wochen in Montauban im Departement Tarn et Garonne fest, der ersten Station seiner Flucht. Alles schien dort anfangs aussichtslos, telegraphische Hilferufe in die USA kamen nicht ans Ziel, und die Frage: »Wohin?« stellte sich in bedrohlichstem Ton. »Wenn ich nur für meine Frau eine Rettung sähe!! (. . .) Ich wünsche, das Ende möge nicht *zu* bitter sein.«[52] Dennoch versuchte Polgar, Haltung zu bewahren. Hans Sahl, mit dem er in Montauban zusammentraf, verfaßte eine Vignette, die wohl am besten illustriert, wie weit Polgar, zumindest nach außen, »intakt« geblieben war: »Der Grandseigneur mit den gepflegten Formen / bleibt auch im Massenelend stets ein Herr. / Er nahm der Skepsis ihre spitzen Dornen / und trägt sie nun, vergrämt durch Uniformen / wie eine weiße Rose im Revers.«[53] Die Hilfsaktionen der Freunde in den Vereinigten Staaten, die keiner ausführlichen Beschreibung von Polgars Zwangslage bedurften, um deren Ernst zu begreifen, sowie Geldsendungen aus der Schweiz, unter anderem von Carl Seelig und Alice Bernoulli aus Basel, ermöglichten schließlich am 1. August 1940 die Weiterfahrt nach Marseille, wo beim amerikanischen Konsulat ein Visum in Aussicht gestellt war: Metro-Goldwyn-Mayer hatte Polgar – wie anderen gefährdeten Schriftstellern auch – einen Vertrag zugesichert. Das war aber nur der erste Schritt; Transitpapiere durch Spanien und Portugal zu erhalten, der zweite. Varian Fry, der Vertreter des »Emergency Rescue Committee«, wirkte in Marseille für die Flüchtlinge als guter Engel,⁵⁴ doch war der Kontakt mit ihm nicht ungefährlich. Als Polgar eines Tages vor seinem Büro Schlange stand, wurde er gemeinsam mit Walter Mehring und Friderike Maria Zweig von der Polizei festgenommen und aufs Kommissariat geführt, wo man sie erst nach eingehender Befragung freiließ.⁵⁵ Ein unüberwindliches Hindernis stellte die französische Ausreisegenehmigung dar, und am 26. August lief die Aufenthaltsbewilligung für Marseille ab. Zwei Tage vor dieser Frist schrieb Polgar noch: »Also, wenn nicht der liebe Gott persönlich uns aus diesem Dickicht, in das wir geraten sind, heraushilft, müssen wir uns wohl auf Schlimmes gefaßt machen.«⁵⁶ Schließlich entschloß sich eine kleine Gruppe von Emigranten, darunter das Ehepaar Polgar und Leonhard Frank – »Kameraden in Furcht und Hoffnung, bessere findest du nicht, von morgens bis nachts –«⁵⁷, die Pyrenäengrenze illegal zu überschreiten. Der Journalist Charles Spann, später Korrespondent des »New York Herald Tribune«, war ihnen dabei behilflich.

In Lissabon angelangt, berichtete Polgar über die abenteuerliche Reise, ohne allerdings ins Detail zu gehen – ein Prinzip, an dem er auch in der Folge festhalten sollte: »(...) wir sind hier eingetroffen. Nach einem dreimonatigen Passionsweg, der an mehreren Abgründen und Verzweiflungen allerknappest vorbeigeführt und unsere seelische und physische Widerstandskraft bis zum Äußersten in Anspruch genommen hat.«⁵⁸ In Lissabon hatte Polgar viel Zeit nachzudenken, über die ausgestandenen Gefahren, sein Dasein als Emigrant: »Der alte Bibelspruch: ›unstet und flüchtig sollst Du sein‹ erfüllt sich an mir – wie freilich an vielen tausenden Leidensgenossen auch. Komischerweise ist diese Vielzahl an Leidensgenossen kein Trost für mich, sondern weit mehr eine psychische Überbelastung: ich war mein Lebtag lang *so* ungern in der Herde, *so* sehr bemüht, abseits zu sein, lieber eine Null weit hinten, als ein Einser vorn. Jetzt ist meine Existenz und mein Schicksal so abscheulich typisch geworden und mein Anspruch auf Abseitigkeit vollkommen lächerlich.«[59]

Am 4. Oktober 1940 verließ die »Nea Hellas« Portugal Richtung New York, neben Polgar und seiner Frau befanden sich zahlreiche andere Schriftsteller an Bord. Fast täglich notierte Polgar Eindrücke und Gedanken für Seelig: »Das Erlebnis der Reise ritzt nicht die leiseste Spur in meine Seele. Ich denke an das grenzenlose Elend, das ich in den letzten Monaten gesehen habe, an die vielen, vielen, die sich nicht retten konnten, an die Freunde, die zugrunde gegangen sind. (...) Mit uns auf dem Schiff fährt Golo Mann, der mein Heimweh nach der Schweiz teilt. Ich verbringe meine Zeit hier mit Erinnerungen an gewesene glückliche Stunden, mit Registrierung aller Zeichen, die auf Seekrankheit deuten, und mit kümmerlichen Versuchen, Englisch zu lernen. Jetzt hatte ich's endlich so weit gebracht, halbwegs französisch stammeln zu können – da werde ich schon wieder in eine fremde Sprache verstoßen.«[60] Drei Tage nach diesen Eintragungen berichtete Polgar über andere Mitreisende: »Auf dem Schiff sind Werfel und Frau, Heinrich Mann, (der jetzt 70 wird!), Walter Victor u. seine Frau Maria Gleit. Also Litteratur zur Genüge. Der netteste ist Heinrich Mann (...), sehr müde, sehr getroffen und gekränkt durch die europäischen Dinge – aber immerhin bringt er einen neuen Roman u. viel anderes MS nach U.S.A. mit. Das meine haben die Sieger in Paris. So *ganz* leer wie ich landet keiner von all' den emigrierten ›Intellektuellen‹ in Amerika.«[61]

Noch vom Schiff aus stattete der Gerettete Thomas Mann seinen Dank für dessen Einsatz zu seinen Gunsten ab: »(...) Ohne Ihre gütige Intervention und Hilfe hätte mein Schicksal mit Sicherheit eine übelste Wendung genommen. Das haftet in meinem Bewußtsein. Darf ich sagen, daß in mein Gefühl der Verehrung für Sie eine

Wärme gekommen ist, wie ich sie für die wenigen Menschen empfinde, die Freund nennen zu dürfen mich froh macht? In das ›neue Leben‹ trete ich mit einem Minus an Hoffnung, Erwartung, Zuversicht: – Verständlich, wenn das Neugeborene 65 Jahre alt ist. Ich bin es noch nicht im Stande, einen neuen, weiteren Zweck und Sinn meiner Amerika-Reise zu imaginieren als den, durch sie von irgendwo, wo es unvorstellbar grausig und abscheulich war, weggekommen zu sein. Aber das ist ja schon unendlich viel.«[62] Die Antwort an den »Sehr verehrte(n) Herr(n) Dr. Polgar« fiel nicht minder herzlich aus: »Wenn ich helfen konnte, Sie aus einer unerträglich gewordenen Umgebung zu befreien, so rechne ich mir das zur Ehre an – obgleich ich weiß, wie schwer diese weite und späte Verpflanzung Sie ankommen muß. Ich sehe dasselbe bei meinem Bruder und kenne es aus eigener Erfahrung. Wie gern würden wir im Grunde alle in ein wieder menschenmöglich gewordenes Europa zurückkehren! Andererseits werden Sie die Vorzüge dieses Landes und die Freundwilligkeit seiner Atmosphäre gewiß noch schätzen lernen.«[63]

Am Morgen des 13. Oktober legte die »Nea Hellas« in New York an. Den Ankommenden wurde »große Begrüßung« zuteil. Klaus Mann erinnert sich an »Festliche Stimmung, vielfaches Händeschütteln mit Alfred Polgar, Hermann Budzislawski usw. Die Flüchtlinge schienen beinahe alle in recht guter Form, ausgeruht und gebräunt nach der langen Seereise. Nur Frau Alma wirkt(e) reduziert, gestürzte Königin jeder Zoll.«[64] Nach achttägigem Aufenthalt – »eine einzige Hetzjagd«[65] – ging es weiter nach Kalifornien, die vorläufige Endstation einer viel größeren, gefährlicheren Hetzjagd. Doch, wie Polgar alsbald feststellen sollte, als er die Vorzüge des Landes und die »Freundwilligkeit« seiner Atmosphäre zur Genüge kennengelernt hatte: »Hollywood ist ein Paradies, über dessen Tor geschrieben steht: ›Laß, der Du eintrittst, alle Hoffnung fahren.‹«[66]

Die Fremde ist nicht Heimat geworden

»Hier, in Californien, ist es schön, warm, Land und Leute mehr als freundlich; und wenn's *in* mir nicht so aussähe, wie es aussieht, ließe sich's hier angenehm leben. (...) Wir wohnen sehr nett, mit allem Comfort der amerikanischen Neuzeit, haben hier viele, allzuviele Bekannte, und zwei wunderbare Freunde, das Ehepaar Frank«,[1] berichtete Polgar kurz nach seiner Ansiedlung in Beverly Hills in die Schweiz. Sein Verkehr beschränkte sich auf Liesl und Bruno Frank, Fritzi Massary, Salka Viertel und deren Söhne. Gelegentlich sah er Gina Kaus, Curt Goetz, Ernst Deutsch, Conrad Veidt und in den Studios Leonhard Frank, Heinrich Mann und Friedrich Torberg.

Die Zeit verlief anfangs »ohne besondere Erschütterungen und Probleme. Ich sitze tagsüber im Studio bei M.G.M. und mit diesem Dort-Sitzen ist auch meine Arbeit für das Studio so ziemlich erschöpft. Nominell nehme ich an der Abfassung eines Film-Manuskriptes, das von ein par namhaften amerikanischen Autoren geschrieben wird, Teil; d. h. von Zeit zu Zeit werde ich gefragt, ob ich zu dieser oder jener Szene (die aber unabänderlich ist) einen zusätzlichen Einfall habe. Dann notiere ich irgendwas, das man mit freundlicher Zustimmung zur Kenntnis nimmt, aber ob es Verwendung fand oder nicht, das bleibt mir unbekannt. Also Lorbeeren sind durch diese Art ›Mitarbeit‹ nicht zu erwerben.«[2] Noch deutlicher äußerte sich Alfred Döblin: »jetzt bin ich, zusammen mit Polgar, in ein ›office‹ gesetzt (d. h. jeder hat sein ›office‹) und wir müssen täglich ab 10 Uhr Dienst tun (...). Tun tut man nichts. Absolut nichts. (...) Wir erledigen unsere Correspondenz, telefonieren, lesen Zeitung, schreiben unsere eigenen Sachen, – was man so in Sitzhaft tun kann. Warum das? Es ist so üblich. – Einige finden, sie seien sehr zufrieden. Einige.«[3] Natürlich gehörte Polgar nicht zur Minderheit der Zufriedenen. Dennoch mußte er dankbar sein – 100 Dollar pro

Woche erlaubten ihm, zunächst für ein Jahr, sorglose Existenz. Auch stimmt es nicht ganz, daß er so völlig nutzlos war, wie er vorgab – seine Fähigkeit zum witzigen Dialog wurde wiederholt eingesetzt, unter anderem in einer der gelungensten »Screwball-Comedies«: bei Howard Hawks' »Ball of Fire« (mit Gary Cooper und Oscar Homolka, Drehbuch: Billy Wilder). Als sein Vertrag auslief, machte er sich keine Illusionen über eine weitere Anstellung: »Ich bekam nicht die kleinste Gelegenheit während m.(eines) Engagements weder mich zu blamieren noch mich auszuzeichnen. Man nahm von m.(einem) Vorhandensein kaum Notiz. Enfin, die Angelegenheit ist erledigt – und ich, auf der dringenden Suche nach anderem Verdienst, besinne mich meiner Profession als sozusagen Schriftsteller«, informierte er im Oktober 1941 Kommer.[4]

Die völlig veränderten Lebensumstände, der zivilisatorische Klimawechsel, machten Polgar zu schaffen: »Ich sehne mich nach Gelegenheiten, irgendwo außer Haus allein eine Stunde bei einem Glas Bier, einer Tasse Café sitzen zu können. Aber diese Gelegenheiten gibt es hier nicht. Ein Restaurant, ein Caféhaus nach unserem europäischen Geschmack sind hier unbekannt. Als positivstes Element, sich hier wohl zu fühlen, empfinde ich: die Stille. Der Ort, wo wir wohnen (232 North Almont Drive – d. Verf.), ist eine endlos lang gestreckte Villenkolonie, lauter kleine Häuschen, ein Stock hoch, mit Rasen davor. Das Ganze wirkt wie aus einer riesigen Spielzeugschachtel ausgepackt – und ebenso leicht wieder einzupacken. Ich fühle mich grenzenlos einsam, völlig beziehungslos zu der neuen Welt, in die mich die alte vertrieben hat.«[5] Anfang Februar 1941 hatte Polgar einen Herzinfarkt erlitten. Auch in seinem Organismus steckte, was er »ausgestanden«, »als eine Art Zeitbombe. Es hängt von Gott ab, vom Klima und von den ökonomischen Umständen, wann sie explodiert. Gewöhnlich spricht man dann von Herzattacke.«[6] In der Glossenreihe »Der Emigrant und die Heimat« beschrieb

Polgar aus eigener Erfahrung dieses Phänomen. Vier Wochen Bettruhe und vorderhand striktes Rauchverbot waren die Folge. »Sie wissen, was das für mich bedeutet!«, meinte er in einem Brief an Seelig zehn Tage nach der Attacke, als sich sein Zustand bereits gebessert hatte. »Nun, einmal mußte ja so etwas kommen. Aber ich habe so wenig Talent zum Kranksein und zu einem Leben, bei dem man mit dem eigenen Kadaver so vorsichtig umgehen muß.«[7]

Wieder genesen, nahm Polgar neben der Studio-Tätigkeit – als »fünftes Rad am Wagen« wurde er für einen Garbo-Film eingesetzt – die unterbrochene Arbeit am »Zerrissenen« wieder auf und ließ sich außerdem den in Paris zusammengestellten Auswahlband zur Endredaktion schicken, aber auch, um darin enthaltene Geschichten amerikanischen Magazinen anzubieten: ein sich über Jahre erstreckendes, enttäuschungsreiches Unterfangen. Zu Beginn seines Amerika-Aufenthaltes hatte Polgar nur sehr mangelhaft Englisch gesprochen, weshalb er sich einen Lehrer leistete, »den ich sehr liebe, und der bei mir schon recht nette Fortschritte in deutscher Sprache macht«.[8] Trotzdem oder gerade deshalb war er auf Übersetzer angewiesen und zweifelte nicht daran, daß seine Texte dadurch ihren Reiz und Wert verlieren mußten: »weil mein Eigenstes, meine geistige Handschrift, in der fremden Sprache nicht zu kopieren ist.«[9] Die belanglosen Anerkennungsfloskeln der Zeitschriftenredakteure, die seine Manuskripte dann doch ungedruckt zurückschickten, quittierte er mit der Bemerkung, er sei eben »kein begabter Anfänger, sondern ein begabter Aufhörer«.[10] Selbst die Gewißheit, daß er »nach der Statistik (. . .) mit über 80% Wahrscheinlichkeit schon tot sein (müßte)«,[11] tröstete ihn nur geringfügig. Das allgemeine Desinteresse an seiner Produktion verleidete ihm sogar die eigenen Geschichten: Sie kamen ihm plötzlich »fade, dünn und démodés vor, verwurzelt in einer Zeit und Welt, die es nicht mehr gibt«.[12] Melancholie und Bitterkeit beherrschten Polgars Stimmung in der Traumfabrik Hollywood: ». . . mein Leben (besteht) zu 99 Hundertsteln aus Erinnerung. Das übrig bleibende Hundertstel interessiert mich nicht mehr sonderlich«, antwortete er Berthold Viertel auf dessen Ermunterungsversuche. Ein Ziel hatte er allerdings vor Augen: »Immerhin möchte ich das Ende der Schweinerei, die das monströse Arschloch aus dem Inn Viertel angerichtet hat, gern mitgenießen. (Obschon es doch nur von einer anderen, vielleicht besser übertünchten, abgelöste würde.)«[13]

Was Polgar im Oktober 1941 an Alice Bernoulli in Basel schrieb, hatte im Grunde für seinen ganzen Aufenthalt in den USA Gültigkeit: »Ich bin leider unheilbarer Europäer. Kann mir keine größere Diskrepanz denken als die zwischen dem amerikan.(ischen) Boden und meinen Wurzeln. Die Möglichkeit, daß diese sich jemals in jenen senken könnten, ist völlig ausgeschlossen.«[14] Der »unheilbare Europäer« wurde in Beverly Hills immer unglücklicher, die Zurückhaltung der großen amerikanischen Zeitschriften jener Art von Literatur gegenüber, die er ihnen, meist in unzulänglicher Übersetzung, anbieten konnte, ließ ihn beinahe die »Feder ins Korn« werfen, wie er diese Reaktion früher formuliert hatte. Im »Esquire« erschienen insgesamt zwei Geschichten, »Toddy and the Revolution« (»Toddy und die Schwämme«) im Februar 1942 und »The Elegant Overcoat« (»Der Mantel«) im Juni des folgenden Jahres. Sein Wunschziel, den »New Yorker«, erreichte Polgar nie.

Tief enttäuscht übersiedelte Polgar 1943 nach New York. In der ersten Wohnung, die Polgar und seine Frau bezogen (im Hause Lee Strasbergs), fühlten sie sich sehr unwohl. Nach seiner Meinung handelte es sich um einen »deprimierende(n) Saustall«, ohne geeignete Koch- und Arbeitsmöglichkeit – »Wenn ich etwas arbeiten will, muß ich außer Haus gehen . . .«[15] Und da diese Arbeit keinerlei Erwerb brachte, konnte er ihrer auch nicht recht froh werden: »ich komme mir vor wie ein Pferd im Zeitalter des Autos. Was nützt mein graziösester Galopp gegen die

Raschheit und Energie der Maschine?«[16] Nach einigem Suchen fand sich doch noch ein akzeptables Domizil (2 East 75th Street) – Lotte Walters Wohnung. Im selben Haus wohnten auch die Sopranistin Elisabeth Schumann und Conrad Veidts Witwe Lili.

Als Polgar im Sommer 1943 das Gerücht zu Ohren kam, Emigrantenkreise wollten seinen bevorstehenden (wirklichen) 70. Geburtstag mit angemessenem Pomp begehen, tat er sein Mögliches, dies zu verhindern; er war nunmehr fest entschlossen, höchstens 68 Jahre alt zu sein. Dezidiert teilte er Viertel mit, daß er »*jedwede* Art öffentlicher oder privater Kundgebung, Aktion, Gratulation, Feier, Würdigung u. dgl., *jedwede* Notiz, Artikel, Glosse, Essay, gesprochenes oder gedrucktes Gelegenheits-Geschmuse à propos meines Geburtstags als feindseligen Akt betrachten würde, bestimmt, mich auf's Tiefste zu ärgern und zu verdrießen. Es ist mein ausdrücklicher Wunsch, daß das lächerliche Datum von den mir freundlich Gesinnten mit Stillschweigen übergangen wird. Abgesehen davon, daß ich ja gar nicht so alt bin wie ich bin.«[17] Der Tod des gleichaltrigen Max Reinhardt (30. 10. 1943) trug zu Polgars depressiver Gemütsverfassung während der ersten Monate in New York erheblich bei: »Ich war heute im Tempel, wo der Rabbi die Taten des großen Mannes pries, und viele Menschen, deren Gesichter ich kannte, ohne sie zu erkennen, herumsaßen und sich erinnerten und Mitleid hatten, von dem ein Teil ihnen selbst galt«[18] – solch düstere und zugleich luzide Schilderung gab er Berthold Viertel drei Tage später.

Im Herbst 1943, mit der Moskauer Deklaration, die die Wiedererrichtung eines unabhängigen Österreich zum alliierten Kriegsziel erklärte, eröffnete sich ihm die Aussicht auf neue und sinnvolle Tätigkeit – der »Gedanke() an eine österr.(eichische) Zeitung, hier zu starten«, schien ihm »verführerisch«.[19] Mit aller Energie stürzte sich Polgar in das Unternehmen, für dessen finanzielle Basis Hans Heller zu sorgen versprach. Elisabeth Freundlich, seinerzeit

Literaturredakteurin der Exilzeitschrift »Austro American Tribune«, erinnert sich an mehrere Besprechungen mit Polgar, an deren einer auch Hans Heller, Franz Carl Weiskopf, Brecht und dessen Freundin Ruth Berlau teilnahmen. Für den »Frieden« – wie das Blatt heißen sollte – arbeitete Polgar ein Grundsatzprogramm in zwölf Paragraphen aus, das sich – vereinfachend – unter drei Gesichtspunkten zusammenfassen ließe: »Der Friede« gehe von der Annahme aus, daß Österreich, »das erste Land, das Hitler geraubt hat«, wiederum als erstes befreit werde und die »Beziehungen zur zivilisierten Welt aufnehmen« könne. Daher richte er sich nicht speziell an »refugees«, sondern vorerst an alle deutsch lesenden Menschen in Amerika und später an die österreichische und deutsche Bevölkerung. Alle Probleme, die sich beim Aufbau eines neuen Europa und der Definierung der Rolle Österreichs darin ergäben, sollten frei diskutiert werden. »›Der Friede‹ hat kein Parteiprogramm; in ihm kann jeder Standpunkt vertreten werden, außer der reaktionäre.« Außerdem solle er zu Profilierung der Unterschiede zwischen »österreichisch und deutsch« bei- und dem besonderen »geistige(n) Klima« Österreichs Rechnung tragen. Ein weiteres Ziel sei die »Neu-Erziehung« der Deutschen, das »schwierige Experiment, Nazis in Menschen zu verwandeln«. Zu diesem Zweck werde »Der Friede« eine Art »Lesebuch« veröffentlichen, das schon in Kriegsgefangenenlagern verbreitet werden müßte, um deren Insassen »auf mehr und andere Gedanken zu bringen als die wenigen, die zu denken Goebbels ihnen gestattet hat«. Gleichzeitig sei eine Rehabilitierung der deutschen Sprache notwendig – »Sie ist in ihrer Heimat so gemein gemacht worden wie die crapule, die dort seit 1933 den Ton angibt, ist.« Außerdem solle der »Friede« auch eine Vermittlerfunktion bei der Übertragung amerikanischer Kultur, bzw. dessen, was an ihr beispielhaft sei, nach Europa übernehmen. Ein anderer wichtiger Punkt bestehe darin, den deutsch schreibenden

Schriftstellern, die kaum eine Möglichkeit hätten, in ihrer Muttersprache zu publizieren, ein geeignetes Forum zu verschaffen. Der »Friede« werde darauf hinweisen, »daß eine repräsentative, wertvolle deutsche Litteratur im Exil am Werk ist, nicht mutlos gemacht durch die Echolosigkeit, zu der ihre Stimmen derzeit verurteilt sind«.[20] Daß »Der Friede« schließlich doch nur Gedankenspiel blieb, war nicht zuletzt auf ideologische Differenzen zurückzuführen. Während Heller und seine Freunde, darunter Polgar und Broch, ein Magazin liberal-demokratischer Ausrichtung anstrebten, favorisierte Brecht Beiträger mit marxistischer Tendenz. Nach einer erregten Debatte einigte man sich darauf, sich nicht einigen zu können, und so sank, laut Heller, das Friedensschiff, bevor es noch den Hafen verlassen hatte.[21]

Auch ein anderes, viel umfänglicheres Zeitungsprojekt, an dem Polgar mitarbeitete und dafür wenigstens ein Honorar erhielt, ist nicht über das Planungsstadium hinausgekommen. Ende November 1944 unterrichtete er Viertel über seine damalige Beschäftigung: »Sie besteht, im Wesentlichen, in dem Versuch, ein völlig unpolitisches Nachrichten-Magazin in deutscher Sprache für (das vorerst noch zu erobernde) Deutschland vorzubereiten. Ich fürchte, die Geschichte wird, *leider*, nicht zustande kommen«.[22]

Die deutsche Ausgabe des »Time Magazine« unter der Ägide Willi Schlamms gedieh wenigstens »bis zu einer vollausgedruckten Probenummer«.[23] Außer auf Polgar stützte sich das Projekt vor allem auf Friedrich Torberg, Stephan Ehrenzweig und Leopold Schwarzschild. Die Verbindung zu dem schon damals erbitterten Antikommunisten Schlamm beruhte auf privater Zuneigung, denn weltanschaulich trennte die beiden wenn nicht ein Abgrund, so immerhin eine Kluft von beachtlichem Ausmaß. 1952 sollte Polgar bekennen: »Meine Liebe zu Dir ist selbst durch Deine zu McCarthy nicht zu erschüttern. Und wenn auch Dein Herz abnormal sitzt, nämlich ganz rechts – wer kann für seine Anatomie?«[24] Dem skeptischen Berthold Viertel gegenüber hatte er seine Beziehungen zu Schlamm mit dessen hilfreichen Versuchen gerechtfertigt, für ihn als »Schreibe-Person etwas zu tun«, und dabei habe er »diese Idee mit größtem Takt und Respekt in Aktion umgesetzt, ohne hierbei meiner politischen und socialen Gesinnung (die eine ganz andere ist als die seine) auch nur das geringste sacrificium abzunötigen«.[25]

Während der Kriegsjahre und danach war Polgars Verhältnis zu Österreich und Wien von einer Mischung aus Sehnsucht und Abscheu gekennzeichnet: »In den Märztagen 1938 offenbarte sich in allzuvielen Fällen das Gold des goldenen Wiener Herzens als Talmi, die weltgepriesene Wiener Gemütlichkeit als Oberflächentäuschung, als Camouflage für Rohheit und Bestialität. Allzuviele Wiener zeigten ihre im Lied gerühmte Begabung, ›nicht unterzugehen‹ in der Raschheit, in der sie sofort die richtigen Tempi heraushatten, um sicher mitzutreiben im Strom der neuen, der Hitler-Zeit.« Trotzdem sei er überzeugt, »daß die überwältigende Mehrheit der heutigen (Anfang 1943 – d. Verf.) Wiener Bevölkerung mit Sehnsucht den Augenblick erwartet, die heimischen Hakenkreuzstrolche büßen zu lassen, was sie verbrochen haben, daß zahllose Menschen in Wien unverzagt und unvermeidlich am Werk sind, diesen Augenblick herbeiführen zu helfen«.[26] Dieses Schwanken zwischen Hoffnung und Mißtrauen, zwischen Bejahung eines neuen österreichischen Staates und Verneinung derer, die ihn tragen sollten, bestimmte die meisten von Polgars Stellungnahmen bis weit in den Frieden hinein.

In seinem Weihnachtsbrief an Bruno und Liesl Frank vom 19. Dezember 1944 schrieb Polgar: »Sehr feiertäglich ist mir nicht zu Mute, aber Weihnachten und Neujahr sind nun doch seit Kindheit her rot angestrichen in meinem emotional Kalender – also laßt Euch zu Christi Geburt (über die tiefe spirituelle Bedeutung des Datums wird Euch

Fr.(anz) Werfel gern Bescheid geben) eine besonders innige Liebeserklärung von Lisl und mir gefallen.« Und vom Festtagsthema abschweifend fragte er abschließend: »Macht Dich der Kriegsverlauf in Europa auch so mißgestimmt und magenkrank wie uns? Daß es so kommen würde, habe ich mir zwar gedacht, seit ich vor 2 Monaten Schwarzschild sagen hörte, daß die Deutschen kein Öl mehr haben und kein Metall, keine Bahnen und keine Nahrung und längstens in einem halben Jahr ganz und gar erledigt sind. Jetzt könnte nur noch eine Voraussage von Emil Ludwig helfen, daß die Alliierten den Krieg zu verlieren im Begriff sind.«[27]

Der Tod Präsident Roosevelts am 12. April 1945 traf Polgar – wie viele andere europäische Emigranten – besonders hart: »was soll man sagen zu der tückischen Bosheit der sogenannten Vorsehung, F.D.R. von der Bühne zu schieben knapp vor dem triumphalen Höhepunkt des Stücks, das er zu diesem Höhepunkt geführt hat? Es ist erheblich finsterer geworden in Amerika seit gestern Nachmittag, Alles, was warm und freundlich schien, kälter und weniger freundlich, und das ganze Leben noch um eine Nuance leerer. Es ist zu traurig, daß dieses noble, schöne Gesicht ausgelöscht ist, und statt seiner nun eine indifferente Beamtenvisage (Harry S. Truman – d. Verf.) Amerika vorstellt. (. . .) Lili D.(arvas) war gestern Abend nach dem Theater – in allen Theatern wurde gespielt – bei uns, erzählte, es war eine Stimmung (bei den Zuhörern) so lustig wie noch selten an einem Abend zuvor. Wirklich trauern die Arbeiter, die Taxi-Chauffeure, die émigrés-Juden (nicht die amerikanischen) (. . .). Die reichen Wechsler und die Hohepriester sind in bester Laune.«[28]

Derjenige, an den diese Elegie gerichtet war, Bruno Frank, sollte selbst etwa zwei Monate darauf nach längerer Krankheit sterben. Für Polgar begann die Zeit des Überlebens, und zwar im Sinn des Übrigbleibens, während die Freunde und Gefährten entschwanden. In seinem letzten

Brief an Frank meinte er noch: »Inzwischen läuft, zu allem privaten Ungemach, auch die Weltgeschichte obstinat weiter: ›Ein Anblick gräßlich und gemein‹. Wunderliches Gefühl, daß man zu Allem, was *irgend einer* Nation oder politischen Gruppe (Amerikanern, Briten, Franzosen, Kommunisten, Liberalen etc.) Schlechtes passiert, nur, verzweifelt-logisch befriedigt, sagen muß: Recht geschieht ihnen.«[29] In sehr menschlichen, sehr persönlichen Worten des Trostes für Liesl Frank versuchte Polgar dann auch, wie es heißt, Trauerarbeit zu leisten, indem er gemeinsame Erlebnisse mit dem Freund erinnerte: »Ich tue wahrscheinlich unrecht, Dir jetzt nicht lieber von gleichgültigen Dingen zu sprechen, aber ich weiß, daß es kein ›Ablenken‹ gibt, und daß man seelischen Schmerz am besten (wenn überhaupt) hypnotisiert, wenn man ihm in's Gesicht starrt. (. . .) Darling, ich möchte Dir gern von uns erzählen, aber unser Leben ist so klein geworden. Man sieht's kaum noch.«[30]

Sonst aber sah Polgar damals noch sehr genau, und sogar mehr als andere. Da allgemein über die Haltung den besiegten Nationalsozialisten gegenüber diskutiert wurde und viel von Vergessen, Verzeihen und Besserung durch »re-education« die Rede war, meldete sich auch Polgar zu Wort, und er tat es kompromißlos. Eilfertiges Vergessen war ihm fremd und sollte es bis zu seinem Tod bleiben: »Um einen Übeltäter zu bessern, muß man ihm vor allem einmal zum Bewußtsein verhelfen, daß das, was er getan hat, übel war. Bei den Nazis wird man aber auf Schwierigkeiten stoßen. Erstens weil sie keine Phantasie besitzen – so widerspruchsvoll es klingt: sie wissen genau, was sie tun, und sind doch unfähig, sich eine rechte Vorstellung davon zu machen – zweitens weil sie eine Hand haben, über die nichts geht als die Kugel und das Messer. Vergebliches Bemühen, ihnen einleuchten zu wollen, daß es häßlich ist, wehrlosen Nebenmenschen die Nieren aus dem Leib zu treten; sinnlos, ihnen offiziell oder anders, bekannt zu geben, daß ihr Brauch, Juden zu zehntausenden in Gaskammern zu sperren und sie hernach, tot oder halbtot, zu Dungmitteln für die heilige deutsche Erde zu verkochen, bei sehr vielen Leuten, sogar Antisemiten, Indignation hervorruft. Die Kategorien: Gerechtigkeit, Vergeltung ganz bei Seite gelassen – wenn überhaupt, werden die Nazi das Böse ihres Tuns als böse nur dadurch erkennen (erster Schritt zur Reue und Besserung), daß sie es am eigenen Leibe und, soweit vorhanden, an eigener Seele erfahren. Sie haben sich schief gelacht über den Jammer, den sie in anderer Leute Land getragen: bekommen sie Gelegenheit genug, sich schief zu weinen über Jammer in ihr eigenes Land gebracht, dann könnte vielleicht aus jenem Lachen und diesem Weinen eine zur besseren Einsicht in die Dinge taugliche Gemütslage resultieren. Emerson nennt das › Ausgleichungen ‹.«[31]

Wenige Wochen darauf, am 27. April 1945, konstitutierte sich die erste, provisorische Regierung der wiedererstandenen Republik Österreich, und die »Austro American Tribune« bat ihre Mitarbeiter um eine Stellungnahme zu diesem Ereignis. Polgars Erklärung (geschrieben im Mai 1945) war kurz und pessimistisch; es sei zu bezweifeln, »daß diese (die Regierung – d. Verf.) noch am Leben sein werde, wenn sie (»Austro American Tribune« – d. Verf.) jene publiziere«.[32] Aus der Ministerliste kenne er bloß zwei Namen: Renner und Kunschak. »Mit dem Namen des Dr. Renner verknüpft sich mir die Vorstellung eines braven Mannes und untadeligen Socialdemokraten alter Schule, nicht die einer politischen Persönlichkeit von Format. Wäre er das, hätten ihn die Nazi – die keinen früheren Gegner, der ihnen nicht völlig harmlos erschien, einzusperren oder zu ermorden vergaßen – nicht 7 Jahre lang unbehelligt gelassen. Kunschak war Chefredakteur[33] der Wiener christlichsocialen ›Reichspost‹, einer Zeitung, deren Kritik am Hitlerismus und seinen Taten in einem verwunderten, äußerstenfalls bedauernden Kopfschütteln bestand, und die sehr Vieles herausfand, was man dem Nazi-Régime ›lassen muß‹. Sicher ist Eines: an der Frage der Juden-Behandlung hätte Kunschaks Partei ihr Bemühen um ein gutes Verhältnis mit den Nazis nicht scheitern lassen; in diesem Punkt hätten ›Reichspost‹ und ›Völkischer Beobachter‹ wie man in Wien sagt: keinen Richter gebraucht.«

Der neue Staat erschien Polgar in bezug auf die Wandlungen ehemaliger Nationalsozialisten voller »Wunder«, wie er einige Monate später in einem Brief bemerkte, und dazu zähle auch die erstaunliche Tatsache, »daß Max Mell Dramaturg des Burgtheaters wurde. Das letzte, was ich von ihm las, war eine ›Ode an den Führer‹. Das Kultusministerium im Kabinett Renner scheint nicht zimperlich zu sein.«[34] So wie im privaten Bereich der Korrespondenz beschäftigten sich auch fast alle Artikel Polgars in den folgenden Jahren mit dem – jenem zur Zeit von Hitlers Machtergreifung auffallend verwandten – Phänomen des Gesinnungswechsels. Nach dem Untergang des »Dritten Reiches« war abermals die im »Hand- und Gesinnungsumdrehen« erfolgende Bewältigung der eigenen Vergangenheit zu beobachten, und keineswegs nur in Einzelfällen.

Mit seinen gedruckten Äußerungen machte sich Polgar freilich nicht nur Freunde – nicht einmal unter eben diesen, denn er war kein Kommunistenfeind und verheimlichte das auch nie. In einem Aufsatz, »Post aus der Heimat«, mokierte er sich über die Klagen der Österreicher betreffend die Unannehmlichkeiten, in einem von den Alliierten besetzten Land zu leben: »Kaum hier und da scheint in ihren Mitteilungen ein opportunes Sätzchen auf, aus dem man zur Not schließen könnte, es sei schon *vor* Bomben und Russen ungemütlich gewesen im Vaterland. Und das Wort ›Befreiung‹ steht zwischen Gänsefüßchen. Sozusagen am Pranger. Auch wir haben uns die Befreiung freier vorgestellt, mit mehr Ausrufungs- und weniger Fragezeichen. Aber den Morgen anklagen, daß er grau ist, das sollten jene nicht tun, die sich so gut zurechtfanden in der pechschwarzen Nacht, die ihm voranging.«[35] Friedrich Torberg schickte den Text an einen Wiener Freund – ein »Feuilleton des lieben, süßen, alten Alfred Polgar«, aus dem der Freund so recht ersehen könne, »wie lieb, wie süß, und besonders wie alt« Polgar geworden sei. Den Ton der Verbitterung im beigelegten Artikel Polgars erklärte Torberg spitz damit, »daß man ihm keine Gelegenheit gegeben hat, die Berufung zum Präsidenten eines neugegründeten österreichischen Penclubs abzulehnen und über diese Ablehnung im gleichen ›Aufbau‹ (der in Fachkreisen auch ›Aufstoß‹ oder ›Readers Deiges‹ heißt) eine hämisch triumphierende Notiz erscheinen zu lassen. Wenn Du aber bedenkst, daß derselbe Polgar den Aufruf der Aktion ›Bücher für Österreich‹ sofort unterschreibt, weil diese Aktion von der linken, oder auch der tapferen, und jedenfalls fortschrittlichen ›Austro-American Tribune‹ unternommen wird: dann weißt Du ungefähr, um was es da wieder einmal geht.«[36] Bedenkt man die große Hochschätzung, die Torberg sonst für Polgar bekundete, dann muß er sich über dessen Naheverhältnis zur – ihm ideologisch verdächtigen – »Austro American Tribune« außerordentlich geärgert haben, um so abschätzige Formulierungen zu verwenden. »Er ist so lieb und sanft und weise – mein Gott, wie hat er sich verändert! Wenn ich an Hollywood zurückdenke und gar erst an Europa!«[37], staunte Lisl Polgar im September 1945, und sie hatte wohl am meisten Gelegenheit, solchen Wandel an ihrem Mann zu überprüfen. Aber sanfte Weisheit war eine Sache, und die politische Überzeugung, an der er unbeirrbar festhielt, eine andere.

Was seine persönliche Existenz betraf, betrachtete er den zweifelhaften Vorzug, überlebt zu haben, als Symptom dafür, »daß an dem Gerede, Hitler sei in Patagonien gelandet, doch etwas Wahres daran ist«. Denn »alte Juden«, die »immer geseufzt haben: ›Nur den Hitler möcht' ich noch krepiert sehn!‹«,³⁸ hatten ja sonst keine Daseinsberechtigung. Wenn er damals in Briefen Sätze konstruierte, die ihm nachträglich grammatikalisch nicht ganz »koscher« erschienen, fühlte er sich zwar schuldig, exculpierte sich aber sofort: »(. . .) seit K. Kraus tot ist, braucht man sich ja in dem Punkt nicht mehr zu genieren.«³⁹ Zugleich versuchte er sich vorzustellen, was aus diesem in der Emigration geworden wäre: »Immerhin blieb ihm das traurige Schicksal eines Großinquisitors erspart, der mitansehen hätte müssen, wie ihm alle Ketzer, die er brauchte, um sie zu verbrennen, en masse weg erschlagen werden. Was hätte er mit einem Kerr, alt und krank im Exil, anfangen sollen? Und – (angenommen), er wäre nach Amerika gekommen – von ›Aufbau‹ und ›Aus(tro) Am(erican) Trib(une)‹ allein hätten sein Haß und Witz nicht leben können. Und ein sehr konstruktiver Geist war er ja nicht, sondern durchaus ein kritisches Genie.«⁴⁰

Im Sommer 1947 fuhr Polgar erstmals wieder nach Kalifornien, behauptete allerdings, Geselligkeiten tunlichst ausweichen zu wollen: »Ich habe ein umfangreiches Programm, was und wen Alles ich hier nicht sehen will«,⁴¹ und kurz darauf meldete er, »bisher nur ein wohlweisliches Minimum an Bekannten gesehen (zu haben). Etwas (Ludwig) Marcuse, eine kleine Portion Gina (Kaus) (womit mein Appetit gestillt ist) . . .«⁴² Außerdem besuchte er Fritzi Massary, traf mit Fritz Kortner zusammen (zu ihm waren die Beziehungen seit der Zusammenarbeit für »Der brave Sünder« etwas gespannt: »Ich hatte, wie immer, den Eindruck, daß er fest entschlossen ist, aber nicht ganz genau weiß, wozu«) – und war auch sonst »mit außer Arbeit vollauf beschäftigt«.⁴³ Gewohnt hatte er im Hause Bruno und Lotte Walters, deren Gastfreundschaft er im nachhinein gerührt würdigte: »Ich müßte weit in meine, entfernteste, Vergangenheit zurück denken, um eine ähnlich lange Zeitspanne unbeschwerten, sorglosen Wohlbehagens zu finden, wie wir sie in Ihrem Haus verlebt haben. Das Schönste an den schönen Wochen war das Beisammen-Sein mit Bruno Walter, einem Mann, dessen Herzens-Noblesse in jedem Augenblick fühlbar wird (. . .) und dessen Humor selbst so chronische Gäste wie wir nicht trüben konnten.«[44]

Von den politischen Verhältnissen in Kalifornien, dem Beginn der McCarthy-Ära und ihrer Jagd auf Linksintellektuelle war Polgar äußerst beunruhigt und durch Erzählungen seiner Freunde davon überzeugt, daß sich »gerade an der Westküste die Reaktion ganz tief eingefressen« hatte; und was er »von der Gerichts-Praxis hier (. . .), von den Erlebnissen der Film-Strikes mit Polizei und Behörden (gehört habe)«, sei »einfach niederschmetternd«.[45] Bertolt Brecht zählte zu den bekanntesten Emigranten, die sich vor dem »Committee for Un-American Activities« verantworten mußten. Polgar verfolgte die Ereignisse aufmerksam und benachrichtigte Viertel, der inzwischen in England eingetroffen war, »daß Brecht sein Haus in California verkauft hat und nach der Schweiz geflogen ist; gleich nach seinem Verhör vor dem gewissen Heuochsen-Committee, wo er sich mit raffiniertester Gescheitheit blöd gestellt hat. Ich hab's im Radio gehört. Es war ein Genuß.«[46] Auch Chaplin war unter den Opfern der politischen Massenhysterie, was Polgars ohnedies vorhandenen Sympathien für ihn nur verstärkte – er sei »von der Reaktion so niederträchtig angegriffen und verlästert worden (besonders hier in Amerika), daß man gar nicht kann als hundertprocentig für ihn sein«.[47]

Polgars Übersetzungen erfolgreicher amerikanischer Bühnenstücke, so Samson Raphaelsons »The Perfect Marriage«, John van Drutens »The Voice of the Turtle«, Garson Kanins »Born Yesterday« und Mary Coyle Chases mit dem Pulitzer-Preis ausgezeichneter Komödie »Harvey«, die ihm Liesl Frank vermittelte, waren mehr als Beschäftigungstherapie; sie bildeten späterhin neben Tantiemen aus seinen Bearbeitungen erheblicher Teile des dramatischen Werkes von Franz Molnár den Grundstock seines Einkommens. 1947 stellte Heinrich Maria Ledig-Rowohlt einen Polgar-Band: »Im Vorübergehen« zusammen, »nach seiner Auswahl«, wie der Autor gekränkt zur Kenntnis nahm. Zugleich fragte er sich, wie diese Texte (»das alte, zum Teil so ranzig gewordene Zeug«) von den Lesern Nachkriegsdeutschlands aufgenommen würden.[48] Obendrein arbeitete er an Skizzen für das im folgenden Jahr erscheinende Buch »Anderseits. Erzählungen und Erwägungen«, in das auch bisher bloß in Zeitschriften veröffentlichte Arbeiten einbezogen wurden; eine Tätigkeit, die er mit den Worten kommentierte: »Il faut faire quelque chose pour l'immortalité.«[49] Hermann Broch, dem der Autor den Band mit Widmung zugesandt hatte, dankte, noch aus dem Spital, in bewegten Worten. Mit der dem Anlaß entsprechenden Courtoisie unter Schriftstellerkollegen hatte dieser Dank nichts mehr gemein: »Was sind Sie für ein Großmeister, Meister A.P.! Ich weiß niemanden in der ganzen Literatur (zu der Sie Gottbehüt und Gottseidank nicht gehören) einschließlich der ganzen Literaturgeschichte, der das kann was eben Sie allein können: Tiefseefische an der Oberfläche fangen. Das geht weit übers Dichterische hinaus und direkt ins Menschliche und in die Weisheit hinein; vielleicht haben die Chinesen etwas ähnliches gehabt.«[50]

Kurz darauf schrieb Broch an Carl Seelig: »Immer nur sorgen Sie sich für andere, und hinsichtlich Polgar haben Sie mit Ihrer Sorge recht; er gehört nach Europa (. . .)«.[51] Der Wunsch nach Rückkehr, zumindest nach zeitweiliger, wurde nun immer stärker. Berthold Viertel hatte Wien schon besucht und diente als eine Art Kundschafter. Er informierte ihn auch über die Lebensbedingungen in der Schweiz und die Zusammensetzung der Zürcher Caféhausgesellschaft, die im »Odeon« verkehrte.[52] Polgar reagierte auf Viertels Schilderungen mit unverhohlener Neugier: »Ein bißchen beklemmend in ihrer Fülle, aber in mir hat es doch eine große Sehnsucht geweckt, wieder mal zwischen neu-berlinischen Larven und Lemuren herum zu kriechen. Es sind zwar Gespenster, aber keine unheimlichen. Und am Ende gehöre ich doch zu ihnen.«[53] Ein Wiedersehen mit Wien schien noch aus einem weiteren, eher prosaischen Grund angebracht: »Die Vergangenheit, die mir im Gemüt liegt, möchte ich nicht missen – aber jene, die mir im Magen liegt, möchte ich los werden. Auf dem für Mageninhalte vorgesehenen physiologischen Weg. Und das, glaube ich, gelänge am ehesten an Ort und Stelle.«[54]

Im Frühjahr 1949 bestieg der amerikanische Staatsbürger Alfred Polgar das Schiff nach Europa. Doch bereits in der Sammlung »Anderseits« war ein Aphorismus zu lesen gewesen, dessen erste Hälfte er an Leib und Seele zu spüren bekommen hatte – die Richtigkeit der zweiten sollte er erst verifizieren: »Emigranten-Schicksal: Die Fremde ist nicht Heimat geworden. Aber die Heimat Fremde.«[55]

Leben und Sterben im Hotel

Nach kurzem Aufenthalt in Paris zog Polgar in seine Wahlheimat Zürich und nahm dort wieder im Hotel Urban Quartier, gleich neben dem Café Odeon, der Buchhandlung Oprecht und dem Schauspielhaus. Dieses bequeme – aber durchaus bescheidene – Ambiente inspirierte eine Interviewerin zu einer hübschen Gegenüberstellung, mit der sie ihren Artikel eröffnete: »Thomas Mann wohnt in diesen Tagen in Zürich im Baur au Lac. Alfred Polgar im Hotel Urban.« Obwohl damit alles gesagt war, erläuterte sie ihre Pointe ausgiebig, und schon war's um diese geschehen. Der Eindruck, den Greta Hennemann gewann und weitergab, sollte noch von manch anderem Interviewer gewonnen und weitergegeben werden: »Alfred Polgar saß zurückgelehnt in einem der tiefen, gepolsterten Stühle im Salon des Urban und versuchte mit liebenswürdiger Wiener Eloquenz zu erklären, daß weder das, was ich – als Journalistin leider zur Neugier verurteilt – ihn fragen noch was er darauf antworten könnte, neu oder besonders bemerkenswert sein würde. Er habe ein Leben lang nur versucht, mit seinem Schreiben niemanden zu langweilen. Seine Person selbst – höchst nebensächlich und alltäglich. Ein Interview? Aber nein – bitte vielmals: nein!«[1] Ein Interview mit Alfred Polgar zu führen, sei schwieriger, »als eine Forelle mit der Hand zu fangen«, hatte Robert Musil 23 Jahre zuvor erklärt. Es war in der Zwischenzeit nicht leichter geworden.

Wien bereitete dem Heimkehrer einen großen Empfang, zumindest in den Feuilletons der Zeitungen gleich welcher politischen Richtung, von der kommunistischen »Volksstimme« bis zur sehr bürgerlichen »Presse«. Der damalige Wiener Kulturstadtrat Viktor Matejka schlug vor, ihn zum »Ehrenbürger der Stadt Wien« zu ernennen, aber Polgar gab vor, dieser Einfall habe ihm »kalte Schauer über den Rücken und sonst überallhin laufen lassen. Gottlob, daß die Wiener Autoritäten von solcher Unzucht wider meine Natur nichts wissen wollten.«[2] In ähnlichem Sinn reagierte er auch auf die »Idee«, ihn der »öst.(erreichischen) Reg.(ierung) als unentbehrlichen Zeit- und Ortsgenossen zu suggerieren. Aber ich bitte Sie sehr«, beschwor er Peter Loos, dem die Idee gekommen war, »dies *keinesfalls* zu tun oder zu veranlassen, daß es von irgendwelcher andren Seite getan werde. Sie überschätzen die Reg.(ierung), und Sie überschätzen mich. Ich fühle mich in Wien am wohlsten als displaced person; und würde, wieder eingepflanzt in altheimatliche Erde, kaum in besonderen Saft schießen (entschuldigen Sie die botanische Wendung).«[3]

Da sowohl sein »Stammschloß« Stallburggasse 2 als auch die Wohnung seiner Frau von »Nazi-Raubrittern« okkupiert waren, quartierte er sich in dem nur wenige Schritte entfernten »Grabenhotel« ein, wo schon Peter Altenberg seine letzten Lebensjahre verbracht hatte. Den Aufenthalt nützte Polgar auch, sich nach dem Verbleib einer ihm nahestehenden Person zu erkundigen, die während der Nazizeit in Wien ausgeharrt hatte. »In den Häusern, die hier standen und nun liegen, wohnten zumeist Juden, und wer, vorbeipassierend, denkt, was ihnen geschah, ist versucht, es in Ordnung zu finden, daß jetzt niemand mehr dort wohnt, außer in den öden Fensterhöhlen das Grauen. An dieser beklemmenden Gegend vorbei führte mein Weg zu dem Hausmeister, von dem ich etwas über das Schicksal einer alten nahen Verwandten zu erfahren hoffte. Er unterbrach einen Augenblick das Geschäft des Flurfegens, sagte mit einer Stimme, die klang wie tongewordene Wurschtigkeit: ›Die? Die haben's abg'holt‹, und setzte seinen Besen wieder in Schwung. Auf dem Rückweg schien die Gegend nicht mehr so beklemmend.«[4] Die »alte nahe Verwandte«, in Briefen billigte er ihr bloß den Verwandtschaftsgrad »einer alten braven Kusine«[5] zu, war in Wirklichkeit seine ältere Schwester Hermine. Polgar neigte zum Understatement, in jeder Hinsicht. So wertete er auch die ihm dargebrachten Huldigungen entschieden ab: »Die Zeitungen (. . .), Radio und so, machten ein Getue mit mir, als sei der favorite son der Stadt heimgekommen. In Österreich ist ein empfindlicher Mangel an zeitgenössischen Klassikern ausgebrochen, und da mußte ich eben aushelfen.«[6]

Distanz zur ehemaligen Heimat, vor allem in politischen Belangen, kennzeichnet alle Stellungnahmen, die er teils privat abgab, teils den Lesern des »Aufbau« mitteilte, für den er ein mehrteiliges »Notizbuch von einer Europa-Reise« schrieb. Ein Besuch in der Mozart-Stadt vermittelte ihm die Einsicht, daß es dort paradoxerweise »mehr Nazis (. . .) als Einwohner«[7] gebe. »Ich bin nämlich jetzt hier draufgekommen, was der kleine aber entscheidende Schönheitsfehler Salzburgs ist: nämlich, daß dort nicht Italiener wohnen, sondern Österreicher. Schade.«[8] Abgesehen von diesen maliziösen Aperçus dürfte sich Polgar jedoch in der heimatlich provinziellen Atmosphäre tatsächlich beklommen gefühlt haben – »(. . .) hinter ihrer Freundlichkeit lauert fühlbar die Tücke«[9], und er erwähnte überdies, die »geheime Feindseligkeit gegen Remigranten«[10] sei in Österreich viel deutlicher zu spüren als in Deutschland. Er fuhr nach München, und wurde eines nicht viel Bessern belehrt: »(. . .) macht Euch keine Sorgen um Deutschland«, beruhigte er Freunde. »Es ist in bester Reconvalescenz, man wird staunen, wie bald es wieder eiserne Muskeln und Nerven haben wird. Der Antisemitismus gedeiht, die alte Nazi-Frechheit kommt wieder ungeniert nach vorn, und die Amerikaner geben ihren Segen dazu. Sozusagen: die SS-Leute vertragen sich ausgezeichnet mit den $$-Leuten.«[11]

In Stuttgart veranstaltete der Kulturbund in der Technischen Hochschule eine Lesung mit Alfred Polgar: »Lebhafter, herzlicher, dankbarer und erwartungsvoller Beifall begrüßt ihn, als er mit einem Bündel Manuskripte unterm Arm das Podium erklimmt«, berichtete ein Journalist. »Ein silbergrauer, feiner alter Herr, dessen Gesicht man wohl Gescheitheit, Witz und Ironie, nicht aber die bitteren Erlebnisse des Emigranten und am allerwenigsten die 74 Jahre ansieht.«[12] Auch andere Momentaufnahmen dieses Besuchs sind erhalten. Hermann Lenz schildert in seinem (autobiographischen) Roman »Ein Fremdling« seine, Eugen Rapps, Begegnung mit Polgar: »Bei einer Pressezusammenkunft (. . .) hatte der junge Verleger Karlsbach gesagt, früher habe es öfter geheißen, dieser Dichter sei ein Asphaltliterat... Doch wer in Berlin die Lichter im nassen Asphalt habe sich spiegeln sehen und wie die geglitzert und gesprüht hätten, der wisse, wie bewundernswert es sei, wenn einer so schreiben könne, daß es scheine, als würden in seinen Sätzen diese schwankenden Nachtspiegelungen, die da und dort wie Sternbilder aussähen, wieder lebendig. (. . .) Bald kam ein altes Ehepaar herein, der Herr mit schwarzer Hornbrille, und Karlsbach begrüßte ihn wie einen Onkel. Der Dichter griff Karlsbach ans Revers und rieb den Stoff zwischen den Fingern. Dann sagte er: ›Da hast du dir was Gutes zugelegt‹ und schaute Eugen an. Karlsbach sagte schnell, Herr Rapp sei Schriftsteller, und der Dichter fragte: ›Wo erscheinen seine Bücher?‹ Eugen sagte es und dachte: der fürchtet sich... kein Wunder nach zwölf Jahren Fremde. Bei jedem, dem er hier begegnete, mußte er sich fragen: Ob der einen Juden umgebracht hat? Und während er seiner Frau, die jetzt drüben beim Empfangchef stand, zurief: ›Liesl, ein Fachinger, bitte!‹, flüsterte Karlsbach: ›Er ist alt geworden.‹ Zu Eugen sagte der Dichter: ›Was ich geschrieben habe, gilt doch hier für zynisch.‹ (. . .) Der Dichter wünschte, daß das Deckenlicht im Saal ausgeschaltet werde; nur die Lampe draußen am Tisch, wo er lesen sollte, durfte brennen. Wahrscheinlich fürchtete er sich vor den vielen Gesichtern. Du kannst es ihm nachfühlen, dachte Eugen (. . .)«[13]

Anfang Dezember 1949 kehrte Polgar nach Zürich zurück und genoß dort »ohne seelische Scham den Mangel an Ruinen, nachtfinstern Straßen und SS-Gesichter«.[14] Da er bei seinem Wiener Aufenthalt die ihm zustehende Entschädigungssumme erhalten und verbraucht hatte, habe er – wie er meinte – »nicht einmal dieses ethische Motiv für eine Rückkehr in die alte (Ernst-)Lothar-Stadt an der Donau«.[15] Im Frühling des folgenden Jahres kam er wieder nach Salzburg, in den Kurort Bad Gastein, wo er sich »peinlich deplaciert« fühlte: »lauter steinalte Leute kriechen hier herum«, außerdem waren »¾ der Kurgäste Schweizer, und dagegen kommt auch die schönste Natur nicht auf«.[16] Einen weiteren Besuch in Deutschland benützte er, seine Beziehungen zum Rowohlt-Verlag zu lösen.[17] Er suchte einen neuen Verleger für einen »Gesamt-Band« seiner »(großteils neu instrumentierten) köstlichen Prosa-Stücke« und hatte schon Absprachen mit Bermann-Fischer.[18] Das Projekt wurde allerdings nicht realisiert, ein nur wenig repräsentativer Auswahlband (mit teilweise neuen Skizzen, darunter auch das in Zürich wiedergefundene Anfangskapitel seines Homer-Romans: »Der Knabe Homer«): »Begegnung im Zwielicht« erschien 1951 bei Lothar Blanvalet in Berlin. Knapp vor seinem falschen 75. Geburtstag fuhr er nach New York. Von den zahlreichen Festtagsartikeln nahm er bloß einen »hymnischen Aufsatz[19] von H(ans) Weigel« zur Kenntnis, und daß »C(arl) Seelig in so ziemlich jede (Schweizer – d. Verf.) Zeitung ein Polgar-Ei gelegt (hat)«.[20] Auch der Bürgermeister der Bundeshauptstadt Wien, Theodor Körner, stellte sich – neben Unterrichtsminister Hurdes – mit Glückwünschen ein und dem Jubilar ein erstklassiges Zeugnis aus: »Sie beherrschen, wie kaum ein anderer, die schwierige Kunst, in prägnanter Weise Wesentliches über wichtige Dinge des Lebens auszusagen und diesem einen Sinn zu geben, der dem oberflächlichen Betrachter verborgen bleibt. (...) Seien Sie überzeugt, daß die Heimat, der Sie auch in der Ferne die Treue halten, Ihrer stets ehrenvoll gedenkt und Ihren weiteren Lebensweg mit den besten Wünschen begleitet.«[21]

Als nächstes legte man auf Polgars weiteren Lebensweg – im Frühjahr 1951 – den erstmals verliehenen »Preis der Stadt Wien für Publizistik«, eine Ehrung, zu der der Preisträger ein eher nüchternes Verhältnis hatte. Er kam ihretwegen gar nicht nach Wien und bat den ihm bekannten Journalisten Rudolf Holzer von Paris aus, die Auszeichnung für ihn in Empfang zu nehmen: »Vertrink nicht das ganze Geld, sondern heb' mir etwas davon auf. Willst Du so lieb sein, mich wissen zu lassen, wo meine Habgier Dich im Sommer wird erreichen können?«[22]

Journalistisches Lob, das ihm zahlreich zuteil wurde, bedeutete ihm, so behauptete er zumindest, nicht viel. Als aber 1951 Gustav Janouchs Aufzeichnungen über dessen »Gespräche mit Kafka« erschienen – in denen folgendes Urteil enthalten ist: »Seine Sätze sind so glatt und gefällig, daß man die Lektüre von Alfred Polgar als eine Art unverbindlicher gesellschaftlicher Unterhaltung hinnimmt und gar nicht merkt, daß man eigentlich beeinflußt und erzogen wird. Unter dem Glacéhandschuh der Form verbirgt sich ein fester, unerschrockener Wille als Inhalt. Polgar ist ein kleiner, aber tüchtiger Makkabäer im Lande der Philister.«[23] –, sei er, laut Friedrich Torberg, »stolz wie ein Gymnasiast« gewesen.[24] Anerkennung von anderen Schriftstellern, die ihn als ihresgleichen werteten, wog für ihn jede Lobpreisung als »Meister der kleinen Form« auf. So schrieb er Alfred Neumann: »Von einem Manne Ihres hohen litterarischen Anspruchs so gewürdigt zu werden, tut über die Maaßen wohl. Ich bin nicht verwöhnt in diesem Punkt. Da mein Geschriebenes in Zeitungen erscheint, wie sonst könnte ich es in Honorar umsetzen? – bin ich seit Jahr und Tag als ›Feuilletonist‹ stigmatisiert. Eine widerwärtige Metapher: locus pro persona.«[25] Und wenn er, wie von Rudolf Holzer, als Wiener Spezialität gerühmt wurde, wies er dies freundlich zurück: »Du hast mich wirklich in den Himmel gehoben, wenn auch nur in den Wiener Himmel. Eine etwas weitere obere Lokalität hättest Du einem

Schriftsteller, von dem kein einziges Buch in einem Wiener Verlag erschienen ist, schon gönnen dürfen. Und wirst Du es vor der Litteraturgeschichte verantworten können, daß Du mich einen Schüler Kürnbergers nennst? Von dem ich nichts weiß als den Titel eines Buches, das ich nie gelesen habe? ›Der Amerikamüde‹ hieß es, glaube ich.«[26] Geehrt und als Zeuge großer Vergangenheit in kahler Gegenwart herumgereicht zu werden – an diesem Zustand sollte sich im Grunde kaum mehr etwas ändern. 1952 bemerkte Polgar über seinen Besuch in Wien: »(...) die unablässigen Huldigungen, die wir von Volk und Adel über uns ergehen lassen mußten, haben uns sehr mitgenommen. In München sind die Leute vom Fasching so ermattet, daß sie kaum noch Heil Hitler murmeln können.«[27] Polgar war nun, beinahe achtzigjährig, sozusagen wieder der Alte geworden, der vornehm-distanzierte Herr, eben der »Grandseigneur mit den gepflegten Formen«, der bei seinen Aufenthalten in Wien im »Sacher«, in München im Hotel »Vier Jahreszeiten« abstieg. Über sein Aussehen, zumindest auf Photographien, hatte er sich schon Jahre zuvor mokiert: »wie ein greiser Bankier unmittelbar nach dem Bankrott.«[28]

Er schrieb auch wieder für deutschsprachige Zeitungen – »Die Neue Zeitung«, die »Süddeutsche Zeitung«, den »Wiener Kurier«, manchmal für Melvin Laskys Magazin »Der Monat« – Theaterkritiken, Glossen und Betrachtungen zur Zeit. Als sein Verleger Ernst Rowohlt Ernst von Salomons »Der Fragebogen« herausgab, war Polgar empört, ernannte den Autor öffentlich zu einem »Winkeladvokat(en) des Faschismus« und sparte nicht einmal mit Seitenhieben auf den ehemals geliebten »Vater Rowohlt«: »Zwischen Rowohlt und Salomon besteht im großen ganzen, scheint es, Harmonie der Urteile und des Geschmacks. Nur in einem Punkt gehen die beiden Ernste scharf auseinander, und der ›Fragebogen‹, immerzu schonungslos aufrichtig, verhehlt uns das nicht. Nämlich, daß Salomon sich gern unauffällig besäuft, indes Rowohlt dies möglichst auffällig zu tun liebt.«[29]

Ungeachtet seines fortgeschrittenen Alters scheute Polgar keine Konflikte – sein Platz war zwischen den Stühlen. So wandte er sich gegen die vorzeitige Entlassung von Kriegsverbrechern und wurde infolgedessen von der »Goslarschen Zeitung« als »eleganter Stilfriseur« attackiert, vor dessen »giftsprühende(r) Infamie« zu warnen sei.[30] Die nunmehr in Ostberlin erscheinende »Weltbühne« nahm ihn in Schutz, obwohl sie wenige Wochen davor ganz andere, unfreundlichere Töne für ihn gefunden hatte. Von Melvin Lasky aufmerksam gemacht, protestierte Polgar dagegen, daß er immer noch auf der Beiträgerliste der »Weltbühne« geführt wurde. Er bekam hierauf einen Brief des Herausgebers, den der Empfänger – heftig untertreibend – »säuerlich«[31] nannte, denn die Antwort Hans Leonards auf Polgars Begehren war entschieden sauer ausgefallen: »Über Ihre jetzige Haltung und diejenige der Weltbühne von heute ist wohl kaum ein Wort zu verlieren, da ihre Mitarbeit an Organen, die für die Vorbereitung eines neuen Antikomintern-Krieges arbeiten, eindeutig zeigt, auf welchem Wege Sie sich befinden. Es hat auch dazu geführt, daß die verschiedensten Verehrer des Meisters der kleinen Form den Schriftsteller Alfred Polgar abgeschrieben haben. Auf Ihren Wunsch hin werden wir dies ebenfalls tun, um Ihnen Unannehmlichkeiten seitens der Ihnen wahrscheinlich sehr nahestehenden amerikanischen Kreise zu ersparen. Welch ein Beweis für die Größe ›dieser‹ Demokratie!«[32]

Zwei Bände rückten Polgar noch ins allgemeine Interesse – er war wieder in den Schoß des Hauses Rowohlt zurückgekehrt: die Auswahl »Standpunkte« (1953) und das im April 1954 veröffentlichte Taschenbuch »Im Lauf der Zeit«. In Berlin veranstaltete man Sonderaufführungen der von ihm übersetzten Stücke »zu Ehren von a.p.«. Er las im Bayerischen Rundfunk, wurde interviewt, seine Texte wurden nachgedruckt. Die Reisen vom Zürcher Hotel Urban aus hatten, ehrerbietig kommentiert in den Zeitungen der mit seinem Verweilen beehrten Städte, fast Tournee-Charakter. Die vollständige finanzielle Selbständigkeit stellte sich aber trotz dieser öffentlichen Anerkennung nicht mehr ein. In einem Brief an Lili Darvas, eine der vertrautesten Freundinnen von Alfred und Lisl Polgar, die sie auch auf ihrer Romreise im Mai 1954 begleiten sollte, resümierte er bekümmert, er höre immer wieder von seiner Frau »den Wunsch, noch einmal im Leben möchte sie unabhängig sein von Freunden und Wohltätern. Mir tun solche Äußerungen natürlich weh, denn schließlich ist es meine Schuld, daß ich ihr, seit wir 1938 aus Wien fort mußten, diese Unabhängigkeit nicht verschaffen konnte. Was hätt' ich tun sollen? Ich war schon zu alt, um in der Fremde ein anderes Geschäft anzufangen als meine arme Schriftstellerei. Und wurde also als Geld-Verdiener eine failure ersten Ranges.«[33] Und im Sommer 1953 berichtete Polgar mit einer besonderen Art von Würde, die kein Konditionalis mehr ist, aus Salzburg: »Ich habe auch ein bischen was gearbeitet, nicht mehr mit dem richtigen Glauben an die (und Interesse an der) Sache, und vermutlich war auch nicht mehr richtig gut, was bei der Arbeit heraus kam. Ob ich schon ein bischen senil bin, weiß ich nicht. Das Gute an der Senilität ist, daß sie einen selbst hindert, sie zu bemerken. Man rutscht so smoothly in den Zustand hinein, und glaubt sich noch draußen, wenn man schon längst drin ist.«[34]

Diese melancholische Selbstironie hinderte Polgar nicht, weiter produktiv zu sein, buchstäblich bis zum letzten Tag seines Lebens, und sich, wenn es auch sicher große Mühe bereitete, die Leichtigkeit seines Stils, immer schon Ergebnis harter Arbeit, zu bewahren. Keineswegs verfiel er dabei in Routine, der unerbittlich genaue Maßstab, den er an Kunst und Künstler legte, verpflichtete ihn selbst am meisten. Gerade sein Spätwerk zeichnet sich durch etwas aus, das man seinem Œuvre insgesamt nachrühmt: »Ruhig und gedämpft ist das Licht, das von der Prosa Alfred Polgars ausgeht: Es erhellt, ohne je zu blenden.«[35]

Zu Weihnachten 1953 pries der achtzigjährige Polgar den jungen Arno Schmidt – »In den hundertsechzig anarchischen Seiten herrscht uneingeschränkte Gedankenfreiheit« – als den interessantesten »unter den neuen deutschen Prosaisten«.[36] Alfred Polgar, sein Lebtag jene »displaced person«, als die er sich, ein hartnäckig Unbehauster, nach Kriegsende gerne bezeichnete, hatte nunmehr fast 60 Jahre geschrieben und publiziert – für den Tag und zugleich über diesen hinaus. Und sogar allen Widrigkeiten der Zeit und Zeitgeschichte zum Trotz gelang ihm, was er einst, im Augenblick finsterster Not, an Hofmannsthal bewundert und sich selbst nicht zugetraut hatte: »(. . .) ein Maximum an Welt und Geist in sich hineinzutun, ein Maximum an Leistung aus sich hinauszuzwingen. Er stellte höchsten Anspruch an sich und tat, was er konnte, ihm gerecht zu werden.« Im Grunde aber blieb er, bis zum Schluß, der er am Anfang seiner Karriere gewesen – ein »leiser Anarchist«, nie bereit, Zwang, Ungerechtigkeit und Unterdrückung stillschweigend zu übergehen, stets renitent in der revolutionären Neigung, alles in Frage zu stellen: Staat und Politik, Würde und Ruhm, »Gerechtigkeit« und »Geist«, Literatur und Theater, große Gefühle und Leidenschaften, schließlich auch die eigene Person, nur eines nicht – das Recht des einzelnen auf größtmögliches Glück, so beschränkt die Möglichkeiten immer sein mochten. Er schrieb in Zeitungen, von Phrasen umgeben, mit ihnen jonglierend, sie zerlegend, neu belebend, und in seinen Sätzen und Formulierungen brachte er das längst entfremdete Wort zu sich selbst.

Anfang August 1954 meldeten noch mehrere Wiener Blätter, daß der »weltberühmte Publizist« Alfred Polgar zum »literarischen Beirat« des Theaters in der Josefstadt berufen wurde, und das Wiener Theaterpublikum dürfe sich »vom klugen Rat dieses großen Könners und Kenners wichtige Impulse erwarten«.[37] Der Könner und Kenner war da anderer Meinung: »Ich habe nicht die leiseste Ahnung, was ich dort machen soll«, vertraute er Lili Darvas an, »und schon gar nicht das leiseste Bedürfnis danach.«[38] Viel konnte er für dieses Publikum jedenfalls nicht mehr tun. Im April 1955 besuchte er Deutschland, Berlin und München, ging dort wie immer ins Theater. Dann kehrte er nach Zürich zurück, beendete die Kritik »Drei Theaterabende in Deutschland« und schickte sie an die Redaktion der Wiener Zeitschrift »FORVM«. Alle Berichte sagen, er habe sich am Abend des 23. April nach getaner Arbeit einen Film angesehen. In der Nacht überfiel ihn plötzliche Übelkeit. Ohne seine Frau zu wecken – man hatte im »Urban« getrennte Zimmer –, telephonierte er dem Hotelportier, der einen Arzt verständigte. Beim zweiten Herzinfarkt kam jede Heilkunst zu spät. Laut dem »Report of the Death of an American Citizen« trat der Tod am Morgen des 24. April, um 6 Uhr 40, ein.[39] Der Nekrolog Friedrich Torbergs, vom Wiener »Neuen Kurier« tags darauf veröffentlicht, schloß mit den Worten: »In den Nachrufen auf den vor kurzem verstorbenen Erzherzog Eugen konnte man lesen, daß mit ihm der letzte Marschall des Deutschen Ritterordens gestorben war. Mit Alfred Polgar starb der letzte Marschall des deutschen Sprachordens.«[40]

Zum zehnten Todestag beschlossen die gesetzmäßigen Erben dieses imaginären Ordens, die Deutsche Akademie für Sprache und Dichtung, in der für Polgar zu Lebzeiten kein Platz gewesen war, einen »Alfred Polgar-Preis für die Kleine Form« zu stiften, der sich dem renommierten »Sigmund Freud-Preis für wissenschaftliche Prosa« zugesellen möge[41] – fürwahr, eine schöne Geste der Pietät, an welcher der Verstorbene gewiß seine Freude gehabt hätte. Noch mehr hätte er sich freilich an der Tatsache gefreut, daß dieser nach ihm benannte Preis bis heute kein einziges

Mal verliehen wurde, allem Anschein nach mangels geeigneter Kandidaten. Denn in dem kleinen Schönheitsfehler steckt ein großes Kompliment: Eine höhere Auszeichnung läßt sich weder einem »homme de lettres ordinaire« (als der sich Polgar verstand) noch einem Dichter (der er war) zuerkennen als durch das unverhohlene Eingeständnis, niemand sei würdig, in seinem Namen ausgezeichnet zu werden. Und so erwies man, ohne es zu wissen und zu wollen, dem »letzten Ritter des Wiener Feuilletons«[42] die letzte Ehre. Eine größere hat die offizielle deutsche Literatur nicht zu vergeben.

Nachbemerkung

Ohne die Hilfe einer Vielzahl von Personen und Institutionen hätte dieses Buch nie geschrieben werden können. Ihnen und allen, die ich namentlich gar nicht anzuführen vermag, sei herzlichst für Entgegenkommen und Vertrauen gedankt – insbesondere Alfred Polgars Stiefsohn Erik G. Ell (†) und Selma Ell (New York) sowie Dr. Elio Fröhlich (Zürich), die mir umfangreiche Materialien zur Verfügung stellten und den auszugsweisen Abdruck unveröffentlichter Quellen gestatteten.

Prof. Dr. Wendelin Schmidt-Dengler (Wien) war mir während der Arbeit an meiner Dissertation ein mehr als verständnisvoller Betreuer, und Marcel Faust (Wien) hat meine Beschäftigung mit Alfred Polgars Leben und Werk stets durch Rat und Tat unterstützt.

Für Hinweise, Kritik, Quellenbeschaffung und Zitiererlaubnis danke ich Elisabeth Albertsen-Corino (Bad Vilbel), Alice Bernoulli (†), Trudi Buck (Zürich), Theodora Dreifuss (Zürich), Liesl Frank-Lustig (†), Prof. Dr. Elisabeth Freundlich (Wien), Mary Gerold-Tucholsky (Rottach-Egern), Sári Juhász (Wien), Monica Nagler (Wien), Elisabeth Neumann-Viertel (Wien), Marietta Torberg (Wien), Christina Wesemann (Wien) und Birgit Wittgenstein (†). Desgleichen Prof. Dr. Volker Bohn (Mörfelden), Peter Michael Braunwarth (Wien), Prof. Milan Dubrovic (Wien), Georg Fritsch (Wien), Dr. Eckart Früh (Wien), Dr. Hans Eberhard Goldschmidt (†), Dr. Murray G. Hall (Wien), Prof. Fritz Hochwälder (Zürich), Heribert Illig (Puchheim), Erhard Löcker (Wien), Prof. Peter Loos (Wien), Prof. Dr. Paul Michael Lützeler (St. Louis), Prof. Friedrich Luft (Berlin), Prof. Dr. Golo Mann (Kilchberg bei Zürich), Dr. Bernt Richter (Hamburg), Dr. Hans Röder (Zürich), Dr. Hans Sahl (New York), Prof. Heinrich Schnitzler (†), Werner J. Schweiger (Wien), Paul Victor Stein (Wien), Prof. Dr. Paul Stöcklein (Bamberg), Prof. Friedrich Torberg (†), Dr. Reinhard Urbach (Wien), Hans Weigel (Maria Enzersdorf), Prof. Dr. Bernd Witte (Aachen) und Heinz Wittgenstein (Wien).

Für die Erlaubnis, ihre Bestände zu benützen, sei folgenden Institutionen gedankt: der Dokumentation der Arbeiterkammer für Wien, dem Archiv der Akademie der Künste (Berlin), der Carl-Seelig-Stiftung (Zürich), der Deutschen Bibliothek – Abteilung Exilliteratur (Frankfurt), dem Deutschen Literaturarchiv im Schiller-Nationalmuseum (Marbach am Neckar), der Bayerischen Staatsbibliothek (München), dem Leo Baeck Institute (New York), den Archiven der Verlage Rowohlt (Reinbek) und Oprecht (Zürich), den Handschriftensammlungen der Österreichischen Nationalbibliothek und der Wiener Stadtbibliothek (beide Wien), dem Wiener Stadt- und Landesarchiv, dem Dokumentationsarchiv des österreichischen Widerstandes (Wien), der Dokumentationsstelle für neuere österreichische Literatur (Wien), der Israelitischen Kultusgemeinde (Wien), dem Österreichischen Staatsarchiv – Kriegsarchiv (Wien) und dem Thomas Mann-Archiv der ETH Zürich.

Wien, 1985 *Ulrich Weinzierl*

Anmerkungen

Quasi ein Vorwort (S. 12 – 15)

1 Peter Panter: Zum Fünfzigsten. In: Die Weltbühne, XXI (42), 20. 10. 1925, S. 614ff., S. 614, 616.

2 In: Die Weltbühne, XXII (33), 17. 8. 1926, S. 267.

3 Manès Sperber: Wie eine Träne im Ozean. Köln – Berlin 1961, S. 32.

4 Robert Neumann: Ein leichtes Leben. Bericht über mich selbst und Zeitgenossen. Wien – München – Basel 1963, S. 118.

5 Die ursprüngliche Fassung, aus »Schwarz auf Weiß«, Berlin 1928, hatte noch geheißen: »Geschichten werden niemals richtig erlebt, nur manchmal richtig erzählt.«

Jugend in Wien (S. 16 – 32)

1 In: Das Wort. Literarische Monatsschrift, (4/5), April/Mai 1937, S. 190.

2 a. p.: Vom fragwürdigen Nutzen der Kritik. In: Ich bin Zeuge. Berlin 1927, S. XI – XVI, S. XI. Siehe auch: a. p.: Kleine Schriften, Bd. 4: Literatur, S. 270 – 274.

3 Matrikelbücher der Wiener Israelitischen Kultusgemeinde 1873/6158.

4 a. p.: Exzentriks. Erstveröffentlichung in: Berliner Tageblatt, Abendausgabe, 22. 12. 1927, S. 2. Siehe auch: a. p.: Kleine Schriften, Bd. 1: Musterung, S. 362 – 365, S. 362.

5 a. p.: Vom fragwürdigen Nutzen der Kritik, a. a. O., S. XIf.

6 a. p.: Jugend. Erstveröffentlichung in: Prager Tagblatt, 30. 4. 1922, S. 2. Siehe auch: a. p.: Kleine Schriften, Bd. 3: Irrlicht, S. 359 – 363, S. 361.

7 a. p.: Der Bruder. In: Kleine Zeit. Berlin 1919, S. 108 ff.

8 a. p.: Handbuch des Kritikers. Zürich 1938, S. 5. Siehe auch: a. p.: Kleine Schriften, Bd. 3: Irrlicht, S 390.

9 Erich Thanner: Der Gegenbeweis. In: a. p.: Lieber Freund! Lebenszeichen aus der Fremde. Hg. und eingeleitet von Erich Thanner. Wien – Hamburg 1981, S. 6.

10 Die Hauptkataloge des alten Sperlgymnasiums befinden sich im Bundesgymnasium und Bundesrealgymnasium Wohlmuthstraße, dem ich für die Erlaubnis zur Einsichtnahme danke.

11 Richard Kola: Rückblick ins Gestrige. Erlebtes und Empfundenes. Wien – Leipzig – München 1922, S. 54.

12 Zit. nach: Herbert Kirnig: Alfred Polgar – Alfred Kerr. Ein Vergleich. Phil. Diss., Wien 1950, S. 35.

13 Richard Kola: Rückblick ins Gestrige, a. a. O., S. 64.

14 Karl Kraus: Die demolirte Literatur (= Reihe deutscher Satiren. Hg. von Karl Riha, Bd. IV). Steinbach 1972, S. 35f.

15 Max Graf: Der junge Alfred Polgar. In: Max Graf: Jede Stunde war erfüllt. Ein halbes Jahrhundert Musik- und Theaterleben. Wien – Frankfurt 1957, S. 156ff.

16 Siehe: Max Graf: Der Kritiker Polgar. In: Weltpresse, Wien 25. 5. 1957, Beilage.

17 a. p.: Wirkung der Persönlichkeit. In: Egon Friedell (Hrsg.): Das Altenbergbuch. Wien – Leipzig – Zürich 1921, S. 265 – 274, S. 265. Siehe auch: a. p.: Kleine Schriften, Bd. 4: Literatur, S. 16 – 22.

18 Stefan Großmann: Ich war begeistert. Eine Lebensgeschichte. Berlin Cop. 1930 (Neudruck: Königstein/Ts. 1979), S. 137.

19 Aus Arthur Schnitzlers unveröffentlichten Tagebüchern, Eintragung vom 10. 11. 1905.

20 a. p. an Arthur Schnitzler, 6. 6. 1896 (?).

21 Stefan Großmann: Ich war begeistert, a. a. O., S. 48f.

22 Die Zukunft der »Zukunft«. In: Die Zukunft – Organ der unabhängigen Socialisten, III (8), 5. 7. 1895, S. 1.

23 a. p. (pseud. Alfred von der Waz): Hunger. In: Die Zukunft, III (10), 2. 8. 1895, S. 1ff., S. 3.

24 Ebenda.

25 Hilde Spiel: Alfred Polgar, der leise Anarchist. In: Frankfurter Allgemeine, 27. 11. 1982, Beilage.

26 Egon Friedell: Abschaffung des Genies. Essays bis 1918. Hg. und mit einem Nachwort »Friedell als Buchautor« von Heribert Illig. Wien – München 1982, S. 105.

27 Wiener Kriegsarchiv, »Unter-Abtheilungs-Grundbuchsblatt«, Nr. 1149/1896.

28 Schuld und Sühne. In: Wiener Allgemeine Zeitung (in der Folge abgekürzt mit WAZ), 26. 7. 1899, S. 2.

29 a. p.: Puccinis »Bohème«. In: WAZ, 7. 10. 1897, S. 2.

30 a. p.: Hofoper. In: WAZ, 26. 4. 1899, S. 3.

31 a. p.: Gustav Schönaich. In: WAZ, 11. 4. 1906, S. 2f.

32 Dieses und die vorhergehenden Zitate stammen aus Polgars Polemik »Gare aux filous!«. In: WAZ, 25. 3. 1898, S. 6.

33 a. p.: Die Treue (Novellenband von Stefan Großmann). In: WAZ, 19. 1. 1901, S. 2.

34 a. p.: Der König Kandaules. In: WAZ, 30. 1. 1906, S. 2f., S. 2.

35 Ebenda, S. 3.

36 Die Fackel, IV (123), 11. 12. 1902, S. 26f. Siehe dazu auch: Ulrich Weinzierl: Karl Kraus und Alfred Polgar. In: Kraus Hefte, Nr. 8, Oktober 1978, S. 4 – 10.

37 Karl Kraus in: Die Fackel, V (142), 3. 7. 1903, S. 15 – 18, S. 15.

38 a. p.: Der Erdgeist. In: WAZ, 24. 6. 1903, S. 2f.

39 Zu Kraus' Frauenbild siehe: Nike Wagner: Geist und Geschlecht. Karl Kraus und die Erotik der Wiener Moderne. Frankfurt 1982.

40 a. p. (L. A. Terne): Ein Lustspiel – »Die Diplomatin« von Arthur Pserhofer. In: Wiener Sonn- und Montagszeitung, 23. 5. 1904, S. 1.

41 Karl Kraus in: Die Fackel, VI (163), 31. 5. 1904, S. 22f.

42 Karl Kraus: Satiriker. In: Die Fackel, VIII (213), 11. 12. 1906, S. 23f.

43 Siehe: a. p.: Das Haus der Illusionen. In: Simplicissimus, XI (36), 3. 12. 1906, S. 585f.

44 Siegfried Jacobsohn in: Die Weltbühne, XVI (26), 24. 6. 1920, S. 766ff., S. 766f.

45 Siegfried Jacobsohn: Der Fall Jacobsohn. Charlottenburg 1911, S. 29.

46 Siehe: Walter Serner: Über Denkmäler, Weiber und Laternen. Frühe Schriften (= Walter Serner: Das Gesamte Werk. Hg. von Thomas Milch, Bd. 1). München 1981, S. 30.

Das Kaffeehaus als Ort der Leidenschaften (S. 33 – 53)

1   a. p. an Stefan Großmann, 18. 8. 1899. Autograph im Besitz von Christina Wesemann, Wien.

2   Siehe: Elisabeth Albertsen: Ea oder die Freundin bedeutender Männer. Porträt einer Wiener Kaffeehausmuse. In Musil-Forum, V (1/2), 1979, S. 21 – 37, S. 135 – 153.

3   Aus Arthur Schnitzlers unveröffentlichten Tagebüchern. Eintragung vom 10. 11. 1905.

4   Helga Malmberg: Widerhall des Herzens. Ein Peter Altenberg-Buch. München 1961, S. 137.

5   a. p. an Emma Rudolf (in der Folge abgekürzt mit E. R.), Prein 21. Juli (1899) 5^h n. Autograph der Dokumentationsstelle für neuere österreichische Literatur, Wien.

6   a. p. an E. R., ¾ 1^h Nachts, 7/8 April o. J. Für die Vermittlung einer Kopie dieses Briefes dankt der Verf. Frau Elisabeth Albertsen-Corino, Bad Vilbel.

7   a. p. an E. R., 11^h Nachts, 27. April o. J. Autograph der Dokumentationsstelle für neuere österreichische Literatur, Wien.

8   a. p. an E. R., ¾ 1^h Nachts, 25/26 Oct. o. J. (1899). Kopie von E. Albertsen-Corino, Bad Vilbel.

9   a. p. an E. R., 29. IX. (o. J.), ¼ 3^h Nachts, Café Moser. Autograph der Dokumentationsstelle für neuere österreichische Literatur, Wien.

10   a. p. an E. R., 2^h Nachts, 17/18 April o. J. Autograph der Dokumentationsstelle für neuere österreichische Literatur, Wien.

11   a. p. an E. R., ¼ 3^h Nachts, 25/26 Dec. o. J. Autograph der Dokumentationsstelle für neuere österreichische Literatur, Wien.

12   a. p. an E. R., 11^h Nachts, 27. April o. J. Ebenda.

13   a. p. an E. R., 30. Dec., ½ 11^h o. J. Ebenda.

14   Z. B. a. p. an E. R., 10. Jänner o. J. ½ 8^n Abends. Ebenda.

15   a. p.: Erste Liebe. Zit. nach: a. p.: Kleine Schriften, Bd. 3: Irrlicht. S. 387 ff., S. 388, 389.

16   Unvollständig erhaltener Brief Peter Altenbergs an Stefan Großmann, o. D. Autograph im Besitz von Christina Wesemann, Wien.

17   Zit. nach Elisabeth Albertsen, Teil 1, a. a. O., S. 25.

18 Siehe Brief von Sigmund Freud an Arnold Zweig vom 15. 7. 1934. In: Ernst L. Freud (Hrsg.): Sigmund Freud – Arnold Zweig. Briefwechsel. Frankfurt 1968, S. 96.

19 a. p. zit. in: Die Fackel, V (142), 3. 7. 1903, S. 16f.

20 Siehe: Elisabeth Albertsen, Teil 1, a. a. O., S. 27.

21 a. p. an Ea von Allesch, New York, 16. 11. 1946. Kopie im Besitz des Verfassers.

22 Dazu siehe vor allem: Camillo Schaefer: Peter Altenberg. Ein biographischer Essay. Wien 1979; ferner Gisela von Wysocki: Peter Altenberg. Bilder und Geschichten des befreiten Lebens. München – Wien 1979; sowie Hans Christian Kosler (Hrsg.): Peter Altenberg. Leben und Werk in Texten und Bildern. München 1981.

23 Stefan Großmann: Ich war begeistert, a. a. O., S. 137.

24 Max Graf: Jede Stunde war erfüllt, a. a. O., S. 157.

25 Karl Kraus: Satiriker. In: Die Fackel, VIII (213), 11. 12. 1906, S. 23f., S. 24.

26 Aus Arthur Schnitzlers unveröffentlichten Tagebüchern, 2. 6. 1898.

27 a. p. an E. R., Café zur Kugel, 3^h Nachts, 24/25 September 1900. Autograph im Besitz von Christina Wesemann, Wien.

28 Peter Altenberg an Stefan Großmann. Poststempel vom 30. 4. 1900. Ebenda.

29 Peter Altenberg an Stefan Großmann. Wien, Poststempel vom 8. 8. 1900. Ebenda.

30 Peter Altenberg: Texte auf Ansichtskarten. Frau E . . . R . . . In: Peter Altenberg. Auswahl aus seinen Büchern von Karl Kraus. Wien 1932 (Neudruck: Zürich 1963), S. 233.

31 Peter Altenberg: »Semmering 1912«, Berlin ^{5}1919, S. 71.

32 Peter Altenberg an Lina Loos' Mutter, August 1906. Zit. nach Franz Theodor Csokor und Leopoldine Rüther (Hrsg.): Du silberne Dame Du. Briefe von und an Lina Loos. Wien – Hamburg 1966, S. 99.

33 Peter Altenberg an Lina Loos, 5. 8. 1906. Autograph der Wiener Stadtbibliothek, I. N. 126.920.

34 a. p.: Hamsun-Menschen. In: Neues Wiener Tagblatt, 12. 6. 1910, S. 3f. Siehe auch a. p.: Kleine Schriften, Bd. 4: Literatur, S. 213 – 219, S. 214.

35 Peter Altenberg: Hamsun-Menschen. In: Die Schaubühne, VI (28/29), 14. 7. 1910, S. 727f., S. 727.

36 a. p.: Hamsun-Menschen. In: Die Schaubühne, VI (30/31), 28. 7. 1910, S. 798.

37 Diktierter Brief Peter Altenbergs mit eigenhändiger Unterschrift vom 11. 8. 1910. Autograph im Besitz von Dr. Elio Fröhlich, Zürich.

38 Siehe dazu die einschlägigen Kapitel in: Egon Friedell (Hrsg.): Das Altenbergbuch. Wien 1921.

39 a. p.: Peter Altenberg. In: Der Nachlaß von Peter Altenberg. Hg. von Alfred Polgar. Berlin 1925, S. 149 – 154, S. 152. Dieser und andere Texte Polgars über Altenberg sind in a. p.: Kleine Schriften, Bd. 4: Literatur, S. 9 – 22, abgedruckt; die zitierte Passage findet sich hier auf S. 15.

40 a. p. an Berthold Viertel, New York, 22. 12. 1952. Autograph des Deutschen Literaturarchivs Marbach am Neckar. Nachlaß Viertel, 69.2663/4, S. 4f.

41 Peter Altenberg: Lieber Alfred. In: Der Nachlaß von Peter Altenberg, a. a. O., S. 106f., S. 106.

42 Arthur Schnitzler: Das Wort. Tragikomödie in fünf Akten. Fragment. Hg. und eingeleitet von Kurt Bergel. Frankfurt 1966, S. 125.

43 a. p.: Peter Altenberg. In: Der Friede, III (53), 24. 1. 1919, S. 18f., S. 19. Siehe auch: a. p.: Kleine Schriften, Bd. 4: Literatur, S. 10 – 16, S. 16.

44 Aus Arthur Schnitzlers unveröffentlichten Tagebüchern, 25. 1. 1919.

45 Formulierung aus Schnitzlers Tagebüchern in Zusammenhang mit u. a. Polgar und Großmann. Siehe: Arthur Schnitzler: Tagebuch 1909 – 1912. Unter Mitwirkung von Peter Michael Braunwarth, Richard Miklin, Maria Neyses, Susanne Pertlik, Walter Ruprechter und Reinhard Urbach hg. von der Kommission für literarische Gebrauchsformen der Österreichischen Akademie der Wissenschaften, Obmann: Werner Welzig. Wien 1981, S. 232.

46 Aus Arthur Schnitzlers unveröffentlichten Tagebüchern, 10. 11. 1905.

47 Siehe u. a.: Renate Wagner: Arthur Schnitzler. Eine Biographie. Frankfurt (Fischer-TB) 1984.

48 Aus Arthur Schnitzlers unveröffentlichten Tagebüchern, 10. 11. 1905.

49 a. p.: Das Wiener Feuilleton. In: Der Weg, I (17), 20. 1. 1906, S. 11ff. Siehe auch a. p.: Kleine Schriften, Bd. 4: Literatur, S. 200 – 205.

50 Aus Arthur Schnitzlers unveröffentlichten Tagebüchern, 20. 1. 1906.

51 Ebenda, 10. 2. 1906.

52 Arthur Schnitzler: Das Wort, a. a. O., S. 36.

53 Ebenda, S. 88.

54 Werner Kraft: Das Ja des Neinsagers. Karl Kraus und seine geistige Welt. München 1974, S. 182.

55 Arthur Schnitzler: Der Weg ins Freie. Berlin 1908, S. 117.

56 Vgl.: »Der Weg ins Freie«, a. a. O., S. 226f., und »Das Wort«, a. a. O., S. 88.

57 a. p. (unter der Chiffre l. a. t.): Zwischenspiel. (Komödie in drei Akten von Arthur Schnitzler. Zum erstenmal aufgeführt im Burgtheater). In: Wiener Sonn- und Montagszeitung, 16. 10. 1905, S. 1ff. Siehe auch: a. p.: Sperrsitz. Hg. und mit einem Nachwort »Wien, Jahrhundertwende. Der junge Alfred Polgar« von Ulrich Weinzierl. Wien 1980, S. 13 – 20.

58 a. p.: Zum Großen Wurstel (Burleske in 3 Akten von Arthur Schnitzler). In: WAZ, 21. 3. 1906, S. 3.

59 Arthur Schnitzler: Aphorismen und Betrachtungen. Hg. von Robert O. Weiss. Frankfurt 1967, S. 462.

60 a. p.: Das Märchen (dreiaktiges Schauspiel von Arthur Schnitzler). In: WAZ, 28. 9. 1907, S. 5.

61 Aus Arthur Schnitzlers unveröffentlichten Tagebüchern, 29. 9. 1907.

62 Ebenda.

63 Aus Arthur Schnitzlers unveröffentlichten Tagebüchern, 19. 12. 1908.

64 Arthur Schnitzler an Richard Beer-Hofmann, Wien, 26. 5. 1905 (Anläßlich der Polgar-Kritik zu Beer-Hofmanns »Der Graf von Charolais«). Aus Schnitzlers unveröffentlichtem Briefnachlaß. Freundliche Vermittlung von Dr. Reinhard Urbach, Wien.

65 Aus Arthur Schnitzlers unveröffentlichten Tagebüchern, 11. 7. 1908.

66 Arthur Schnitzler an Otto Brahm, Wien, 18. Dezember 09. In: Arthur Schnitzler: Briefe 1875 – 1912. Hgg. von Therese Nickl und Heinrich Schnitzler. Frankfurt 1981, S. 612f., S. 613.

67 Arthur Schnitzler: Tagebuch 1909 – 1912, a. a. O., S. 109 (Eintragung vom 13. 12. 1909).

68 Arthur Schnitzler: Tagebuch 1909 – 1912, a. a. O., S. 148 (Eintragung vom 15. 5. 1910).

69 Arthur Schnitzler an S. Fischer, Wien, 17. 12. 1910. In: Arthur Schnitzler: Briefe 1875 – 1912, a. a. O., S. 642 – 645, S. 644.

70 Arthur Schnitzler: Tagebuch 1909 – 1912, a. a. O., S. 197 (Eintragung vom 28. 11. 1910).

71 Ebenda, S. 259 (Eintragung vom 30. 8. 1911).

72 a. p.: Der einsame Weg. In: Die Schaubühne, X (9), 26. 2. 1914, S. 271 – 275, S. 271. Polgar hatte das Stück bereits anläßlich einer früheren Wiener Aufführung besprochen – in: WAZ, 18. 5. 1906, S. 2f.

73 Aus Arthur Schnitzlers unveröffentlichten Tagebüchern, 23. 2. 1914. Schnitzler bezog sich auf die in der »Wiener Sonn- und Montagszeitung« abgedruckte Kritik.

74 a. p.: Zum erstenmal: »Fink und Fliederbusch«. Komödie in drei Akten von Arthur Schnitzler. In: WAZ, 16. 11. 1917, S. 4.

75 a. p.: Zum erstenmal: »Professor Bernhardi«. Schauspiel in fünf Akten von Arthur Schnitzler. In: WAZ, 23. 12. 1918, S. 3.

76 Aus Arthur Schnitzlers unveröffentlichten Tagebüchern, 14. 5. 1926.

77 a. p.: Der Theaterdichter Schnitzler. Zit. nach: a. p.: Kleine Schriften, Bd. 4, Literatur, S. 26 – 29, S. 27.

Fröhliche Apokalypse? (S. 54 – 79)

1 Anton Kuh: »Central« und »Herrenhof«. In: Anton Kuh: Luftlinien. Feuilletons, Essays und Publizistik. Hg. und mit einem Nachwort von Ruth Greuner. Wien 1981, S. 22.

2 Otto Soyka: Viel Geist war mit von der Partie – Erinnerungen aus Café Central. In: Die Schau, I (15/16), August 1953, S. 7f., S. 8.

3 a. p.: Das neue Leben. Das Caféhaus. In: a. p.: Bewegung ist alles. Novellen und Skizzen. Frankfurt 1909, S. 109–123, S. 115 – 118.

4 a. p. an Rudolf Kommer, 3. 10. 1941. Handschriftensammlung der Österreichischen Nationalbibliothek (ÖNB) H 521/4-58.

5 a. p.: Hiob. In: a. p.: Hiob. Ein Novellenband. München 1912, S. 9.

6 Aus Arthur Schnitzlers unveröffentlichten Tagebüchern, 12. 7. 1912.

7 Leonhard Adelt: Wiener Bilder. In: Das literarische Echo, XI(3), 1. 11. 1908, Spalte 180 – 186, 184.

8 a. p.: La femme incomprise. In: a. p.: Der Quell des Übels und andere Geschichten. München 1908, S. 17 – 29, S. 28.

9 a. p.: Manneswürde. In: a. p.: Bewegung ist alles, a. a. O., S. 1 – 12.

10 a. p.: Leonhard hat ein Erlebnis. In: Bewegung ist alles, a. a. O., S. 51 – 63. Eine von Polgar später überarbeitete Fassung dieses Textes ist abgedruckt in: a. p.: Kleine Schriften, Bd. 2, Kreislauf, S. 3 – 6.

11 a. p.: Der verlogene Heurige. In: a. p.: Bewegung ist alles, a. a. O., S. 67 – 75, S. 73f. Siehe auch: a. p.: Kleine Schriften, Bd. 2: Kreislauf, S. 11 – 17.

12 Vgl. Michael Worbs: Nervenkunst. Literatur und Psychoanalyse im Wien der Jahrhundertwende. Frankfurt 1983.

13 Otto Soyka: Von neuen Büchern. Alfred Polgar's Kritiken. In: Der Merker, I (15), 10. 5. 1910, S. 655f., S. 655.

14 a. p. an Berthold Viertel, 6. 7. 1911. Autograph des Deutschen Literaturarchivs Marbach am Neckar. Nachlaß Viertel 69.2663/1.

15 Karl Kraus: Pro domo et mundo. In: Die Fackel, XIV (354/355/356), 29. 8. 1912, S. 47.

16 Ludwig Ullmann: Hiob. In· Österreichische Rundschau, Bd. XXXIV, Jänner/März 1913, S. 407.

17 a. p.: Einsamkeit. In: a. p.: Hiob, a. a. O., S. 99 – 112, S. 99. Die später überarbeitete Fassung ist abgedruckt in: a. p.: Kleine Schriften, Bd. 2: Kreislauf, S. 24 – 31.

18 Karl Kraus: Satiriker, a. a. O., S. 23.

19 Das jüngste Gericht. 300 Epigramme über die Wiener Gesellschaft. Berlin 1908.

20 Rudolf Lothar: Die Wiener Kritik. In: Kritik der Kritik, I (4), Breslau 1904, S. 201 – 205, S. 205.

21 a. p.: »Familienväter«. Eine Komödie von Dietrich Eckart. In: WAZ, 6. 2. 1907, S. 3.

22 a. p.: Jubiläumstheater. Abgedruckt in: Taschenspiegel. Hg. und mit einem Nachwort »Alfred Polgar im Exil« von Ulrich Weinzierl. Wien 1979, S. 13.

23 a. p.: Der Meister. Komödie in 3 Akten von Hermann Bahr. In: WAZ, 22. 5. 1904, S. 3f., S. 3.

24 a. p.: Die gelbe Nachtigall. Komödie in 3 Akten von Hermann Bahr. In: WAZ, 17. 5. 1909, S. 2f., S. 2.

25 a. p. an Hermann Bahr, Wien, 30. 11. 1907. Theatersammlung der ÖNB Wien, Nachlaß Bahr A Ba M A 22 063.

26 Zit. nach Karl Kraus: Auersperg. In: Die Fackel, VIII (216), 9. 1. 1907, S. 1 – 10, S. 2.

27 a. p. (ungezeichnet): Fürst Harun al Raschid. In: WAZ, 22. 12. 1906.

28 Karl Kraus: Auersperg, a. a. O., S. 2f.

29 a. p.: »Die Dritte Walpurgisnacht«. Zit. nach: a. p.: Kleine Schriften, Bd. 4: Literatur, S. 49 – 53, S. 51.

30 a. p.: Schlenthers Derniere. In: Die Schaubühne, VI (10), 10. 3. 1910, S. 262 – 266, S. 263.

31 Karl Kraus: Der Freiherr. In: Die Fackel, XII (311/312), 23. 11. 1910, S. 1 – 13, S. 1f.

32 Ebenda, S. 1.

33 Ebenda, S. 4.

34 a. p.: Bergers Anfang. In: Die Schaubühne, VI (11), 17. 3. 1910, S. 293f., S. 293.

35 a. p.: Saisonbeginn. In: Die Schaubühne, VI (40), 6. 10. 1910, S. 1010 – 1013, S. 1011.

36 Ebenda.

37 Arthur Schnitzler: Tagebuch 1909 – 1912, a. a. O., S. 186 (Eintragung vom 24. 10. 1910).

38 a. p.: Wiener Premieren. In: Die Schaubühne, VII (8), 23. 2. 1911, S. 209 – 212, S. 209.

39 a. p.: Burgtheater. In: Die Schaubühne, VII (15), 13. 4. 1911, S. 405 – 407, S. 407.

40 a. p.: Wiener Premieren. In: Die Schaubühne, VII (39), 28. 9. 1911, S. 262 – 265, S. 265.

41 a. p. an Siegmund Ehrlich, Wien, 11. 10. 1911, ÖNB Wien, H 581/70-1. In einem zweiten Brief an Siegmund Ehrlich, vom 12. 10. 1911, lehnte es Polgar ab, den Kritiker der »Arbeiter-Zeitung«, Engelbert Pernerstorfer, um Intervention zu bitten, weil er »allen Grund habe anzunehmen, daß (dieser) mit dem Vorgehen des Baron Berger durchaus einverstanden« sei. Wie recht er damit hatte, zeigt ein Artikel von Oskar Maurus Fontana in der »Schaubühne«, in dem dieser auf eine Schelte der Burgtheaterkritiker durch Pernerstorfer eingeht. Siehe: O. Maurus Fontana: Burgtheaterkritik. In: Die Schaubühne, VIII (18), 2. 5. 1912, S. 509ff.

42 a. p.: Burgtheater. In: Wiener Sonn- und Montagszeitung, 16. 10. 1911, S. 7.

43 a. p.: Wiener Saisonschluß. In: Die Schaubühne, VIII (24/25), 20. 6. 1912, S. 679f. Abdruck dieses Teiles unter dem Titel »›Die Makkabäer‹ im Burgtheater« in: Sperrsitz, a. a. O., S. 122.

44 Die Schaubühne, VIII (34/35), 29. 8. 1912, S. 184.

45 Zit. nach Karl Kraus: Wenn wir Toten erwachen. In: Die Fackel, XIV (360 – 362), 7. 11. 1912, S. 64 – 72, S. 64.

46 Ebenda, S. 65.

47 p.f. (d.i. Paul Frank): Brahms Ibsen. In: WAZ, 18. 2. 1910, S. 3.

48 Berthold Viertel: Brahms Ibsen. In: Die Schaubühne, VI (11), 17. 3. 1910, S. 282ff., S. 282.

49 Zit. nach a. p.: Der große Dilettant. In: a. p.: Kleine Schriften, Bd. 4: Literatur, S. 62 – 85, S. 68.

50 Vgl. dazu vor allem: Werner J. Schweiger: Wiener Werkstätte. Kunst und Handwerk 1903 – 1932. Wien 1982, S. 138ff.

51 Kurt Tucholsky: Alte Weltbühnen. In: Kurt Tucholsky: Gesammelte Werke. Hgg. von Mary Gerold-Tucholsky und Fritz J. Raddatz, Bd. I. Reinbek 1960, S. 720.

52 a. p.: Historie einer Dichtung. In: Die Schaubühne, VI (18), 5. 5. 1910, S. 490 – 496, S. 495.

53 Ebenda, S. 492.

54 Ebenda, S. 493.

55 a. p.: Literarhistorisches zur Szene »Goethe«. In: Die Weltbühne, XXVIII (18), 3. 5. 1932, S. 675ff., S. 675f. Siehe auch: a. p.: Kleine Schriften, Bd. 4: Literatur, S. 208 – 213.

56 Egon Friedell: Dramaturgie des Dichters. Zit. nach Egon Friedell: Selbstanzeige. Essays ab 1918. Hg. und mit einem Nachwort »Der ganze Friedell?« von Heribert Illig. Wien – München 1983, S. 194 – 198, S. 197f.

57 Siehe die Besprechung in der »Arbeiter-Zeitung«, 13. 2. 1909.

58 Peter Altenberg: Wiedereröffnung des Kabaretts »Fledermaus«. In: WAZ, 2. 10. 1908, S. 3f., S. 3. Siehe auch Carl Lafite: »Der Petroleumkönig« (eine Musteroperette). In: WAZ, 9. 10. 1908, S. 3.

59 Aus Arthur Schnitzlers unveröffentlichten Tagebüchern, 5. 10. 1908.

60 Ebenda, 24. 12. 1908.

61 a. p. und Egon Friedell: Der Petroleumkönig oder Donauzauber. Wien 1908, S. 3. Vom Komponisten, Konrad Scherber, existiert ein heiterer »Leitfaden durch die Musik der Musteroperette ›Der Petroleumkönig oder Donauzauber‹«. Wien 1908.

62 Karl Kraus: Grimassen über Kultur und Bühne. In: Die Fackel, X (270/271), 19. 1. 1909, S. 1 – 18, S. 13.

63 a. p. und Egon Friedell: Soldatenleben im Frieden. Wien 1910 (Titelblatt).

64 Gerhart Hauptmann: Festspiel in deutschen Reimen. Berlin 1913.

65 a. p.: Festspiel 1813. In: Die Weltbühne, XX (32), 7. 8. 1924, S. 228f., S. 228.

66 Ebenda, S. 229.

67 Aus Arthur Schnitzlers unveröffentlichten Tagebüchern, 11. 6. 1908. In der Buchfassung änderte Polgar den Titel in »Talmas Ende«. In: Ansichten. Berlin 1933, S. 217. – 246.

68 Arthur Sakheim: Polgar in Altona. In: Die Schaubühne, VIII (51), 19. 12. 1912, S. 676f., S. 676.

69 Siehe auch die Aufführungsbesprechung Polgars, »Wiener Theater«, in: Die Schaubühne, IV (23/24), 11. 6. 1908, S. 603 – 609, S. 608f.

70 a. p. in: WAZ, 1. 7. 1911, S. 4. Lion Feuchtwanger hat die Aufführung »verrissen«. Siehe: Lion Feuchtwanger: Reinhardt in München. 1. Die schöne Helena. In: Die Schaubühne, VII (30/31), 3. 8. 1911, S. 81ff. Siehe auch: Lion Feuchtwanger: Ein Buch nur für meine Freunde. Frankfurt (Fischer-TB) 1984, S. 156 – 159.

71 a. p. an Berthold Viertel, 6. 7. 1911. Deutsches Literaturarchiv Marbach am Neckar, Nachlaß Viertel, 69.2663/1.

72 Otto F. Beer: Franz Molnár und sein Liliom. In: Franz Molnár: Liliom. Vorstadtlegende in sieben Bildern und einem szenischen Prolog. Für die deutsche Bühne bearbeitet von Alfred Polgar. Stuttgart 1979, S. 114 – 120, S. 117.

73 a. p.: Das Herz des Dichters. Prolog zu einer Pantomime in drei Bildern. In: Die Schaubühne, IX (1), 2. 1. 1913, S. 23 – 26, S. 24.

74 a. p.: Feinde. Zit. nach a. p.: Kleine Schriften, Bd. 2: Kreislauf, S. 32 – 37, S. 33.

75 Ebenda, S. 37.

Der Oberste der Saboteure (S. 79 – 94)

1 Anton Wildgans: »Vae Victis!« Zit. nach: Hans Weigel: Auch das war vorgestern. Bestandsaufnahme literarischer Kriegspropaganda in der österreichisch-ungarischen Monarchie und im Deutschen Reich 1914 – 1918. In: Hans Weigel – Walter Lukan – Max D. Peyfuss: Jeder Schuß ein Ruß. Jeder Stoß ein Franzos. Literarische und graphische Kriegspropaganda in Deutschland und Österreich 1914 – 1918. Wien 1983, S. 5 – 30, S. 6.

2 Egon Friedell: Von Dante zu d'Annunzio. Wien 1915, S. 16 und S. 26f.

3 a. p. in: WAZ, 18. 8. 1914, S. 3.

4 a. p.: Sturmidyll (Lustspiel in drei Akten von Fritz Grünbaum und Willy Sterk). In: WAZ, 16. 11. 1914, S. 3.

5 a. p.: Die Hermannsschlacht. In: Die Schaubühne, X (51), 24. 12. 1914, S. 516 – 519, S. 519.

6 a. p.: d'Annunzio. In: Pester Lloyd, 30. 5. 1915, S. 1f. Zit. nach: a. p.: Kleine Schriften, Bd. 1: Musterung, S. 6 – 10, S. 9f.

7 Vgl.: Arbeiter-Zeitung, 2. 6. 1915: »Die führenden Geister im Hinterland«.

8 a. p.: Wiener Theater. In: Die Schaubühne, XI (47), 25. 11. 1915, S. 485 – 488, S. 487f. Zuvor war diese Passage in der WAZ erschienen – a. p.: Die Siegerin (Lustspiel von Josef Melbourn), 8. 11. 1915, S. 3.

9 a. p.: Theaterabend 1914. In: Die Schaubühne, XI (1), 7. 1. 1915, S. 19 – 22. Als »Theaterabend 1915« wurde dieser Text, ge-

kürzt und bearbeitet, in Polgars Sammelbände aufgenommen. Siehe: Kleine Schriften, Bd. 1: Musterung, S. 3 – 6.

10 Maximilian Ritter von Hoen: Chronik des Kriegsarchivs 1914 bis 1918. Unpubliziertes Manuskript im Wiener Kriegsarchiv, Bd. 2, S. 22.

11 Karl Kraus: Literaten unterm Doppelaar. In: Karl Kraus: Widerschein der Fackel. München 1956, S. 240 – 243.

12 Vgl. Kurt Peball: Literarische Publikationen des Kriegsarchivs im Weltkrieg 1914 bis 1918. In: Mitteilungen des österreichischen Staatsarchivs, Bd. 14, 1961, S. 240 – 260, S. 257 – 260.

13 Zit. nach Carl Seelig: Notizen über Alfred Polgar. In: Volksrecht, Zürich, 24. 10. 1950.

14 Franz Karl Ginzkey: Zeit und Menschen meiner Jugend. Wien 1942, S. 346f.

15 a. p.: Der neue Schauspieler. In: Donauland. Illustrierte Monatsschrift. Begründet von Paul Siebertz und Alois Veltzé. 1. Halbjahr, Mai – August 1917, S. 77ff; sowie: a. p.: Mademoiselle, ebenda, S. 391f., und a. p.: Scharlach. In: Jahrbuch 1917 des K. k. österreichischen Militär-Witwen- und Waisenfondes, S. 151ff.

16 a. p.: Das Generalinspektorat der freiwilligen Sanitätspflege. In: Alois Veltzé (Hrsg.): Aus der Werkstatt des Krieges. Ein Rundblick über die organisatorische und soziale Kriegsarbeit 1914/15 in Österreich-Ungarn. Wien 1915, S. 67 – 77, S. 69.

17 Vgl. a. p.: Österreich-Ungarn; Die Bukowina im Kriege (Bis zur ersten Befreiung von Czernowitz); Im Osten (Bis Ende des Jahres 1914). In: Alois Veltzé (Hrsg.): Unteilbar und Untrennbar. Die Geschichte des großen Weltkrieges mit besonderer Berücksichtigung Österreich-Ungarns. Wien 1917, S. 92 – 110; S. 427 – 440; S. 666 – 674.

18 Typoskript Polgars und Zweigs. Direktionsakten des Kriegsarchivs, Beilage zu KA, Nr. 80 ex 1916, S. 1.

19 Arthur Schnitzler: Tagebuch 1913 – 1916. Unter Mitwirkung von Peter Michael Braunwarth, Richard Miklin, Susanne Pertlik, Walter Ruprechter und Reinhard Urbach hg. von der Kommission für literarische Gebrauchsformen der Österreichischen Akademie der Wissenschaften, Obmann: Werner Welzig. Wien 1983, S. 318. Eintragung vom 8. 10. 1916.

20 a. p.: Freier Dienst (von Leo Feld). In: WAZ, 7. 3. 1916, S. 4. Verkürzt aufgenommen in: a. p.: Ja und Nein. Schriften des Kritikers, Bd. II: Stücke und Spieler. Berlin 1926, S. 270 – 273.

21 Direktionsakt des Kriegsarchivs, Nr. 4, 10. 4. 1917.

22 Beilage zum Direktionsakt des Kriegsarchivs, 4/2, 10. 4. 1917.

23 Daten aus dem Personalakt (Stammblätter) Polgars im Kriegsarchiv.

24 a. p.: Redner Daszynski. In: Die Schaubühne, XIII (44), 1. 11. 1917, S. 412f.

25 a. p.: Vierter Kriegsherbst. In: Die Schaubühne, XIII (48), 29. 11. 1917, S. 521f., S. 522. Die Buchfassung (mit kleineren stilistischen Korrekturen) ist abgedruckt in: a. p.: Kleine Schriften, Bd. 1: Musterung, S. 15ff.

26 a. p.: Versunkene Stadt. In: Die Schaubühne, XIII (50), 13. 12. 1917, S. 171ff. In der Buchfassung hieß der Text »Wien. Der Prater – Zuckerbäcker«. Siehe: a. p.: Kleine Schriften, Bd. 1: Musterung, S. 259 – 263.

27 Robert Musil: Tagebücher. Hg. von Adolf Frisé. Reinbek ²1983, S. 945.

28 a. p.: Zeitschrift in Wien. In: Der Friede, I (2), Februar 1918, S. 46f. Siehe auch: a. p.: Kleine Schriften, Bd. 4: Literatur, S. 219 – 222, S. 221.

29 a. p.: Übergang. In: Der Friede, I (1), 16. 1. 1918, S. 17. Abgedruckt in: a. p.: Kleine Schriften, Bd. 1: Musterung, S. 13f., S. 13.

30 a. p.: Für meinen Sohn. In: Die Schaubühne, XIII (46), 15. 11. 1917, S. 474f., S. 475. Abgedruckt in: a. p.: Kleine Schriften, Bd. 3: Irrlicht, S. 403.

31 a. p.: Molière in Wien. In: Die Schaubühne, XIII (15), 12. 4. 1917, S. 315f. Abgedruckt in: a. p.: Sperrsitz, a. a. O., S. 151ff., S. 151f.

32 a. p. in: Prager Tagblatt, 1. 5. 1918, S. 4. In leicht veränderter Form aufgenommen in: a. p.: Ja und Nein, Bd. II, a. a. O., S. 260ff.

33 a. p.: Belehrender Film. Zit. nach: a. p.: Kleine Schriften, Bd. 4: Literatur, S. 360 – 363, S. 363.

34 a. p.: Der unterernährte Raubmörder. In: Der Friede, I (23), 28. 6. 1918, S. 554f. Siehe auch – unter anderem Titel: a. p.: Kleine Schriften, Bd. 1: Musterung, S. 265 – 269.

35 a. p. an Stefan Großmann, Wien, 17. XI. (1918). Autograph im Besitz von Christina Wesemann, Wien.

36 a. p.: Wien, Dezember 1918. In: a. p.: Kleine Schriften, Bd. 1: Musterung, S. 68 – 71, S. 68, 69. Unter dem Titel »Notizbuch« erstmals erschienen in: Die Weltbühne, XV (4), 23. 1. 1919, S. 93ff.

37 Ebenda.

38 Walter Benjamin: Hinterland. In: Die literarische Welt, V (40), 4. 10. 1929, S. 5. Siehe auch: Walter Benjamin: Gesammelte Schriften III. Hg. von Hella Tiedemann-Bartels (= werkausgabe Band 8). Frankfurt 1980, S. 199f.

Die Epikuräer und die schlechten Zeiten (S. 95 – 130)

1 a. p. an Stefan Großmann, Wien, 17. XI. (1918), a. a. O.

2 a. p: an Stefan Großmann, 27. 1. 1919. Autograph der Bayerischen Staatsbibliothek München A/68/143.

3 Ebenda.

4 a. p.: Vorwort zu »Kleine Zeit«, a. a. O.

5 Felix Stiemer: Totalisator. In: Die Bücherkiste. Monatsschrift für Literatur, Graphik und Buchbesprechung. Heft 5/6/7, München 1919, S. 74f.

6 Hermann Broch: Alfred Polgar: »Kleine Zeit«. In: Moderne Welt, Heft 9 (1919), S. 24. Zit. nach: Hermann Broch: Schriften zur Literatur 1. Kritik (= H. B.: Kommentierte Werkausgabe. Hg. von Paul Michael Lützeler, Bd. 9/1). Frankfurt 1975, S. 345f. Siehe auch die positiven Rezensionen von El Ha: Kleine Zeit. In: Die Weltbühne, XVI (7), 12. 2. 1920, S. 215; Hugo Wolf: Zwei Autoren (a. p. und F. M. Winternitz). In: Der Friede, IV (81), 8. 8. 1919, S. 691f.; und Egon Erwin Kisch: Alfred Polgars Prosa. In: Prager Tagblatt, 29. 6. 1919.

7 Hermann Broch: Der Theaterkritiker Polgar. In: Die neue Rundschau, XXXI, 1. Bd. (Mai 1920), S. 655f. Zit. nach Hermann Broch: Schriften zur Literatur 1, a. a. O., S. 49ff., S. 51.

8 a. p.: Warnung als Vorwort. In: a. p.: Ja und Nein. Schriften des Kritikers, Bd. I: Kritisches Lesebuch. Berlin 1926, S. 9 – 12, S. 10.

9 Benno Karpeles: »Der Neue Tag«. In: Der Friede, März 1919, S. 147f.

10 Vgl. Arbeiter-Zeitung vom 17. 10. 1919.

11 Zu Karl Tschuppik siehe vor allem: Klaus Amann: Karl Tschuppik – der streitbare Bohemien. In: Karl Tschuppik: Von Franz Joseph zu Adolf Hitler. Polemiken, Essays und Feuilletons.

Hg. und eingeleitet von Klaus Amann. Wien – Köln – Graz 1982, S. 9 – 30.

12 David Bronsen: Joseph Roth. Eine Biographie. Köln 1974, S. 189. Zu Roths Arbeit für den »Neuen Tag« siehe auch: Ingeborg Sültemeyer: Das Frühwerk Joseph Roths 1915 – 1926. Studien und Texte. Wien – Freiburg – Basel 1976.

13 David Bronsen, a. a. O., S. 190.

14 a. p.: »Die stillen Stunden« (von Georg Terramare). In: Prager Tagblatt, 1. 5. 1918, S. 4.

15 a. p.: Burgtheater: Die Schönbrunner Dependance; Blätter des Burgtheaters. In: Der Neue Tag, 8. 6. 1919, S. 11.

16 Ebenda.

17 Vgl. Karl Kraus: Mödling und Wien. In: Die Fackel, XXII (561 – 567), März 1921, S. 89 – 95.

18 a. p.: Burgtheater, a. a. O.

19 a. p.: Ein paar Worte – »Abreisendmachung«. In: Der Neue Tag, 11. 9. 1919, S. 2.

20 Siehe den (verfilmten) Roman von Maria Fagyas: Der Leutnant und sein Richter. Reinbek 1976.

21 a. p.: Hofrichter. In: Der Neue Tag, 1. 6. 1919, S. 5.

22 a. p.: Dada. In: Der Neue Tag, 25. 12. 1919, S. 3f. Zit. nach: a. p.: Taschenspiegel, a. a. O., S. 25f., S. 26. Siehe auch: Kleine Schriften, Bd. 4: Literatur, S. 228ff.

23 Harry Graf Kessler: Tagebücher 1918 – 1937. Hg. von Wolfgang Pfeiffer-Belli. Frankfurt 1961, S. 159.

24 Harry Graf Kessler, a. a. O., S. 208f.

25 a. p.: Nur erschossen. Zit. nach: a. p.: Kleine Schriften, Bd. 1: Musterung, S. 77 – 80, S. 79.

26 In dieser Fassung erstmals in: Prager Tagblatt, 25. 12. 1921, S. 26. Zit. nach: a. p.: Kleine Schriften, Bd. 1: Musterung, S. 330.

27 Bertolt Brecht: Flüchtlingsgespräche, Frankfurt 1975, S. 75f. Die Originalformulierung lautet: »Der Mensch ist gut, aber das Kalb schmackhaft.« Siehe: a. p.: Kleine Schriften, Bd. 2: Kreislauf, S. 108.

28 a. p.: Geistiges Leben in Wien. Zit. nach: a. p.: Kleine Schriften, Bd. 1: Musterung, S. 296 – 300, S. 298.

29 a. p.: Lieber Freund! Lebenszeichen aus der Fremde. Hg. und eingeleitet von Erich Thanner. Wien – Hamburg 1981, S. 122. Brief vom 28. 7. 1952.

30 a. p.: Lokalbericht. Zit. nach: a. p.: Kleine Schriften, Bd. 1: Musterung, S. 317 – 322, S. 318.

31 Ebenda, S. 319.

32 Über den Beginn ihrer Freundschaft siehe: Ulrich Weinzierl: Wien, Jahrhundertwende. Der junge Alfred Polgar. In: a. p.: Sperrsitz, a. a. O., S. 199 – 253, S. 213 – 216.

33 a. p.: Kreisel. In: a. p.: Kleine Schriften, Bd. 3: Irrlicht, S. 125 – 137.

34 a. p. an Rudolf Kommer, Wien, 3. III. 1920. ÖNB H 521/4-5.

35 Ebenda.

36 a. p.: Theorie des »Café Central«. Zit. nach: a. p.: Kleine Schriften, Bd. 4: Literatur, S. 254 – 259, S. 254.

37 a. p.: Der verhungerte Dichter. Zit. nach: a. p.: Kleine Schriften, Bd. 4: Literatur, S. 222 – 225, S. 225. Zu Ottfried Krzyzanowski siehe: Lucy Topol'ská: Ein vergessener österreichischer Dichter: Zu Ottfried Krzyzanowskis Leben und Werk. In: Österreich in Geschichte und Literatur, 1979 (6), S. 349 – 356.

38 Anton Kuh: »Central« und »Herrenhof«. In: Anton Kuh: Luftlinien, a. a. O., S. 20 –26, S. 25.

39 Siehe: Hartmut Binder: Ernst Polak – Literat ohne Werk. Zu den Kaffeehauszirkeln in Prag und Wien. In: Jahrbuch der Deutschen Schillergesellschaft, XXIII, Stuttgart 1979, S. 366 – 415.

40 a. p.: A. J. Storfer. Zit. nach: a. p.: Kleine Schriften, Bd. 4: Literatur, S. 327ff., S. 328.

41 Gina Kaus: Und was für ein Leben . . . mit Liebe und Literatur, Theater und Film. Hamburg 1979, S. 115.

42 a. p.: Das Antlitz. Zit. nach: a. p.: Kleine Schriften, Bd. 2: Kreislauf, S. 231f., S. 231 (hier genannt »Ein Antlitz«).

43 Gina Kaus, a. a. O., S. 118.

44 Siehe: a. p.: Klage um einen geliebten Menschen. In: a. p.: Ich bin Zeuge. Berlin 1928, S. 4ff., S. 6.

45 a. p. an Rudolf Kommer, Wien, 7. 5. 1920. ÖNB H 521/4-6.

46 a. p. an Rudolf Kommer, Wien, 5. 12. 1920. ÖNB H 521/4-11.

47 a. p. an Rudolf Kommer, Wien, 7. 5. 1921. ÖNB H 521/4-13.

48 Siehe: Robert Musil: Briefe nach Prag. Hgg. von Barbara Köpplová und Kurt Krolop. Reinbek 1971, S. 9.

49 a. p. an Rudolf Kommer, Wien, 7. 5. 1921. ÖNB H 521/4-13.

50 a. p.: In der Telephonzelle. In: a. p.: Gestern und heute. Dresden 1922, S. 15 – 19, S. 18f. Eine leicht überarbeitete Fassung abgedruckt in: a. p.: Kleine Schriften, Bd. 1: Musterung, S. 281 – 284. Die Glosse geht auf eine wahre Begebenheit zurück: Siehe die Meldung der »Arbeiter-Zeitung« »Auf dem Stephansplatz erfroren« in: Christine Klusacek/Kurt Stimmer (Hrsg.): Dokumentation zur österreichischen Zeitgeschichte 1918 – 1928. Wien – München 1984, S. 168.

51 Alfons Petzold: Gestern und heute. In: Das literarische Echo. Halbmonatsschrift für Literaturfreunde, XXIV (24), 15. 9. 1922, Sp. 1521.

52 Franz Blei: Alfred Polgar: Heut und morgen. In: Das Tage-Buch, III (23), 10. 6. 1922, S. 864.

53 Moritz Heimann: Über Alfred Polgar. In: Die Weltbühne, XVIII (50), 14. 12. 1922, S. 615 – 618, S. 616, 617.

54 a. p. an Rudolf Kommer, Wien, 21. XII. 1922. ÖNB H 521/4-26.

55 Anmerkung der Redaktion in: Wiener Sonn- und Montagszeitung, 26. 2. 1923, S. 4.

56 Stefan Großmann: Der Papierzwerg. Ebenda.

57 Karl Kraus: Großmann. In: Die Fackel, XXV (613 – 621), Anfang April 1923, S. 22 – 41, S. 35. Die Rezension über »Die letzte Nacht« war u. a. in der »Weltbühne« erschienen: a. p.: Karl Kraus auf der Bühne, XIX (7), 15. 2. 1923, S. 190f.

58 a. p.: Lettre de Vienne. In: Nouvelles Litteraires, VI (229), 5. 3. 1927, S. 6. Abgedruckt in: Die Fackel, XXIX (759 – 765), Mai 1927, S. 44.

59 Karl Kraus: Großmann, a. a. O.

60 Alfred Polgar: Karl Kraus (Nachruf). Zit. nach: a. p.: Kleine Schriften, Bd. 4: Literatur, S. 46ff., S. 48.

61 Siehe: Fasching in Wien. In: Prager Tagblatt, 12. 2. 1921, S. 2.

62 Polfried (Hrsg.): Böses Buben Journal. Wiener Chronik. Wien, 29. 1. 1921, S. 1.

63 Ebenda, S. 2.

64 Ebenda, S. 3.

65 Ebenda, S. 4.

66 Böse Buben Presse. Nachtblatt. Redakteure: Alfred Polgar und Egon Friedell. Wien, 1. Februar 1922, S. 1.

67 Ebenda, S. 2. Zur Geschichte des »Grubenhundes« siehe: Hans E. Goldschmidt: Von Grubenhunden und aufgebundenen Bären im Blätterwald. Wien 1981.

68 Böse Buben Presse, a. a. O., S. 4. Zu Genia Schwarzwald siehe u. a.: Alice Herdan-Zuckmayer: Genies sind im Lehrplan nicht vorgesehen. Frankfurt 1979.

69 Böse Buben Presse, a. a. O., S. 3. Erschienen auch in: Die Weltbühne, XVIII (12), 23. 2. 1922, S. 303f.: Kraft. Von Karl Schönherr. Nachgedichtet von Alfred Polgar.

70 Karl Kraus: Leidtragende. In: Die Fackel, XXV (613 – 621), Anfang April 1923, S. 3 – 7, S. 5.

71 Böse Buben Reichspost. Freisinnige mosaische Zeitung. Hrsg.: Benno Lie und Rudolf Stiassny. Für die Redaktion verantwortlich: A. Polgar und Dr. E. Friedell. Über die Kulturpolitik der »Reichspost« und vor allem ihre antisemitischen Tendenzen siehe: Ulrich Weinzierl: Die Kultur der »Reichspost«. In: Franz Kadrnoska (Hrsg.): Aufbruch und Untergang. Österreichische Kultur zwischen 1918 und 1938. Wien 1981, S. 325 – 344.

72 Aus Arthur Schnitzlers unveröffentlichten Tagebüchern, 4. 2. 1923.

73 Böse Buben Reichspost, a. a. O., S. 1.

74 a. p.: Wiener Sommer 1924. Zit. nach: a. p.: Kleine Schriften, Bd. 1: Musterung, S. 359 – 362, S. 361.

75 Siehe: Murray G. Hall: Der Fall Bettauer. Wien 1978.

76 Böse Buben Reichspost, a. a. O., S. 4.

77 Ebenda, S. 4.

78 Laut einem Brief Polgars an Kommer vom 24. 2. 1923. ÖNB H 521/4-27.

79 Die böse Buben Stunde. Wien, 27. 1. 1924. Herausgeber und Verlag: Benno Lie und Rudolf Stiassny. Verantwortliche Redakteure: Alfred Polgar und Dr. Egon Friedell, S. 2.

80 Ebenda, S. 3.

81 Die Nöte der Menschenbeglückerin. Ebenda, S. 3.

82 Die Aufrichtige Zeitung der bösen Buben. Wien, 31. Jänner 1925. Herausgeber und Verlag: Benno Lie und Rudolf Stiassny.

Verantwortliche Redakteure: Alfred Polgar und Egon Friedell, S. 3.

83 Ebenda, S. 3: Eine hochbedeutsame Rede.

84 Die Aufrichtige Zeitung der bösen Buben, a. a. O., S. 1. Siehe auch die Glosse Polgars: Grillparzer oder Schiller? In: a. p.: Kleine Schriften, Bd. 4.: Literatur, S. 342f.

85 Die Aufrichtige Zeitung der bösen Buben, a. a. O.: Briefkasten, S. 4.

86 Nach Schluß der Redaktion. Ebenda.

87 a. p.: Großes Theater in Salzburg! In: Prager Tagblatt, 17. 8. 1922, S. 3.

88 Vgl.: Der Liebhaber. Erinnerungen seines Sohnes Gottfried Reinhardt an Max Reinhardt. München – Zürich 1973, S. 325.

89 a. p. an Rudolf Kommer, Wien, 11. 5. 1922. ÖNB H 521/4-19.

90 Ebenda.

91 a. p.: Massary-Pompadour. In: Der Tag, 3. 3. 1923, S. 3.

92 Interview mit Liesl Frank-Lustig, München, 3. 3. 1976.

93 a. p. an Rudolf Kommer, Grundlsee, 19. 8. 1922. ÖNB H 521/4-23.

94 a. p. an Rudolf Kommer, Zell am See, 3. 9. o. J. ÖNB H 521/4-41.

95 Kurt Tucholsky: Unser ungelebtes Leben. Briefe an Mary. Hg. von Fritz J. Raddatz. Reinbek 1982, S. 410.

96 Die Stunde, 24. 6. 1926, S. 7.

97 Die Stunde, 1. 8. 1926, S. 7.

98 Kurt Tucholsky: Unser ungelebtes Leben, a. a. O., S. 415. Brief vom 6. 7. 1926.

99 a. p. an Rudolf Kommer (Typoskript), Garmisch, 10. 7. 1926. ÖNB H 521/4-35, S. 2f., S. 4.

100 a. p. an Rudolf Kommer, H. W. (Haus Wittelsbach), 22. VII. o. J. ÖNB H 521/4-36.

101 a. p. an Rudolf Kommer, 3. 9. o. J. ÖNB H 521/4-41.

102 Ebenda.

103 Formulierung Polgars auf dem Umschlag eines Briefes an Rudolf Kommer, 23. 7. 1931. ÖNB H 521/4-48.

104 Vgl. Kurt Tucholsky: Unser ungelebtes Leben, a. a. O., S. 423.

105 Ebenda.

106 Béla Balázs: Meine Bibliothek. In: Der Tag, 1. 5. 1923, S. 5.

107 a. p.: Turlupin. In: Die Weltbühne, XX (40), 2. 10. 1924, S. 506ff., S. 506. Siehe auch: a. p.: Kleine Schriften, Bd. 4: Literatur, S. 102 – 106.

108 Kurt Hiller: »Literat!«? In: Die Weltbühne, XX (41), 9. 10. 1924, S. 559f.

109 Bernhard Diebold: Abschaffung der Kritik? Antwort an Döblin. In: Das Tage-Buch, VI (52), 24. 12. 1925, S. 1924ff., S. 1925.

110 Anton Kuh: Mein Debut als Schauspieler. In: Prager Tagblatt, 18. 9. 1926, S. 6.

»Meister der kleinen Form« (S. 131 – 165)

1 Siegfried Jacobsohn: Liebeserklärung an einen Fünfziger. In: Der Tag, 17. 10. 1925, S. 4. Teilweise identisch mit einem früheren Artikel Jacobsohns. Siehe: Kapitel »Jugend in Wien«, Anm. 44.

2 a. p.: Geburtstag. Zit. nach: a. p.: Kleine Schriften, Bd. 3: Irrlicht, S. 373 – 376, S. 373, 375.

3 Karl Heinz Ruppel: Das Buch, das das Tage-Buch empfiehlt. Alfred Polgar: »Orchester von oben«. In: Das Tage-Buch, VII (46), 13. 11. 1926, S. 1717f., S. 1717.

4 Mitteilung von Hans Weigel, Maria Enzersdorf.

5 Gina Kaus: Alfred Polgar: An den Rand geschrieben. In: Die literarische Welt, II (4), 22. 1. 1926, S. 5.

6 Walther Petry: Alfred Polgar: An den Rand geschrieben. In: Individualität. Vierteljahresschrift für Philosophie und Kunst, I (3 Bd.), Basel, Herbst 1926, S. 126.

7 Franz Molnár: Randnotizen zu Alfred Polgars Buch. In: Das Tage-Buch, VII (13), 27. 3. 1926, S. 499f.

8 Arnold Zweig: An den Rand geschrieben. In: Die Weltbühne, XXII (1), 5. 1. 1926, S. 22f., S. 23.

9 a. p.: Der Ochs in Todesangst. In: a. p.: An den Rand geschrieben. Berlin 1926, S. 163ff., S. 163. Siehe auch – unter dem Titel »Empörung im Stall« –: a. p.: Kleine Schriften, Bd. 2: Kreislauf, S. 135ff.

10 Wilhelm Stapel: Literatenwäsche. Berlin 1930, S. 81f., S. 82.

11 a. p.: Die kleine Form (quasi ein Vorwort). In: a. p.: Orchester von oben. Berlin 1926, S. 9 – 13. Zit. nach a. p.: Kleine Schriften, Bd. 3: Irrlicht, S. 369 – 373, S. 369f.

12 Ebenda, S. 370.

13 Ebenda, S. 372f.

14 a. p.: Ich kann keine Romane lesen. In: a. p.: Orchester von oben, a. a. O., S. 265 – 269, S. 268f. Siehe auch: a. p.: Kleine Schriften, Bd. 4: Literatur, S. 259 – 263.

15 a. p.: Ich kann keine Romane lesen. In: a. p.: Anderseits. Erzählungen und Erwägungen. Amsterdam 1948, S. 61 – 64, S. 64.

16 Franz Molnár: Randnotizen, a. a. O., S. 499.

17 Siehe: Das Tage-Buch, IX (49), 8. 12. 1928, S. 2103.

18 Ebenda, S. 2098.

19 Josef Hofmiller: Form ist alles. Aphorismen zur Literatur und Kunst. Hg. von Ralph-Rainer Wuthenow. München 1955, S. 58.

20 Walter Benjamin: Robert Walser. In: Walter Benjamin: Illuminationen. Ausgewählte Schriften. Hg. von Siegfried Unseld. Frankfurt 1969, S. 370 – 373, S. 370. Siehe auch: W. B.: Gesammelte Schriften, Bd. II/1: Aufsätze, Essays, Vorträge. Hgg. von Rolf Tiedemann und Hermann Schweppenhäuser. Frankfurt 1977, S. 324 – 328, S. 324.

21 Robert Musil: Nachlaß, Mappe IV, 3 Sig, 15087 Series Nova, S. 20f. Freundlicher Hinweis von Dr. Elisabeth Castex, Wien.

22 Robert Musil: Tagebücher. Hg. von Adolf Frisé. Anmerkungen, Anhang, Register. Reinbek 1983, S. 896.

23 Robert Musil: Tagebücher, a. a. O., S. 817.

24 Robert Musil: Interview mit Alfred Polgar. In: Robert Musil: Gesammelte Werke. Essays und Reden. Kritik. Bd. II. Hg. von Adolf Frisé. Reinbek 1983, S. 1154 – 1160, S. 1155.

25 Ebenda, S. 1157.

26 Ebenda, S. 1157f.

27 Ebenda, S. 1158.

28 a. p.: Interview. Zit. nach: a. p.: Kleine Schriften, Bd. 3: Irrlicht, S. 367ff., S. 367.

29 Ebenda, S. 368f.

30 Robert Musil: Interview mit Alfred Polgar, a. a. O., S. 1160.

31 Stephan Ehrenzweig: Der Kritiker Alfred Polgar. In: Die Weltbühne, XXIII (33), 16. 8. 1927, S. 260f., S. 260.

32 Max Rychner: Literarische Bemerkungen. In: Neue Schweizer Rundschau (Nouvelle Revue Suisse), XIX. Jg. von Wissen und Leben, 19/2, 1927, S. 873 – 883; auf Polgar bezogen: S. 875 – 878, S. 878.

33 Marco Brociner: Das Lesebuch eines Wiener Kritikers. In: Neues Wiener Tagblatt, 7. 9. 1926, S. 2f.

34 a. p.: Kritik über Kritik. In: Der Tag, 19. 9. 1926, S. 3f., S. 3.

35 Antworten. Jüngling (von Siegfried Jacobsohn). In: Die Weltbühne, XXII (42), 19. 10. 1926, S. 637.

36 a. p. an Berthold Viertel, Semmering, 27. 12. 1928. Deutsches Literaturarchiv Marbach am Neckar 69.2663/4.

37 a. p.: Meeresstille und glückliche Fahrt. In: Der Tag, 20. 11. 1927. Siehe auch die etwas gekürzte Buchfassung in: a. p.: Kleine Schriften, Bd. 2: Kreislauf, S. 291 – 295.

38 Siehe: Kreislauf, S. 294.

39 a. p.: Reise. In: Der Tag, 31. 7. 1927, S. 3.

40 a. p.: Anmerkungen zu Nebenmenschen und Nebensachen: Kleine Reise. Undatierter Zeitungsausschnitt (Anfang 1953) im Besitz des Verfassers.

41 Zit. nach Kreislauf, S. 293.

42 Ebenda, S. 295.

43 Siehe: Eine Kundgebung des geistigen Wien. In: Arbeiter-Zeitung (Morgenblatt), 20. 4. 1927, S. 1.

44 Kritik vom Tage. In: Wiener Neueste Nachrichten, 22. 4. 1927.

45 a. p.: Rede, leider nicht gehalten am Grabe der Opfer. In: Berliner Tageblatt, Nr. 409, Abendausgabe, 30. 8. 1927, S. 2. Nachdruck in: Der Tag (Wien), 11. 9. 1927, S. 3. Zur Buchfassung (unter dem Titel: »Rede, leider nie gehalten am Grabe der Opfer« in den Band »Ich bin Zeuge« aufgenommen) siehe: a. p.: Kleine Schriften, Bd. 1: Musterung, S. 93 – 96.

46 Ebenda. Zu den Reaktionen der Schriftsteller vgl.: Ulrich Weinzierl (Hrsg.): Versuchsstation des Weltuntergangs. Erzählte Geschichte Österreichs 1918 – 1938. Wien – München 1983.

47 Vgl.: Der Tag, 11. 9. 1927, S. 3.

48 Siehe: Tagesneuigkeiten. Eine Rede, die leider veröffentlicht wurde. In: Arbeiter-Zeitung, 13. 9. 1927, S. 5.

49 Polgar über den 15. Juli. In: Arbeiter-Zeitung, 14. 9. 1927, S. 5.

50 Kurt Tucholsky: Siegfried Jacobsohn †. In: Die Weltbühne, XXII (49), 7. 12. 1926, S. 873.

51 a. p.: Die Briefe Siegfried Jacobsohns. In: Die Weltbühne, XXIII (5), 1. 2. 1927, S. 181 – 184, S. 183.

52 a. p.: S. J. und »Die Weltbühne«. In: Die Weltbühne, XXIII (48), 28. 11. 1927, S. 830, 832, S. 832. Zur Geschichte der »Weltbühne« siehe u. a.: Das Drama der Republik. Zum Neudruck der Weltbühne zwei Essays von Axel Eggebrecht und Dietrich Pinkerneil. Königstein/Ts. 1979; Ursula Madrasch-Groschopp: Die Weltbühne. Porträt einer Zeitschrift. Königstein/Ts. 1983.

53 a. p. an Kurt Tucholsky, Berlin 19. 10. o. J., W. 15, Bregenzerstraße 11. Autograph des Deutschen Literaturarchivs Marbach am Neckar.

54 a. p. an Kurt Tucholsky, Berlin, 4. 12. o. J. Autograph des Deutschen Literaturarchivs Marbach am Neckar.

55 a. p. an Berthold Viertel, Semmering, 27. 12. 1928, S. 4. Autograph des Deutschen Literaturarchivs Marbach am Neckar 69.2663/4.

56 a. p.: Vorleser. Zit. nach: a. p.: Kleine Schriften, Bd. 3: Irrlicht, S. 377 – 380, S. 377 und S. 379f.

57 a. p. an Berthold Viertel, Semmering, 27. 12. 1928, a. a. O.

58 O. K. (d. i. Otto Koenig): Alfred Polgars Arbeitervorlesung. In: Arbeiter-Zeitung, 25. 10. 1929. Siehe auch den Bericht »Vorlesung Alfred Polgar«. In: Arbeiter-Zeitung, 18. 12. 1928.

59 e. f. (d. i. Ernst Fischer): »Schwarz auf Weiß«. In: Arbeiter-Zeitung, 20. 12. 1928.

60 Ernst Lothar: Das Wunder des Überlebens. Erinnerungen und Ergebnisse. Hamburg Wien 1961, S. 53. Siehe auch die Besprechung von Polgars »Orchester von oben«: Ernst Lothar: Literarische Notizen. In: Neue Freie Presse, 5. 2. 1928.

61 Hermann Mailler: Alfred Polgar: Orchester von oben. In: Reichspost, 31. 1. 1926, S. 7.

62 Siehe: Ulrich Weinzierl: Die Kultur der »Reichspost«, a. a. O., S. 325 – 344, S. 325.

63 E. Baronin Mattl-Löwenkreuz: Alfred Polgar: Ja und Nein. Drei Bände. In: Reichspost, 29. 11. 1926, S. 7.

64 Mechtilde Lichnowsky an Carl Seelig (London), 19. VI. 49. Zentralbibliothek Zürich Ms Z II 580/104.

65 Oskar Maurus Fontana: Kleines Gespräch über Polgar. In: Der Tag, 24. 2. 1929, S. 15.

66 a. p. an Oskar Maurus Fontana, Berlin 25. 2. 1929. Autograph der Wiener Stadtbibliothek I. N. 185.799.

67 L. S. (d. i. Leopold Schwarzschild): a. p.: Schwarz auf Weiß. In: Das Tage-Buch, IX (50), 15. 12. 1928, S. 2170f.

68 Soma Morgenstern: Orchester von oben. In: Die Literatur (Das literarische Echo), XXIX (5), Februar 1927, S. 295.

69 Axel Eggebrecht: a. p.: Ich bin Zeuge. In: Die literarische Welt, III (51/52), 22. 12. 1927, S. 5.

70 Robert Neumann: Bei dieser Gelegenheit. In: Die Literatur. Monatsschrift für Literaturfreunde, XXXIII (Oktober 1930 – September 1931), S. 470.

71 Max Herrmann-Neisse: Alfred Polgar. In: Die neue Bücherschau, VI (4), 1927, S. 155 – 162, S. 155.

72 Walter Benjamin: Drei Bücher (u. a. über Polgars »Ich bin Zeuge«). In: Walter Benjamin: Gesammelte Schriften III. Hg. von Hella Tiedemann-Bartels (= werkausgabe Bd. 8). Frankfurt 1980, S. 107 – 113, S. 109f.

73 a. p.: Vom fragwürdigen Nutzen der Kritik (quasi ein Vorwort). Zit. nach: a. p.: Kleine Schriften, Bd. 4: Literatur, S. 270 – 274, S. 272, 273.

74 a. p.: Vorwort zu »Hinterland«. Berlin 1929, S. 7ff., S. 8.

75 Kurt Tucholsky: Auf dem Nachttisch. In: Kurt Tucholsky: Gesammelte Werke, a. a. O., Bd. 3, S. 446f., S. 447.

76 Kurt Tucholsky: Fünfundzwanzig Jahre. In: Die Weltbühne, XXVI (37), 9. 9. 1930, S. 373 – 382, S. 377.

77 Vgl.: Kurt Tucholsky: Unser ungelebtes Leben, a. a. O., S. 510.

78 Emil Ludwig: An die Herren Polgar und Tucholsky. In: Unterhaltungsblatt der Vossischen Zeitung, 20. 12. 1927.

79 Siehe: Kurt Tucholsky: Briefe an eine Katholikin 1929 – 1931. Reinbek 1969, S. 88f.

80 Erich Kästner: Vermischte Schriften. Köln 1959, S. 415ff.

81 Walter Benjamin: Linke Melancholie. Zu Erich Kästners neuem Gedichtbuch. In: Walter Benjamin: Gesammelte Schriften III, a. a. O., S. 279 – 283, S. 281.

82 Walter Benjamin: Briefe 2. Hgg. und mit Anmerkungen versehen von Gershom Scholem und Theodor W. Adorno. Frankfurt 1978, S. 494.

83 a. p.: In Memoriam Franz Hessel. In: Aufbau, 21. 2. 1941, S. 9.

84 Zu Franz Hessel siehe vor allem: Bernd Witte: Auf der Schwelle des Glücks – Franz Hessel. In: Franz Hessel: Ermunterung zum Genuß. Kleine Prosa. Hgg. von Karin Grund und Bernd Witte. Berlin 1981, S. 229 – 251.

85 Franz Hessel: Typoskript aus dem Nachlaß. Datiert mit 25. 6. 29. Kopie im Besitz des Verfassers.

86 Franz Hessel: Typoskript aus dem Nachlaß. Datiert mit 29. 6. 29. Kopie im Besitz des Verfassers.

87 a. p.: Aus der Perspektive des Schriftstellers. Zit. nach: a. p.: Kleine Schriften, Bd. 4: Literatur, S. 263 – 266, S. 263.

88 a. p.: Ein unmöglicher Mensch. Zit. nach: a. p.: Kleine Schriften, Bd. 3: Irrlicht, S. 62 – 65, S. 63.

89 Ebenda, S. 62.

90 Franz Hessel: Typoskript aus dem Nachlaß (mit Vermerk Doris 1930 A). Kopie im Besitz des Verfassers.

91 Hans Sahl: Memoiren eines Moralisten. Erinnerungen I (= Gesammelte Werke, Bd. 5. Hg. von Klaus Schöffling). Zürich 1983, S. 88.

92 a. p.: Marlene. Bild einer berühmten Zeitgenossin. Typoskript im Besitz des Verfassers.

93 Fritz Kortner: Aller Tage Abend. München 1959, S. 393.

94 Hermann Kesten: Meine Freunde die Poeten. München 1959, S. 387.

95 Vgl.: Fred Hildenbrandt: . . . ich soll dich grüßen von Berlin. 1922 – 1932. Berliner Erinnerungen ganz und gar unpolitisch. München 1966. Siehe auch den Polgar-Artikel von Hildenbrandt: Hi.: Berliner Köpfe. In: Berliner Tageblatt, Nr. 75 (Morgenausgabe), 14. 2. 1928.

96 Zu dieser Auseinandersetzung siehe u. a.: Martina Bilke: Zeitgenossen der »Fackel«. Wien 1981, S. 83ff.

97   a. p. an Berthold Viertel, Semmering, 27. 12. 1928, a. a. O., S. 4.

98   a. p.: Schnick. Zit. nach: a. p.: Kleine Schriften, Bd. 2: Kreislauf, S. 227f. Freundlicher Hinweis von Heribert Illig, Puchheim.

99   Egon Friedell: Dramaturgie des Dichters, a. a. O., S. 197.

100   a. p.: Fünfzig Jahre Friedell. In: Die Weltbühne, XXIV (6), 7. 2. 1928, S. 218 – 221, S. 219, 221. Zur – etwas gekürzten – Buchfassung aus »Schwarz auf Weiß« siehe auch: a. p.: Kleine Schriften, Bd. 4: Literatur, S. 56 – 59.

101   a. p.: Fünfzig Jahre Friedell, a. a. O., S. 219.

102   a. p.: Die schöne Helena. In: Die Weltbühne, XXVII (27), 7. 7. 1931, S. 30ff., S. 30f.

103   a. p. an Rudolf Kommer, Aschau bei Ischl, 27. 7. 1932. ÖNB H 521/4-50.

104   Egon Friedell an Carl Seelig, Kufstein, 21. 9. 1935. Autograph der Carl Seelig-Stiftung, Zürich.

105   Egon Friedell in einem Brief an Lina Loos (1937). Zit. nach einem Brief von Friedells Nachlaßverwalterin Annemarie Kotab, Kufstein.

106   a. p.: Egon Friedell sechzig. In: Der Wiener Tag, 13. 1. 1938, S. 7f., S. 8.

107   Robert Musil: Interview mit Alfred Polgar, a. a. O., S. 1160.

108   Mitteilung von Prof. Milan Dubrovic, Wien.

109   a. p.: »Die Defraudanten«. In: Die Weltbühne, XXVII (1), 6. 1. 1931, S. 28f., S. 29.

110   Ebenda. Siehe auch: a. p.: Taschenspiegel, a. a. O., S. 44ff.

111   Widmung in der Buchfassung: a. p.: Die Defraudanten (Nach Motiven aus dem gleichnamigen Roman V. Katajews). Komödie in drei Akten. Berlin 1931.

112   a. p. an Franz Theodor Csokor, St. Gilgen, 21. 7. 1931. Autograph der Wiener Stadtbibliothek I. N. 186.612.

113   Ebenda.

114   Max Pallenberg: Dank an einen Regisseur! In: Film der Zeit. Beilage zum Berliner Tageblatt, 25. 10. 1931, 9. Beiblatt.

115   Heinrich Eduard Jacob: »Der brave Sünder« Pallenberg. In: Berliner Tageblatt, Morgenausgabe, Nr. 494, 20. 10. 1931, S. 2.

116   Rudolf Arnheim: Teils teuer, teils gut. In: Die Weltbühne, XXVII (44), 3. 11. 1931, S. 674 – 687, S. 677.

117 a. p. an Franz Theodor Csokor, St. Gilgen, 21. 7. 1931, a. a. O. Nach Polgars Tod wurde ein Remake des »Braven Sünder« unter dem Titel »Bei Pichler stimmt die Kasse nicht« gedreht – die Hauptrolle spielte Theo Lingen. Siehe auch die Besprechung von Carl Seelig im Zürcher »Tages-Anzeiger« vom 28. 7. 1961.

118 Vgl.: Frederick Kohner: Der Zauberer vom Sunset Boulevard. Ein Leben zwischen Film und Wirklichkeit. München – Zürich 1974, S. 127.

119 Siehe: a. p.: Kleine Schriften, Bd. 4: Literatur, S. 415 – 426.

120 a. p.: Nicht für es gebaut. Siehe: a. p.: Kleine Schriften, Bd. 1: Musterung, S. 411ff.

121 a. p.: Piscator-Bühne. In: Die Weltbühne, XXVII (4), 27. 1. 1931, S. 144ff., S. 146. Siehe auch: a. p.: Ja und Nein. Darstellungen von Darstellungen. Hamburg 1956, S. 339ff., S. 341.

122 Siehe David Luschnat: Schriftsteller-Schutzverband. In: Die Weltbühne, XXVII (42), 20. 10. 1931, S. 584 – 587.

123 Siehe: Schriftsteller. Ebenda, S. 616.

124 Kurt Tucholsky: Für Carl v. Ossietzky. General-Quittung. In: Die Weltbühne, XXVIII (20), 17. 5. 1932, S. 734ff., S. 734.

125 a. p.: Ossietzky geht ins Gefängnis. Zit. nach: a. p.: Kleine Schriften, Bd. 1: Musterung: S. 105 – 109, S. 105f.

126 Kurt Tucholsky: Juden und Deutsche. In: Die neue Weltbühne, XXXII (6), 6. 2. 1936, S. 160 – 165, S. 163.

127 a. p.: Vor Sonnenuntergang. In: Die Wiener Weltbühne, I(4), 20. 10. 1932, S. 119f.

128 a. p. an Rudolf Kommer, Berlin im Jänner 1933. ÖNB H 521/4-53.

129 a. p.: Wie ich ihn sehe. In: Berthold Viertel: Dichtungen und Dokumente. Gedichte, Prosa, Autobiographische Fragmente. Hg. von Ernst Ginsberg. München 1956, S. 397ff., S. 399. Siehe auch die etwas veränderte Fassung »Erinnerung an Berthold Viertel«. In: a. p.: Kleine Schriften, Bd. 4: Literatur, S. 129 – 133.

Fremder in der Heimat (S. 166 – 195)

1 Berthold Viertel: Exil. In: Dichtungen und Dokumente, a. a. O., S. 322.

2. a. p.: Quasi ein Vorwort. In: a. p.: In der Zwischenzeit. Amsterdam 1935, S. 7f., S. 7. Siehe auch: a. p.: Kleine Schriften, Bd. 4: Literatur, S. 324f.

3 Salka Viertel: Das unbelehrbare Herz. Ein Leben in der Welt des Theaters, der Literatur und des Films. Hamburg und Düsseldorf 1970, S. 280.

4 a. p.: Bar-Besuch 1933. In: Prager Tagblatt, 28. 5. 1933, S. 3. Unter dem – späteren – Titel »Bar-Besuch heute« und mit einigen Änderungen in: a. p.: Kleine Schriften, Bd. 3: Irrlicht, S. 104 – 107.

5 Siehe: Ulrich Weinzierl: Carl Seelig, Schriftsteller. Wien 1982.

6 a. p. an Carl Seelig, Wien, 4. 5. 1933. Autograph im Besitz von Dr. E. Fröhlich, Zürich.

7 a. p. an Carl Seelig, Paris, 1. 6. 1933. Ebenda.

8 a. p. an Carl Seelig, Paris, Pfingstsonntag 1933. Ebenda.

9 a. p. an Carl Seelig, Paris, 7. 6. 1933. Ebenda.

10 a. p. an Carl Seelig, Paris, 15. 6. 1933. Ebenda.

11 a. p. an Carl Seelig, Paris, 20. 6. 1933. Ebenda.

12 a. p. an Carl Seelig, Paris, 18. 6. 1933. Ebenda.

13 a. p. an Carl Seelig, Paris, 19. 7. 1933. Ebenda.

14 a. p.: Auch das wäre möglich. Zit. nach: a. p.: Kleine Schriften, Bd. 1: Musterung, S. 109 – 114, S. 110f., 112.

15 Vgl.: John Heller: Memoirs of a Reluctant Capitalist. New York 1983, S. 56 und 58.

16 a. p. an Carl Seelig, Paris, 15. 11. 1933. Autograph im Besitz von Dr. E. Fröhlich, Zürich.

17 a. p. an Carl Seelig, Paris, 28. 6. 1933. Ebenda.

18 a. p. an Carl Seelig, Wien, 23. 1. 1934. Ebenda.

19 Siehe: a. p.: In der Zwischenzeit, a. a. O., S. 235 – 238.

20 a. p. an Carl Seelig, Wien 14. 4. 1934. Autograph im Besitz von Dr. E. Fröhlich, Zürich.

21 a. p. an Carl Seelig, Wien, 1. 8. 1934. Ebenda.

22 a. p. an Carl Seelig, Wien, 30. 4. 1934. Ebenda.

23 a. p. an Berthold Viertel, Wien, 2. 7. 1934. Deutsches Literaturarchiv Marbach am Neckar 69.2663/7.

24 Siehe: Paimann's Filmlisten. Wochenschrift für Lichtbild-Kritik, XX (1028), 20. 12. 1936, S. 135.

25 a. p.: Anmerkung zu einem Film. Siehe: a. p.: Kleine Schriften, Bd. 4: Literatur, S. 438.

26 a. p. an Friedrich Kohner, 15. 2. 1936. Zit. nach Gerhard G. Mack: Frederick Kohner. In: John M. Spalek und Joseph Strelka (Hrsg.): Deutsche Exilliteratur seit 1933, Teil I: Kalifornien. Bern und München 1976, S. 762 – 770, S. 764.

27 a. p.: Toddy und die Schwämme. Zit. nach: a. p.: Kleine Schriften, Bd. 3: Irrlicht, S. 165 – 169, S. 166f.

28 a. p.: Wien, I. Stallburggasse 2. In: Aufbau, X (30), 28. 7. 1944, S. 5f., S. 5. Gekürzt aufgenommen in den Band »Anderseits«. Siehe auch: a. p.: Kleine Schriften, Bd. 1: Musterung, S. 201 – 205.

29 a. p.: Pallenberg. In: In der Zwischenzeit, a. a. O., S. 93 – 97, S. 97.

30 a. p. an Mary Gerold Tucholsky, Zürich 19. 3. 1952. Deutsches Literaturarchiv Marbach am Neckar.

31 a. p. an Carl Seelig, Ascona, 24. 5. 1934. Autograph im Besitz von Dr. E. Fröhlich, Zürich.

32 a. p. an Carl Seelig, Locarno, 15. 5. 1934. Ebenda.

33 a. p. an Berthold Viertel, 2. 7. 1934, a. a. O.

34 a. p. an Carl Seelig, Wien, 8. 12. 1934. Autograph im Besitz von Dr. E. Fröhlich, Zürich.

35 Ludwig Ullmann: Die Sturmführer der österreichischen Nazi-Literatur. In: Pariser Tageszeitung, 27. 6. 1938, S. 3.

36 a. p.: Inspiration. Zit. nach: a. p.: Kleine Schriften, Bd. 1: Musterung, S. 139f.

37 a. p.: Spanien. Ebenda, S. 145f.

38 a. p.: »Schweigend und untätig«. Zit. nach: a. p.: Kleine Schriften, Bd. 1: Musterung, S. 160f.

39 a. p. an Carl Seelig, Wien, 22. 12. 1934. Autograph im Besitz von Dr. E. Fröhlich, Zürich.

40 a. p. an Berthold Viertel, Wien, 18. 1. 1935. Deutsches Literaturarchiv Marbach am Neckar 69.2663/8.

41 a. p. an Carl Seelig, Wien, 21. 1. 1935. Autograph der Carl Seelig-Stiftung, Zürich.

42 a. p. an Carl Seelig, 29. 1. 1935. Ebenda.

43 a. p. an Carl Seelig, Wien, 14. 2. 1935. Ebenda.

44 a. p. an Carl Seelig, Wien, 4. 3. 1935. Ebenda.

45 Ebenda.

46 Polgars Text »Altes Gold« beschreibt eine Ausstellung der Kunsthandlung Graupe. In: Der Tag, 3. 11. 1929, S. 17.

47 Leopold Schwarzschild: Käte Graupe. Eine Gedenkrede von L. S., 7. Januar 1945, Universal Chapel New York. Original in der Carl Seelig-Stiftung, Zürich.

48 a. p. an Carl Seelig, Wien, 3. 5. 1935. Autograph der Carl Seelig-Stiftung, Zürich.

49 Ernst Lothar. In: Neue Freie Presse, 28. 4. 1935, S. 29.

50 -fb-: Alfred Polgar: »In der Zwischenzeit«. In: Der Kampf, II(8), August 1935, S. 383f.

51 Hermann Hesse: In der Zwischenzeit. In: Bonniers Litterära Magazin, IV (7), Sept. 1935. Zit. nach: Volker Michels (Hrsg.): Hermann Hesse: Schriften zur Literatur, Bd. II. Eine Literaturgeschichte in Rezensionen und Aufsätzen. Frankfurt 1972, S. 441f.

52 a. p. an Carl Seelig, Wien, 14. 4. 1935. Autograph der Carl Seelig-Stiftung, Zürich.

53 a. p. an Carl Seelig, Wien, 22. 4. 1935. Ebenda.

54 a. p. an Thomas Mann, Wien, 22. 5. 1935. Autograph des Thomas Mann-Archivs der ETH Zürich 68.100.

55 Bruno Frank an Carl Seelig, Aigen bei Salzburg, 30. 9. 35. Autograph der Carl Seelig-Stiftung, Zürich.

56 Franz Werfel an Carl Seelig, Wien, 5. X. 1935. Ebenda.

57 Hermann Hesse an Carl Seelig, o. D. Zentralbibliothek Zürich MS Z II 580/66-59.

58 Joseph Roth: Dank an Alfred Polgar. Zu seinem 60. Geburtstag am 17. Oktober. In: National-Zeitung, Basel, 16. 10. 1935, S. 2f., S. 3. Siehe auch: Joseph Roth: Werke. Hg. und eingeleitet von Hermann Kesten, Bd. IV. Köln 1976, S. 290f.: Für Alfred Polgar.

59 Thomas Mann. In: Dank an Alfred Polgar, a. a. O., S. 2.

60 Thomas Mann an Carl Seelig, Küsnacht, 17. 9. 1935. Thomas Mann-Archiv der ETH Zürich, Mappe Carl Seelig, 77,84/5.

61 Heinrich Mann. In: Dank an Alfred Polgar, a. a. O.

62 a. p. an Klaus Mann, Zürich, 25. 10. 1935. Handschriften-sammlung der Stadtbibliothek München, Archiv Klaus Mann 836/73.

63 a. p. an Thomas Mann, Zürich, 19. 10. 1935. Thomas Mann-Archiv der ETH Zürich 68.100.

64 Bruno Frank: Polgar. In: Das Neue Tage-Buch, III (41), S. 978f.

65 a. p.: Rauchen im Gefängnis. In: Prager Tagblatt, 5. 1. 1936, Beilage (Der Sonntag), S. II. Siehe: a. p.: Kleine Schriften, Bd. 1: Musterung, S. 132f.

66 Karl Kraus: »Rauchen im Gefängnis«. In: Die Fackel, XXXVII (917 – 922), Februar 1936, S. 77 – 80, S. 77.

67 Ebenda, S. 79.

68 a. p.: Geburtstag. In: a. p.: Sekundenzeiger. Zürich 1937, S. 63 – 70, S. 65.

69 Ebenda, S. 67.

70 a. p. an Carl Seelig, Wien, 12. 2. 1936. Autograph der Carl Seelig-Stiftung, Zürich.

71 a. p. an Carl Seelig, Wien, 21. 11. 1935. Typoskript, ebenda.

72 a. p.: Ein Kritiker. In: Die Nation, IV (12), 19. 3. 1936, S. 8.

73 Gemeint ist der Musikhistoriker Ernst Bücken. – a. p.: Wissenschaft nach Wunsch. In: Die Nation, V (33), 12. 8. 1937, S. 8.

74 a. p.: Nobelpreis. In: Die Nation, III (50), 19. 12. 1935, S. 8. Siehe auch: a. p.: Kleine Schriften, Bd. 1: Musterung, S. 130f., S. 131.

75 Es war einmal ... (Entwurf zu einem österreichischen Film; mit einem Vor- und einem Nachspiel). Typoskript der Carl Seelig-Stiftung, mit Polgars Einverständnis als Exposé Seeligs bezeichnet.

76 a. p. an Carl Seelig, Aigen, 13. 7. 1936. Autograph der Carl Seelig-Stiftung, Zürich.

77 a. p. an Carl Seelig, Aigen, 19. 7. 1936. Ebenda.

78 a. p. an Carl Seelig, Wien, 16. 11. 1936. Ebenda.

79 Hans Sahl: Sekundenzeiger. In: Das Neue Tage-Buch, V (6), 6. 2. 1937, S. 142f. Siehe auch die hymnische Rezension von Erich Heller: Alfred Polgar. In: Der Kampf. Sozialistische Revue, IV (6), Juni 1937, S. 225ff.

80 a. p. an Carl Seelig, 23. 2. 1937. Autograph der Carl Seelig-Stiftung, Zürich.

81 Eduard Korrodi: Kleinkunst. In: Neue Zürcher Zeitung, 11. 2. 1937, Blatt 1.

82 a. p.: Auf dem Balkon. Zit. nach: a. p.: Kleine Schriften, Bd. 3: Irrlicht, S. 200 – 204.

83 Vgl.: Helmut Arntzen: Deutsche Satire im 20. Jahrhundert. In: Helmut Arntzen: Literatur im Zeitalter der Information. Frankfurt 1971, S. 167 – 192, S. 174f.

84 a. p. an Carl Seelig, 2. 3. 1937. Autograph der Carl Seelig-Stiftung, Zürich.

85 a. p. an Carl Seelig, 30. 3. 1937. Ebenda.

86 a. p. an Carl Seelig, Wien, 20. 5. 1937. Ebenda.

87 a. p. an Carl Seelig, Wien, 26. 6. 1937. Ebenda.

88 Alfred Polgar schreibt Marlene Dietrich-Biographie. In: Die Stunde, 23. 9. 1937, S. 4.

89 a. p.: Marlene. Bild einer berühmten Zeitgenossin. Typoskript im Besitz des Verfassers, S. 54f.

90 Ebenda, S. 58.

91 Ebenda.

92 Siehe – auch für die folgenden Zitate –: a. p.: Begegnung mit Papen. Zit. nach: a. p.: Kleine Schriften, Bd. 1: Musterung, S. 223 – 226.

93 a. p. an Carl Seelig, Zürich, Dienstag, (19.) 10. 1937. Autograph der Carl Seelig-Stiftung, Zürich.

94 a. p. an Carl Seelig, Wien 14. 12. 1937. Ebenda.

95 a. p. an Carl Seelig, 22. 1. 1938. Ebenda.

96 H. J. B. (d. i. Hermann J. Broch): Alfred Polgar: Handbuch des Kritikers. In: Maß und Wert, I (5), Mai/Juni 1938, S. 817f. Siehe auch: Hermann Broch: Philosophische Schriften 1. Kritik (= Kommentierte Werkausgabe. Hg. von Paul Michael Lützeler. Bd. 10/1). Frankfurt 1977, S. 269f.

97 Joseph Roth: Handbuch des Kritikers. In: Das Neue Tage-Buch, 15. 1. 1938. Siehe auch: Joseph Roth: Werke, a. a. O., Bd. IV, S. 433f.

98 a. p. an Leopold Schwarzschild, Wien, 15. 1. 1938. Leo Baeck Institute, New York.

99 Ernst Lothar. Das Wunder des Überlebens, a. a. O., S. 100.
100 Piero Rismondo: Alfred Polgar heute. In: Die Presse, 17. 10. 1973, S. 5.

Unstet und flüchtig (S. 196 – 213)

1 a. p.: Schicksal in drei Worten. Zit. nach: a. p.: Kleine Schriften, Bd. 1: Musterung, S. 145. Zum Aufgehen dieses Textes in das allgemeine Anekdotengut siehe: Peter Szondi: Nachwort zu Walter Benjamin: Städtebilder. Frankfurt 1964, S. 79 – 97, S. 96f.; und Claudio Magris: Lontano da dove – Weit von wo – Verlorene Welt des Ostjudentums. Turin 1971 – Wien 1974.

2 a. p.: Zu einem Gegenwartsthema. Zit. nach: a. p.: Kleine Schriften, Bd. 1: Musterung, S. 169ff., S. 171.

3 a. p. an den Executive Secretary der American Guild for German Cultural Freedom, Zürich, Hotel Urban, 15. 3. 1938. Deutsche Bibliothek Frankfurt, Sammlung Exilliteratur.

4 Gina Kaus: Und was für eine Leben . . ., a. a. O., S. 208.

5 Siehe: Alfred A. Häsler: Das Boot ist voll . . . Die Schweiz und die Flüchtlinge 1933 – 45. Zürich – Stuttgart 1967, S. 281. Vgl. auch den Band von Werner Mittenzwei: Exil in der Schweiz (= Kunst und Literatur im antifaschistischen Exil 1933 – 1945, Bd. 2). Leipzig 1978.

6 Alfred A. Häsler, a. a. O., S. 282.

7 Ebenda, S. 283.

8 Zit. nach Werner Mittenzwei, a. a. O., S. 19.

9 Siehe: Vom Segen der Riten. In: Völkischer Beobachter, Berliner Ausgabe, 29. 11. 1938, S. 5.

10 a. p. an Carl Seelig, Paris, Splendid Hotel, 1, avenue Carnot, 12. 4. 1938. Autograph der Carl Seelig-Stiftung, Zürich.

11 a. p. an Carl Seelig, Paris, 22. 5. 1938. Ebenda. Zur Situation der Emigranten in Frankreich siehe vor allem: Hans Albert Walter: Deutsche Exilliteratur 1933 – 1950. Bd. 2: Europäisches Appeasement und überseeische Asylpraxis. Stuttgart 1984, S. 87 – 112.

12 a. p. an Carl Seelig, Cabourg, 21. 8. 1938. Autograph im Besitz von Dr. E. Fröhlich, Zürich.

13 a. p. an Carl Seelig, Paris, 15. 6. 1938. Carl Seelig-Stiftung, Zürich.

14   a. p. an Carl Seelig, Paris, Splendid Hotel, 4. 7. 1938. Ebenda.

15   a. p. an Heinrich Schnitzler, Cabourg (Calvados), 7. 8. 38. Dokumentationsarchiv des österreichischen Widerstandes (DÖW) 15948/40.

16   a. p. an Carl Seelig, Cabourg, 25. 7. 1938. Autograph der Carl Seelig-Stiftung, Zürich.

17   a. p. an Carl Seelig, Cabourg (Calvados), poste restante, 31. 7. 1938. Ebenda.

18   a. p. an Carl Seelig, Paris, 7. 11. 1938. Ebenda.

19   Ebenda.

20   a. p. an Heinrich Schnitzler, Paris, 16. 11. 38. DÖW 15948/40. Siehe auch: Hermann Hakel (Hrsg.): Lynkeus. Dichtung − Kunst − Kritik, 20, Mai 1982, S. 21ff.

21   a. p. an Heinrich Schnitzler, 16. 11. 38, a. a. O.

22   Friedrich Torberg an Willi Schlamm (Zürich, wahrscheinlich 3. 2. 1939). Kopie im Besitz des Verfassers.

23   a. p.: Zeit und Zeitgenossen. Zit. nach: a. p.: Kleine Schriften, Bd. 1: Musterung, S. 196 − 200, S. 199.

24   Siehe: Die Österreichische Post, I (13/14), 1. 7. 1939, S. 11.

25   Aufruf der Liga. In: Nouvelles d'Autriche, Nr. 1, Février 1939, S. 36.

26   Nicht sehr lebendes Österreich. In: Der Sozialistische Kampf, Nr. 1, 14. 1. 1939. Siehe auch: DÖW (Hrsg.): Österreicher im Exil. Frankreich 1938 − 1945. Eine Dokumentation. Auswahl und Bearbeitung: Ulrich Weinzierl. Mit Beiträgen von Kristina Schewig-Pfoser und Ernst Schwager. Wien 1984, S. 158f.

27   a. p.: Joseph Roth (Nachruf). Zit. nach a. p.: Kleine Schriften, Bd. 4: Literatur, S. 142 − 145, S. 143.

28   a. p. an Willi Schlamm, Paris, 16e, 14 rue du Commandant Marchand, 10. 12. 38. Zit. nach: a. p.: Lieber Freund! Lebenszeichen aus der Fremde, a. a. O., S. 21.

29   a. p. an Carl Seelig, Paris, 14. 4. 1939. Autograph der Carl Seelig-Stiftung, Zürich.

30   a. p. an Carl Seelig, Paris, 8. 5. 1939. Ebenda.

31   Ebenda.

32   a. p. an Carl Seelig, Paris, 2. 7. 1939. Autograph der Carl Seelig-Stiftung, Zürich.

33   a. p. an Carl Seelig, Paris, 5. 6. 39. Ebenda.

34 a. p. an Carl Seelig, Paris, 27. 6. 1939. Ebenda.

35 a. p. an Carl Seelig, Paris, 28. 7. 1939. Ebenda.

36 a. p. an Carl Seelig, Paris, 16. 9. 1939. Autograph der Carl Seelig-Stiftung, Zürich.

37 a. p. an Carl Seelig, Paris 18. 10. 1939. Ebenda.

38 a. p.: Quarantäne. Zit. nach: a. p.: Kleine Schriften, Bd. 1: Musterung, S. 173ff., S. 174f.

39 Leonhard Frank: Links wo das Herz ist. Roman. München (dtv) 1982, S. 132f.

40 Notizen aus Polgars Nachlaß in Gabelsberger Kurzschrift. Im Besitz von Dr. E. Fröhlich, Zürich. Für die Entzifferung dankt der Verfasser Frau Rosl Morche, Wien.

41 a. p.: Ein Gedenktag. Zit. nach: a. p.: Kleine Schriften, Bd. 1: Musterung, S. 189 – 192, S. 189.

42 Herr Polgar und die Weltgeschichte. In: Berliner Börsen-Zeitung, 16. 3. 1940. Ausschnitt aus den Beständen der Dokumentation der Arbeiterkammer für Wien.

43 Wilmont Haacke: Das Wiener jüdische Feuilleton. In: Walther Heide (Hrsg.): Handbuch der Zeitungswissenschaft. Leipzig 1941, Sp. 2051 – 2072, Sp. 2060f., 2068. Siehe auch: Wilmont Haacke: Feuilletonkunde. Das Feuilleton als literarische und journalistische Gattung. Bd. 1: Leipzig 1943, Bd. 2: Leipzig 1944; Bd. 1: S. 35, Bd. 2: S. 452, 593.

44 a. p. an Carl Seelig, Paris, 21. 12. 1939. Autograph der Carl Seelig-Stiftung, Zürich.

45 a. p. an Carl Seelig, Paris, 12. 2. 1940. Ebenda.

46 Ebenda.

47 a. p. an Carl Seelig, 16. 9. 1939. Autograph der Carl Seelig-Stiftung, Zürich.

48 a. p. an Carl Seelig, Paris, 25. 5. 1940. Ebenda.

49 a. p. an Willi Schlamm, Paris, le 12. 1. 1940. Zit. nach: a. p.: Lieber Freund!, a. a. O., S. 23f.

50 Vgl.: Anton Warde: Alfred Polgar. In: John M. Spalek und Joseph Strelka (Hrsg.): Deutsche Exilliteratur seit 1933, a. a. O., S. 581 – 590.

51 a. p. an Carl Seelig, Montauban, 27. 7. 1940. Autograph der Carl Seelig-Stiftung, Zürich.

52 a. p. an Carl Seelig, 1. 7. 1940. Ebenda.

53 Vgl.: Hans Sahl: Memoiren eines Moralisten, a. a. O., S. 90.

54 Siehe den Erinnerungsbericht Varian Frys: Surrender on Demand. New York 1945, sowie den Aufsatz von Cynthia Jaffee McCabe: »Wanted by the Gestapo: Saved by America« – Varian Fry and the Emergency Rescue Committee. In: Jarrell C. Jackman and Carla M. Borden (Hrsg.): The Muses flee Hitler. Cultural Transfer and Adaptation 1930 – 1945. Washington D. C. 1983, S. 79 – 91.

55 Das geht aus Aufzeichnungen in Varian Frys Nachlaß hervor: Varian Fry Papers, Box 5. Notes to Chapter 5 of »Surrender on Demand«. Originale in Columbia University Libraries, New York.

56 a. p. an Carl Seelig, Marseille, 24. 8. 1940. Autograph der Carl Seelig-Stiftung, Zürich.

57 Notizen aus Polgars Nachlaß. Im Besitz von Dr. E. Fröhlich, Zürich.

58 a. p. an Willi Schlamm, Lisbonne, le 12. 9. 40. Zit. nach: a. p.: Lieber Freund!, a. a. O., S. 27.

59 a. p. an Carl Seelig, Lisbonne, 20. 9. 1940. Autograph der Carl Seelig-Stiftung, Zürich.

60 a. p. an Carl Seelig, Nea Hellas. Eintragungen vom 6., 7., 8., 9., 10., 11., 12. Oktober 1940. Eintragung vom 6. 10. Autograph der Carl Seelig-Stiftung, Zürich.

61 Eintragung vom 9. 10. 1940. Ebenda.

62 a. p. an Thomas Mann, Nea Hellas, 12. 10. 1940. Autograph des Thomas Mann-Archivs der ETH Zürich X63/27.

63 Thomas Mann an a. p., Princeton, 17. X. 40. Kopie im Besitz des Verfassers.

64 Klaus Mann: Der Wendepunkt. Ein Lebensbericht. Frankfurt und Hamburg 1963, S. 369.

65 a. p. an Carl Seelig, Beverly Hills, 27. 10. 1940. Autograph der Carl Seelig-Stiftung, Zürich.

66 a. p.: Ein Jahr im Studio. Zit. nach: a. p.: Kleine Schriften, Bd. 3: Irrlicht, S. 395 – 400, S. 399.

Die Fremde ist nicht Heimat geworden (S. 214 – 230)

1   a. p. an Carl Seelig, 27. 10. 1940, a. a. O.

2   a. p. an Carl Seelig, Beverly Hills, 6. 1. 1941. Autograph der Carl Seelig-Stiftung, Zürich.

3   Alfred Döblin an Hermann Kesten, Hollywood, 11. 12. 1940. In: Hermann Kesten (Hrsg.): Deutsche Literatur im Exil. Briefe europäischer Autoren 1933 – 1949. Frankfurt 1973, S. 133. Hier zit. nach: Alfred Döblin: Briefe (A. D.: Ausgewählte Werke in Einzelbänden. In Verbindung mit den Söhnen des Dichters hg. v. Walter Muschg, weitergeführt v. Heinz Graber). Olten und Freiburg im Breisgau 1970, S. 248.

4   a. p. an Rudolf Kommer, 30. 10. 1941. ÖNB 521/4-59.

5   a. p. an Carl Seelig, 6. 1. 1941, a. a. O.

6   a. p.: Der Emigrant und die Heimat. Zit. nach: a. p.: Kleine Schriften, Bd. 1: Musterung, S. 209 – 221, S. 210.

7   a. p. an Carl Seelig, 13. 2. 1941. Typoskript der Carl Seelig-Stiftung, Zürich.

8   a. p. an Willi Schlamm, Beverly Hills, 14. 11. 1940. Zit. nach: a. p.: Lieber Freund!, a. a. O., S. 32 – 36, S. 33.

9   a. p. an Rudolf Kommer, 24. 11. 1942. ÖNB H 521/4-72, S. 4.

10 Ebenda, S. 8.

11 Ebenda.

12 Ebenda.

13 a. p. an Berthold Viertel, 31. 12. 1941. Deutsches Literaturarchiv Marbach am Neckar 69.2663/14, S. 4.

14 a. p. an Alice Bernoulli, Beverly Hills, 23. 10. 1941. Kopie im Besitz des Verfassers.

15 a. p. an Berthold Viertel, 25. 11. 1943. Deutsches Literaturarchiv Marbach am Neckar 69.2663/18.

16 Ebenda.

17 a. p. an Berthold Viertel, 2. 7. 1943. Deutsches Literaturarchiv Marbach am Neckar 69.2663/16.

18 a. p. an Berthold Viertel, New York, 3. 11. 1943. Deutsches Literaturarchiv Marbach am Neckar 69.2663/17.

19 Ebenda.

20 Autograph Polgars, Ende 1943/Anfang 1944. DÖW 10598. In den Erinnerungen Hans Hellers wird der Titel der Zeitschrift

mit »New Austria« angegeben. Siehe: John Heller: Memoirs, a. a. O., S. 83.

21 Vgl.: John Heller, a. a. O., S. 83f.

22 a. p. an Berthold Viertel, 24. 11. 1944. Deutsches Literaturarchiv Marbach am Neckar 69.2663/19.

23 Joseph P. Strelka: Friedrich Torberg. In: Deutsche Exilliteratur seit 1933, a. a. O., S. 616 – 632, S. 626.

24 a. p. an Willi Schlamm, Kurhotel Obladis bei Landeck (öst. Tirol), 28. VII. 1952. Zit. nach: a. p.: Lieber Freund!, a. a. O., S. 120 – 123, S. 120.

25 a. p. an Berthold Viertel, 24. 11. 1944, a. a. O.

26 a. p.: Blick in die Heimat. In: Aufbau, IX (8), 19. 2. 1943, S. 28.

27 a. p. an Bruno und Liesl Frank, 19. 12. 1944. Kopie im Besitz des Verfassers. Der Einschub über Franz Werfel ist im Original als Fußnote geschrieben.

28 a. p. an Bruno Frank, 13. 4. 1945. Kopie im Besitz des Verfassers.

29 a. p. an Bruno Frank, Sonntag – Poststempel vom 4. 6. 1945. Kopie im Besitz des Verfassers.

30 a. p. an Liesl Frank, 10. 7. 1945. Kopie im Besitz des Verfassers.

31 a. p.: Glossen. Zum Punkt Re-Education. In: Aufbau, XI (9), 2. 3. 1945, S. 4.

32 Autograph Polgars, May 1945 (New York). DÖW 10.598. Die Stellungnahme erschien unter dem Titel »Rundfrage zur Regierung Renner« in: Austro American Tribune, III (11), June 1945, S. 3.

33 Kunschak war nie Chefredakteur der »Reichspost« (diese Position hatte Friedrich Funder innegehabt), hingegen ein wichtiger Repräsentant der christlichsozialen Bewegung.

34 a. p. an Elisabeth Freundlich, 20. 8. 1945. DÖW 10.598. Der zuständige Ressortleiter war der damalige Unterstaatssekretär Ernst Fischer.

35 a. p.: Post aus der Heimat. In: Aufbau, XII (38), 20. 9. 1946, S. 18.

36 Friedrich Torberg an Milan Dubrovic, 21. IX. 46. Kopie des Durchschlags im Besitz des Verfassers.

37 Lisl Polgar an Liesl Frank, 1. 9. 1945. Kopie im Besitz des Verfassers.

38 a. p. an Berthold Viertel, 30. 7. 1945. Deutsches Literaturarchiv Marbach am Neckar 69.2663/21.

39 a. p. an Berthold Viertel, New York, 18. 7. 1945. Ebenda.

40 a. p. an Berthold Viertel, 30. 7. 1945. Deutsches Literaturarchiv Marbach am Neckar 69.2663/22.

41 a. p. an Berthold Viertel, Beverly Hills, California, 4. 7. 1947. Ebenda, 69.2663/25.

42 a. p. an Berthold Viertel, Beverly Hills, 18. 7. 1947. Ebenda, 69.2663/26.

43 Ebenda.

44 a. p. an Bruno Walter, New York 14. Aug. 47. Kopie im Besitz des Verfassers.

45 a. p. an Berthold Viertel, Beverly Hills, 18. 7. 1947, a. a. O.

46 a. p. an Berthold Viertel, New York, 9. 11. 1947. Deutsches Literaturarchiv Marbach am Neckar 69.2663/27.

47 a. p. an Carl Seelig, 23. 3. 1948. Autograph der Carl Seelig-Stiftung, Zürich.

48 a. p. an Berthold Viertel, New York, 30. 12. 1947, S. 4. Deutsches Literaturarchiv Marbach am Neckar 69.2663/28.

49 (»Man muß etwas für die Unsterblichkeit tun.«) Ebenda.

50 Hermann Broch an a. p., Princeton Hospital, 14. 2. 1949. Typoskript im Besitz von Dr. E. Fröhlich, Zürich.

51 Hermann Broch an Carl Seelig, Princeton Hospital, N. J., 8. 3. 49. Zit. nach: Hermann Broch: Briefe 3 (1945 – 1951). Dokumente und Kommentare zu Leben und Werk (= Hermann Broch: Kommentierte Werkausgabe. Hg. von Paul Michael Lützeler, Bd. 13/3). Frankfurt 1981, S. 315f., S. 316.

52 Siehe auch: Curt Riess: Café Odeon. Unsere Zeit, ihre Hauptakteure und Betrachter. Zürich 1973.

53 a. p. an Berthold Viertel. Wahrscheinlich Herbst 1948. Deutsches Literaturarchiv Marbach am Neckar 69.2663/31.

54 a. p. an Berthold Viertel, New York, 28. 2. 1949. Ebenda, 69.2663/32.

55 a. p.: Der Emigrant und die Heimat (Eine Glossen-Reihe) 1945/47. In: a. p.: Anderseits, a. a. O., S. 219 – 233, S. 233.

Leben und Sterben im Hotel (S. 231 – 242)

1 Greta Hennemann: Er ist ein »Centralist« geblieben. Zürcher Gespräch mit Alfred Polgar. In: Die Neue Zeitung, 5. 7. 1949, S. 4.

2 a. p. an Berthold Viertel, New York, 13. 11. 1950. Deutsches Literaturarchiv Marbach am Neckar 69.2663/41.

3 a. p. an Peter Loos, Zürich, Hotel Urban, 23. Sept. 1949. Autograph im Besitz von Prof. Peter Loos, Wien.

4 a. p.: Notizbuch von einer Europa-Reise I. In: Aufbau, XV (34), 21. 8. 1949, S. 36.

5 a. p. an Willi Schlamm, Pension Waldburg, Aigen b. Salzburg, 18. August 49. Zit. nach: a. p.: Lieber Freund!, a. a. O., S. 54 – 57, S. 54.

6 Ebenda, S. 54f.

7 a. p. an Alfred Neumann, Salzburg 7. 3. 1950. Literaturarchiv der Akademie der Künste, Berlin.

8 a. p. an Berthold Viertel, Salzburg, 15. 4. 1953. Deutsches Literaturarchiv Marbach am Neckar 69.2663/47.

9 a. p. an Joseph Bornstein, Aigen, 20. 8. 1949. Leo Baeck Institute, New York.

10 a. p. an Joseph Bornstein, München 27. 10. 1949. Ebenda.

11 a. p. an Willi Schlamm, Zürich, Hotel Urban, 17. Dez. 1949. Zit. nach: a. p.: Lieber Freund!, a. a. O., S. 61ff., S. 62.

12 Kurt Honolka: . . . und schrieb ein reines Deutsch. Zu Alfred Polgars Stuttgarter Besuch. Undatierter Zeitungsausschnitt im Besitz des Verfassers.

13 Hermann Lenz: Ein Fremdling. Roman. Frankfurt 1983, S. 17f. Freundlicher Hinweis von Prof. Paul Stöcklein, Bamberg.

14 a. p. an Berthold Viertel, Zürich, 16. 12. 1949. Deutsches Literaturarchiv Marbach am Neckar 69.2663/35a.

15 a. p. an Berthold Viertel, München, 23. 11. 1949. Ebenda, 69.2663/35.

16 a. p. an Berthold Viertel, Bad Gastein, 22. 6. 1950. Ebenda, 69.2663/37.

17 Laut einem Brief von a. p. an Alfred Neumann, Zürich, 30. 5. 1950. Literaturarchiv der Akademie der Künste, Berlin.

18 Laut einem Brief von a. p. an Berthold Viertel, Zürich, 7. 10. 1950. Deutsches Literaturarchiv Marbach am Neckar 69.2663/34.

19 Hans Weigel: Es war einmal ein Kritiker . . . Zu Alfred Polgars 75. Geburtstag. In: Weltpresse, 24. 10. 1950, S. 6.

20 a. p. an Berthold Viertel, New York, 13. 11. 1950. Deutsches Literaturarchiv Marbach am Neckar 69.2663/41.

21 Theodor Körner an a. p., Wien, 24. Oktober 1950. Im Besitz des Verfassers.

22 a. p. an Rudolf Holzer, Paris, 4. 5. 1951. Handschriftensammlung der Wiener Stadtbibliothek I. N. 177.082.

23 Gespräche mit Kafka. Erinnerungen und Aufzeichnungen von Gustav Janouch. Frankfurt 1951, S. 50.

24 Friedrich Torberg: In memoriam Alfred Polgar. In: FORVM, II (17), S. 184.

25 a. p. an Alfred Neumann, Zürich 28. 12. 1951. Handschriftensammlung der Stadtbibliothek München, Nachlaß Neumann. Siehe auch: Martin Müllerott: Gewichtiges in kleiner Form. Alfred Polgar, ein Meister der betrachtenden Prosa. In: Der Büchermarkt, 1/63, S. 203 – 209, S. 209.

26 a. p. an Rudolf Holzer, Zürich 20. 10. 1953. Handschriftensammlung der Stadtbibliothek Wien I. N. 177.083.

27 a. p. an Eva Röder, München, 29. 2. 1952. Im Besitz des Verfassers.

28 a. p. an Carl Seelig, 10. 8. 1948. Autograph im Besitz von Dr. E. Fröhlich, Zürich.

29 a. p.: Eine gespenstische Erscheinung. Ernst von Salomon: Der Fragebogen. Zit. nach: a. p.: Kleine Schriften, Bd. 4: Literatur, S. 167 – 174, S. 170, 172.

30 Vgl.: Günther Cwojdrak: Alfred Polgar, aufgepaßt! In: Die Weltbühne, VII (15), 9, 4, 1952, S. 460 – 463.

31 a. p. an Friedrich Luft, Zürich, Hotel Urban, 22. 4. 1952. Autograph im Besitz von Prof. Friedrich Luft, Berlin.

32 Hans Leonard an a. p., Berlin, 22. 3. 1952. Im Besitz des Verfassers.

33 a. p. an Lili Darvas, Zürich, Hotel Urban, 1. 6. 1952. Autograph im Besitz von Dr. E. Fröhlich, Zürich.

34 a. p. an Lili Darvas, Salzburg, 24. 8. 1953. Ebenda.

35 Marcel Reich-Ranicki: Alfred Polgar, der Klassiker des kleinen Lebens. In: a. p.: Kleine Schriften, Bd. 1: Musterung, S. XVII – XXXII, S. XXXII.

36 Zit. nach: a. p.: Kleine Schriften, Bd. 4: Literatur, S. 178f., S. 178.

37 Alfred Polgar berät Josefstadt. In: Der Abend, 4. 8. 1954.

38 a. p. an Lili Darvas, 29. Aug. 1954. Autograph im Besitz von Dr. E. Fröhlich, Zürich.

39 Report of the Death of an American Citizen. Zurich, Switzerland, May 4, 1955. Kopie im Besitz des Verfassers.

40 Friedrich Torberg: Zum Tode Alfred Polgars. In: Neuer Kurier, 25. 4. 1955.

41 Der Präsident der Deutschen Akademie für Sprache und Dichtung, H. W. Eppelsheimer, an Elise Polgar, Frankfurt, 9. 6. 1965. Im Besitz des Verfassers. Schon Anfang 1927 war in der »Literarischen Welt« eine Satire über die Nichtaufnahme von Schriftstellern in die »Akademie für preußische Dichtkunst« erschienen, in der Alfred Polgar neben Carl Sternheim, Leonhard Frank, Maximilian Harden und Karl Kraus figurierte. Vgl.: Franz Schulz: Die Abgelehnten. In: Die literarische Welt, III (3), 21. 1. 1927, S. 5f.

42 Hans Weigel: Der letzte Ritter des Wiener Feuilletons. In: Nachruf aus dem »Bild-Telegraf«, Wien. Unter dem Titel »Der letzte Ritter des Feuilletons« abgedruckt in: Hans Weigel: Das tausendjährige Kind. Kritische Versuche eines heimlichen Patrioten zur Beantwortung der Frage nach Österreich. Wien 1965, S. 338 – 341.

Bildnachweis

2, 5: Christina Wesemann und Monica Nagler / *4:* Elisabeth Albertsen-Corino, Bad Vilbel / *6:* Aus dem Band »Nachlese«, erschienen im Verlag der Buchhandlung Richard Lányi / *7, 16, 18, 38:* Bildarchiv der Österreichischen Nationalbibliothek / *9:* Paul Schindegger, Freilassing / *10, 11:* Historisches Museum der Stadt Wien / *17:* Bernd Witte, Aachen, bzw. Erben Franz Hessel / *19:* Carl Seelig-Stiftung, Zürich / *28:* Marcus Blechman / *29:* Lotte Jacobi / *37:* Marcel Faust, Wien

Die übrigen Photos befinden sich im Besitz des Verfassers und wurden ihm von Frau Selma Ell, New York, zur Verfügung gestellt.

Buchausgaben Alfred Polgars

Der Quell des Übels und andere Geschichten (= Kleine Bibliothek Langen, Bd. 90). München (Albert Langen Verlag für Litteratur und Kunst) 1908.

Egon Friedell und Alfred Polgar: *Goethe*. Eine Szene. Wien (C. W. Stern) 1908.

Alfred Polgar und Egon Friedell: *Der Petroleumkönig oder Donauzauber*. Musteroperette in vier Bildern. Text nach einer Idee des Dante Alighieri mit teilweiser Benützung eines Motivs aus Bjoern Nils Hlawatscheks Novellenband »Müdes Obst« (Verfasser der »Herbsttropfen«). Der Wortwitz im zweiten Bild ist von Alfred Polgar und Egon Friedell (Verfasser des »Goethe«). Musik von Sch.(erber) Konrad. Wien (Eigenverlag des Theater und Kabarett »Fledermaus«) 1908.

Bewegung ist alles. Novellen und Skizzen. Frankfurt a. Main (Literarische Anstalt Rütten & Loening) 1909.

Alfred Polgar und Egon Friedell: *Soldatenleben im Frieden*. Ein zensurgerechtes Militärstück, in das jede Offizierstochter ihren Vater ohne Bedenken führen kann. Wien (Hugo Heller & Cie.) 1910.

Brahms Ibsen. Berlin-Westend (Erich Reiß Verlag) o. J. (1910).

Hiob. Ein Novellenband. München (Albert Langen) 1912.

Kleine Zeit. Berlin (Fritz Gurlitt Verlag) 1919.

Max Pallenberg (= Der Schauspieler. Eine Monographiensammlung. Hg. von Herbert Ihering, Bd. 9). Berlin (Erich Reiß Verlag) o. J. (1921).

Gestern und heute. Dresden (Rudolf Kaemmerer Verlag) 1922.

An den Rand geschrieben. Berlin (Ernst Rowohlt Verlag) 1926.

Orchester von oben. Berlin (Ernst Rowohlt Verlag) 1926.

Kritisches Lesebuch (= *Ja und Nein*. Schriften des Kritikers, Bd. I). Berlin (Ernst Rowohlt Verlag) 1926.

Stücke und Spieler (= *Ja und Nein*, Bd. II). Berlin (Ernst Rowohlt Verlag) 1926.

Noch allerlei Theater (= *Ja und Nein*, Bd. III). Berlin (Ernst Rowohlt Verlag) 1926.

Stichproben (= *Ja und Nein*, Bd. IV). Berlin (Ernst Rowohlt Verlag) 1927.

Ich bin Zeuge. Berlin (Ernst Rowohlt Verlag) 1927.

Schwarz auf Weiß. Berlin (Ernst Rowohlt Verlag) 1929 (Cop. 1928).

Hinterland. Berlin (Ernst Rowohlt Verlag) 1929.

Bei dieser Gelegenheit. Berlin (Ernst Rowohlt Verlag) 1930.

Auswahlband. Aus neun Bänden erzählender und kritischer Schriften. Berlin (Ernst Rowohlt Verlag) 1930.

Der unsterbliche Kaspar. Kleine Kasparspiele. Mit Erlaubnis des Verfassers für die Handpuppenbühne bearbeitet von Hugo Schmidtverbeek (= Radirullala, Kaspar ist wieder da, Heft 14). Leipzig (A. Strauch) o. J. (1930).

Die Defraudanten (Nach Motiven aus dem gleichnamigen Roman V. Katajews). Komödie in drei Akten. Berlin (Ernst Rowohlt Verlag) 1931.

Ansichten. Berlin (Rowohlt) 1933.

In der Zwischenzeit. Amsterdam (Allert de Lange) 1935 (Cop. 1934).

Sekundenzeiger. Zürich (Humanitas Verlag) 1937.

Handbuch des Kritikers. Zürich (Verlag Oprecht) 1938. Neudruck dieser Ausgabe: Wien – Hamburg (Paul Zsolnay Verlag) 1980.

Geschichten ohne Moral. Zürich – New York (Verlag Oprecht) 1943.

Im Vorübergehen. Aus zehn Bänden erzählender und kritischer Schriften. Auswahl: H. M. Ledig. Stuttgart – Hamburg (Rowohlt) 1947.

Anderseits. Erzählungen und Erwägungen. Amsterdam (Querido Verlag N. V.) 1948.

Begegnung im Zwielicht. Berlin (Lothar Blanvalet Verlag) 1951.

Standpunkte. Hamburg (Rowohlt Verlag) 1953.

Im Lauf der Zeit (= rororo Taschenbuch 107). Hamburg (Rowohlt) 1954.

Ja und Nein. Darstellungen von Darstellungen. Hg. (und mit einem Nachwort) von Wolfgang Drews. Hamburg (Rowohlt Verlag) 1956.

Fensterplatz. Hg. von Wolfgang Drews. Hamburg (Rowohlt Verlag) 1959.

Im Vorüberfahren. Hg. von Friedrich Luft. Frankfurt a. Main (Büchergilde Gutenberg) o. J. (1960).

Oswin (d. i. Oswald Meichsner) – Alfred Polgar: *Fremde Stadt.* Berlin (Colloquium-Verlag) o. J. (1962).

Auswahl. Prosa aus vier Jahrzehnten. Hg. von Bernt Richter. Mit einem Vorwort von Siegfried Melchinger. Reinbek bei Hamburg (Rowohlt) 1968.

Bei Lichte betrachtet. Texte aus vier Jahrzehnten. Zusammengestellt von Bernt Richter (= rororo Taschenbuch 1326/1327). Reinbek bei Hamburg (Rowohlt) 1970.

Die Mission des Luftballons. Skizzen und Erwägungen. Hg. und mit einem Nachwort versehen von Fritz Hofmann. Berlin (Verlag Volk und Welt) 1975.

Die lila Wiese. Skizzen und Feuilletons. Hg. von Wilhelm Lüderitz. Illustriert von Marianne Schäfer. Berlin (Eulenspiegel-Verlag) 1977.
Taschenspiegel. Hg. und mit einem Nachwort »Alfred Polgar im Exil« von Ulrich Weinzierl. Wien (Löcker Verlag) 1979.
Sperrsitz. Hg. und mit einem Nachwort »Wien, Jahrhundertwende. Der junge Alfred Polgar« von Ulrich Weinzierl. Wien (Löcker Verlag) 1980.
Lieber Freund! Lebenszeichen aus der Fremde. Hg. und eingeleitet von Erich Thanner. Wien – Hamburg (Paul Zsolnay Verlag) 1981.
Musterung/Kleine Schriften/Band 1. Herausgegeben von Marcel Reich-Ranicki in Zusammenarbeit mit Ulrich Weinzierl. Reinbek (Rowohlt-Verlag) 1982.
Kreislauf/Kleine Schriften/Band 2. Herausgegeben von Marcel Reich-Ranicki in Zusammenarbeit mit Ulrich Weinzierl. Reinbek (Rowohlt-Verlag) 1983.
Irrlicht/Kleine Schriften/Band 3. Herausgegeben von Marcel Reich-Ranicki in Zusammenarbeit mit Ulrich Weinzierl. Reinbek (Rowohlt-Verlag) 1984.
Literatur/Kleine Schriften/Band 4. Herausgegeben von Marcel Reich-Ranicki in Zusammenarbeit mit Ulrich Weinzierl. Reinbek (Rowohlt-Verlag) 1984.
Theater I / Kleine Schriften / Band 5. Herausgegeben von Marcel Reich-Ranicki in Zusammenarbeit mit Ulrich Weinzierl. Reinbek (Rowohlt-Verlag) 1985.
Theater II / Kleine Schriften / Band 6., Herausgegeben von Marcel Reich-Ranicki in Zusammenarbeit mit Ulrich Weinzierl. Reinbek (Rowohlt-Verlag) 1986.

Literaturverzeichnis

DISSERTATIONEN

Volker Bohn: *Kritische Erzählungen.* Zur Prosa Alfred Polgars. Phil. Diss. Frankfurt 1978.
Gerhard Fritsche: *Die Kritiken Alfred Polgars in der »Weltbühne« als Spiegel des Wiener Theaters 1906 – 1929.* Phil. Diss. Wien 1964.
Herbert Kirnig: *Alfred Polgar – Alfred Kerr.* Ein Vergleich. Phil. Diss. Wien 1950.
Eva Philippoff: *Alfred Polgar.* Ein moralischer Chronist seiner Zeit. München 1980.
Rainer Schwedler: *Alfred Polgars Werk.* Die Spiegelung der poli-

tischen und sozialen Realität in der Kurzprosa des Wiener Feuilletonisten. Phil. Diss. Hamburg 1972.

Wolf Seidl: *Die geistige Haltung der neueren deutschen Theaterkritik, entwickelt an Otto Brahm, Hermann Bahr, Alfred Kerr, Alfred Polgar, Siegfried Jacobsohn, Paul Fechter, Herbert Ihering und Bernhard Diebold.* Phil. Diss. München 1951.

Ulrich Weinzierl: *Alfred Polgar.* Beiträge zu Leben und Werk. Phil. Diss. Wien 1977. In der Buchfassung: *Er war Zeuge.* Alfred Polgar – Ein Leben zwischen Publizistik und Literatur. Wien (Löcker & Wögenstein) 1977.

ERINNERUNGSBERICHTE
(Memoiren, Romane, Anekdoten)

Erwin Chargaff: *Anfang und fast gleichzeitiges Ende einer literarischen Karriere.* In: Österreichische Autoren bei Klett-Cotta. Wien 1981, S. 11 – 17.

Axel Eggebrecht: *Der halbe Weg.* Zwischenbilanz einer Epoche. Reinbek 1975.

Leonhard Frank: *Links wo das Herz ist.* Frankfurt (Fischer-TB) 1976.

Varian Fry: *Surrender on Demand.* New York 1945.

Franz Karl Ginzkey: *Zeit und Menschen meiner Jugend.* Wien 1942.

Max Graf: *Jede Stunde war erfüllt.* Ein halbes Jahrhundert Musik- und Theaterleben. Wien – Frankfurt 1957.

Stefan Großmann: *Ich war begeistert.* Eine Lebensgeschichte. Berlin 1931.

John Heller: *Memoirs of a Reluctant Capitalist.* New York 1983.

Fred Hildenbrandt: *. . . ich soll Dich grüßen von Berlin. 1922 – 1932.* Berliner Erinnerungen ganz und gar unpolitisch. München 1966.

Gina Kaus: *Und was für ein Leben . . . mit Liebe und Literatur, Theater und Film.* Hamburg 1979.

Frederick Kohner: *Der Zauberer vom Sunset Boulevard.* Ein Leben zwischen Film und Wirklichkeit. München – Zürich 1974.

Richard Kola: *Rückblick ins Gestrige.* Erlebtes und Empfundenes. Wien – Leipzig – München 1922.

Fritz Kortner: *Aller Tage Abend.* München 1959.

Hermann Lenz: *Ein Fremdling.* Roman. Frankfurt am Main 1983.

Ernst Lothar: *Das Wunder des Überlebens.* Erinnerungen und Ergebnisse. Hamburg – Wien 1961.

Helga Malmberg: *Widerhall des Herzens.* Ein Peter Altenberg-Buch. München 1961.

Klaus Mann: *Der Wendepunkt.* Ein Lebensbericht. Frankfurt am Main (Fischer TB) 1963.
Ludwig Marcuse: *Mein zwanzigstes Jahrhundert. Auf dem Weg zu einer Autobiographie.* Frankfurt am Main – Hamburg (dtv) 1968.
Franz Molnár: *Gefährtin im Exil.* Bad Wörrishofen 1953.
Gottfried Reinhardt: *Der Liebhaber. Erinnerungen seines Sohnes Gottfried Reinhardt an Max Reinhardt.* München – Zürich 1963.
Curt Riess: *Café Odeon. Unsere Zeit, ihre Hauptakteure und Betrachter.* Zürich 1973.
Hans Sahl: *Memoiren eines Moralisten.* Erinnerungen I (= Gesammelte Werke, Bd. 5. Hg. von Klaus Schöffling). Zürich 1983.
Manès Sperber: *Wie eine Träne im Ozean* (Der verbrannte Dornbusch). Köln – Berlin 1961.
Friedrich Torberg: *Die Tante Jolesch oder Der Untergang des Abendlandes in Anekdoten.* München 1975.
Friedrich Torberg: *Die Erben der Tante Jolesch.* München 1978.
Siegfried Trebitsch: *Chronik eines Lebens.* Zürich – Stuttgart – Wien 1951.
Salka Viertel: *Das unbelehrbare Herz. Ein Leben in der Welt des Theaters, der Literatur und des Films.* Mit einem Vorwort von Carl Zuckmayer. Reinbek 1979.

IN BÜCHERN

anonym: *Das Jüngste Gericht.* 300 Epigramme über die Wiener Gesellschaft. Berlin 1908.
Helmut Arntzen: *Deutsche Satire im 20. Jahrhundert.* In: H. A.: Literatur im Zeitalter der Information. Frankfurt 1971, S. 167 – 192.
Otto F. Beer: *Franz Molnár und sein Liliom.* In: Franz Molnár: Liliom. Vorstadtlegende in sieben Bildern und einem szenischen Prolog. Für die deutsche Bühne bearbeitet von Alfred Polgar. Stuttgart 1979, S. 114 – 120.
Walter Benjamin: *Briefe 2.* Hgg. und mit Anmerkungen versehen von Gershom Scholem und Theodor W. Adorno. Frankfurt 1978, S. 494.
Walter Benjamin: *Drei Bücher* und *Hinterland.* In: W. B.: Gesammelte Schriften III. Hg. von Hella Tiedemann-Bartels (= werkausgabe Bd. 8). Frankfurt 1980, S. 109 f., 199 f.
Robert Blauhut: *Österreichische Novellistik des 20. Jahrhunderts.* Wien – Stuttgart 1966, S. 159 ff.

Franz Blei: *Das große Bestiarium.* Zeitgenössische Bildnisse. München 1963, S. 32.

Bertolt Brecht: *Flüchtlingsgespräche.* Frankfurt 1975, S. 75 f.

Hermann Broch: *Briefe 3 (1945 – 1951).* Dokumente und Kommentare zu Leben und Werk (= H. B.: Kommentierte Werkausgabe. Hg. von Paul Michael Lützeler, Bd. 13/3). Frankfurt 1981, S. 315 f.

Hermann Broch: *Philosophische Schriften 1.* Kritik (= Kommentierte Werkausgabe, Bd. 10/1). Frankfurt 1977, S. 269 f.

Hermann Broch: *Schriften zur Literatur 1* (= Kommentierte Werkausgabe, Bd. 9/1). Frankfurt 1975, S. 49 ff., 345 f.

David Bronsen: *Joseph Roth.* Eine Biographie. Köln 1974, S. 189 f.

Franz Theodor Csokor und Leopoldine Rüther (Hrsg.): *Du silberne Dame Du.* Briefe von und an Lina Loos. Wien – Hamburg 1966.

Wolfgang Drews: *Nachwort* zu: Alfred Polgar: Ja und Nein. Darstellungen von Darstellungen. Hg. von W. D. Hamburg 1956, S. 397 – 413.

Egon Friedell: *Abschaffung des Genies.* Essays bis 1918. Hg. und mit einem Nachwort »Friedell als Buchautor« von Heribert Illig. Wien – München ²1984.

Egon Friedell: *Selbstanzeige.* Essays ab 1918. Hg. und mit einem Nachwort »Der ganze Friedell?« von Heribert Illig. Wien – München ²1985; zu a.p.: *Dramaturgie des Djchters,* S. 194 – 198.

Max Geißler: *Führer durch die deutsche Literatur des 20. Jahrhunderts.* Weimar 1913, S. 440 f.

Ruth Greuner: *Alfred Polgar – Epitaph auf einen Dichter.* In: R. G.: Gegenspieler. Profile linksbürgerlicher Publizisten aus Kaiserreich und Weimarer Republik. Berlin (DDR) 1969, S. 127 – 157.

Wilmont Haacke: *Das Wiener jüdische Feuilleton.* In: Walther Heide (Hrsg.): Handbuch der Zeitungswissenschaft. Leipzig 1941, Sp. 2051 – 2072.

Wilmont Haacke: *Feuilletonkunde.* Das Feuilleton als literarische und journalistische Gattung, 2 Bde. Leipzig 1943 f., Bd. 1: S. 35, Bd. 2: S. 452, 593.

Wilmont Haacke: *Handbuch des Feuilletons,* 3 Bde. Emsdetten 1951 ff.

Peter Haage: *Der Partylöwe, der nur Bücher fraß.* Egon Friedell und sein Kreis. Hamburg – Düsseldorf ²1971.

Alfred A. Häsler: *Das Boot ist voll . . .* Die Schweiz und die Flüchtlinge 1933–45. Zürich – Stuttgart 1967, S. 281 ff.

Hermann Hesse: *Schriften zur Literatur*. Hg. von Volker Michels, 2 Bde. Frankfurt 1972; zu a.p.: *In der Zwischenzeit* – Bd. II, S. 441.

Fritz Hofmann: *Nachwort* zu: a.p.: Die Mission des Luftballons. Skizzen und Erwägungen. Hg. von F. H. Berlin (DDR) 1975, S. 605 – 627.

Josef Hofmiller: *Alfred Polgar*. In: J. H.: Form ist alles. Aphorismen zur Literatur und Kunst. Hg. von Ralph-Rainer Wuthenow. München 1955, S. 58.

Siegfried Jacobsohn: *Der Fall Jacobsohn*. Charlottenburg 1911, S. 29.

Gustav Janouch: *Gespräche mit Kafka.* Aufzeichnungen und Erinnerungen. Frankfurt 1951, S. 50.

Hermann Kesten (Hrsg.): *Deutsche Literatur im Exil.* Briefe europäischer Autoren 1933–1945. Frankfurt (Fischer TB) 1973.

Hermann Kesten: *Alfred Polgar*. In: H. K.: Meine Freunde die Poeten. München 1959, S. 51 – 55, S. 387.

Werner Kraft: *Das Ja des Neinsagers.* Karl Kraus und seine geistige Welt. München 1974, S. 182.

Karl Kraus: *Die demolirte Literatur* (= Reihe deutscher Satiren. Hg. von Karl Riha, Bd. IV). Steinbach 1972.

Anton Kuh: *Von Goethe abwärts*. Aphorismen, Essays, Kleine Prosa. Wien – Hannover – Bern 1963.

Anton Kuh: *Luftlinien.* Feuilletons, Essays und Publizistik. Hg. und mit einem Nachwort von Ruth Greuner. Wien 1981, S. 22.

Oskar Loerke: *Alfred Polgar: Orchester von oben*. In: O. L.: Der Bücherkarren. Besprechungen aus dem Berliner Börsen-Courier 1920–1928. Unter der Mitarbeit von Reinhard Tgahrt hg. von Hermann Kasack. Heidelberg – Darmstadt 1965.

Friedrich Luft: *Alfred Polgar*. In: a.p.: Im Vorüberfahren. Frankfurt (Büchergilde Gutenberg) 1960, S. 275 – 281.

Alfred Maderno: *Die deutsch österreichische Dichtung der Gegenwart* – Ein Handbuch für Literaturfreunde. Leipzig 1920.

Claudio Magris: *Der habsburgische Mythos in der österreichischen Literatur*. Salzburg 1966.

Siegfried Melchinger: *Vorwort* zu: a.p.: Auswahl. Prosa aus vier Jahrzehnten. Hg. von Bernt Richter. Hamburg 1968.

Siegfried Melchinger: *Siegfried Melchinger über Alfred Polgar*. In: Hans Jürgen Schultz (Hrsg.): Journalisten über Journalisten. München 1980, S. 161 – 171.

Werner Mittenzwei: *Exil in der Schweiz* (= Kunst und Literatur im antifaschistischen Exil 1933–1945, Bd. 2). Leipzig 1978 – Frankfurt 1981.

Robert Musil: *Briefe nach Prag.* Hgg. von Barbara Köpplová und Kurt Krolop. Reinbek 1971, S. 9.

Robert Musil: *Interview mit Alfred Polgar.* In: R. M.: Gesammelte Werke. Essays und Reden. Kritik. Bd. II Hg. von Adolf Frisé. Reinbek 1983, S. 1154 – 1160.

Robert Musil: *Tagebücher.* Hg. von Adolf Frisé. Reinbek ²1983, S. 817, 896, 945.

Kurt Peball: *Literarische Publikationen des Kriegsarchivs im Weltkrieg 1914–1918.* In: Mitteilungen des Österreichischen Staatsarchivs, Bd. XIV. Wien 1961, S. 240 – 260.

Eva Philippoff: *Alfred Polgar ou la chronique morale d'une époque.* In: Travaux et mémoires de l'Université de Limoges. Coll. allemande. No. spéc. Limoges 1980, S. 67 – 84.

Marcel Reich-Ranicki: *Alfred Polgars sanfte Gewalt.* In: M. R. – R.: Die Ungeliebten. Sieben Emigranten. Pfullingen 1968, S. 29 – 34.

Marcel Reich-Ranicki: *Alfred Polgar, der Klassiker des kleinen Lebens.* In: a.p.: Kleine Schriften, Bd. 1: Musterung. Reinbek 1982, S. XVII – XXXII.

Joseph Roth: *Werke.* Hg. und eingeleitet von Hermann Kesten, Bd. IV. Köln 1976, S. 290 f., 433 f.

Camillo Schaefer: *Peter Altenberg.* Ein biographischer Essay. Wien 1979.

Konrad Sch.(erber): *Leitfaden durch die Musik der Musteroperette »Der Petroleumkönig oder Donauzauber«.* Wien 1908.

Arthur Schnitzler: *Der Weg ins Freie.* Berlin 1908.

Arthur Schnitzler: *Das Wort.* Tragikomödie in fünf Akten. Aus dem Nachlaß hg. und eingeleitet von Kurt Bergel. Frankfurt 1966.

Arthur Schnitzler: *Aphorismen und Betrachtungen.* Hg. von Robert O. Weiss. Frankfurt 1967.

Arthur Schnitzler: *Briefe 1875–1912.* Hgg. von Therese Nickl und Heinrich Schnitzler. Frankfurt 1981.

Arthur Schnitzler: *Tagebuch 1909–1912.* Unter Mitwirkung von Peter Michael Braunwarth, Richard Miklin, Maria Neyses, Susanne Pertlik, Walter Ruprechter und Reinhard Urbach hg. von der Kommission für literarische Gebrauchsformen der Österreichischen Akademie der Wissenschaften, Obmann: Werner Welzig. Wien 1981.

Arthur Schnitzler: *Tagebuch 1913–1916.* Unter Mitwirkung von Peter Michael Braunwarth, Richard Miklin, Susanne Pertlik, Walter Ruprechter und Reinhard Urbach hg. von der Kommission für literarische Gebrauchsformen der Österreichischen Akademie der Wissenschaften, Obmann: Werner Welzig. Wien 1983.

Kurt Schümann: *Alfred Polgar – »Marquis Prosa« und »Goldschmied des Wortes«*. In: K. S.: Im Bannkreis von Gesicht und Wirken. Vier Vortragsstudien. München 1959, S. 135 – 170.
Egon Schwarz und Matthias Wegner (Hrsg.): *Verbannung – Aufzeichnungen deutscher Schriftsteller im Exil*. Hamburg 1964.
Werner J. Schweiger: *Wiener Werkstätte*. Kunst und Handwerk 1903–1932. Wien 1982.
Walter Serner: *Über Denkmäler, Weiber und Laternen*. Frühe Schriften (= Das Gesamte Werk. Hg. von Thomas Milch, Bd. 1). München 1981, S. 30.
John P. Spalek und Joseph Strelka (Hrsg.): *Deutsche Exilliteratur seit 1933*. Teil I: Kalifornien. Bern und München 1976. Darin vor allem: Anton Warde: *Alfred Polgar*, S. 581 – 590; Joseph Strelka: *Friedrich Torberg*, S. 616 – 632; Gerhart Mack: *Frederick Kohner*, S. 762 – 770.
Peter Stahlberger: *Der Zürcher Verleger Emil Oprecht und die deutsche politische Emigration 1933–1945*. Zürich 1970.
Wilhelm Stapel: *Literatenwäsche*. Mit Zeichnungen von A. Paul Weber. Berlin 1930, S. 81 f.
Gerd Stein: *Peter Altenberg und Egon Friedell*. Zum Wiener Journalismus der Jahrhundertwende. Phil. Diss. Salzburg 1973.
Kurt Tucholsky: *Gesammelte Werke*. Hgg. von Mary Gerold-Tucholsky und Fritz J. Raddatz. Reinbek 1960. Darin: Bd. I (1907–24): *Pallenberg und Polgar*, S. 878 ff.; *Alte Weltbühnen*, S. 720; *Am Sonntagnachmittag*, S. 1096 f. / Bd. II (1925–28): *Zum Fünfzigsten*, S. 239 ff. / Bd. III (1929–32): *Schwarz auf weiß*, S. 49 ff.; *Auf dem Nachttisch*, S. 446 ff.
Kurt Tucholsky: *Unser ungelebtes Leben*. Briefe an Mary. Hg. von Fritz J. Raddatz. Reinbek 1982, S. 410, 415, 423.
Berthold Viertel: *Dichtungen und Dokumente*. Gedichte, Prosa, Autobiographische Fragmente. Ausgewählt und hg. von Ernst Ginsberg. München 1956, S. 322, 397 ff.
Renate Wagner: *Arthur Schnitzler*. Eine Biographie. Frankfurt (Fischer TB) 1984.
Hans Weigel: *Der letzte Ritter des Feuilletons*. In: H. W.: Das tausendjährige Kind. Kritische Versuche eines heimlichen Patrioten zur Beantwortung der Frage nach Österreich. Wien 1965, S. 338 – 341.
Ulrich Weinzierl: *Alfred Polgar im Exil*. In: a.p.: Taschenspiegel. Hg. von U. W. Wien 1979, S. 187 – 242.
Ulrich Weinzierl: *Wien, Jahrhundertwende. Der junge Alfred Polgar*. In: a.p.: Sperrsitz. Hg. von U. W. Wien 1980, S. 197 – 253.
Harry Zohn: *Wiener Juden in der deutschen Literatur*. Tel Aviv 1964, S. 57 – 60.

IN PERIODISCHEN DRUCKSCHRIFTEN

anonym: *Eine Rede, die leider veröffentlicht wurde.* In: Arbeiter-Zeitung, Wien, 13. 9. 1927, S. 5.

anonym: *Vorlesung Alfred Polgar.* In: Arbeiter-Zeitung, 18. 12. 1928.

anonym: *Alfred Polgar schreibt Marlene Dietrich-Biographie.* In: Die Stunde, Wien, 23. 9. 1937, S. 4.

anonym: *Vom Segen der Riten.* In: Trübe Kapitel jüdischer Moral. In: Völkischer Beobachter (Berliner Ausgabe), 29. 11. 1938, S. 5.

anonym: *Herr Polgar und die Weltgeschichte.* In: Berliner Börsen-Zeitung, 16. 3. 1940.

anonym: *Alfred Polgar berät die Josefstadt.* In: Der Abend, Wien, 4. 8. 1954.

Leonhard Adelt: *Wiener Bilder.* In: Das literarische Echo, XI (3), 1. 11. 1909, Sp. 180 – 186.

Elisabeth Albertsen: *Ea oder die Freundin bedeutender Männer.* Porträt einer Wiener Kaffeehausmuse. In: Musil-Form, V (1/2), 1979, S. 21 – 37, S. 135 – 153.

Peter Altenberg: *Wiedereröffnung des Kabaretts »Fledermaus«.* In: Wiener Allgemeine Zeitung, 2. 10. 1908, S. 3 f.

Peter Altenberg: *Hamsun-Menschen.* In: Die Schaubühne, VI (28/29), 14. 7. 1910, S. 727 f.

Carl Andrießen: *Alfred Polgar ist in Zürich gestorben.* In: Die Weltbühne, X (18), 4. 5. 1955, S. 563 – 566.

Rudolf Arnheim: *Alfred Polgar.* In: Die Weltbühne, XXV (6), 5. 2. 1929, S. 223 – 226.

Rudolf Arnheim: *Teils teuer, teils gut.* In: Die Weltbühne, XXVII (44), 3. 11. 1931, S. 674 – 678.

O. B. (d. i. Otto Basil): *Alfred Polgar gestorben.* In: Neues Österreich, 26. 4. 1955.

Otto F. Beer: *Der siebzigjährige Polgar.* In: Plan, I (2), November 1945, S. 159 f.

Otto F. Beer: *Er war Weltmeister im Einmeterlauf.* Polgars Handbuch des Kritikers ist wieder greifbar. In: Die Welt, 18. 10. 1980.

Franz Blei: *Alfred Polgar: Heut und Morgen.* In: Das Tage-Buch, III (23), 10. 6. 1922, S. 864.

Volker Bohn: *Menschheit in Einzeldarstellungen.* Der Erzähler Alfred Polgar. In: Frankfurter Rundschau, 10. 12. 1983.

Guido K. Brand: *Siebzehn gegen den Krieg.* In: Die Literatur, XXXII, Okt. 29 – Sept. 30, S. 338.

Marco Brociner: *Das Lesebuch eines Wiener Kritikers.* In: Neues Wiener Tagblatt, 7. 9. 1926, S. 2 f.

Friedrich Burschell: *Alfred Polgar*. In: Die neue Weltbühne, XXXI (26), 27. 6. 1935, S. 816 – 819.

Franz Theodor Csokor: *Erinnerung an Alfred Polgar*. In: Wiener Zeitung, 24. 7. 1955, S. III.

Günther Cwojdrak: *Alfred Polgar, aufgepaßt!* In: Die Weltbühne, VII (15), 9. 4. 1952, S. 460 – 463.

Bernhard Diebold: *Abschaffung der Kritik? Antwort an Döblin.* In: Das Tage-Buch, VI (52), 24. 12. 1925, S. 1924 ff.

W. Dr. (d. i. Wolfgang Drews): *Gebunden durch Grazie.* Zum Tode von Alfred Polgar. In: Frankfurter Allgemeine, 27. 4. 1955.

Axel Eggebrecht: *Alfred Polgar: Ich bin Zeuge.* In: Die literarische Welt, III (51/52), 22. 12. 1927, S. 5.

Stephan Ehrenzweig: *Der Kritiker Alfred Polgar.* In: Die Weltbühne XXIII (33), 16. 8. 1927, S. 260 f.

Stephan Ehrenzweig: *Polgars Kriegsbuch.* In: Das Tage-Buch, X (27), 6. 7. 1929, S. 1212 f.

Ludwig Eldersch: *Alfred Polgar in Wien.* In: Die Zeit, Wien, II (15), 1949, S. 18 f.

Ludwig Eldersch: *Ein Dichter kehrt heim.* In: Arbeiter-Zeitung, 3. 4. 1949, S. 6.

Erik G. Ell: *Erinnerungen an Alfred Polgar.* Einige Richtigstellungen zur Gedächtnisauffrischung. In: Aufbau, New York, 17. 11. 1978, S. 20.

–fb–: *Alfred Polgar: »In der Zwischenzeit«.* In: Der Kampf, II (8), August 1935, S. 383 f.

–ff–: *Alfred Polgar gestorben.* In: Österreichische Zeitung, 26. 4. 1955.

e. f. (d. i. Ernst Fischer): *»Schwarz auf weiß«.* In: Arbeiter-Zeitung, 20. 12. 1928.

Oskar Maurus Fontana: *Kleines Gespräch über Polgar.* In: Der Tag, Wien, 24. 2. 1929, S. 15.

Oskar Maurus Fontana: *Abschied von Alfred Polgar.* In: Die Presse, Wien, 26. 4. 1955, S. 4.

Viktor Fraenkl: *Alfred Polgar: Bewegung ist alles.* In: Die Aktion. Zeitschrift für freiheitliche Politik und Literatur, 1911 (5), Sp. 151.

Bruno Frank: *Polgar.* In: Berliner Tageblatt, Nr. 484, 13. 10. 1926. S. 2.

Bruno Frank: *Polgar.* In: Das Neue Tage-Buch, III (41), 1935, S. 978 f.

Ludwig Fürst: *An den Rand geschrieben von a. p.* In: Die Literatur, XXVIII, Okt. 25 – Okt. 26, S. 302.

Manfred George: *Theaterkritik durch Radio.* In: tempo, Berlin, 10, 13. 1. 1930.
Franz Glück: *Bewunderer alles Lebendigen (»Sekundenzeiger«).* In: Wiener Zeitung, 22. 3. 1937, S. 7.
Max Graf: *Der junge Alfred Polgar.* In: Weltpresse, Wien, 13. 5. 1955, S. 5.
Max Graf: *Der Kritiker Polgar.* In: Weltpresse, 25. 5. 1957, Beilage.
Stephan Großmann: *Der Papierzwerg.* In: Wiener Sonn- und Montagszeitung, 25. 2. 1923, S. 4.
El Ha: *Kleine Zeit.* In: Die Weltbühne, XVI (7), 12. 2. 1920, S. 215.
Willy Haas: *Virtuoser Tanz auf Messers Schneide.* »Ja und Nein« – Alfred Polgars Theaterkritiken jetzt in einer neuen Auswahl. In: Die Welt, 20. 10. 1956.
Henning Harmssen: *Ein Grandseigneur der deutschen Prosa.* Anmerkungen zu den »Kleinen Schriften« Alfred Polgars im Rowohlt-Verlag. In: Allgemeine Jüdische Wochenzeitung, Düsseldorf, 20. 4. 1984.
Edwin Hartl: *Wie finden Sie Alfred Polgar?* In: Salzburger Nachrichten, 19. 4. 1980.
Edwin Hartl: *Der Weise aus dem Café.* Das vielfältige Werk von Alfred Polgar wird endlich wiederentdeckt. In: Die Furche, Wien, 26. 10. 1983.
Paul Hatvani: *Alfred Polgars Werk.* In: Die Weltbühne, XXII (33), 17. 8. 1926, S. 267.
Moritz Heimann: *Über Alfred Polgar.* In: Die Weltbühne, XVIII (50), 14. 12. 1922, S. 615 – 618.
Erich Heller: *Alfred Polgar.* In: Der Kampf. Sozialistische Revue, IV (6), Juni 1937, S. 225 ff.
Hans Hennecke: *Ein Künstler der Kritik.* Zur Erinnerung an Alfred Polgar. In: Frankfurter Allgemeine, 241, 17. 10. 1975.
Greta Hennemann: *Er ist ein »Centralist« geblieben.* Zürcher Gespräch mit Alfred Polgar. In: Die Neue Zeitung, Zürich, 5. 7. 1949, S. 4.
Hi. (d. i. Fred Hildenbrandt): *Berliner Köpfe.* In: Berliner Tageblatt, Nr. 75 (Morgenausgabe), 14. 2. 1928.
Kurt Hiller: *»Literat!«?* In: Die Weltbühne, XX (41), 9. 10. 1924, S. 559 f.
Heinrich Eduard Jacob: *»Der brave Sünder« Pallenberg.* In: Berliner Tageblatt, Nr. 494 (Morgenausgabe), 20. 10. 1931, S. 2.
H. A. J. (d. i. Hansres Jacobi): *Zum Tode von Alfred Polgar.* In: Die Tat, 27. 4. 1955.
Hansres Jacobi: *Ein Meister der Kurzform.* Zum Tode von Alfred Polgar. In: Der Nebelspalter, 19. 5. 1955, S. 27.

Siegfried Jacobsohn: *(Antworten von).* In: Die Weltbühne, XVI (26), 24. 6. 1920, S. 766 ff.
Siegfried Jacobsohn: *Liebeserklärung an einen Fünfziger.* In: Der Tag, Wien, 17. 10. 1925, S. 4.
Siegfried Jacobsohn: *(Antworten von).* In: Die Weltbühne, XXII (42), 19. 10. 1926, S. 637.
Karin Kathrein: *Hoch die Matinee!* Ein Vormittag mit Alfred Polgar im Akademietheater. In: Die Presse, 20. 10. 1975, S. 5.
J. Kauer: *Alfred Polgar gestorben.* In: Österreichische Volksstimme, 26. 4. 1955, S. 5.
Gina Kaus: *a. p.: An den Rand geschrieben.* In: Die literarische Welt, II (4), 22. 1. 1926, S. 5.
Egon Erwin Kisch: *Alfred Polgars Prosa.* In: Prager Tagblatt, 29. 6. 1919.
Werner Klose: *Soldatentod.* Interpretation dreier Texte von Flex, Jünger und Polgar. In: Wirkendes Wort, VIII, 1957/58, S. 33 – 44.
Willi Köhler: *Die »kleine« und die »große« Form.* In: Die Weltbühne, 24, 15. 6. 1976, S. 743 ff.
O. K. (d. i. Otto Koenig): *Alfred Polgars Arbeitervorlesung.* In: Arbeiter-Zeitung, 25. 10. 1929.
Eduard Korrodi: *Kleinkunst.* In: Neue Zürcher Zeitung, 11. 2. 1937, Blatt 1.
Karl Kraus in: Die Fackel (in chronologischer Reihenfolge): IV (123), 11. 12. 1902, S. 26 f.; V (142), 3. 7. 1903, S. 15 – 18; VI (163), 31. 5. 1904, S. 22 f.; VIII (213), 11. 12. 1906, S. 23 f.; VIII (216), 9. 1. 1907, S. 1 – 10; IX (227 – 228), 10. 6. 1907, S. 37 ff.; IX (232 – 233), 16. 10. 1907, S. 27; X (270 – 271), 19. 1. 1909, S. 13 f.; XI (289), 25. 10. 1909, S. 13; XIV (354/355/356), 29. 8. 1912, S. 46 ff.; XXV (613 – 621), Anfang April 1923, S. 5, S. 34 f., XXV (622 – 631), Mitte Juni 1923, S. 110 f.; XXVI (649 – 656), Anfang Juni 1924, S. 131 ff.; XXVI (676 – 678), Januar 1925, S. 24; XXVII (697 – 705), Oktober 1925, S. 102; XXIX (759 – 765), Mai (Juni) 1927, S. 44; XXXI (806 – 809), Anfang Mai 1929, S. 16; XXXIII (852 – 856), Mitte Mai 1931, S. 64; XXXVII (917 – 922), Februar 1936, S. 77 – 80.
Anton Kuh: *Mein Debut als Schauspieler.* In: Prager Tagblatt, 18. 9. 1926, S. 6.
Lothar Kusche: *Polgar, präsentiert von Hofmann.* In: Die Weltbühne, 10, 9. 3. 1976, S. 295 ff.
Carl Lafite: *»Der Petroleumkönig« (eine Musteroperette).* In: Wiener Allgemeine Zeitung, 9. 10. 1908, S. 3.
Peter Loos: *Alfred Polgar.* In: Der Abend, 26. 4. 1955.

Peter Loos: *Displaced Polgar.* Ein Auf- und Nachruf in Briefen und Zitaten. In: Das jüdische Echo. Zeitschrift für Kultur und Politik, Wien, Vol. XXIV (1), September 1975, S. 61 f.

Ernst Lothar: *Literarische Notizen.* In: Neue Freie Presse, Wien, 5. 2. 1928.

Ernst Lothar *(über »In der Zwischenzeit«).* In: Neue Freie Presse, 28. 4. 1935, S. 29.

Rudolf Lothar: *Die Wiener Kritik.* In: Kritik der Kritik, Breslau, Bd. I (4), 1905, S. 201 – 205.

Emil Ludwig: *An die Herren Polgar und Tucholsky.* In: Unterhaltungsblatt der Vossischen Zeitung, 20. 12. 1927.

Martin W. Lüdke: *Fröhliche Apokalypse am Meridian der Einsamkeit.* Zur neuen Ausgabe im Rowohlt-Verlag. Alfred Polgar: Eine Verteidigung gegen seine Liebhaber. In: Die Zeit, Hamburg, 43, 22. 10. 1982, S. 53.

Friedrich Luft: *Alfred Polgar.* In: Der Monat, VII (81), Juni 1955, S. 272 ff.

Friedrich Luft: *Darstellungen von Darstellungen.* In: Süddeutsche Zeitung, 1. 12. 1956.

Friedrich Luft: *Alfred Polgar – der das Feuilleton adelte.* In: Die Welt, 17. 10. 1975.

A. M.: *Um Polgar und Tucholsky.* In: Hamburger Freie Presse, 11. 10. 1950, S. 5.

Friedrich Märker: *Alfred Polgar: Ja und Nein.* Schriften des Kritikers. In: Der Bücherwurm, IX (10), 1926, S. 308.

Hermann Mailler: *Alfred Polgar: »Orchester von oben«.* In: Reichspost, Wien, 31. 1. 1926, S. 7.

Ernst Martin: *Zwischen Ja und Nein.* In: Die Literatur, 6, Mai 1927, S. 331 f.

E. Baronin Mattl-Löwenkreuz: *Alfred Polgar: »Ja und Nein«.* Drei Bände. In: Reichspost, 29. 11. 1926, S. 7.

Otto Maurer: *Alfred Polgar – Die Kleingeschichte im Lichte des ewigen Zweifels.* In: O. M.: Kleinform und Zeitgeist. In: Eckart. Blätter für evangelische Geisteskultur, Berlin, V, 1929, S. 200 – 215, S. 204 ff.

Franz Molnár: *Randnotizen zu Alfred Polgars Buch.* In: Das Tage-Buch, VII (13), 27. 3. 1926, S. 499 f.

Soma Morgenstern: *Orchester von oben.* In: Die Literatur, XXIX (5), Februar 1927, S. 295.

Martin Müllerott: *Gewichtiges in kleiner Form.* Alfred Polgar, ein Meister der betrachtenden Prosa. In: Der Büchermarkt. Besprechungs- und Mitteilungsblatt der städtischen Beratungsstellen für Volksbüchereien in Bayern, 1963, S. 203 – 209.

Johann Muschik: *Ein Künstler kehrt heim*. In: Österreichische Volksstimme, 10. 7. 1949, S. 8.

Robert Neumann: *Bei dieser Gelegenheit*. In: Die Literatur, XXXIII, Okt. 1930 – Sep. 1931, S. 470.

Walther Petry: *a. p.: An den Rand geschrieben*. In: Individualität. Vierteljahresschrift für Philosophie und Kunst, Basel, I (3. Bd.), Herbst 1926, S. 125.

Alfons Petzold: *Gestern und heute*. In: Das literarische Echo. Halbmonatsschrift für Literaturfreunde, XXIV (24), 15. 9. 1922, Sp. 1521.

Eva Philippoff: *Alfred Polgar dans l'émigration française*. La survie par devoir et douce habitude. In: Austriaca. Cahiers Universitaires d'Information sur l'Autriche, X (19), Novembre 1984, S. 100 – 117.

Kurt Pinthus: *Großer Meister der kleinen Form*. In: Aufbau, New York, 25. 12. 1953.

Felix Pollak: *Alfred Polgar: An Introduction*. In: Northwestern Tri-Quarterly, Fall 1959, S. 35 – 39.

Martin Rathsprecher: *Deutschstunde im Jahre 2025*. Zu Alfred Polgars 150. Geburtstag. In: Das Tagebuch, Wien, 14. 10. 1950.

Stephan Reinhardt: *Unscheinbares im Purpurmantel*. Meister der kleinen Form: Zur Wiederentdeckung Alfred Polgars. In: Nürnberger Nachrichten, 30. 12. 1983.

Max Rieser: *Erinnerung an Alfred Polgar*. In: Neue Zürcher Zeitung, 241, 17. 10. 1975.

Piero Rismondo: *Alfred Polgar heute*. In: Die Presse, 17. 10. 1973, S. 5.

Thomas Rothschild: *Vom Eros der Sprache*. Zu ein paar Neuerscheinungen von Alfred Polgar. In: Frankfurter Rundschau, 13. 10. 1981.

p. r. (d. i. Peter Rubel): *Alfred Polgar: Ich bin überrascht*. Blitzinterview in einem Wiener Hotel. In: Der Abend, 4. 7. 1949, S. 6.

Karl Heinz Ruppel: *Alfred Polgar: Orchester von oben*. In: Das Tage-Buch, VII (46), 13. 11. 1926, S. 1717 f.

Karl Heinz Ruppel: *a. p.: Stichproben*. In: Das Tage-Buch, VIII (26), 25. 6. 1927, S. 1040.

Max Rychner: *Literarische Bemerkungen*. In: Neue Schweizer Rundschau (Nouvelle Revue Suisse), XIX (2), 1927, S. 873 – 883, 875 – 78.

Hans Sahl: *Sekundenzeiger*. In: Das Neue Tage-Buch, V (6), 6. 2. 1937. S. 142 f.

Arthur Sakheim: *Polgar in Altona*. In: Die Schaubühne, VIII (51), 19. 12. 1912, S. 676 f.

George Salmony: *Marquis Prosa.* Zum 100. Geburtstag Alfred Polgars. In: Süddeutsche Zeitung, 17. 10. 1975.

Arno Schirokauer: *Reisen durch Dimensionen 1 bis 4.* In: Die literarische Welt, V (7), 15. 2. 1929, S. 6.

Franz Schulz: *Die Abgelehnten.* In: Die literarische Welt, III (3), 21. 1. 1927, S. 5 f.

LS (d. i. Leopold Schwarzschild): *Schwarz auf weiß.* In: Das Tage-Buch, IX (50), 15. 12. 1928, S. 2170 f.

Carl Seelig: *Der Dichter Alfred Polgar.* In: Tages-Anzeiger, Zürich, 18. 8. 1928.

Carl Seelig: *»Dank an Alfred Polgar«* – zu seinem 60. Geburtstag am 17. Oktober 1935 (Albert Bassermann, Heinrich Mann, Thomas Mann, Joseph Roth, Carl Seelig, Leo Slezak, Paula Wessely). In: National-Zeitung, Basel, 16. 10. 1935, S. 2 f.

Carl Seelig: *Alfred Polgar sechzigjährig.* In: Die Nation, Bern, III (41), 17. 10. 1935, S. 8.

Carl Seelig: *»Sekundenzeiger«.* Ein neues Buch von Alfred Polgar. In: Tages-Anzeiger, 22. 1. 1937.

Carl Seelig: *Ein Meister der kleinen Prosa.* Zu Alfred Polgars 75. Geburtstag. In: Tages-Anzeiger, 17. 10. 1950.

Carl Seelig: *Notizen über Alfred Polgar.* In: Volksrecht, Zürich, LIII (250), 24. 10. 1950.

Carl Seelig: *Alfred Polgar* †. In: Neue Zürcher Zeitung, 25. 4. 1955.

Carl Seelig: *Abschied von Alfred Polgar.* In: Der Bund, 29. 4. 1955.

Otto Soyka: *Von neuen Büchern. Alfred Polgar's Kritiken.* In: Der Merker, Wien, I (15), 10. 5. 1910, S. 655 f.

Otto Soyka: *Viel Geist war mit von der Partie – Erinnerungen ans Café Zentral.* In: Die Schau, Wien, I (15/16), August 1953, S. 7 f.

Hilde Spiel: *Alfred Polgar, der leise Anarchist.* In: Frankfurter Allgemeine, 27. 11. 1982, Beilage.

Joseph Sprengler: *Alfred Polgar.* In: Hochland, II (28), Okt. 1930 – März 1931, S. 273 ff.

Felix Stiemer: *Totalisator.* In: Die Bücherkiste. Monatsschrift für Literatur, Graphik und Buchbesprechung, München, 5/6/7, 1919, S. 74 f.

Paul Stöcklein: *Alfred Polgar oder Das treffende Wort.* Eine nicht unpolitische Besinnung, 25 Jahre nach seinem Tod. In: Die Presse, 6. 9. 1980.

Paul Stöcklein: *Über Alfred Polgar.* In: Schweizer Monatshefte, LXI (2), S. 149 – 155.

Friedrich Torberg: *Ein Schädling* (»Sekundenzeiger«). In: Die neue Weltbühne, XIII (8), 18. 2. 1937, S. 236 ff.

Friedrich Torberg: *Dreierlei Humor* (»Handbuch des Kritikers«). In: Prager Tagblatt, 30. 1. 1938.

Friedrich Torberg: *Zum Tode Alfred Polgars*. In: Neuer Kurier, Wien, 25. 4. 1955.

Friedrich Torberg: *In memoriam Alfred Polgar*. In: FORVM, Wien, II (17), S. 184 (Enthalten auch in: F. T.: PPP. Pamphlete, Parodien, Post Scripta – Gesammelte Werke in Einzelausgaben. München 1964, S. 387 ff.)

Friedrich Torberg: *Alfred Polgar oder die Geschichte vom Manne, der den Sprachschatz hob*. In: Wien aktuell, 41, 1973, S. 29 – 32.

Kurt Tucholsky: *Fünfundzwanzig Jahre*. In: Die Weltbühne, XXVI (3), 9. 9. 1930, S. 373 – 382.

Kurt Tucholsky: *Juden und Deutsche*. In: Die neue Weltbühne, XXXII (6), 6. 2. 1936, S. 160 – 165.

Ludwig Ullmann: *Alfred Polgar*. In: Der Merker, III (20), 2. Oktoberheft 1912, S. 770 – 773.

Ludwig Ullmann: *Hiob*. In: Österreichische Rundschau, Wien – Leipzig, Bd. XXXIV, Jänner/März 1913, S. 407.

Ludwig Ullmann: *Die Sturmführer der österreichischen Nazi-Literatur*. In: Pariser Tageszeitung, 27. 6. 1938, S. 3.

Berthold Viertel: *Brahms Ibsen*. In: Die Schaubühne, VI (11), 17. 3. 1910, S. 282f.

Berthold Viertel: *Über Alfred Polgar*. In: Die literarische Welt, II (1926), 23. 7. 1926, S. 5.

Hans Weigel: *Der Wiener Meister der Feder*. In: Film. Die österreichische illustrierte Zeitschrift, 37, 1949, S. 8.

Hans Weigel: *Es war einmal ein Kritiker . . .* Zu Alfred Polgars 75. Geburtstag. In: Weltpresse, 24. 10. 1950, S. 6.

Ulrich Weinzierl: *Karl Kraus und Alfred Polgar*. In: Kraus Hefte, Nr. 8, Oktober 1978, S. 4 – 10.

Ulrich Weinzierl: *Alfred Polgar – der Emigrant und die Heimat*. In: Das jüdische Echo, XXXII (1), September 1983, S. 105 ff.

Victor Wittner: *Alfred Polgar, dem Siebzigjährigen*. In: Der Bund, 22. 8. 1946.

Hugo Wolf: *Zwei Autoren* (a. p. und F. M. Winternitz). In: Der Friede, Wien, Bd. IV (81), 8. 8. 1919, S. 681 f.

Arnold Zweig: *An den Rand geschrieben*. In: Die Weltbühne, XXII (1), 5. 1. 1926, S. 22 f.

Arnold Zweig: *Dem Andenken Alfred Polgars*. In: Neue Deutsche Literatur, Berlin (DDR), III (6), Juni 1955, S. 156 f.

PUBLIKATIONEN SEIT 1985

Ulrich Weinzierl: *Typische Wiener Wiener Feuilletionisten?* Am Beispiel Salten, Blei, Friedell, Polgar und Kuh. In: Literatur und Kritik. Österreiche Monatsschrift, Wien (191/192), Februar/März 1985, S. 72–86.

Roland Koch: ›*Wo froh die Reschheit mit der Feschheit waltet...*‹ Ein Überblick über dramatische Texte Alfred Polgars. In: Modern Austrian Literature, 19 (1986/2), S. 61–75.

Egon Friedell – Alfred Polgar: *Goethe und die Journalisten*. Satiren im Duett. Hg. und mit einem Nachwort ›Kollaborateure‹ von Heribert Illig. Wien 1986.

Stefan Nienhaus: *Das Prosagedicht im Wien der Jahrhundertwende.* Altenberg – Hofmannsthal – Polgar. (= Quellen und Forschungen zur Sprach- und Kulturgeschichte der germanischen Völker. N.F. 85). Berlin – New York 1986.

Viktor Žmegač: *Der Erste Weltkrieg in Alfred Polgars Prosa.* In: Klaus Amann und Hubert Lengauer (Hrsg.): Österreich und der Große Krieg 1914–1918. Die andere Seite der Geschichte. Wien 1989, S. 176–180.

Zofia Bilut: *Zur Textkomposition in der deutschsprachigen Kurzprosa bei Brecht, Kafka, Kunert und Polgar (Ergebnisse).* In: Studien zum Deutschen in kontrastiver Sicht. Hg. von Andrzej Kątny. 1991, S. 159–180.

Sigurd Paul Scheichl: *Alfred Polgar als Wiener Theaterberichter der ›Schaubühne‹ und der ›Weltbühne‹.* In: Cahiers d'études germaniques. Revue semestrielle, 24, 1993, S. 149–162.

»›*Würde‹ ist ein Konjunktiv*« ... Der Emigrant Alfred Polgar. Aus dem Briefwechsel mit Paul Kohner. In: Filmexil, 4, Juni 1994. Hgg. von Gero Gandert et. al. Berlin 1994, S. 6–26.

Namenregister

Adelt, Leonhard 55, 85, 253
Adler, Alfred 143
Adorno, Theodor W. 271
d'Albert, Eugen 33
Albertsen, Elisabeth 243, 248 f.
Allesch, Ea von 33 ff., 110, 248 f.
Allesch, Johannes Gustav von 39
Altenberg, Peter 14, 21, 31, 33, 36, 38ff., 47, 56, 64, 72, 106f., 183, 232, 246, 248ff., 256
Amann, Klaus 260f.
d'Annunzio, Gabriele 81, 257
Arnheim, Rudolf 162, 272
Arnim, Achim von 209
Arntzen, Helmut 278
Auernheimer, Raoul 130
Auersperg, Fürst Karl 64, 254
Bär, Walter 168, 171, 198
Bahr, Hermann 20, 28, 32, 63, 89, 100, 115, 120, 254
Balázs, Béla 129, 266
Barbusse, Henri 100, 129
Bartsch, Rudolf Hans 83
Bassermann, Albert 181
Beaumarchais, Pierre Augustin Caron de 66
Beer, Otto F. 257
Beer-Hofmann, Richard 21, 50, 195, 251
Bekessy, Emmerich 121
Benedikt, Ernst 148
Benjamin, Walter 14, 94, 124, 137, 150, 152f., 260, 267, 270f., 279
Benn, Gottfried 170
Bennett, Arnold 142
Bergel, Kurt 250
Berger, Alfred Freiherr von 65ff., 254f.
Berlau, Ruth 219
Bernoulli, Alice 210, 217, 243, 283
Bettauer, Hugo 120, 264
Bilke, Martina 271

Binder, Hartmut 262
Björnson, Björnstjerne 85
Blanvalet, Lothar 235
Blei, Franz 19, 28f., 93, 99, 107, 111, 263
Blumenthal, Oskar 66
Bodanzky, Artur 21
Börne, Ludwig 129
Bohn, Volker 243
Bois, Curt 153
Borden, Carla M. 282
Bornstein, Joseph 286
Brahm, Otto 50, 68f., 75, 252, 255
Braunwarth, Peter Michael 243, 250, 258
Brecht, Bertolt 104, 136, 153, 164, 166, 170, 198, 219f., 228, 261
Brentano, Bernard von 164
Broch, Hermann 14, 33, 39, 77, 96, 194f., 205, 220, 229, 260, 278, 285
Broch, Philipp 99
Brociner, Marco 140, 268
Bronsen, David 261
Bruckner, Ferdinand 89, 157
Brügel, Fritz 202
Budzislawski, Hermann 213
Buck, Trudi 243
Bücken, Ernst 277
Burckhard, Max 30
Busch, Wilhelm 138
Čapek, Josef 89
Čapek, Karel 89
Castex, Elisabeth 267
Chaplin, Charles 228
Chase, Mary Coyle 228
Cooper, Gary 215
Csokor, Franz Theodor 83, 161ff., 249, 272f.
Cwojdrak, Günther 287
Dante Alighieri 73, 257
Darvas, Lili 125, 131, 222, 239, 241, 287f.

Daszynski, Ignaz 87f., 259
Davidson, Joe 142
Dehmel, Richard 80
Deutsch, Anuschka 160
Deutsch, Ernst 160, 166, 214
Diebold, Bernhard 129, 266
Dietrich, Marlene 156, 174f. 191 ff., 199, 210, 271, 278
Döblin, Alfred 129, 136, 158, 214, 266, 283
Dollfuß, Alwine 174
Dollfuß, Engelbert 172f.
Dreifuss, Theodora 243
Druten, John van 228
Dubrovic, Milan 243, 272, 284
Dvořak, Max 23
Eckart, Dietrich 254
Eggebrecht, Axel 150, 269f.
Ehrenstein, Albert 83, 89
Ehrenzweig, Stephan 220, 268
Ehrlich, Siegmund 255
Einstein, Albert 104
Ell, Erik G. 243
Ell, Selma 243
Emerson, Ralph Waldo 224
Eppelsheimer, H. W. 288
Ewers, Hanns Heinz 170
Fagyas, Maria 261
Fall, Leo 125
Farkas, Karl 201
Faust, Marcel 243
Fechter, Paul Otto Heinrich 130
Feld, Leo s. Hirschfeld, Leo
Feuchtwanger, Lion 157, 256
Fey, Emil 173
Fischer, Ernst 148, 269, 284
Fischer, Samuel 50, 252
Fontana, Oskar Maurus 149, 255, 270
Forst, Willi 163
Franco, Bahamonde Francisco 176
Frank, Bruno 125, 136, 181, 183, 196, 203, 214, 221ff., 276f., 284
Frank, Leonhard 103, 155f., 207, 211, 214, 281, 288

Frank, Liesl 125, 214, 221, 223, 228, 243, 265, 284f.
Frank, Paul 69, 108, 255
Franz Joseph I. 260
Freud, Ernst L. 249
Freud, Sigmund 10, 19, 37, 52, 107, 143, 202, 249
Freundlich, Elisabeth 218f., 243, 284
Friedell, Egon 24, 33, 36, 43, 69ff., 76, 80, 114, 116, 119, 121, 123, 130, 157ff., 246, 250, 256f., 263ff., 272
Friedmann, Armin 75, 111, 193
Friedmann, Oscar 23
Frisé, Adolf 259, 267
Fritsch, Georg 243
Fröhlich, Elio 243, 250, 274f., 279, 281f., 285, 287f.
Früh, Eckart 243
Fry, Varian 211, 282
Fuchs, Marierose 152
Fuchs, Martin 202
Funder, Friedrich 284
Ganghofer, Ludwig 119
Gans von Ludassy, Julius 21
Garbo, Greta 216
Garger, Ernst von 160
Gerold-Tucholsky, Mary 128, 243, 255, 265, 275
Gide, André 28
Ginsberg, Ernst 273
Ginzkey, Franz Karl 83, 258
Girardi, Alexander 186
Giraudoux, Jean 206
Gleit, Maria 212
Goebbels, Joseph 219
Göring, Hermann 170
Goethe, Johann Wolfgang von 112
Goetz, Curt 214
Goldmann, Paul 46
Goldschmidt, Alfons 157
Goldschmidt, Hans Eberhard 243, 264
Goncourt, Edmond de 76
Graber, Heinz 283

Graf, Max 20f., 23, 40, 246, 249
Graupe, Käte 153f., 178, 276
Graupe, Paul 153f., 276
Greuner, Ruth 252
Grillparzer, Franz 122f., 195, 265
Großmann, Stefan 22, 28, 33, 36, 40f., 47, 50, 93, 95, 105, 112f., 147, 246ff., 259f., 263
Grosz, George 103
Grünbaum, Fritz 257
Grund, Karin 271
Gütersloh, Albert Paris 93
Guttmann, Leonie 49
Haacke, Wilmont 208, 281
Haas, Willy 165
Häsler, Alfred A. 279
Hakel, Hermann 280
Hall, Murray G. 243, 264
Halm, Alfred 90
Hamsun, Knut 23, 42f., 58, 160, 171, 186, 249f.
Handl, Willi 23, 31f.
Harden, Maximilian 28, 68, 92, 288
Hasenclever, Walter 119
Hatvani, Paul 12
Hauptmann, Gerhart 75, 165, 256, 273
Hawks, Howard 215
Heartfield, John 111
Hedin, Sven 85
Hegemann, Werner 157
Heide, Walther 281
Heimann, Moritz 112, 263
Heller, Erich 277
Heller, Gretl 153
Heller, Hans 153, 160, 170, 218ff., 274, 283f.
Hennemann, Greta 231, 286
Herdan-Zuckmayer, Alice 264
Herrmann-Neisse, Max 150, 270
Herzfelde, Wieland 164
Herzl, Theodor 30
Hesse, Hermann 136, 179, 181, 188, 276

Hessel, Franz 37, 137, 153, 155, 210, 271
Hevesi, Ludwig 31
Hildenbrandt, Fred 157, 271
Hiller, Kurt 129, 266
Hindenburg, Paul von 84, 175
Hirschfeld, Leo 259
Hirschfeld, Ludwig 120
Hirschfeld, Robert 29
Hitler, Adolf 165, 174, 187, 191, 201, 219, 221, 225f., 260
Hochwälder, Fritz 243
Höflich, Lucie 163
Höllriegel, Arnold 99
Hoen, Maximilian Ritter von 258
Hoffmann, Josef 69
Hoffmann, Richard 161
Hofmannsthal, Hugo von 21, 78, 84, 89, 120, 125, 203, 240
Hofmiller, Josef 137, 267
Hofrichter, Adolf 101f., 261
Holzer, Rudolf 236, 287
Homer 171
Homolka, Oscar 215
Honolka, Kurt 286
Horváth, Ödön von 190
Hubermann, Bronislaw 52
Hübsch, Benjamin W. 190
Hurdes, Felix 235
Hutten, Ulrich von 169
Ibsen, Henrik 68f., 255
Ihering, Herbert 170
Illig, Heribert 243, 246, 256, 272
Jacob, Heinrich Eduard 162, 272
Jacobsohn, Siegfried 31f., 131, 140, 145f., 151, 156, 247, 266, 268f.
Janouch, Gustav 236, 287
Jean Paul 129
Johst, Hanns 170
Joyce, James 136
Juhász, Sári 243
Kadrnoska, Franz 264
Kaemmerer, Rudolf 111

Kästner, Erich 152, 270f.
Kafka, Franz 14, 236, 287
Kahane, Arthur 23
Kahn, Harry 146
Kahn, Otto H. 141
Kainz, Josef 66
Kalbeck, Max 30
Kalmar, Annie 65
Kanin, Garson 228
Kanner, Sigmund 20
Karl Franz Joseph, Erzherzog 85
Karlweis, Oscar 201
Karpeles, Benno 89, 97ff., 260
Katajew, Valentin 160ff., 272
Kaus, Gina 107, 133, 197, 214, 227, 262, 266, 279
Kellermann, Bernhard 85
Kelsen, Hans 143
Kerr, Alfred 114, 157, 166, 227, 246
Kessler, Harry Graf 103, 261
Kesten, Hermann 156, 271, 276, 283
Kierkegaard, Sören 107
Kirnig, Herbert 246
Kisch, Egon Erwin 99, 260
Kleist, Heinrich von 81, 257
Klusacek, Christine 263
Koenig, Otto 269
Köpplová, Barbara 263
Körner, Theodor 235, 287
Kohner, Friedrich 163, 172, 273, 275
Kokoschka, Oskar 70
Kola, Richard 20, 98f., 246
Kommer, Rudolf K. 105f., 109f., 124ff., 141f., 159, 165, 215, 253, 262ff., 272f., 283
Korda, Alexander 163
Koritschoner, Frida 108f., 127f.
Koritschoner, Julius 108
Korrodi, Eduard 167, 171f., 184f., 188, 278
Kortner, Fritz 156, 162, 227, 271
Kosler, Hans Christian 249

Kotab, Annemarie 272
Kracauer, Siegfried 153
Kraft, Werner 251
Kraus, Karl 14f., 20ff., 29ff., 37, 40, 47, 60f., 64f., 68, 74, 80, 92, 94, 100f., 112ff., 117f., 123, 129, 148, 157, 183, 205, 208, 227, 246f., 249, 251, 253ff., 258, 261, 263f., 277, 288
Krolop, Kurt 263
Krzyzanowski, Ottfried 106, 262
Kubin, Alfred 94
Kürnberger, Ferdinand 141, 237
Kuh, Anton 54, 61, 89, 107, 130, 252, 262, 266
Kunschak, Leopold 224f., 284
Lachmann-Mosse, Hans 157
Lacis, Asja 153
Lafite, Carl 256
Lammasch, Heinrich 89
Landauer, Walter 180
Lasker-Schüler, Else 157
Lasky, Melvin 237f.
Laube, Heinrich 91
Laurin, Arne 110
Lazar, Eugen 160
Ledig-Rowohlt, Heinrich Maria 229
Lehár, Franz 116
Lenin 104
Lenz, Hermann 234, 286
Leonard, Hans 238, 287
Leopold Salvator, Erzherzog von Österreich 84
Leschnitzer, Franz 151
Lessing, Gotthold Ephraim 65
Lichnowsky, Mechtilde 149, 270
Lichtenberg, Georg Christoph 112, 158
Lie, Benno 264
Lingen, Theo 273
Lloyd George, David 176
Löcker, Erhard 243

Löffler, Berthold 69
Loewy, Elise s. Polgar, Lisl
Loos, Adolf 21, 43, 183, 232
Loos, Lina 42, 249, 272
Loos, Peter 243, 286
Lothar, Ernst 148, 179, 195, 235, 269, 276, 279
Lothar, Rudolf 62, 66, 253
Ludwig, Emil 152, 222, 270
Lützeler, Paul Michael 243, 260, 278, 285
Luft, Friedrich 243, 287
Lukács, Georg 164
Lukan, Walter 257
Luschnat, David 273
Mack, Gerhard G. 275
Madrasch-Groschopp, Ursula 269
Magris, Claudio 279
Mahler, Gustav 26
Mahler-Werfel, Alma 213
Mailler, Hermann 269
Makart, Hans 75
Malmberg, Helga 33, 248
Mann, Golo 212, 243
Mann, Heinrich 121, 136, 143, 166, 182, 212, 214, 276
Mann, Klaus 182, 213, 277, 282
Mann, Thomas 121, 136, 166, 180, 182, 184, 194, 212f., 231, 276f., 282
Marcuse, Ludwig 227
Marx, Karl 129
Massary, Fritzi 107, 124ff., 132, 153, 155, 181, 190, 214, 227, 265
Matejka, Viktor 231
Mattl Löwenkreuz, Emmanuela 149, 270
Maupassant, Guy de 60
McCarthy, Joseph R. 220, 228
Mehring, Walter 153, 156, 164, 211
Melbourn, Josef 257
Mell, Max 225
Mendelssohn, Felix 186
Menzel, Simon 187

Michels, Volker 276
Miklin, Richard 250, 258
Milch, Thomas 247
Millais, John Everett 38
Millenkovich, Max von 91
Mittenzwei, Werner 279
Molnár, Franz 77, 133, 136, 156, 228, 257, 266f.
Mombert, Alfred 28
Morche, Rosl 281
Morgenstern, Soma 150, 270
Moser, Hans 125
Mosse, Rudolf 97
Mozart, Wolfgang Amadeus 66
Mühlen, Hermynia zur 201
Müller, Hans 83, 116, 120
Müllerott, Martin 287
Muschg, Walter 283
Musil, Robert 14, 39, 89, 99, 110, 137ff., 143, 160, 231, 259, 263, 267, 272
Mussolini, Benito 174
Nagler, Monica 243
Nestroy, Johann 76, 183, 209
Neumann, Alfred 236, 286f.
Neumann, Robert 13, 150, 245, 270
Neumann-Viertel, Elisabeth 243
Neyses, Maria 250
Nickl, Therese 252
Odilon, Helene 186
Offenbach, Jacques 76, 159
Olden, Balder 160
Olden, Rudolf 99, 160
Oprecht, Emil 18
Ossietzky, Carl von 145f., 156, 164, 186, 273
Pagnol, Marcel 163
Pallenberg, Max 94, 107, 124ff., 128, 153, 155f., 161f., 174, 186, 272, 275
Panter, Peter s. Tucholsky, Kurt
Papen, Franz von 192, 278
Peball, Kurt 258
Pernerstorfer, Engelbert 255
Pertlik, Susanne 250, 258

Perutz, Leo 99, 107, 129
Petry, Walther 266
Petzold, Alfons 111, 263
Peyfuss, Max D. 257
Pfeiffer-Belli, Wolfgang 261
Pinkerneil, Dietrich 269
Piscator, Erwin 142, 273
Pol, Heinz 156
Polak, Carl Leopold 17f.
Polak, Ernst 107, 262
Polak, Henriette 16
Polak, Hermine 232
Polak, Josef 16
Polgar, Lisl 108, 128, 160, 196ff., 209f., 212, 222, 226, 239, 241, 285, 288
Porten, Henny 104
Pserhofer, Arthur 30, 247
Puccini, Giacomo 26, 247
Raddatz, Fritz J. 255, 265
Raimund, Ferdinand 183
Raphaelson, Samson 228
Reich, Bernhard 153
Reich-Ranicki, Marcel 287
Reinhardt, Gottfried 124, 265
Reinhardt, Max 76, 105, 124, 126ff., 142, 159f., 218, 256, 265
Remarque, Erich Maria 156
Renn, Ludwig 164
Renner, Karl 224f.
Reventlow, Franziska zu 37
Rheinhardt, Emil Alphons 202
Richter, Bernt 243
Riess, Curt 285
Riha, Karl 246
Rilke, Rainer Maria 83
Rismondo, Piero 279
Roda Roda 85, 126
Röder, Eva 287
Röder, Hans 243
Rössler, Carl 74, 76
Rollett, Edwin 193
Roosevelt, Franklin Delano 222
Roth, Joseph 89, 99, 181, 194f., 201f., 261, 276, 278, 280

Rotter, Fritz 201
Rowohlt, Ernst 111, 132, 237f.
Rudolf, Emma s. Allesch, Ea von
Rüther, Leopoldine 249
Ruppel, Karl Heinz 266
Ruprechter, Walter 250, 258
Rychner, Max 140, 268
Sahl, Hans 155, 188, 210, 243, 271, 277, 282
Sakheim, Arthur 256
Salomon, Ernst von 237f., 287
Salten, Felix 21, 25, 46, 60, 83, 114, 125, 130
Saßmann, Hans 159
Schaefer, Camillo 249
Schalek, Alice 83, 85
Scherber, Konrad 256
Schewig-Pfoser, Kristina 280
Schiller, Friedrich von 123, 265
Schlamm, Willi 160, 209, 220f., 280ff.
Schlenther, Paul 254
Schmid, Alwin 171
Schmidt, Arno 240
Schmidt-Dengler, Wendelin 243
Schneeberger, Paul 210
Schnitzler, Arthur 21f., 33, 40, 44ff., 55, 66f., 72f., 75f., 85, 119, 200f., 246, 248ff., 256, 258, 264
Schnitzler, Heinrich 200, 243, 252, 280
Schnitzler, Lili 52
Schnitzler, Olga 46
Schober, Johann 144
Schöffling, Klaus 271
Schoeller, Philipp von 98f.
Schönaich, Gustav 27, 247
Schönberg, Arnold 21
Schönherr, Karl 116, 118f., 121, 264
Scholem, Gershom 153, 271
Schütz, Friedrich 30
Schulz, Franz 288

Schumann, Elisabeth 218
Schuschnigg, Kurt von 187, 192, 195, 202
Schwager, Ernst 280
Schwarzschild, Leopold 147, 150, 153, 169, 179, 184, 194, 209, 220, 222, 270, 276, 278
Schwarzwald, Genia 118, 121, 264
Schweiger, Werner J. 243, 255
Schweppenhäuser, Hermann 267
Seelig, Carl 167ff., 171, 174, 178, 180ff., 185ff., 191, 193, 198ff., 203ff., 209f., 212, 216, 229, 235, 258, 270, 272ff., 285, 287
Seghers, Anna 164
Seitz, Karl 101
Serner, Walter 32, 247
Shaw, George Bernard 129
Sieber, Rudolf 193, 199
Siebertz, Paul 258
Sinclair, Upton 129, 157
Siodmak, Robert 163
Skeene, Henry James 36, 39
Slezak, Leo 181
Smekal, Richard 100
Smetana, Friedrich 26
Sonnenschein, Hugo (Sonka) 104
Soyka, Otto 54, 59, 107, 252f.
Spalek, John M. 275, 281
Spann, Charles 211
Speidel, Ludwig 31
Sperber, Manès 13, 245
Speyer, Wilhelm 153
Spiel, Hilde 246
Spoliansky, Mischa 153
Stapel, Wilhelm 134, 266
Starhemberg, Ernst Rüdiger 201
Stein, Paul Victor 243
Steinsieck, Annemarie 82
Stemmle, Robert Adolf 172
Stendhal 137
Sterk, Willy 257
Sternheim, Carl 288

Stiassny, Rudolf 264
Stiemer, Felix 260
Stöcklein, Paul 243, 286
Stoessl, Otto 21
Strasberg, Lee 217
Storfer, Adolf Josef 107, 156, 160, 262
Strauss, Richard 175
Strelka, Joseph 275, 281, 284
Sudermann, Hermann 28, 50
Sültemeyer, Ingeborg 261
Szondi, Peter 279
Tänzer, Pablo 210
Terramare, Georg 91, 261
Thanner, Erich 245, 262
Thieß, Frank 136
Tiedemann, Rolf 267
Tiedemann-Bartels, Hella 260, 270
Toller, Ernst 157, 164
Topol'ská, Lucy 262
Torberg, Friedrich 193, 201, 214, 220, 226, 236, 241, 243, 280, 284, 287f.
Torberg, Marietta 243
Trotzki, Leo 14, 115, 129
Truman, Harry S. 222
Tschechow, Anton 75f.
Tschuppik, Karl 99, 260
Tucholsky, Kurt 12, 70, 126ff., 145f., 151ff., 156, 164, 174, 245, 255, 265, 269f., 273
Tucholsky, Mary s. Gerold-Tucholsky, Mary
Turel, Lily 154
Ullmann, Ludwig 60, 175, 193, 253, 275
Ullrich, Luise 172
Unseld, Siegfried 267
Urbach, Reinhard 243f., 250f., 258
Veidt, Conrad 214
Veidt, Lili 218
Veltzé, Alois 83, 258
Victor, Walter 212
Viertel, Berthold 43, 59, 69, 76, 99, 141, 147, 157, 165f., 172,

174, 177, 217f., 220f., 228f., 250, 253, 255, 257, 268f., 272ff., 283ff.
Viertel, Salka 214, 274
Villiers de l'Isle-Adam, Philippe-Auguste 76
Vollmöller, Karl 125
Voltaire 129
Wärndorfer, Fritz 72
Wagner, Cosima 121
Wagner, Hilde 163
Wagner, Nike 247
Wagner, Renate 250
Walser, Robert 137, 167, 267
Walter, Bruno 227f., 285
Walter, Hans Albert 279
Walter, Lotte 218, 227
Warde, Anton 281
Wassermann, Jakob 73
Webern, Anton 143
Wedekind, Frank 29, 39, 247
Weigel, Hans 132, 235, 244, 257, 266, 287f.
Weill, Kurt 166, 171
Weinheber, Josef 195
Weininger, Otto 63, 107
Weinzierl, Ulrich 247, 251, 254, 262, 264, 268f., 274, 280
Weiskopf, Franz Carl 219
Weiss, Robert O. 251
Weiss-Koritschoner, Mia 108
Wellesz, Egon 99, 143
Welzig, Werner 250, 258
Werfel, Franz 45, 92f., 99, 143, 181, 195, 202, 212, 222, 276, 284
Wesemann, Christina 243, 248f., 259
Wessely, Paula 181
Wilde, Oscar 32
Wilder, Billy 215
Wilder, Thornton 205
Wildgans, Anton 79, 100, 121, 257
Witte, Bernd 244, 271
Wittgenstein, Birgit 243
Wittgenstein, Heinz 244
Woiwode, Lina 82
Wolf, Hugo 260
Wolff, Theodor 166
Worbs, Michael 253
Wuthenow, Ralph-Rainer 267
Wysocki, Gisela von 249
Zemlinsky, Alexander von 21
Zernatto, Guido 195
Ziegler, Hans 82
Zola, Emile 129
Zuckerkandl, Berta 25, 202
Zweig, Arnold 133, 157, 166, 249, 266
Zweig, Friderike Maria 211, 260
Zweig, Stefan 13, 83ff., 163, 175, 190, 195, 258

Ulrich Weinzierl

Arthur Schnitzler

Lieben Träumen Sterben

288 Seiten mit 21 Abb. Leinen

Liebe und Tod spielen im Werk Arthur Schnitzlers eine bestimmende, zentrale Rolle. »Die Hälfte Ihrer Produktion ist Thanatos, die Hälfte Eros gewidmet«, schrieb ihm der dänische Kritiker Georg Brandes, »dadurch haben Ihre Arbeiten eine so große Spannweite«. Schnitzler entgegnete ihm: »In dieser Spannweite hat nicht mehr und nicht weniger Platz als das Leben.« Zugleich hat kaum ein anderer Autor so penibel über sich und seine Träume Protokoll geführt wie Arthur Schnitzler. Die Scheu vor dem Einbruch der Zeitgenossen in seine Privatsphäre war verbunden mit schrankenloser Offenbarungsbereitschaft gegenüber der Nachwelt: Arthur Schnitzler, der gnadenlose Skeptiker seiner selbst, wollte posthum erkannt sein. Ulrich Weinzierl beschreibt Leben und Werk vor dem Hintergrund der drei großen Schnitzlerschen Themen: Lieben, Träumen, Sterben. Sein Essay ist keine Biographie und auch keine traditionelle Analyse der Schriften, sondern zielt darauf, den biographischen Wurzelgrund des Werks zu erkennen. Weinzierl will den Urgründen und Antrieben der literarischen Produktivität Schnitzlers auf die Spur kommen. Weinzierl ist ein gründlicher Kenner sowohl der veröffentlichten als auch vieler unveröffentlichter Schriften Schnitzlers und zudem ein hervorragender Fachmann für die österreichische Literatur der Jahrhundertwende. Sein Buch hält wissenschaftlichen Ansprüchen stand, ist aber zudem mit Esprit und Sprachverstand geschrieben.

S. Fischer

Arthur Schnitzler

Briefe 1875-1912
Herausgegeben von
Therese Nickl und Heinrich Schnitzler
1047 Seiten. Leinen

Arthur Schnitzler erweist sich ein halbes Jahrhundert nach seinem Tod als lebendiger Dichter. Sein Werk beschwört mit einer vergangenen Epoche, einer vergangenen Gesellschaft gleichermaßen Grundmächte und nur äußerlich sich wandelnde Gesetze des Lebens. Erst heute erkennen wir Schnitzlers illusionslosen Ernst und seine unerbittliche Wahrhaftigkeit ganz: Aus seinen Briefen gewinnen wir ein Selbstporträt und Schicksalsbild. Der erste Band führt von einem Gruß des Dreizehnjährigen an die Mutter bis zu der Vollendung des »Professors Bernhardi«, dem fünfzigsten Geburtstag und der ersten Werkausgabe, die S. Fischer ihm bereitete. Die Mehrzahl der Briefe wird hier zum ersten Mal veröffentlicht.

Briefe 1913-1931
Herausgegeben von
Peter Michael Braunwarth, Richard Miklin,
Susanne Pertlik und Heinrich Schnitzler
1198 Seiten. Leinen

Die Briefe sind Spiegelungen, Reaktionen, unerschrockene Stellungnahmen und Klärungen. Krieg. Krise und Scheidung der Ehe, Verhandlungen mit dem Verleger, mit Theatern und Schauspielern (z.B. Elisabeth Bergner). Reisen. Das schöne Vater-Sohn-Verhältnis zwischen ihm und Heinrich, die Vater- oder Tochtertragödie: der Selbstmord der noch nicht neunzehnjährigen Lili. Die tiefe, anhaltende Trauer um Hofmannsthal. Nicht zuletzt, vielmehr immer wieder: Politik. Diese Briefe sind geschrieben mit Bedacht auf den Adressaten, nicht auf spätere Publikation.

S. Fischer

Ulrich Weinzierl (Hg.)
Stefan Zweig –
Triumph und Tragik
Aufsätze, Tagebuchnotizen, Briefe

Band 10961

»Stefan Zweig, das angebliche Glückskind des Lebens, ist trotz allen Glanzes eine gebrochene Existenz gewesen.« Seine korrekten Umgangsformen erwiderten die berühmten Kollegen ihm gegenüber entsprechend, aber er ahnte wohl: »Sie lassen mich alle grüßen und hassen mich bis in den Tod« (wie Goethe im ›West-östlichen Divan‹ Vereinsamung umschrieb). In seiner literarischen Grundauffassung ließ er sich dadurch jedoch, gelegentlichen ekstatischen Pathos' ungeachtet, nicht irritieren, baute sein Werk im Bewußtsein von Herkunft und Tradition, durch Vorbilder und Wiederentdeckungen beflügelt, mit psychologischem Feingefühl und einem immer auf den Leser gerichteten Blick. Als er aber die geistige Welt Europas, seine Heimat, durch nationalistische und feindliche Politik zusammenbrechen sah, erschöpfte sich seine innere Kraft. Im Rückblick blieb er der noble Repräsentant der bürgerlichen Gesellschaft Österreichs, sie hatte »keinen besseren Darsteller ihrer Fähigkeiten, ihres Charmes und ihrer Hoffnungslosigkeit als dieses Opfer Hitlers, den Vernichter seines eigenen Lebens, den Künstler Stefan Zweig«, wie sein Namensvetter Arnold Zweig in seinem Nachruf erklärte.

Fischer Taschenbuch Verlag

Marcel Reich-Ranicki
Thomas Mann und die Seinen

Band 6951

Marcel Reich-Ranicki gehört zu den besten Kennern der an herausragenden Begabungen und Persönlichkeiten reichen Familie Mann. »Aber so glücklich wir sein müssen, daß es diese einzigartige Familie gibt, so aufschlußreich, so faszinierend ihre Geschichte ist, so wenig brauchen wir (und die Manns) einen Hofberichterstatter.« Von einem solchen freilich ist Reich-Ranicki weit entfernt. »Entmonumentalisierung« heißt vielmehr sein Gebot. Gerade wer über Thomas Mann schreibt, »der, allen Interpreten mißtrauend, die Deutung seines Lebens und seines Werkes schon früh in die eigenen Hände genommen hat«, kann die Aufgabe nur erfüllen, »wenn sie aus der direkten oder indirekten Polemik gegen sein Autoporträt hervorgeht.« Was Reich-Ranicki über Golo Mann schreibt, der sich »nur mit oder gegen, doch nicht ohne Thomas Mann entfalten konnte«, gilt für alle Mitglieder der Familie, in höherem Maße für die Söhne Golo und Klaus, in geringerem für die Tochter Erika, möglicherweise sogar noch für den Bruder Heinrich. In ihm finden wir die zweite charakterliche und künstlerische Autorität, den einzigen Widerpart, mit dem oder gegen den auch Thomas Mann sich nur entfalten konnte. Die Gegensätze und Abhängigkeiten, die Kämpfe und der Zusammenhalt der Familie werden von Reich-Ranicki in biographischen und literaturkritischen Studien, vor allem aber vor dem Hintergrund der Tagebücher und Korrespondenzen untersucht.

Fischer Taschenbuch Verlag